Roberto Bardéz

Der Bulle *von Korfu*

Harko und der V-Mann

Kriminalroman

HSB
VERLAG

Bisher erschienen:

Band I: Harko und das tote Mädchen am Strand
Band II: Harko und der V-Mann
Band III: Harko und der Kunstprofessor

Roberto Bardéz ist außerdem Mit-Autor von »Wort-Schatz – das etwas andere Wörterbuch«, einem Synonymlexikon auf CD für die Anforderungen von allen, die den ganzen Reichtum der deutschen Sprache beim Schreiben nutzen wollen www.wort-schatz.com.

Zweite überarbeitete Auflage: 2006

D-72202 Nagold
www.hsb-verlag.com
www.korfu-krimi.com
e-mail: kontakt@korfu-krimi.com
D/K/002/0016/003000/2
ISBN: 3-9810177-1-4

Coverdesign: Thomas Schad
www.360gradschad.de
Druck und buchbinderische Verarbeitung:
Zschiesche GmbH– 08112 Wilkau-Haßlau
www.druckerei-zschiesche.de
Printed in Germany

Georgos Katsatopoulos, Reviervorsteher der kleinen Polizeistation in Karousades, saß vor einer Tasse des von ihm so geliebten Heleniko. Obwohl der aromatische Kaffee genau so zubereitet war, wie er ihn mochte – stark, schwarz und mit viel Zucker –, wollte er ihm heute nicht schmecken. Georgos hatte Sorgen.

Er saß in der Taverne von Anna Bardis, in der malerischen Bucht von Agios Georgios, die zwischen Afionas und Pagi die Touristen mit zwei Kilometer weißem Sandstrand verwöhnt. An diesem Tag hatte Georgos keinen Blick für die Schönheit der Bucht. Ihm gegenüber saß Anna Bardis, eine resolute, rundliche Frau von 50 Jahren, und schimpfte. Sie schimpfte auf die Albaner, die klauten wie die Raben, auf die Polizei, die nichts dagegen unternahm und auf die Touristen, die immer weniger wurden.

Anna Bardis hatte Georgos schon keifend empfangen und ihn unter gotteslästerlichen Flüchen in ihre Küche geführt. »Sehen Sie sich das an,« hatte sie gesagt, »so eine Schweinerei.« Georgos hatte sie sich angesehen. Die Schweinerei, die er in den letzten Wochen schon so häufig gesehen hatte: Töpfe und Pfannen wahllos auf dem Boden verstreut, Geschirr zerschlagen, alle Schranktüren aufgerissen, auch die der Kühlschränke.

»Mein ganzes Fleisch,« hatte Kiria Bardis[1] gejammert, »alles verdorben.«

Wie üblich war kaum etwas gestohlen worden: Zwei Flaschen Metaxa, ein bisschen Kleingeld. Der Schaden war groß, wenn auch nicht beträchtlich, die Wut von Anna Bardis dagegen war grenzenlos. Ernsthaft hatte sie von Georgos Katsatopoulos verlangt, sofort alle Albaner zu verhaften, und, wenn er sie schon nicht erschießen könne, wenigstens nach Albanien zurückzuschicken.

Natürlich war Anna Bardis nicht gegen Einbruch versichert, kein Tavernenbesitzer auf Korfu war das. Griechische Versicherungen waren für ihre Schnelligkeit, Effektivität und Ausdauer bekannt, wenn es um das Kassieren von Beiträgen ging, bei der Bearbeitung von Schadensfällen jedoch ließen sie sich Zeit. Viel Zeit. Sah ein Geschädigter doch einmal Geld, war es nur ein Bruchteil des wirklich entstandenen Schadens.

Georgos Katsatopoulos konnte die Wut von Anna Bardis gut verstehen. Ihre und die von gut zwei Dutzend anderen Besitzern von Tavernen, Supermärkten und Bars in Afionas, Arillas, Agios Stefanos und Sidari, die in den letzten Wochen auf die gleiche Art

---

[1] Griechisch: Frau Bardis

heimgesucht worden waren. Gestohlen wurde nur wenig, ein paar Schachteln Zigaretten, ein paar Flaschen Schnaps, hin und wieder etwas Bargeld. Doch immer hinterließen die Täter ein Chaos.

Georgos hatte getan, was in seiner Macht stand: Spuren gesichert, seine beiden Untergebenen aufgefordert, mehr Präsenz zu zeigen. Doch wie sollten drei Polizisten hunderte von Tavernen und Geschäften überwachen?

All das interessierte Kiria Bardis herzlich wenig. Sie hatte schon genug unter der schlechten Saison zu leiden. Agios Georgios war vor allen Dingen bei den Deutschen beliebt, die aber fanden seit Jahren immer neue Gründe, nicht mehr so zahlreich zu kommen: Der teure Euro, die teuren Flüge, die ungewisse Zukunft. Sie harrten lieber bei strömendem Regen in ihrer Heimat aus, statt sich auf Korfu bei blauem Himmel, strahlendem Sonnenschein und angenehmen 30 Grad vom Sommer verwöhnen zu lassen.

Als Georgos genug hatte von Anna Bardis Vorwürfen, stand er auf und verabschiedete sich. Seinen Heleniko hatte er nicht angerührt. Zuerst wollte er zurück nach Karousades, an seinen ruhigen Schreibtisch, und nichts mehr wissen von Anna Bardis, Albanern und zerschlagenem Geschirr. Er hatte den Motor des Polizeijeeps gerade gestartet, als er es sich anders überlegte und die kleine Straße nach Kavadades hochfuhr. Nach fünf Minuten Fahrt über eine Schotterpiste hielt er vor Harkos Haus.

Nach 20 Jahren Polizeidienst in Baden-Württemberg hatte sich Harko auf Korfu in den Ruhestand zurückziehen wollen. Im Sommer war jedoch in Agios Georgios ein Mädchen getötet worden[2], und Harko hatte zur Aufklärung des Falls beigetragen. Tatsächlich war es nur seiner Hartnäckigkeit zu verdanken, dass der Mörder am Ende bestraft wurde. Während der Ermittlungen hatte Harko mit Georgos Katsatopoulos zusammengearbeitet, der zwar ein braver Polizist, aber kein richtiger Kriminalbeamter war. Mit Harkos – gelinde gesagt, äußerst unkonventionellen, aber erfolgreichen – Methoden konfrontiert, hatte Georgos zunächst Staunen und anschließend Bewunderung für den deutschen Ex-Polizisten entwickelt.

Harko lebte in einem abseits gelegenen Haus oberhalb der Agios Georgios Bucht, einer umgebauten Olivenpresse, mit einem zehn Meter hohen Turm mit richtigen Turmzinnen und einer traumhaften Aussicht. Das Anwesen, zu dem neben der alten Olivenpresse, dem

[2] Harko und das tote Mädchen am Strand

Turm und einem zweigeschossigen Wohnhaus noch eine große Garage und eine stetig wachsende Anzahl von Ställen gehörte, war ein kleines Paradies, aber eines, das den Privatier vor allem gegen Ende des Sommers sehr auf Trab hielt.

Auch an diesem Tag war Harko mit Arbeiten an seinem Domizil beschäftigt; mit einem Eimer weißer Farbe bewaffnet, strich er den großen Grill, den er im Sommer auf der Terrasse errichtet hatte.

Georgos stellte seinen Wagen in der Zufahrt ab, ging ums Haus und stieg die Treppe zu der oberhalb einer Zisterne gelegenen Terrasse empor.

»Kali mera,« sagte er, »ti kanis[3]?« Im nächsten Moment kniff er entsetzt die Augen zusammen, schüttelte ungläubig den Kopf und fragte: »Wie siehst Du denn heute aus?«

Harko erwiderte den Gruß und fragte: »Hast Du noch nie einen Polizisten gesehen, der arbeitet?« Harko war über und über mit weißer Farbe bespritzt.

»Deine Uniform!« sagte Georgos. »Die ist ja grauenhaft!«

Harko trug an diesem Tag ein pink-gelb gestreiftes T-Shirt und pink-grün gestreifte Shorts, beides dank der Farbe mit weißen Tupfen versehen. Nur war das T-Shirt quergestreift und betonte seine mächtigen Muskeln, während die Shorts längsgestreift waren und ihm optisch schmale Hüften verliehen.

»Verrat mir die Adresse des Herrenausstatters, der Dir das verkauft hat – wenn er auf Korfu lebt, lasse ich ihn heute noch verhaften!«

Harko brummte etwas Unverständliches in seinen Dreitage-Bart. Dann legte er seinen Pinsel beiseite und fragte: »Willst Du ein Bier?«

»Glaubst Du, wenn ich betrunken bin, schmerzt Dein Anblick nicht mehr?«

Harko antwortete nicht, ging ins Haus und holte zwei Flaschen Zorbas-Bier.

»Was hast Du auf dem Herzen?« fragte er, als er mit dem Bier zurückkam. »Du bist sicher nicht gekommen, um mit mir über Mode zu diskutieren.«

Georgos trank einen Schluck und seufzte. »Du hast recht. Ich habe ein Problem. Seit einigen Wochen treibt eine Bande ihr Unwesen hier in der Gegend. Sie brechen nachts in Geschäfte ein, stehlen Kleinigkeiten, richten aber großen Schaden an. Letzte

---

[3] Griechisch: Guten Tag, wie geht´s?

Nacht haben sie Anna Bardis heimgesucht, in ihrer Taverne die Gefriertruhen geöffnet und leider auch offengelassen, außerdem haben sie eine Menge Geschirr zerschlagen. In der Küche sieht es aus wie nach einer Party.«

Harko kannte die griechische Sitte, bei einem Konzert zu Ehren des Sängers Teller auf dem Boden zu zerschlagen, bezweifelte aber, dass Anna Bardis in ihrer Küche ein Konzert veranstaltet hatte.

»Wir haben keine Hinweise auf die Täter,« führte Georgos weiter aus. »Du kennst die Menschen hier: Selbst wenn sie die Täter kennen, verraten sie nichts – sofern es Einheimische sind. Stattdessen schieben sie es den Albanern in die Schuhe.«

Das Verhältnis zwischen Griechen und Albanern war nicht wirklich schlecht. Brauchte man jedoch einen Schuldigen, mussten zuerst die Albaner als Sündenböcke herhalten.

»Du glaubst nicht, dass es Albaner waren?« fragte Harko.

Georgos warf den Kopf zurück und machte dabei ein schnalzendes Geräusch – die griechische Form eines starken Neins.

»Wären es wirklich Albaner, wie Anna Bardis behauptet, würden wir mit Hinweisen überschüttet. Außerdem: Ein hungriger Albaner lässt keine Kühltruhen offenstehen, er würde sie ausräumen. Nein – da macht jemand ganz bewusst Terror.«

Harko trank einen Schluck Bier. »Wären wir in Italien, würde ich an Schutzgelderpressung denken. Könnte das sein?«

Georgos zuckte die Schultern. »Bislang gab es das nicht auf Korfu und ich kann es mir auch kaum vorstellen. Niemand würde zahlen, sondern die Erpresser mit ein paar Fußtritten zum Teufel schicken. Bei sowas sind sich alle einig.«

Harko kannte die Einstellung der Menschen auf der Insel: Die würden mit einem Schutzgelderpresser nicht lange fackeln.

»Wie kann ich Dir helfen?«

Georgos druckste herum. »Du hast Deine eigenen Methoden. Ich dachte… vielleicht könntest Du Dich etwas umhören?«

Harko dachte nach. Dann sagte er: »Was wäre Dir die Sache wert?«

Georgos sah ihn überrascht an. »Du willst Geld für Deine Hilfe?«

»Ich will kein Geld von Dir. Aber ich werde Ausgaben haben. Die möchte ich ersetzt bekommen. Also?«

Georgos seufzte erneut. »An wieviel hast Du gedacht?«

»500,- Euro sollten reichen.«

Hosentasche. Draußen heulte eine Polizeisirene auf, die er sich zwei Tage zuvor von Georgos ausgeliehen und am Land-Cruiser montiert hatte.

Im Halbdunkel konnte Harko fünf Gestalten ausmachen, die zu Salzsäulen erstarrt schienen. Plötzlich brüllte einer »Gamoto![4]«, ließ sein Glas fallen und rannte an Harko vorbei zum Ausgang. Harko machte keine Anstalten, den Flüchtenden festzuhalten, trat sogar beiseite. Daraufhin wurden auch die anderen vier wieder mutig, sie stürmten an ihm vorbei und liefen auf die Straße zu ihren Mopeds.

Doch kein Zweirad wurde gestartet. Stattdessen war lautes Geschrei zu hören, gefolgt von dem charakteristischen Geräusch kräftiger und wohlgezielter Ohrfeigen.

Fröhlich pfeifend verließ nun auch Harko die Bar, ging zur Straße und beobachtete, wie die fünf Halbstarken je nach Temperament ihrer Väter, die Harko durch seinen Telefonanruf herbestellt hatte, unter Ohrfeigen, Fußtritten oder indem sie kräftig an den Ohren gezogen wurden, in den väterlichen Autos verschwanden.

Innerhalb weniger Minuten war der Spuk vorbei, es herrschte wieder Ruhe in Agios Stefanos. Harko holte seine Tasche aus dem Gebüsch, ging zu den fünf Mopeds, nahm seine soliden deutschen Fahrradschlösser ab, schlenderte zu seinem Land-Cruiser, stieg ein und fuhr nach Hause.

Ich hatte die ganze Woche intensiv an meinem neuen Krimi gearbeitet, über einen Bandenkrieg in der kolumbianischen Drogenmafia, dem viele Schurken, aber auch manch braver Gesetzeshüter zum Opfer fielen. Jetzt brauchte ich einen Ausgleich. Ich fuhr mit dem Wagen in die Agios Georgios Bucht, nur wenige Minuten von meinem Heim entfernt.

Welch ein Unterschied zu den blutigen Gemetzeln, die ich in den letzten Tagen beschrieben hatte! Vor mir erstreckte sich das blaugrüne Meer, darüber ein azurblauer, wolkenloser Himmel. Am Strand lagen die letzten Touristen der Nachsaison im weißen, warmen Sand, ließen sich in der Sonne braten und dachten vermutlich daran, dass in ihrer Heimat der Herbst vor der Tür stand. Hier würde es noch bis Ende November Sommer sein und es gab nicht

[4] Griechisch: Scheiße!

wenige Einheimische, die das ganze Jahr über baden gingen. Denn das Wasser wurde auch im Winter nie kälter als 15 Grad.

Mein Magen knurrte, ich setzte mich in Maria Bardis Snack Shop. Ich war der einzige Gast; die Touristen würden erst kommen, wenn ihnen zu heiß wurde.

Maria hatte mir gerade mein Frühstück serviert, als Harkos silberner Land-Cruiser vorbeifuhr. Harko sah mich, trat auf die Bremse, parkte den Wagen und kam freudestrahlend auf mich zu.

Wir kannten uns seit zwei Jahren – zwei Zugereiste in einem winzigen Nest mit kaum 100 Häusern. Wir hatten uns bei einem gemeinsamen Freund kennengelernt und uns trotz großer Unterschiede in Aussehen, Lebensart und Charakter auf Anhieb gut verstanden: Ein Krimi-Autor, auch wenn er aus Argentinien stammt und die Welt gerne als Beobachter wahrnimmt, und ein energiegeladener Ex-Kommissar hatten immer etwas, worüber sie diskutieren konnten. In diesem Sommer hatte ich Harko sogar geholfen, einen Mord hier in der Agios Georgios Bucht aufzuklären.

Für mich war es aufregend, in einem echten Mordfall zu recherchieren. Aber auch frustrierend, weil mir dabei deutlich vor Augen geführt wurde, wie sehr sich echte Polizeiarbeit von der Arbeit der Ermittler in meinen Krimis unterschied. Jetzt nutzte ich jede Gelegenheit, mich mit Harko auszutauschen.

Der Austausch selbst war inzwischen Ritual: Ich zeigte ihm stolz mein neuestes Manuskript, Harko zerpflückte es Satz für Satz und erzählte mir danach von der Realität eines Polizisten und von dem, was nicht in Romanen oder Zeitungen zu finden war.

An diesem Morgen setzte sich Harko gut gelaunt zu mir, bestellte sich bei Maria ein Frühstück und begann sofort zu erzählen.

»Hast Du von der Bande gehört, die seit Wochen in Tavernen hier im Norden der Insel einbricht?«

Das hatte ich: Mein Nachbar Manousos, ein lokaler Bauunternehmer, hatte mir davon berichtet. Er war über alles informiert, was sich in Afionas und Umgebung ereignete.

»Seit gestern,« sagte Harko mit offensichtlicher Befriedigung, »ist der Spuk vorbei.«

»Hast Du die Bande auffliegen lassen? Und dafür gesorgt, dass sie ins Gefängnis kommt?«

»Ersteres ja, letzteres nein,« antwortete Harko. »Ihre Väter haben ihnen eine ordentliche Tracht Prügel verabreicht, das dürfte genügen.«

»Erzähl,« drängte ich.

Harko berichtete mir, wie Georgos Katsatopoulos vor einer Woche zu ihm gekommen war und ihn um Hilfe gebeten hatte. »Die Geschichte mit den Albanern habe ich nie geglaubt,« sagte Harko. »Kein Langfinger geht wegen Kleinigkeiten ein solches Risiko ein – auch in Griechenland wandert man dafür einige Jahre ins Gefängnis. Viel wahrscheinlicher war, dass Halbwüchsige Dampf ablassen und Mutproben veranstalten.«

»Leuchtet ein,« sagte ich. »Wie hast Du die Bande ausfindig gemacht? Die Polizei hat, wie Du sagst, nichts herausgefunden.«

Harko widmete sich seinem Frühstück, spannte mich auf die Folter. Erst als er fast fertig war, sagte er: »Wenn Du einen Verbrecher fangen willst, darfst Du nicht wie ein Polizist denken, Du musst wie der Verbrecher denken.«

»Das heißt?«

Harko sah mir schmunzelnd ins Gesicht. »Versuch es doch selbst. Du bist schließlich Schriftsteller und solltest genügend Phantasie haben.«

Das war ein altes Streitthema zwischen uns. Harko ging immer davon aus, als Schriftsteller müsse ich über eine blühende Phantasie verfügen und mich in jede Figur, in jede Situation hineinversetzen können. Was ich natürlich konnte – aber auf einer anderen Ebene als Harko vermutete. Um eine Figur in einem meiner Bücher glaubwürdig zu gestalten, musste ich zunächst recherchieren, musste mich mit Leuten unterhalten, die meinen geplanten Charaktären ähnlich waren, musste ihre Lebensumstände, ihre Denkmuster, ja sogar ihre Sprache und ihr Gehabe studieren. Erst wenn ich mir sicher war, wie meine Figur zu denken, konnte ich sie für den Leser glaubwürdig beschreiben.

Doch wie dachte ein Einbrecher? Ich kannte keinen und hatte keine eigenen diesbezüglichen Erfahrungen.

»Ich vermute,« sagte ich schließlich, »als Einbrecher würde ich mir lohnende Objekte suchen, diese eine Weile ausspähen und dann bei einer günstigen Gelegenheit zuschlagen.«

Harko verdrehte die Augen. »Jetzt denkst Du wie Georgos, wenn er versucht, sich in die Lage eines Einbrechers zu versetzen. Weil das Schema der Einbrüche hier in der Gegend nicht in das Raster passt, das er auf der Polizeischule gelernt hat, ist er auch nicht weitergekommen. Vergiss die Geschichte mit den Einbrechern.

Stell Dir vor, Du bist ein Jugendlicher, der nur zum Spaß etwas Verbotenes tut.«

»Ich habe auch als Jugendlicher nichts Verbotenes getan,« widersprach ich entschieden.

Harko sah mich kopfschüttelnd an. »Wie um alles in der Welt bist Du nur darauf gekommen, Krimis zu schreiben?«

Wie die Jungfrau zum Kind, dachte ich, und weil es mir damals als gute Therapie erschienen war. Um all die Wut loszuwerden, die sich in mir angestaut hatte.

»Ein Einbrecher,« erklärte mir Harko, »legt großen Wert darauf, dass niemand etwas von seiner Arbeit mitbekommt. Klar?«

»Klar.« Das war ja wohl logisch.

»Aber ein Jugendlicher, der eine Mutprobe absolviert? Der wird sich damit brüsten, was für ein toller Hecht er ist.«

Auch logisch. »Einer von denen hat sich vor Dir gegen die Brust getrommelt?«

»Red kein Blech,« sagte Harko. »Der wird sich vor Gleichaltrigen großtun.«

»Woher willst Du wissen, dass es Jugendliche sind?«

»Aus drei Gründen,« erklärte Harko. »Erstens: Wer eine Familie hat, für die er sorgen muss, lässt keine Lebensmittel verkommen. Das tut nur jemand, der sich keine Gedanken darüber macht, wie das Essen auf den Tisch kommt. Zweitens: Die Täter sind motorisiert, also keine Kinder mehr.«

»Und drittens?«

»Drittens: Sie sind noch keine 18. Hätten sie ein Auto, würden sie in einem größeren Umkreis agieren.«

»Einspruch,« sagte ich. »Woher willst Du wissen, dass sie noch keine 18 sind? Nicht jeder, der 18 ist, hat auch ein Auto.«

»Nicht jeder,« gab Harko zu. »Aber jeder Jugendliche, der Lebensmittel aus Übermut vergammeln lässt, hat Eltern, die ihm zur Volljährigkeit einen Führerschein und ein Auto schenken.«

»Damit bin ich einverstanden,« gab ich zu. Harko hatte die Sache scheinbar gründlich durchdacht.

»Außerdem können wir davon ausgehen, dass sie in einem dieser Orte wohnen.«

»Warum?«

»Weil sie in allen vier Orten über gute Ortskenntnisse verfügen.«

»Hast Du daran gedacht, dass es nur ein Einzelner sein könnte?« fragte ich.

»Warum sollte ein Einzelner in einer Taverne ein Chaos anrichten? Und das gleich mehrmals? Das macht keinen Sinn. Nein, das musste eine Gruppe von Halbstarken sein.«

»Und Du hast die letzte Woche damit verbracht, diese Halbstarken ausfindig zu machen? Indem Du alle Mopedfahrer überwacht hast?«

Harko machte eine wegwerfende Handbewegung. »Keine Chance. Du müsstest hunderte von Jugendlichen überprüfen. Nein – die Sache ist viel einfacher.«

Wie hatte Harko aus seinen Überlegungen einen Schlachtplan entwickelt? Ich war gespannt.

»Ich bin zu den bekannten Jugendtreffs, habe was erzählt, was spendiert und vor allen Dingen zugehört. Nach fünf Tagen wusste ich, wer den Zauber veranstaltet und wann die nächste Party stattfindet. Dann habe ich die Eltern verständigt, ihnen versprochen, die Polizei außen vor zu lassen und alle zur Feier eingeladen. Die Täter sollten auf frischer Tat ertappt werden.«

Harko erzählte mir lachend, wie er die Jugendlichen in der Mango-Bar überraschte, wie sie an ihm vorbei zu ihren Mopeds stürmten, die er zuvor abgeschlossen hatte und wie die Rowdies dann von ihren Vätern mit Ohrfeigen empfangen wurden.

Zuerst lachte auch ich. Herzlich. Welch einfacher, aber genialer Plan. Bis mir aufging, was Harko wirklich getan hatte: Er hatte Jugendliche zu Verrätern gemacht. Das sagte ich ihm deutlich.

Harko ließ meinen Einwand nicht gelten. »Ich würde Dir recht geben, wenn ich die Übeltäter an die Polizei ausgeliefert hätte. Dann müssten sie sich vor Gericht verantworten und die anderen, die sie verraten haben, würden sich als Denunzianten fühlen. So aber haben die Einbrecher von ihren Vätern eine Abreibung erhalten, die ihnen hoffentlich klarmacht, dass eine Mutprobe eine Sache, ein Einbruch dagegen eine andere ist. Das haben auch die anderen Jugendlichen kapiert, die sie verpfiffen haben. Weißt Du, ich kenne in Deutschland genügend Knackis, bei denen es ebenfalls mit Kleinigkeiten angefangen hat: Eine Schachtel Zigaretten klauen, ein paar Mark aus einer Kasse mitgehen lassen. Dummerweise folgen den kleinen schnell die größeren Verbrechen und ruck-zuck sind sie auf der schiefen Bahn. Und es ist verdammt schwer, da wieder wegzukommen. Ich kenne genug, die es versucht haben, aber ich kenne nur wenige, die es geschafft haben. Die fünf Helden von heute Nacht sind noch einmal mit einem blauen Auge davongekommen und die anderen, die sie verpfiffen haben, haben kapiert, dass es eine Grenze gibt, wo der Spaß aufhört.«

Er winkte Maria und bestellte sich noch einen Kaffee. »Kinder lernen viel über gut und böse, doch sie lernen wenig über die Grauzonen dazwischen.«

»Grauzonen?« fragte ich. »Meinst Du, dass nicht immer klar zu unterscheiden ist, ob etwas gut oder schlecht ist?«

»Kannst Du Dich an Deine Schulzeit erinnern?«

Ich zuckte die Schultern. »Ist lange her.«

Maria brachte Harko den Kaffee und er trank einen Schluck. »In meiner Ausbildung als Polizist habe ich viel über Räuber und Banditen, über Mörder und sogar über Massenmörder gehört. Ich habe gelernt, wie man sie zur Strecke bringt. Doch aus meiner Schulzeit ist mir in Erinnerung, dass die größten Massenmörder in der Geschichte der Menschheit als Helden verehrt werden.«

»Ein Massenmörder als Held? Was haben sie Dir denn in der Schule beigebracht.«

Harko sah mich nachdenklich an. »Vielleicht wird bei Euch in Argentinien eine andere Geschichte gelehrt. Hier in Europa ist die Historie voll von berühmten Schlächtern. Wenn ein römischer Imperator mit einer Legion von Killern loszieht, um friedliche Barbarenvölker zu zivilisieren, dann ist das für mich ein Massenmörder, der auf Raubzug geht. Das gilt nicht nur für die alten Römer, das gilt für alle Eroberer.«

»In dem Punkt,« sagte ich, »unterscheidet sich unsere Geschichte wirklich von eurer: Auch bei uns gibt es Eroberer, doch die sehen wir nicht als Helden – die haben die Kultur unserer Ureinwohner zerstört. Verehrt wird davon keiner. Aber wie kommst Du jetzt in Zusammenhang mit Verbrechen darauf? Die Zeiten der Eroberer sind vorbei, die Welt damals war rauh, inzwischen ist sie viel friedlicher geworden.«

Harko lachte. »Stimmt. Heute käme niemand mehr auf die Idee, einen Ozean zu überqueren, ein Volk zu überfallen und das alles wegen ein paar Litern Erdöl…«

»Saddam war ein übler Diktator,« widersprach ich. Harko meinte eindeutig den Einmarsch der Amerikaner im Irak.

»Saddam war auch ein guter Vorwand, um billig an Erdöl zu kommen. Aber ich will nicht mit Dir über Politik streiten. Tatsache ist, dass die Grenzen zwischen gut und böse heute noch genauso verschwommen sind wie in der Antike. Wenn ein kleiner Mann lügt und betrügt, kommt er ins Gefängnis. Wenn er Geld und Macht hat und das gleiche tut, ist das Teil des Geschäftslebens und wird akzeptiert. Glaub mir: Die meisten Knastbrüder, die in Deutschland im Gefängnis sitzen, tun dies nur, weil sie arm sind. Mit reichen Eltern hätte niemand ihre ersten Verfehlungen als Straftaten bezeichnet, die armen Jungs hätten nur ein wenig über die Stränge geschlagen.«

Jetzt waren wir bei einer von Harkos Lieblingstheorien angelangt: Viele Verbrecher waren für ihn keine Bösewichte, sondern hart arbeitende Menschen, die nur das Pech hatten, einem verbotenen Beruf nachzugehen.

»Ich war einer von den Guten,« sagte Harko mit Wehmut in der Stimme, denn er hatte seinen Beruf geliebt. »Und jeder, den ich gejagt habe, war einer von den Bösen.« Er wirkte nachdenklich. »Weißt Du, was mich immer daran gestört hat? Der fließende Übergang zwischen gut und böse. Wir, das heißt die Vertreter der Staatsgewalt, sind keineswegs immer die Guten. Auf der ganzen Welt gibt es korrupte Polizisten und Politiker, die gegen das Verbrechen wettern, selbst aber krumme Geschäfte machen. Und Verbrecher sind nicht immer die Bösen. Auch wenn Du es nicht glaubst, aber da gibt es richtig nette Zeitgenossen darunter. Ich würde nicht sagen, dass ich Verbrecher zu meinen Freunden zähle, aber einige waren ganz OK – menschlich zumindest. Was man von den Staatsorganen nicht immer behaupten kann: Da gab und gibt es eine ganze Menge Arschlöcher.«

Wie man an Harkos Abgang sehen konnte, dachte ich. Eines Tages hatte er sich so über eines dieser sogenannten Arschlöcher geärgert, dass er gekündigt hatte – Harko liebte es spontan…

»Gut und böse lassen sich nicht sauber voneinander trennen,« fuhr Harko fort. »Diejenigen, die sich für gut halten, gehen zur Polizei und arbeiten fortan mit staatlichem Segen. Was nicht heißt, dass sie wirklich gut sind. Die Bösen werden Verbrecher – und damit Teil eines Industriezweiges, der in keiner Außenhandelsbilanz auftaucht, in dem es keine Arbeitslosenversicherung, keine Gewerkschaften und keine geregelten Arbeitszeiten gibt. Doch es ist ein uralter Wirtschaftszweig und einer, den es auch in Zukunft immer geben wird.«

»Sei mir nicht böse,« sagte ich. »Aber ein Verbrechen ist ein Verbrechen und ein Verbrecher gehört bestraft.«

Harko lächelte mich spitzbübisch an. »Kennst Du den Film *Fahrenheit 451*?«

Ich kannte ihn nicht.

»Ist ein Science-fiction,« erklärte Harko. »In dem Film ist das Schreiben, das Lesen und sogar der Besitz von Büchern verboten. Hätten wir beide uns in diesem Film kennengelernt, hätte ich alle Deine Bücher verbrennen und Dich verhaften müssen.« Er lachte laut auf.

»Was ist daran so lustig?« fragte ich.

»Ich musste gerade daran denken, dass Du dann endlich wüsstest, wie sich ein Verbrecher fühlt.«

»Du nervst!« sagte ich. Was er auch tat. Vielleicht aber fing ich genau in diesem Augenblick an, Harkos Einstellung zur Kriminalität zu verstehen.

Wieder zu Hause, druckte ich aus, was ich bislang an meinem neuen Krimi geschrieben hatte. Während der Laserdrucker noch beschäftigt war, machte ich mir einen Kaffee, dann nahm ich mein Werk, setzte mich auf die Terrasse und begann zu lesen.

Ich hatte herrliche Figuren entworfen. Mächtige Drogenbosse, die ohne mit der Wimper zu zucken einen Mord anordneten; willfährige Killer, die diese Morde ausführten und brave Polizisten, die ihr Leben dem Kampf gegen das Böse gewidmet hatten. Die trotz bescheidenem Einkommen und drückender Schuldenlast für ihr winziges Eigenheim kein Jota vom Pfad der Gerechtigkeit abwichen. Es war der uralte Kampf gut gegen böse. Bis zu diesem Morgen war ich stolz auf mein Werk gewesen.

Ich las das Manuskript zweimal durch, rauchte eine Zigarette und stellte fest, was ich seit meinem Gespräch mit Harko befürchtet hatte: Es war unrealistisch. Es war Klischee. Es war schlecht. Ich tat das einzige, was ich tun konnte: Ich warf das Manuskript in den Papierkorb.

Danach rief ich Harko an. Sagte ihm, dass ich im Grunde genommen überhaupt nichts wisse über das Verhältnis von Verbrechern zur Polizei und fragte, ob er mir ein paar Tipps geben könne.

»Komm heute Abend vorbei,« sagte er am Telefon, »wir grillen. Dabei kann ich Dir mehr erzählen.«

Wir verabredeten uns für acht und ich stellte zwei Flaschen Wein kühl, die ich mitnehmen wollte. Ich hatte noch Zeit und skizzierte meine Geschichte neu. Meine Drogenbosse behielt ich bei, doch waren sie keine skrupellosen Bösewichter mehr, sondern knallhart kalkulierende Geschäftsleute. Meinen Killern gab ich Familie: Kinder, die mehr Taschengeld verlangen, Ehefrauen, die sich beklagen, weil ihre Freundinnen schönere Kleider besitzen. Meine Polizisten waren nun Bestechungen gegenüber viel aufgeschlossener.

Vor mir entstand eine Gesellschaft, in der jeder ums Überleben kämpft und der Weg dazu führt über die Drogen: Das kleine Kolumbien, wirtschaftlich gesehen ein Dritte-Welt-Land, das sich an den Junkies in den USA schadlos hält, an Menschen, die im Land der unbegrenzten Möglichkeiten leben, aber es nicht schaffen, den amerikanischen Traum für sich selbst zu verwirklichen. Je mehr ich skizzierte, desto klarer erkannte ich, wie ich ein Bild der Wirklichkeit zeichnete.

Ein Schriftsteller ist kein Dokumentar; ein Roman lebt davon, dass Menschen etwas erleben. Ich erschuf zwei Brüder, die als Kinder unzertrennlich sind, als Erwachsene aber unterschiedliche Wege gehen: Der Ältere wird die rechte Hand eines Drogenbosses, der Jüngere Polizeichef von Medellín. Der Roman würde die Geschichte dieser Brüder erzählen und wie jeder von ihnen seinen eigenen Weg von gut und böse finden muss. Ich dachte an Harkos Aktion mit den Jugendlichen, wie er kleine Spitzel eingesetzt hatte und beschloss, auch in meine Geschichte einen Undercover-Agenten einzubauen. Harko sollte mir sagen, was ich dabei zu beachten hatte.

Als es Zeit wurde, zu Harko zu gehen, hatte ich meinen Plot fertig – und noch immer keine Vorstellung davon, wie es in der Realität um die Beziehung von Bullen und Bösewichtern bestellt ist. Ich hatte nur den leisen Verdacht, dass die Grenzen sehr, sehr fließend sind.

Harko hatte frischen Fisch vorbereitet, eine Spezialität von ihm: Einen Tag lang in einer speziellen Kräutermischung mariniert, dann kurz über dem offenen Feuer gegrillt – ein Gedicht. Mein Wein würde gut dazu passen.

Marianne, Harkos Frau, nahm den Wein in Empfang. Wie immer sah sie bezaubernd aus mit ihren leuchtenden Augen und dem strahlenden Lächeln, doch wie immer war sie unglücklich mit ihrem Aussehen: Die langen blonden Haare durch das Salzwasser ausgebleicht, die starke Sonne hatte zwei Sommersprossen ins

Leben gerufen, mitten auf der Nase, und überhaupt, sagte sie, sehe sie mal wieder schrecklich aus. Ich wusste nie, ob ich in einem solchen Fall trösten oder Komplimente machen sollte und beschränkte mich sicherheitshalber darauf, ihr zu raten, den Wein kühlzustellen.

»Nicht nötig,« sagte sie, »wir essen gleich.«

Doch ich war nicht wegen des Essens gekommen, ich wollte mehr über das Verhältnis von Verbrechern und Polizisten erfahren. Ich berichtete Harko von meinem neuen Ansatz, schilderte ihm, wie ich meine Figuren anlegen wollte und dass ich daran dachte, einen Polizeispitzel in die Drogenorganisation einzuschleusen.

Harko hörte mir geduldig zu. Bis ich zu meinem Undercover-Agenten kam. Dazu sagte er nur einen Satz: »Vergiss es.«

»Aber warum denn, Papa?« fragte Tina, die ältere von Harkos Töchtern. »Im Fernsehen machen die das immer so.«

Tina und Sina waren Zwillinge, im August zwölf geworden und gerade dabei, die Welt zu entdecken. Tina, die ältere, verschlang dazu Bücher in rauhen Mengen, während Sina, die temperamentvollere der Beiden, gern auf Entdeckungstour ging.

Harko nahm sich einen Fisch, filetierte ihn sorgfältig und aß mit offensichtlichem Wohlbehagen. »Den Undercover-Agenten, den Du meinst, gibt es nicht,« sagte er, nachdem er den Fisch verzehrt und die Reste den Katzen zugeworfen hatte, die sich nun darum balgten. »Der ist eine Erfindung von Autoren.«

Natürlich legte ich sofort Protest ein – Polizisten und Agenten, die unter einer falschen Identität den Feind aushorchen, sind keine Erfindung, sie sind so alt wie die Menschheit.

Harko lachte nur. »Du glaubst das Märchen, ein Polizist müsse sich nur wie ein Verbrecher kleiden, ein paar coole Sprüche von sich geben und schon würde er akzeptiert?«

»So funktioniert das im Fernsehen,« sagte Tina, »da haben die Guten die Bösen in Nullkommanichts überführt.«

»Im Fernsehen,« sagte Harko, »haben es die Guten auch sehr einfach. Da bekommt ein Kriminalbeamter einen falschen Pass, eine dicke Rolex und einen Porsche, stellt sich bei einer Bande vor, wird sofort eingestellt, ist schon nach einer Woche die rechte Hand des Chefs und kennt sich nach einem Monat in der gesamten Organisation aus.« Harko griff sich einen Zahnstocher und widmete sich einem Stück Gräte, das sich zwischen seinen Zähnen verfangen hatte.

»Vollkommen unrealistisch.«

»Gibt es nun Undercover-Agenten oder gibt es keine?« fragte Tina.

»Es gibt keine,« antwortete Harko, »zumindest nicht in Deutschland. Da heißen Leute, die so was tun, *Verdeckte Ermittler* oder kurz VEs. Das mit dem falschen Pass, der dicken Rolex und dem Porsche bekommen die VEs auch in Wirklichkeit gut hin, nur der Rest klappt nicht: Ganoven sind nicht immer doof. Wenn sich ein Typ bei ihnen vorstellt, der genauso aussieht wie der VE im letzten Tatort, da sagen die sich: Sieht aus wie ein VE, benimmt sich wie ein VE – was könnte der wohl sein?«

Harkos Gesichtsausdruck war nicht zu entnehmen, was er mehr verabscheute: Verdeckte Ermittler mit Rolex und Porsche oder das Stück Gräte zwischen den Zähnen. Als er letzteres gefunden hatte, hellte sich immerhin sein Gesichtsausdruck merklich auf.

»In Wahrheit sind Verbrecher lange nicht so dumm wie im Film.« Er sah mich an. »Das müsstest Du doch wissen: Warum sind die Verbrecher im Fernsehen immer so dämlich?«

»Sind sie gar nicht,« widersprach ich. »Die können sogar verdammt schlau sein. Wenn sie die Helden der Geschichte sind, sind sie sogar richtig clever. Doch wenn es um den Kampf gut gegen böse geht, siegt am Ende immer das Gute. Deshalb ist der Kommissar oder der Polizist oder wer immer gegen die Bösewichte antritt, noch ein Stück cleverer. Sonst ist es keine gute Geschichte.«

»Mmh,« gab Harko von sich. Er trank einen Schluck Wein. »Ich denke, ich muss mal ein paar Dinge klarstellen.« Wenn Harko so anfing, folgte meist ein Grundsatzvortrag. Zum Glück begann er nicht bei Adam und Eva und Engeln, die im Auftrag des lieben Gottes alle Sünden verpetzen, doch er griff weit in die Geschichte zurück.

»Wenn heute von Undercover-Agenten oder Verdeckten Ermittlern die Rede ist, kommt schnell der Begriff Judas ins Spiel. Doch Judas war kein Ermittler, Judas war schlicht und einfach ein Verräter.«

»Das weiß ich selbst,« sagte ich. Ich mochte es nicht, wenn Harko den Lehrer spielte.

»Wenn Du das weißt, solltest Du das nie vergessen. Für Deine Kollegen von der schreibenden Zunft scheinen ein Agent und ein Verräter ein und dasselbe zu sein.«

Er setzte sich aufrecht hin, ein Zeichen, dass es jetzt erst wurde. »Ein Verräter ist jemand, der seine Freunde in die Pfanne haut. So einer ist ein Schwein. In Büchern und Filmen mag es dramatisch sein, wenn ein Spion eine Freundschaft mit seinen Opfern eingeht und dann, wenn es um seinen Auftrag geht, in Gewissenskonflikte kommt. In der Realität darf das nicht vorkommen: Wer verdeckt ermittelt, muss wissen, wo seine Freunde sind.«

»Um diese Gewissenskonflikte zu vermeiden?« fragte ich mit süffisantem Unterton. Harko hatte natürlich recht: Die emotionalen Konflikte eines Verräters waren ein Thema in einer Geschichte, der sich jeder Autor stellen musste. Diese Konflikte waren das Salz in der Suppe praktisch jedes Spionagethrillers und wenn ich in meinen Krimi einen Undercover-Agenten einbaute, würde auch der mit Gewissensbissen zu kämpfen haben.

Harko aber hatte eine andere, praxisorientierte Sicht dieses Problems. »Ein Verdeckter Ermittler,« sagte er, »der sich mit seinen Gegnern verbrüdert, läuft Gefahr, umgedreht zu werden. Entweder er arbeitet irgendwann für beide Seiten oder er wechselt das Lager. Deshalb muss er die ganze Zeit über genau wissen, wo er steht und deshalb darf er sich mit seinen Feinden nicht anfreunden. Klar?«

Dieser Aspekt wird in der Literatur ausgeklammert, musste ich mir eingestehen, da hatte der Auftrag stets Vorrang.

»Ein Verdeckter Ermittler ist ein Spitzel, ein Mann oder eine Frau, die eine Gruppe ausspioniert, von der bekannt ist, dass die Gruppe schlechte Dinge tut.«

»Also ein Spion,« sagte Tina.

Harko widersprach. »Nein, mein Schatz, kein Spion. Ein Spion will wissen, was ein anderes Land tut – der Feind, oft auch der Freund. In der Politik traut keiner dem anderen. Verdeckte Ermittler aber werden nur auf Leute angesetzt, die etwas Böses tun.«

Er trank einen Schluck Wein. »In Deutschland gibt es eine Menge Verdeckter Ermittler, aber nur wenige bei der Polizei. Hauptsächlich unterwandern sie politische Gruppierungen, damit entsprechende staatliche Stellen über die aktuellen Vorgänge informiert sind.«

»Bewähren sich Verdeckte Ermittler im Polizeieinsatz nicht?« fragte ich.

»Ja und nein,« entgegnete Harko. »Das Problem besteht in der Langfristigkeit. Ein Verdeckter Ermittler braucht eine wasserdichte Agenda, er muss das Vertrauen seiner Zielpersonen erwerben und er muss in eine Organisation hineinwachsen. Das dauert mitunter Jahre. In der Politik ist das kein Problem – Parteien oder politische Gruppierungen müssen über Jahre hin beobachtet werden und da lassen sich verdeckte Ermittler gut einsetzen. Doch in der Kriminalität werden selten derart lange Observierungen durchgeführt. Wir haben das im Bereich der Wirtschaftskriminalität gelegentlich gemacht, doch in anderen Abteilungen bewährt sich das nicht besonders. Was die brauchen, sind Spitzel.«

Tina machte ein erschrockenes Gesicht. »Ein Spitzel ist ja noch schlimmer als ein Spion.«

Harko und ich mussten gleichzeitig schmunzeln. »Du hast vollkommen recht, mein Schatz,« sagte Harko, »ein Spitzel ist ein schlimmer Mensch. Aber ohne geht es leider nicht.« Er holte wieder zu einem historischen Rundschlag aus. »Spitzel waren nicht immer schlechte Menschen. Der Name stammt aus dem Mittelalter, als kleine Menschen, häufig auch Kinder, die Schornsteine reinigten, indem sie in ihnen nach oben kletterten und den Ruß abkratzten. Ihren Lohn bekamen sie erst, wenn sie aus dem Dachfirst herauswinkten, der zu der Zeit wohl *Spitzel* genannt wurde – die Spitze des Hauses.«

»Du meinst,« sagte ich erstaunt, »Spitzel ist nichts weiter als eine Berufsbezeichnung und hat gar nichts mit spionieren zu tun?«

»Am Anfang hatte es das auch nicht,« sagte Harko. »Doch wer auf Dächern arbeitet, hat eine gute Aussicht. Der kann alles beobachten. Und weil er dabei augenscheinlich nur seine Arbeit tut, fällt er nicht einmal auf. Die Obrigkeit merkte das schnell und nutzte die Spitzel, um Informationen über die Bürger zu bekommen. Der schwarze Mann, den Kinder oft fürchten, ist niemand anderes als der Schornsteinfeger, den die Menschen damals wirklich zu fürchten hatten, weil er sie im Namen der Obrigkeit ausspionierte.«

Harko lachte. »Dass der Kaminkehrer heute als Glücksbringer gilt, ist schon eine große Ironie.« Er wurde wieder ernst. »Auch der Ausdruck *anschwärzen* kommt direkt von den Spitzeln. Damit sie nicht wegen jeder Information zur Obrigkeit laufen mussten, hinterließen sie Zeichen – mit ihren schmutzigen, schwarzen Händen.«

»Jetzt erzähl mir nicht,« unterbrach ich Harko, »dass die deutsche Polizei heute noch Kaminkehrer als Informanten einsetzt.«

Harko machte eine wegwerfende Handbewegung. »Das ist Geschichte. In Deutschland gibt es heute auch keine Spitzel mehr, die ihre Mitmenschen überwachen. Böse Nachbarn mal ausgenommen.« Plötzlich machte er ein ernstes Gesicht. »In der DDR war das anders. Da gab es die IMs, die Inoffiziellen Mitarbeiter, das waren Spitzel im ursprünglichen Sinn des Wortes: Die spionierten wirklich ihre Mitmenschen, oft sogar ihre Freunde aus.«

»Du würdest nie mit Spitzeln zusammenarbeiten, nicht wahr, Papa?« fragte Sina. Es war das Grundvertrauen eines Kindes in den Vater und ich merkte, wie es Harko einen Stich versetzte. Er hatte sehr wohl Spitzel für seine Arbeit benutzt.

»Wir hatten ein paar verdeckte Ermittler,« sagte er, ohne auf Sinas Frage zu antworten, »doch deren Einsätze waren immer kritisch. Wie ich schon sagte: Derartige Aktionen machen nur langfristig Sinn. In der Politik können sich verdeckte Ermittler auf die Rolle als Beobachter beschränken, doch wer in einer kriminellen Vereinigung tätig ist, muss zwangsläufig früher oder später an Straftaten teilnehmen. Da Polizisten laut Gesetz immer und überall einschreiten müssen, um Straftaten zu verhindern, macht sich ein VE automatisch strafbar, wenn er versucht, seine Tarnung aufrechtzuerhalten und sich an Verbrechen beteiligt. Offiziell sind VEs nur dazu da, Straftaten aufzudecken, die mit anderen Methoden nicht nachgewiesen werden können. Theoretisch könnten sie sich also darauf beschränken, Informationen zu sammeln. Was in der Praxis natürlich nicht immer möglich ist, sie müssen aktiv werden. Schon haben wir das nächste Problem: Wird die begangene Straftat später vor Gericht verhandelt, kann der Verteidiger des Angeklagten immer behaupten, sein Mandant sei von dem VE angestiftet worden. Das Gegenteil zu beweisen ist schwer.«

Adieu, mein kolumbianischer Undercover-Agent, dachte ich, wenn ich aus Dir keine vollkommen unrealistische Romanfigur machen will, handle ich mir mit Dir nur eine Fülle von Problemen ein.

»Also kaum eine Chance zur Unterwanderung,« sagte ich resigniert.

Harko nahm sich noch einen Fisch. »Es gibt schon gute VEs und ganz ohne geht es nicht. Aber es ist schwer. Und meistens überflüssig.«

»Überflüssig?« fragte ich erstaunt.

Auch Tina sah ihren Vater neugierig an.

»Ich habe Dir oft genug gesagt, Du sollst aufhören, Verbrecher als üble Schurken anzusehen. Zumindest Berufsverbrecher, die damit ihren Lebensunterhalt bestreiten. Sie tun etwas Illegales, das ist alles. Sonst sind die meisten von ihnen vollkommen normal. Auch eine Bande ist nicht einfach Abschaum. Wenn sie etwas taugt, ist sie wie ein Unternehmen organisiert. Und jetzt frage ich Dich: Wenn Du etwas über ein Unternehmen wissen willst – schleust Du dann einen Mann ein und wartest anschließend eine halbe Ewigkeit, bis Du Informationen bekommst?«

Da brauchte ich nicht lange nachzudenken. »Ich würde mir einen unzufriedenen Mitarbeiter suchen, der etwas ausplaudert.«

»Exakt,« sagte Harko. »Du suchst Dir einen V-Mann.«

»Du meinst jemanden, der petzt?« fragte Tina und Sina kicherte.

Plötzlich saß Harko zwischen zwei Stühlen: Wie erklärt man zwei zwölfjährigen Mädchen, dass petzen schlecht, ausplaudern aber gut ist?

Ich versuchte Harko zu helfen und sah Tina an: »Was machst Du, wenn Sina heimlich das letzte Stück Kuchen gegessen hat und Deine Mutter wissen will, wer es gewesen ist?«

Ohne nachzudenken, sagte Tina: »Ich sage Mama, dass Papa es gegessen hat. Das macht er nämlich immer. Und Sina macht sich nichts aus Kuchen.«

Marianne lachte schallend, Harko verschluckte sich an seinem Wein und ich merkte, dass Kindererziehung nicht unbedingt zu meinen Stärken gehört.

»Gib Dir keine Mühe, Roberto,« sagte Marianne. »Ich versuche Tina schon lange zu erklären, was eine Notlüge ist, doch sie sagt immer die Wahrheit. Aber petzen tut keine von beiden und das ist auch gut so.« Sie lächelte verschmitzt. »Wenn bei uns ein Stück Kuchen verschwindet, gibt es immer einen Hauptverdächtigen…«

Harko wollte das Thema nicht ausdiskutieren. »Verbrecher petzen nicht. Sie geben Informationen preis, weil sie sich davon einen Vorteil versprechen. Meist geht es um Haftverschonung oder Strafminderung, oft auch um eine Belohnung. Was glaubst Du, was manche Leute für eine Aufenthaltserlaubnis oder einen wiederbeschafften Führerschein tun. Oder sie wollen schlicht und einfach einen Konkurrenten aus dem Weg räumen und arbeiten deshalb für kurze Zeit mit der Polizei zusammen.« Er schmunzelte. »Ich habe schon oft erlebt, dass Inhaftierte ihre direkte Konkurrenz anschwärzen und damit rechnen, nach ihrer Entlassung freies Feld zu haben.

Die staunen nicht schlecht, wenn nun die eingebunkerten Konkurrenten selbst das Singen anfangen.«

Er wurde wieder ernst. »Was V-Leute tun, ist nicht schön. Aber fast alles, was mit Verbrechen zu tun hat, ist nicht schön. Manchmal muss man einfach Feuer mit Feuer bekämpfen.« Dann sagte er zu Tina: »Wenn Du Sinas Motorrad benutzt, eine Freundin von Dir zu Sina geht und ihr das sagt, dann ist das Petzen und das ist nicht schön. Du hast Deiner Freundin vertraut und sie hat Dich in die Pfanne gehauen. Doch wenn jemand Sinas Motorrad klauen würde und ein anderer würde den Dieb verraten, dann ist das kein Petzen: Dann hat jemand etwas Böses getan. Und Sina möchte ihr Motorrad zurückhaben.«

»Verstehe,« sagte Tina, doch Sina rief aufgebracht: »Niemand darf mein Motorrad klauen und fahren darf auch niemand damit. Das gehört nur mir!«

»Pff,« machte Tina, »wer will schon mit Deinem blöden Motorrad fahren.«

»Mädels,« sagte Marianne, »ich glaube, es ist Zeit für euch, ins Bett zu gehen.«

Das war den Beiden gar nicht recht, nur murrend gehorchten sie. Als sie ins Haus gingen, hörte ich Sina noch zischen: »Das kann ich Dir sagen: Wenn Du mein Motorrad auch nur anrührst, dann…« Doch Tina zeigte ihrer Schwester nur die kalte Schulter.

Nachdem die Mädchen im Haus verschwunden waren, sah mich Harko grinsend an. »Schöner hätte ich Dir die moralischen Probleme beim Einsatz von V-Leuten gar nicht aufzeigen können.« Er trank einen Schluck. »V-Mann klingt gut, fast so gut wie Verdeckter Ermittler. In Wirklichkeit ist ein V-Mann ein Judas: Ein Verräter, der seine Kumpel in die Pfanne haut.«

»Es gibt eben keine Ehre unter Verbrechern,« stellte ich lakonisch fest.

Das ließ Harko nicht gelten. »Du denkst schon wieder in Klischees. Berufsverbrecher haben sehr wohl eine Ehre. Genau wie Polizisten. Oder Richter. Und Staatsanwälte. Aber alle sind in einem schmutzigen Geschäft. Ein Knacki, der noch ein paar Jahre zu sitzen hat, kann durchaus auf die Idee kommen, Kollegen zu verpfeifen, am Besten solche, die ihm übel mitgespielt haben. Das ist allemal besser, als die Strafe weiter abzusitzen.«

»Kommen alle V-Leute aus dem Knast?«

»Viele, aber nicht alle. Du kannst in der Praxis nicht einmal sauber zwischen V-Leuten und Verdeckten Ermittlern unterscheiden. Nicht jeder VE ist ein Polizist, aber viele V-Leute arbeiten auch als VEs.«

»Das ist mir zu kompliziert,« gab ich zu. »Überhaupt: Ist das nicht gefährlich? Für den V-Mann oder die V-Frau? Ich meine: Wenn einer singt – dann wird das sicher nicht gern gesehen.«

»Erinnerst Du Dich an den Fall Lopez?« fragte Harko. »Der Spitzenmanager von Opel, der mit seinem ganzen Team und einer LKW-Ladung voll interner Dokumente zu VW gegangen ist?«

Ich hatte den Fall sogar genau studiert. José Ingnacio Lopez de Arriortua, ein Spanier, hatte bei Opel alle Einkaufspreise und die Unterlagen der Modellplanung für die nächsten Jahre kopiert, war damit zu VW gegangen und hatte dort die Zulieferer gnadenlos im Preis gedrückt. Einer der übelsten Fälle von Wirtschaftsspionage und einer, bei dem der Schurke auch noch in aller Öffentlichkeit verdammt gut verdient hatte.

»Bei VW war Lopez hochwillkommen und die anderen Automobilhersteller haben sich einen Dreck um die ganze Affäre gekümmert. Vermutlich haben sie nur ihre eigenen Sicherheitsvorkehrungen gründlich überprüft und dafür Sorge getragen, dass bei ihnen so etwas nicht möglich ist. Hätte Lopez das gleiche bei einer großen Verbrecherorganisation gemacht, wäre er ein paar Tage später mit einer Kugel im Kopf aufgefunden worden. So aber hat er von VW ein Vermögen bekommen.« Leise fügte er hinzu: »Würde mich nicht wundern, wenn er eines Tages in seinem schönen Spanien einen tödlichen Autounfall hat.«

Dann kam Harko zurück auf die V-Leute. »Die meisten V-Leute sind kleine Ganoven, die nur wenig Schaden anrichten. Und Profis haben anderes zu tun, als jeden zu verfolgen, der singt. Das war eine Erfindung von Edgar Wallace – der ließ in seinen Krimis jeden töten, der einen Polizisten auch nur grüßte.«

Harko öffnete die zweite Flasche Wein und schenkte sich ein. »Wir holen V-Leute für ihren Einsatz aus dem Gefängnis oder bringen sie erst gar nicht rein. Und wir bezahlen sie für das, was sie für uns tun: Sie erhalten einen Judas-Lohn. Der bringt ihnen aber nur selten Glück. Früher oder später – leider meist früher als später – drehen sie wieder ein Ding und landen erneut hinter Gittern. Manche glauben, weil sie uns einmal geholfen haben, pauken wir sie aus allem raus. Doch das ist ein Irrtum.«

»Du sagst immer wir,« unterbrach ihn Marianne heftig. »Du bist nicht mehr dabei!«

Harko sah Marianne an. »Entschuldige – Du weißt, dass mich das noch immer stark berührt.«

Marianne sagte zu mir: »Harko hatte auch private Kontakte zu V-Leuten.« Was ihr offensichtlich nicht behagt hatte.

»Du warst mit Verbrechern befreundet?« fragte ich neugierig.

»Nicht befreundet,« sagte Harko. »Aber einige standen mir recht nahe.«

»Weißt Du, Roberto,« sagte Marianne, »Harko hält nicht viel von Vorschriften.«

Damit traf sie einen wunden Punkt bei Harko. »Dann sieh Dir doch an, wo die Polizei heute steht,« sagte er wütend. »Den guten Polizisten werden Daumenschrauben angelegt, die Milchbubis, die außer klugen Sprüchen nichts drauf haben, machen Karriere.«

Marianne und er hatten wohl schon viele Diskussionen deswegen geführt.

Harko schnaubte verächtlich. »Weißt Du, was in den Dienstvorschriften für den Umgang mit V-Leuten drinsteht? *Persönliche Kontakte sind unbedingt zu vermeiden.* Das haben Beamte verfasst, die den ganzen Tag in ihren Büros sitzen. Sie wissen nicht, dass man Verbrechen nur durch Verbrecher bekämpfen kann. Dass nicht das theoretische Wissen, sondern der persönliche Kontakt für den Erfolg entscheidend ist. Du kannst einem V-Mann nicht einen Auftrag erteilen wie einem Handwerker – Du musst ihn führen. Du musst Vertrauen aufbauen. Dir seine Sorgen anhören. Ihm auch mal helfen. Eine Wohnung oder einen Job besorgen.«

In diesem Moment schlugen die Hunde an. Auf der Zufahrt hielt ein Wagen, ein Mann stieg aus.

»Pios ine?« rief Harko: Wer ist da.

»Harko?«

Ein Mann kam auf uns zu, den ich noch nie in Afionas gesehen hatte. Er lächelte und sagte: »Hallo Harko.«

Marianne wurde bleich und Harko fiel buchstäblich die Kinnlade herunter. »Rudi?« stammelte er.

Rudi sagte: »Haste mal´n Bier? Ich hab mächtig viel Durst.«

Harko und Marianne waren überaus gastfreundlich, Besucher immer willkommen. Das hier aber war kein Wiedersehen unter

Freunden: Harko wäre am liebsten im Erdboden versunken und Marianne hatte ich noch nie so ablehnend erlebt.

Schließlich sagte sie spitz zu Harko: »Möchtest Du Roberto und unseren Gast nicht miteinander bekannt machen?«

Harko kam der Aufforderung nach: »Das ist Roberto, ein guter Freund von mir, und das ist Rudolf.«

Wir reichten uns die Hand.

»Du wolltest doch einen V-Mann kennenlernen – bitte schön. Rudi und ich haben zwei Jahre zusammengearbeitet.«

»Wir haben uns nämlich gerade über die unschätzbaren Dienste unterhalten, die V-Leute für die Polizei leisten,« sagte Marianne süffisant.

Rudi hörte gar nicht zu. »Haste nun ein Bier oder nich?«

Harko holte ihm eine Flasche Zorbas aus der Küche und öffnete sie. Rudi setzte die Flasche an und trank sie in einem Zug aus, ohne dabei ein einziges Mal zu schlucken. Er rülpste laut und sagte: »Mann, tut das gut.«

Marianne stand auf, murmelte, sie sei müde, wünschte Harko und mir eine gute Nacht und verschwand im Haus. Ich nutzte die Gelegenheit, mir Rudi genauer anzusehen. So also, dachte ich, sieht ein Berufsverbrecher aus. Denn das war er zweifellos, wenn er Harkos V-Mann gewesen war.

Rudi war Anfang 40, durchschnittlich groß, nicht sonderlich kräftig, hatte kurzgeschnittenes, rötliches Haar mit einer beginnenden Glatze. Bekleidet war er mit einem blauen T-Shirt und einer Jeans. Keine Rolex, keine Goldkettchen, keine Narben im Gesicht, die auf wilde Schlägereien hindeuteten: Wäre er in einer Kneipe neben mir gestanden, hätte ich ihn glatt übersehen. Der einzige Schmuck, den er trug, war ein silbernes Halskettchen mit einem Anhänger, einem Mondstein. Das war kein wertvoller Schmuck, das war nur ein Talisman.

Harko schien innerlich zu schwanken. Ich hatte den Eindruck, er freue sich, Rudi wiederzusehen, gleichzeitig war er wohl unglücklich darüber, mit seiner Vergangenheit konfrontiert zu werden. Schließlich siegte die Neugier und er fragte: »Wo kommst Du her? Und wie um alles in der Welt hast Du mich überhaupt gefunden?«

Rudi antwortete nicht sofort, sondern deutete zuerst auf mich. »Ist der da OK?«

»*Der da* ist mein Freund und er ist sogar schwer OK.« Das fasste ich als dickes Kompliment auf.

Rudi schien zufrieden. Er sagte: »War gar nich so einfach, Dich zu finden. In Deutschland ham se nur gewusst, dass Du auf Korfu bist, aber keiner wollte sagen, wo genau Du steckst. Erst war ich zwei Tage im Süden, aber da hat Dich keiner gekannt. Dann hab ich mich im Norden umgehört und da hat einer gesagt, in Afionas gäbe es einen deutschen Bullen, einen Wunderknaben, den sogar die griechische Polizei um Hilfe bittet. Da hab ich gewusst, das kannst nur Du sein.«

Harko war die Popularität, die er seit kurzem auf der Insel genoss, offensichtlich peinlich. »So viele Leute kennen mich gar nicht.«

»Im Dorf wusste es jeder,« sagte Rudi.

»Weil hier jeder jeden kennt,« entgegnete Harko. »Aber jetzt sag schon: Was treibt Dich hierher? Ich dachte, Du müsstest noch ein paar Jahre sitzen?«

Rudi seufzte. »Ich bin getürmt.«

»Du bist was?« fragte Harko entgeistert.

»Nich was Du denkst,« sagte Rudi. »Kein Ausbruch oder so. Ich war auf Freigang.«

Harko war jetzt richtig wütend. »Und da kommst Du ausgerechnet zu mir? Zu einem Bullen? Ich müsste sofort die Polizei rufen und Dich verhaften lassen. Sonst mache ich mich selbst strafbar.«

Deshalb, dachte ich amüsiert, würde sich Harko keine grauen Haare wachsen lassen. Die Situation war jedoch keineswegs so amüsant wie ich dachte. Denn Rudi schluckte und sagte: »Wenn Du das tust, bin ich tot. Genau wie Maja.«

»Maja? Deine Frau? Was ist mit ihr?«

»Tot isse. Das ist mit ihr. Kaltgemacht. Erschossen. Als sie mit mir spazieren ging. Deshalb bin ich ja getürmt.«

Harko beruhigte sich augenblicklich, seine Augen blickten schlagartig professionell. »Wer sollte Maja erschießen wollen? Die hat doch keinem was getan.«

»Die hatten es auf mich abgesehen,« sagte Rudi. »Mich wollten sie umlegen. Deshalb bin ich jetzt hier: Du musst mir helfen. Du bist der Einzige, der das kann. Allen anderen ist doch scheißegal, was mit mir passiert.«

»Rudi, Rudi,« sagte Harko, »wo bist Du da wieder reingetreten.«

»In die Scheiße, Harko,« sagte Rudi, »voll in die Scheiße.«

Viel war aus Rudi an diesem Abend nicht mehr rauszubringen. Seine Mutter war gestorben und für die Beerdigung hatte er zwei Tage Hafturlaub bekommen. Nach der Beerdigung in Leonberg, rund 10 Kilometer von Stuttgart entfernt, war er mit seiner Frau spazieren gegangen, als ein Schuss fiel und sie zusammenbrach. Rudi hatte sich zu Boden geworfen, seine Frau an den Armen gepackt und in den Straßengraben gezogen. Doch sie war tot, Rudi sagte, die Kugel habe sie direkt ins Herz getroffen.

Rudi ließ sie liegen, robbte durch den Straßengraben bis zur nächsten größeren Straße, lief immer weiter und fuhr schließlich mit einem Bus in die Stadt. Er war in Panik und dachte gar nicht daran, zur Polizei zu gehen. Stattdessen fuhr er mit dem Zug nach Basel, gut drei Stunden entfernt, wartete dort auf einen Freund, der ihm einen falschen Pass und etwas Bargeld brachte, ging dann durch die Zollkontrolle in den schweizerischen Bahnhof und fuhr vom schweizerischen Basel aus nach Zürich. Dort nahm er den Nachtexpress nach Wien, am nächsten Morgen den ersten Zug nach Zagreb, wo die Familie seiner Frau wohnt. Gegen Mittag kam er dort an.

In Zagreb blieb er ein paar Tage, bis er sich daran erinnerte, dass Harko auf Korfu lebt – das hatte er im Knast noch mitbekommen. Er lieh sich von seinem Schwager dessen alten Golf und fuhr durch Kroatien, Montenegro und Makedonien nach Griechenland, durchquerte Nordgriechenland und setzte schließlich mit der Fähre von Igoumenitsa nach Korfu über. Hier machte er sich auf die Suche nach Harko.

Ich war beeindruckt. Ich reiste viel durch die Welt, meist mit dem Flugzeug, immer mit meinem eigenen Pass und stets vollkommen legal. Dass eine Reise von Stuttgart nach Korfu, für die ein Flugzeug zwei Stunden braucht, auch fast zwei Wochen dauern konnte…

»Wo wohnst Du?« fragte Harko, denn inzwischen war es spät geworden.

»Ich schlafe im Wagen,« sagte Rudi. »Wenn ich morgen früh bei Dir duschen könnte?«

Harko hatte ein Gästezimmer, das guten Freunden immer zur Verfügung stand. Auch ich hatte dort schon übernachtet, wenn der Durst beim Grillen gar zu arg gewesen war. Doch ich glaubte nicht, dass er Rudi zu sich einladen konnte: Marianne würde Harko die Hölle heiß machen.

»Wenn Du abgebrannt bist, kann ich Dir gerne etwas geben,« sagte Harko.

Rudi winkte ab. »Das ist keine Frage des Geldes. Wenn die Polizei rausfindet, unter welchem Namen ich reise, können sie meine Spur bis Kroatien verfolgen. Dann ist Schluss. Doch wenn ich mich hier in einem Hotel anmelde…«

»Ich finde was für Dich, wo Du Dich nicht anmelden musst,« sagte Harko.

Rudi schien erleichtert.

»Für eine Nacht kann er bei mir unterkommen,« bot ich an.

Wenn ich geglaubt hatte, mein Angebot wäre willkommen, wurde ich enttäuscht: Rudi sah Harko misstrauisch an.

»Das ist schon in Ordnung,« sagte Harko. »Das schlimmste, was Dir bei ihm passieren kann, ist, dass Du nicht schlafen kannst. Roberto sägt, als wolle er alle seine Olivenbäume umlegen.«

Das war mir neu…

»Der Wagen kommt hier bei mir in die Garage,« sagte Harko zu Rudi. »Auf Korfu fahren nicht viele Touristen aus Kroatien herum, Dein Wagen würde auffallen.«

Wir luden Rudis Koffer in meinen BMW, stellten seinen Golf in Harkos Garage ab und ich fuhr mit Rudi zu mir.

Rudi schwieg die ganze Fahrt über. Erst als wir bei mir auf den Hof fuhren, fragte er: »Wann musst Du morgen früh zur Arbeit?«

»Wann ich will,« sagte ich. »Ich bin Schriftsteller.«

»Echt? Was für Bücher schreibst Du?«

»Krimis,« antwortete ich.

Rudi lachte. »Kein Wunder, dass Du Dich mit Harko verstehst.«

Er trug seinen Koffer ins Haus, ich zeigt ihm das Gästezimmer: Nichts aufregendes, aber gemütlich eingerichtet, wie ich fand. Rudi sagte nur: »Ich hab schon schlechter gewohnt.«

»Wenn Du duschen oder baden willst,« sagte ich und zeigte ihm das Bad. Neugierig sah er sich um. »Handtücher sind hier im Schrank, von den Badesachen nimmst Du Dir, was Du brauchst.«

Er ging zur Wanne. »Whirlpool?«

»Hier hole ich mir im Winter meine Ideen.«

Er deutete auf das Badezimmerfenster, das bis auf die Wanne herabreichte. »Würde mir nicht gefallen, wenn mir jemand beim Baden zusieht.«

Ich öffnete das Fenster und wies nach draußen, wo sich hinter dem Haus die Bäume bis zum Meer erstreckten. »Ein Kilometer Olivenwald. Mir sieht keiner beim Baden zu.«

Rudi pfiff leise durch die Zähne. »Nicht schlecht.«

»Du musst aber den Boiler vorher einschalten und eine halbe Stunde warten, bis das Wasser heiß ist.«

Seine Begeisterung schwand. »Keine Zentralheizung?«

»Nur im Winter für die Zimmer.«

»Dann schalt den Boiler an, ich möchte baden, bevor ich ins Bett gehe.«

Als nächstes führte ich ihn in die Küche und zeigte ihm den Kühlschrank. »Wenn Du Durst hast, bedien Dich einfach.«

Rudi schien gar nicht zuzuhören. Er deutete auf mein Regal mit Kochtöpfen. Laut zählte er die Töpfe durch: 22.

»Warst Du mal Koch?«

»Nein, warum?«

»Das letztemal hab ich eine solche Ansammlung in einer Großküche gesehen.«

Rudi war nicht der cinzige, der über meine Küchenausstattung staunte, doch ich fragte mich im Gegenzug immer, wie man mit nur zwei Töpfen und einer Pfanne wirklich kulinarische Leckereien zaubern wollte.

»Ich esse gern und nicht nur griechisch,« sagte ich. »Zutaten bekommt man auf Korfu, aber es gibt nicht viele wirklich gute Restaurants. Die meisten kochen für Touristen und die wollen nur viel und das möglichst billig.«

Er holte eine Schachtel Zigaretten aus der Tasche. »Darf man bei Dir rauchen?«

»Man darf,« sagte ich, »aber nur draußen.«

»Draußen?«

»Ich rauche selbst,« erklärte ich, »aber ich mag keinen Zigarettenrauch im Haus. Deshalb rauche ich nur auf der Terrasse.«

»Und was machst Du im Winter?«

»Du meinst, in den zwei Wochen, in denen es hier ein wenig kühler ist? Da rauche ich schneller.«

Er lachte höhnisch. »Ich habe die feine Lebensart der Reichen schon immer gemocht.«

»Von wem sprichst Du?« fragte ich scharf. »Von mir? Oder von Harko?«

»Es ist ja nett von Dir, dass Du mich eine Nacht bei Dir aufnimmst, aber Du musst mich nicht von oben herab behandeln.«

Das ist ein interessanter Abend, dachte ich. Zuerst erfahre ich, dass ich schnarche, dann, dass ich reich bin und jetzt auch noch, dass ich meine Gäste von oben herab behandle.

Ich holte zwei Bier aus dem Kühlschrank und ging wortlos auf die Terrasse. Rudi folgte mir, setzte sich und zündete sich eine Zigarette an. Es war jetzt Anfang September, die Tage wurden merklich kürzer, doch das Thermometer stand tagsüber noch immer auf 30 Grad. Und fiel auch nachts nie unter 20. So würde es bis in den November hinein bleiben.

»Korfu ist keine Insel der Reichen,« sagte ich, »sonst wären Harko und ich nicht hier.«

»Dann zeig mir einen armen Schlucker, der einen Whirlpool und einen Kilometer Olivenwald besitzt.«

»Falls es Dich beruhigt: Mir gehören nur die ersten hundert Meter davon. Und das Grundstück mitsamt dem Haus hat nicht mehr gekostet als ein Einzimmer-Appartement in einer Großstadt. Auf Korfu zu leben ist keine Frage des Geldes, sondern der Prioritäten.«

»Versteh ich nicht.«

»Es ist ganz einfach,« erklärte ich. »Bevor ich hierherkam, habe ich einen Trickfilm über Tiere in einem englischen Zoo gesehen, in dem ein Reporter die Tiere nach ihren Eindrücken befragt. Ein Leopard hat mich dabei sehr beeindruckt.«

Rudis Gesicht war deutlich anzusehen, was er davon hielt, die Meinung von Leoparden ernst zu nehmen. Dabei war es wirklich dieser Film, der mich dazu gebracht hatte, meine damalige Wohnung in Buenos Aires aufzugeben und mir einen ruhigen Platz auf einer Insel zu suchen.

»Der Leopard sagte, eine Zentralheizung und all der Luxus, den es in seinem Käfig gebe, sei sicher eine feine Sache und er könne sich vorstellen, dass andere Tiere das zu schätzen wüssten. Er dagegen brauche das nicht. Was er wirklich brauche, sei Platz. Viel Platz. Er wolle laufen, sich frei fühlen. Und er brauche Sonne. Viel Sonne. *I need space, I need sun*, sagte er wörtlich. Viele Freunde von mir haben sich für den Käfig mit Zentralheizung entschieden, sie leben in kleinen Wohnungen in überfüllten Städten und sind überzeugt davon, alles zu haben, was sie zum Leben brauchen. Schön für sie. Ich dagegen brauche Platz. Viel Platz. Und Sonne. Viel Sonne. Verstehst Du jetzt?«

Er sagte nichts.

»Wenn ich eine halbe Stunde warten muss, bis mein Badewasser heiß ist, dann warte ich eben eine halbe Stunde. Setze mich auf meine Terrasse, trinke ein Bier und rauche eine Zigarette. Und lausche den Zikaden...« In diesem Moment begannen Kermit und Miss Piggy, die beiden Bewohner meines kleinen Tümpels, mit ihrem nächtlichen Konzert. »…und den Fröschen.«

Rudi trank einen Schluck Bier. »Was hat Dir Harko über mich erzählt?«

»Über Dich? Gar nichts.«

»Seine Frau sagte, ihr hättet über mich gesprochen.«

Ich versuchte mich zu erinnern. »Wir haben uns über V-Leute unterhalten. Weil ich Material für einen Roman brauche. Über Dich haben wir nicht gesprochen.«

Er sah mich misstrauisch an. »Du weißt, dass ich getürmt bin. Kannst Dir also denken, dass ich kein Waisenknabe bin.«

»Und?«

»Vielleicht schneide ich Dir heute Nacht die Kehle durch?«

»Wozu?« fragte ich ungerührt. »Damit Du meinen Whirlpool klauen kannst? Oder meine Kochtöpfe?«

Ein Schriftsteller muss sich in seine Figuren hineinversetzen können. Also versuchte ich mich in Rudis Lage zu versetzen. Wie würde ich mich fühlen, nachdem meine Frau neben mir erschossen wurde? Wenn ich durch halb Europa getürmt wäre und nun mitten in der Nacht bei einem Schriftsteller mit Whirlpool und Aussicht auf einen Kilometer Olivenwald sitzen würde? Ich würde mich beschissen fühlen. Verdammt beschissen.

»Hör mal,« sagte ich. »Niemand weiß, dass Du hier bist. Außer Harko und mir weiß auch niemand, dass Dich die Polizei sucht. Benimm Dich einfach wie ein Tourist. Spann aus.«

»Ausspannen?« fragte er genervt.

»Ja,« sagte ich. »Du bist hier am Ende der Welt. Auf drei Seiten sind wir vom Meer umgeben, auf der vierten gibt es nur ein paar kleine Dörfer. Hier interessiert sich niemand dafür, was der Nachbar macht. Du bist ein Freund aus Deutschland, der zu Besuch ist, das ist alles. Mehr muss auch keiner wissen.«

»Morgen sitze ich in einer Pension und muss mich ausfragen lassen.«

Das war es also, wovor er sich fürchtete.

»Dann bleib erstmal hier.«

»Und Harko? Was wird der dazu sagen?«

Ich lachte. »Was wird er wohl dazu sagen? *Quetsch ihn aus! Wenn Dir einer was über die Arbeit eines V-Manns sagen kann, dann Rudi.«*

Zum erstenmal an diesem Abend lachte er. Dann fragte er: »Ist das ein Deal?«

»Du meinst, freie Kost und Logis gegen Informationen?«

»Wenn Du so willst? Ja.« Rudi kratzte sich an der Nase. »Ich zahl Dir auch gerne was, solange ich hier bin.«

Ich bemühte mich, eine möglichst überhebliche Miene aufzusetzen und sagte näselnd: »Wir reichen Leute nehmen keine Almosen, Sir!«

Diesmal lachten wir beide.

Ich war müde und ging ins Bett, schmökerte aus Gewohnheit noch in einem Buch. Rudi saß wohl noch eine Zeitlang auf der Terrasse. Ich hörte ihn erst, als er Wasser in die Wanne laufen ließ, danach wurde es wieder still. Aber nicht für lange: Rudi fing an zu singen, zwar falsch, dafür umso lauter. Nun, mein Nachbar Manousos hatte sich an die Froschkonzerte gewöhnt, er würde sich auch mit Rudis Arien abfinden.

Wenn ich schreibe, läuft vor meinem inneren Auge ein Film ab. Die Figuren, die ich geschaffen und in eine bestimmte Situation gebracht habe, agieren in meinem Kopf wie Schauspieler in einem Film und meine Aufgabe als Schriftsteller besteht darin, diesen Film so auf Papier zu bannen, dass meine Leser beim Lesen den gleichen Film sehen. Jedenfalls mehr oder weniger.

Manchmal, wenn ich tief in einer Geschichte drinstecke und über den weiteren Verlauf nachgrüble, kommt es vor, dass ich davon träume. Umgekehrt kann es sein, dass ich einen Traum als Ausgangspunkt für eine Geschichte verwende: Schriftsteller arbeiten eng mit ihrem Unterbewusstsein zusammen.

In dieser Nacht träumte ich weder von meinem Buch noch hatte ich eine neue Idee. Stattdessen wiederholte sich die ganze Nacht die gleiche Geschichte: Ich erlebte einen Raubzug nach dem anderen. Die Gesichter der Beteiligten wechselten, die Handlung blieb immer die gleiche: Ich sah, wie Rudi loszog, um jemanden zu berauben.

Nach dem Aufwachen fühlte ich mich wie gerädert. Ich kochte Kaffee, setzte mich auf die Terrasse, ließ mich von der Sonne bescheinen, rauchte eine Zigarette und dachte nach. Roberto, sagte ich mir, Du versteckst einen entlaufenen Häftling unter Deinem Dach. Du kennst ihn nicht, Du weißt nicht einmal, weshalb er sitzen musste. Mein Unterbewusstsein, das mit mir schon die spannendsten Abenteuer erlebt hatte, dem Mord und Totschlag bestens vertraut waren: Es ging mit mir ins Gericht. Erinnerte mich daran, dass ich im richtigen Leben nur das Gute in den Menschen sehen wollte. Was gelegentlich mit Enttäuschungen verbunden war, insgesamt aber gut funktionierte. Schlimmlinge gab es nur in meinen Büchern.

Nun lebte ein Schlimmling aus Fleisch und Blut unter meinem Dach. Ich kannte von Rudi nicht einmal den vollen Namen. Rudi Schlimmling?

Um zehn brachte der Bäcker frisches Brot, doch von Rudi war weder etwas zu sehen noch zu hören. Sollte er am Ende doch mit meinen Kochtöpfen... Ich ging in die Küche und kontrollierte meinen Topfbestand – alles noch da.

Kurz vor Mittag trat Rudi auf die Terrasse und reckte sich ausgiebig. »Mann, so gut geschlafen habe ich schon lange nicht mehr.«

»Guten Morgen,« sagte ich. »Frühstück?«

»Was haste denn da?«

»Kaffee, Brot, Marmelade, Wurst, Käse, Eier...«

»Klingt gut.«

Zehn Minuten später war der Tisch gedeckt und Rudi haute rein, als habe er seit Tagen nichts mehr gegessen. Was vielleicht sogar der Fall war.

»Mann, das ist was anderes als der Fraß im Knast,« sagte er mit vollem Mund. »An diese Art zu leben könnte ich mich glatt gewöhnen.«

Ich räumte die Reste weg, bereitete noch einmal frischen Kaffee zu, dann setzte ich mich wieder zu ihm auf die Terrasse. Rudi hatte die Beine in die Sonne gestreckt und rauchte eine Zigarette.

»Was willste als erstes wissen?« fragte er. »Warum ich im Knast war? Was ich mit Harko alles angestellt habe? Oder warum ich die Verbrecher-Laufbahn eingeschlagen habe?«

Ich schmunzelte. Welch ein Unterschied zwischen *auf die schiefe Bahn geraten* und *die Verbrecher-Laufbahn einschlagen*.

»Siehst Du das, was Du getan hast, als Laufbahn an?«

Rudi schloss die Augen, genoss offenbar die Wärme der Sonne. »Du wirst von mir nichts hören über meine unglückliche Kindheit, über die fehlenden Chancen und all den Quatsch, den die Psycho-Onkels von sich geben. Meine Kindheit war stinknormal, ich hab ne Lehre absolviert und ich hab in meinem Beruf gearbeitet.«

»Darf ich fragen, was Du gelernt hast?«

»Kfz-Mechaniker. Ich dachte, an Autos rumzuschrauben macht Spaß. Tut es auch. Aber jeden Tag malochen, immer dreckige Finger, nen Boss, der ständig motzt – das war nichts für mich. Ich dachte, ich hätt was besseres verdient.«

»Und hast Dich für den einfachen Weg entschieden.«

»Genau. Ein paar Ersatzteile mitgehen lassen und unter der Hand verhökern, gelegentlich ein Griff in die Ladenkasse. Das Übliche.«

»Und?« fragte ich, »hat es sich gelohnt?«

Er seufzte. »Nochmal würde ich den Scheiß nicht machen. Ehrlich. Das ist wie mit Rauschgift. Erst findstes cool und dann kommste nich mehr los von. Das erstemal bin ich mit 19 in den Bau. Sechs Monate. Die sitze ich auf einer Backe ab, dachte ich. War auch kein Problem. Die kamen erst hinterher. Als Vorbestrafter nen Job finden? Vergiss es. Ein Blick ins Führungszeugnis und Du bist raus. Ohne wenn und aber, völlig wurst, wie gut Du bist. Tja, und da hab ich mich eben für die Ganoven-Laufbahn entschieden. Ein bisschen klauen, ein bisschen dealen – das übliche halt.«

»Klingt nicht gerade aufregend,« sagte ich.

»Ist es auch nicht.«

»Hast Du wenigstens gut verdient?« fragte ich.

»Die meiste Zeit saß ich im Bau. Wenn Du dort gut leben willst, brauchst Du viel Kohle.«

»Das Leben im Gefängnis kostet Geld?« fragte ich erstaunt.

Er sah mich überrascht an. »Wusstest Du das nicht? Wenn Du Knete hast, kriegst Du im Knast alles. Fressalien, Bier, Stoff – sogar Weiber.«

»Frauen?«

»Keine Frauen! Weiber. Für nen Blauen kannste Dir beim Personal ne leere Zelle mieten, dann lässte Dir ne Mieze kommen.«

»Du scheinst in einem fidelen Gefängnis gewesen zu sein.«

»Ich kenn ein Dutzend Staatspensionen von innen. Der Service ist überall der gleiche. Du brauchst nur Kohle.«

Geld regiert die Welt, das wusste ich. Aber auch im Knast?

»Und warum bist Du V-Mann geworden?« fragte ich.

»Hat Dir das Harko nicht gesagt? Wegen der Kohle. Die Verdienstmöglichkeiten im Bau sind verdammt bescheiden. Wenn Du Connections nach draußen hast und was organisieren kannst, ist alles in Butter. Du stemmst nen kleinen Rauschgifttransport und kannst ein Jahr von leben. Aber ohne Beziehungen?«

»Ohne Beziehungen haust Du ein paar Andere in die Pfanne?« Rudi sollte meine Missbilligung deutlich spüren.

Rudi lachte nur laut. »Du bist Schreiber. Liest Du auch manchmal Zeitung?«

»Gelegentlich. Warum?«

»Dann achte mal drauf, was da passiert. Da gibt´s ein paar Schmierfinken, die tun genau das gleiche. *Der Kanzler hat gestern beim Empfang von Gräfin so und so an vollkommen unpassender Stelle gefurzt.* Die Leser lachen, der Schreiber kriegt Geld und der Kanzler ist der Gelackmeierte.«

»Das ist was anderes,« sagte ich. »Journalisten haben die Pflicht, zu informieren.« Vielleicht nicht unbedingt über des Kanzlers Fehltritte, aber wo wären wir ohne Journalisten?

»Ist das wirklich was anderes?« fragte Rudi. »Wenn ein Schreiber im Dreck wühlt und damit seinen Lebensunterhalt bestreitet, verteidigt er sich damit, wenn er´s nicht tut, dann tut´s ein anderer. Das ist OK. Wenn ich einen Dealer nicht in die Pfanne haue, tut´s auch ein anderer. Ist nur ne Frage der Zeit. Nur: Wenn´s ein anderer tut, kriegt der dafür die Kohle und ich schau in die Röhre.«

Spitzeldienste als Dienstleistung. So konnte man es natürlich auch sehen. Doch so wollte ich es nicht sehen.

»Moralische Bedenken hast Du dabei nicht? Ich meine: Wenn Du Deine Freunde in die Pfanne haust?«

Rudi verschluckte sich fast vor Lachen. »Freunde in die Pfanne hauen? Du hast se ja nich mehr alle. Kein Mensch hängt einen Kumpel ran. Das tun nur Geheimagenten, die sich in das Vertrauen sogenannter Feinde einschleichen und dann alle hintergehen. Das ist ein schmutziges Geschäft. Ich tu nur das Gleiche wie die Polizei und dafür werde ich bezahlt. Schlechter als ein Polizist, und das, obwohl mein Risiko viel höher ist. Doch die Bullen ernten die Lorbeeren und ich bin der letzte Dreck. Ich sag Dir mal was: Wenn ich in Eigenregie einen anderen über den Tisch ziehe, komme ich dafür in den Knast. Wenn ich das gleiche für die Bullen tue, bekomme ich dafür Geld. Für mich ist es Jacke wie Hose, ob ich einem Geschäftsmann mit einem kleinen Schwindel ein paar Mäuse aus der Tasche leiere oder einen libanesischen Dealer an die Bullen verpfeife. Nur der Staatsanwalt macht da einen Unterschied. Für den Geschäftsmann bekomm ich fünf Jahre, für den Dealer fünf Riesen. So sieht´s aus.«

Gut und böse, dachte ich. Wo liegt der Unterschied?

Bei meinen Recherchen versuche ich, möglichst objektiv und neutral zu sein. Trotzdem ertappe ich mich immer wieder dabei, wie ich über Vorurteile, vorgefasste Meinungen und Klischees stolpere. Als Rudi mir über seine Zeit im Gefängnis erzählte – da er fast 18 seiner mittlerweile 45 Lebensjahre dort verbracht hatte, wusste er einiges darüber zu berichten –, stolperte ich nicht nur gelegentlich über ein Vorurteil. Ich musste mir eingestehen, mein gesamtes Wissen darüber war falsch.

Nach Rudis Worten war das Gefängnis eine Welt für sich. Mit Hierarchien unter den Gefangenen, mit Rangordnungen unter den Wächtern. Es gab Leute, auf die man sich verlassen konnte, es gab Leute, denen man besser aus dem Weg ging, es gab Leute, die man einfach ignorierte.

Was mich am meisten erstaunte, war die Versorgungslage im Gefängnis. Dass man für Geld einiges bekommen kann, hatte ich mir schon gedacht. Aber Supermärkte in den Gefängnissen? Deren Angebot an Waren war nicht so üppig wie draußen, doch die Gefangenen konnten sich mit allem Notwendigen eindecken.

Ich versuchte, mir das in einem argentinischen Gefängnis zu Zeiten der Militärjunta vorzustellen. Erst in den Supermarkt, dann zurück auf die Folterbank und zwischen zwei Elektroschocks noch schnell die hohen Tomatenpreise beklagt…

Was mich an Rudis Erzählungen wirklich schockierte, war seine Beschreibung der kriminellen Aktivitäten im Gefängnis. Drogenhändler organisierten ihre Transporte munter weiter, Betrüger waren hinter Gittern so emsig wie zuvor. Natürlich war alles verboten, aber darum scherte sich niemand, man saß ohnehin schon im Bau. Hohe Tiere mit Beziehungen konnten den Justizbeamten sogar offen Paroli bieten. Und warum sollte ein Justizbeamter, dem von seinem Vorgesetzten befohlen wurde, bei gewissen Gefangenen beide Augen zuzudrücken, nicht dasselbe bei anderen Häftlingen tun, die für die gleichen Dienste etwas springen ließen? Rudi sprach nicht von Korruption, er sagte nur: »Man arrangiert sich.«

Ich hatte viele Kriminalfilme gesehen, in denen die Polizei einen Spitzel in den Knast einschleust. Das waren unbestechliche Helden, die unter Lebensgefahr an wichtige Informationen gelangten. Als ich Rudi darauf ansprach, winkte er nur müde ab. »Wir haben über solche Filme immer herzlich gelacht.«

In Wirklichkeit, sagte er, gibt es keine Bullen, die als Häftlinge getarnt sind – ein Knacki könne einen solchen Spitzel an tausend Kleinigkeiten erkennen. Wer nicht selbst aus dem Milieu komme, habe keine Chance, an Informationen ranzukommen. Doch die Polizei arbeite viel mit V-Leuten zusammen. Letztendlich könne keiner wissen, ob sein Zellengenosse kein Zuträger sei.

»Das ist wie ein Jahrmarkt der Informationen,« erklärte Rudi. »Die Bullen kommen rein und versprechen Dir das Blaue vom Himmel, dafür lügst Du ihnen was vor.« Er schien das höchst amüsant zu finden.

»Und Harko?« fragte ich.

Rudi wurde nachdenklich. »Harko lügst Du nur einmal an, dann nie mehr. Doch wenn Du mit ihm klarkommst, hält er sich an seinen Teil der Abmachung. Mitunter verspricht er mehr als er halten kann, aber Du kannst sicher sein, er tut alles für Dich, was in seiner Macht steht. Leider,« sagte Rudi seufzend, »leider gibt es nicht viele von seiner Sorte und es werden immer weniger.«

Rudi war auch in Stammheim gewesen, und ich wollte wissen, ob er dort in Kontakt zu den dort inhaftierten Terroristen gekommen sei.

Er schnaufte nur verächtlich. »Das waren keine Ganoven, das waren Spinner. Mit denen wollte keiner was zu tun haben. War damals ne große Erleichterung, als die kaltgemacht wurden.«

»Kaltgemacht?« fragte ich erstaunt. »Du meinst ermordet?«

»Nach dieser Entführungsgeschichte,« bestätigte Rudi. »Offiziell haben sie Selbstmord begangen, alle gleichzeitig, weil die geplante Freipressung nicht funktioniert hat.«

»So stand es in den Zeitungen.«

Er lächelte vielsagend. »Nu frag ich Dich: Wie können vier Spitzenterroristen, die in absoluter Einzelhaft sitzen und die nichts, aber auch gar nichts von der Außenwelt mitbekommen, wie können die alle in einer einzigen Nacht Selbstmord begehen? Also ehrlich: Von uns hat keiner das Vögelchen gesehen, das denen durch die geschlossenen Türen die Nachricht von der gescheiterten Aktion vorgesungen hat. Wenn die nicht über telepathische Fähigkeiten verfügten, dann haben die in ihren letzten Minuten ziemlich unliebsamen Besuch gehabt. So was kommt vor.«

»Du meinst Exekutionskommandos?« fragte ich entsetzt. In Südamerika war das gang und gäbe, aber in Deutschland?

»Die Selbstmordrate im Knast ist hoch,« sagte Rudi. »Einige sind wirklich verzweifelt und sehen keinen anderen Ausweg, bei anderen wird ein wenig nachgeholfen.« Er zündete sich eine Zigarette an. »Weißt Du, die meisten sitzen im Knast, weil sie den schnellen Weg zum Geld gesucht haben. Da gibt es ein paar helle Köpfe, die einfach Pech hatten, aber auch ein paar Idioten wie mich, die nie was auf die Reihe kriegen. Doch diese Leute sind alle normal. Mehr oder weniger jedenfalls. Habgierig, aber berechenbar. Aber Kinderschänder? Oder Kindermörder? Kann schon mal vorkommen, dass einer von denen auf der Treppe stolpert und sich den Hals bricht. Sind eben harte Zeiten.«

»Du sprichst von Lynchjustiz?«

Sofort winkte er ab. »Das hab ich nicht gesagt. Jeder kann mal stolpern, bei den vielen Beinen, die es im Knast gibt. Doch bei manchen Leuten kommt man eben zu spät, um sie aufzufangen.«

In diesem Moment kam Manousos, mein Nachbar, von der Arbeit zurück. Manousos betreibt mit seinem Bruder ein Baugeschäft in Afionas und hat im Sommer feste Arbeitszeiten von sechs Uhr morgens bis drei Uhr mittags. Theoretisch jedenfalls. Meist jedoch arbeitet er länger. Auch jetzt war es schon weit nach vier.

Er parkte seinen LKW, doch er ging nicht wie üblich ins Haus, sondern kam direkt auf uns zu.

»Gia sou,[5]« sagte er. »Hast Du letzte Nacht so laut und falsch gesungen?«

Rudi sah mich irritiert an.

»Mein Nachbar,« sagte ich auf deutsch, »Manousos.« Zu Manousos sagte ich auf griechisch: »Das war Rudi. Ein Freund aus Deutschland.«

Manousos reichte ihm die Hand. »You speak english?[6]«

»A little bit.[7]« Wie sich herausstellte, sprach er es sogar recht gut.

»Gefällt Dir Korfu?« fragte Manousos.

»Ich habe noch nicht viel von der Insel gesehen,« bekannte Rudi. »Aber ihr habt es sehr schön hier.«

Manousos freute sich über Rudis Kompliment. »Korfu ist überall schön, aber hier ist es am schönsten.«

---

[5] Griechisch: Hallo

[6] Englisch: Sprichst du englisch?

[7] Englisch: Ein wenig

Wenn ein junger Grieche einer Touristin begegnet, gibt es ein Standardgespräch, das aus vier Fragen besteht: What´s your name? Where do you come from? Do you have a boy friend? Shall we go to the beach?[8]

Bei Männern beschränkte sich dieser Dialog auf die ersten beiden Fragen. Danach wurde über alles mögliche gesprochen. Mit einer Ausnahme: Ich hatte noch nie erlebt, dass ein Grieche die Frage nach dem Beruf seines Gegenübers gestellt hätte, bei Deutschen immer die Frage Nummer eins. Die Griechen arbeiteten, um zu leben, die Deutschen, so hatte ich Harko einmal vorgeworfen, lebten, um zu arbeiten.

Manousos und Rudi waren schnell in eine Diskussion über die Schönheiten Korfus vertieft, über das Leben in Afionas und Rudis Sangeskünste. Ich holte den Beiden zwei Flaschen Bier und beschränkte mich auf das Zuhören.

Welch ein Unterschied zum Abend zuvor. Keine Spur mehr von Gehetztheit bei Rudi, er war lebhaft, als sei er wirklich nur auf Urlaub hier.

Als Manousos sein Bier ausgetrunken hatte, stand er auf und verabschiedete sich.

»Mein Fiat spinnt,« sagte er, »irgendwas mit der Zündung. Ich will versuchen, ihn wieder hinzubekommen.« Manousos besaß einen alten Fiat 500, der kurz vor dem Auseinanderfallen war, dessen Motor aber wie ein Uhrwerk lief – normalerweise.

»Ich verstehe was von Autos,« sagte Rudi. »Wenn ich Dir helfen kann?«

Beide sahen mich fragend an, ich hob nur abwehrend die Hände. »Ich weiß, wie man ein Auto fährt. Vom Rest will ich nichts wissen. Das müsst ihr schon selbst auf die Reihe bekommen.«

Die zwei gingen zu Manousos und kurz darauf hörte ich sie erst hämmern, dann um die Wette fluchen. Verrückte Welt, dachte ich. Als er noch Automechaniker war, hatte Rudi seinen Beruf gehasst, weil er zuwenig dabei verdiente. Jetzt, wo er garantiert nicht dafür bezahlt wurde, machte er sich mit Vergnügen die Hände schmutzig.

Nach drei Stunden heulte der Motor zum erstenmal auf, fünf Minuten später lief er rund und weitere fünf Minuten später fuhren die Beiden mit dem alten Fiat davon. Rudi rief mir noch durch das

---

[8] Englisch: Wie heißt du? Woher kommst du? Hast du einen Freund? Wollen wir an den Strand gehen?

geöffnete Autofenster zu: »Manousos will mich in eine Kneipe mitnehmen, ich glaube sie heißt Drei Brüder.« Dann waren sie weg.

Wenn Manousos mit ihm ins Three Brothers fuhr, die Stammkneipe der meisten Afioniten, würde es für Rudi ein langer Abend werden…

Als es dunkel wurde, war weder von Rudi noch von Harko etwas zu sehen. Leicht beunruhigt – nicht wegen Rudi, der war bei Manousos in guten Händen –, rief ich Harko an. Marianne war am Apparat, sie sagte mir, Harko sei schon vor einer Stunde losgefahren – zu mir.

Statt Harko kam der Maestro, der kalte Nordwest-Wind, der, wenn er einmal beginnt, meist drei Tage am Stück bläst. Im Hochsommer brachte er willkommene Abkühlung, doch jetzt ließ er mich frösteln.

Als Harko schließlich kam, wollte er entgegen seiner Gewohnheit kein Bier, sondern etwas Warmes. Ich kochte Kaffee.

»Wo steckt Rudi?« fragte er. »Schläft er?«

»Der ist mit Manousos im Three Brothers.«

Harko zog fragend die Augenbrauen hoch.

»Keine Angst,« sagte ich, »Manousos weiß nicht, wer er ist.«

Ich erzählte ihm von Rudis nächtlichen Arien, wie Manousos deshalb am Nachmittag herübergekommen war und wie sie anschließend seinen Fiat wieder flottgemacht hatten und damit ins Three Brothers gefahren waren.

Harko schien nicht glücklich darüber zu sein.

»Ach übrigens,« sagte ich, »ich habe Rudi angeboten, hier bei mir zu wohnen und er gibt mir im Gegenzug dafür Informationen. Scheint ganz in Ordnung zu sein.«

Harko schnaufte. »Es gibt auch Leute, die halten sich Wölfe als Haustiere. Überhaupt kein Problem – wenn man weiß, wie man mit ihnen umgehen muss.«

Rudi ein Wolf?

»Warum hast Du ihn nicht im Auto schlafen lassen?« fragte Harko. »Das macht dem nichts aus.«

»Ich dachte…«

»Der barmherzige Samariter, ja? Immer das Gute im Menschen sehen, ja?«

Das wollte ich nicht auf mir sitzen lassen. »Was soll denn schon passieren? Klauen kann er bei mir nicht viel.«

»Du Idiot,« sagte Harko. »Es geht doch nicht darum, dass Rudi gelegentlich ein paar Löffel mitgehen lässt. Der saß schon wegen gefährlicher Körperverletzung. Weißt Du, was der mit einem Polizisten gemacht hat, der ihm dumm kam? Rudi hat ihn abgepasst, ihm einen Eimer voll Benzin über den Kopf geschüttet und dann mit dem Feuerzeug vor seiner Nase rumgefuchtelt. Und ihn gefragt, ob er lieber brennen oder ihn in Ruhe lassen wolle.«

»Rauhe Umgangsformen.«

Harko sah mich irritiert an. »Rudi war schon Zuhälter und glaub mir, das sind harte Burschen. Auch seine Frau Maja war kein Engel. Die wollte ihn nicht wieder auf den rechten Pfad zurückführen – die war eine Nutte und zwar eine von der ganz scharfen Sorte. Wird Dir jetzt endlich klar, mit wem Du es zu tun hast?«

»Ja,« sagte ich, »ich glaube, jetzt weiß ich es.«

»Beschränk Dich in Zukunft aufs Zuhören und überlass das Handeln mir.«

»Jawohl, Bwana. Glaubt der große Bwana, Rudi solle wieder bei mir ausziehen?«

»Das liegt bei Dir,« brummte Harko.

»Warum liegt das jetzt wieder bei mir?« Erst Feuer, Feuer schreien und es dann den Leuten selbst überlassen, ob sie aus dem brennenden Gebäude fliehen wollen. »Gerade sagst Du mir, ich habe mir ein Raubtier ins Haus geholt, für das man eine Peitsche und einen Dompteur braucht, und jetzt sagst Du mir, ich soll selbst entscheiden, ob es weiter bei mir wohnen kann. Ich brauche keinen Killer unter meinem Dach.«

»Ich hab nicht gesagt, er ist ein Killer. Rudi rastet nur aus, wenn man ihn provoziert. Wenn Du bis jetzt gut mit ihm ausgekommen bist, scheint alles in Ordnung zu sein.«

»Und wenn ihm Manousos dumm kommt? Oder ein anderer aus dem Ort? Willst Du ihn auf Afionas loslassen?«

»Natürlich nicht,« sagte Harko. »Aber was soll ich machen? Die Polizei anrufen und ihn festnehmen lassen? Oder ihm Handschellen anlegen und ihn bei mir in den Keller stecken?«

»Du kannst ihn wieder wegschicken. Ich kann mir für meine Krimis was anderes einfallen lassen.« In meinen Büchern waren mir Schlimmlinge willkommen, aber unter meinem Dach?

Harko trank einen Schluck Kaffee. »Es geht nicht um Deine verdammten Krimis. Rudi steckt in der Scheiße und zwar bis über beide Ohren.«

»Hast Du was rausgefunden?«

Harko wusste, wie begierig ich darauf war, mehr über Rudis Fall zu hören, doch er spannte mich auf die Folter. »Erst will ich Dir eine andere Geschichte erzählen. Wie ich ihn kennengelernt habe.«

»Lass mich raten,« sagte ich. »Du hast ihn *gerettet*, als er gerade dabei war, einen anderen totzuschlagen.«

»Rudi ist kein schlechter Mensch,« stellte Harko unmissverständlich klar.

»Gerade sagtest du…«

»Manche Leute halten sich Giftschlangen. Nicht weil sie die Gefahr lieben, sondern weil ihnen die Schlangen gefallen. Sie mögen diese Tiere – aber sie sind sich ständig der Gefahr bewusst. Wenn ich Dir nur sage, Rudi kann aggressiv werden, glaubst Du mir nicht. Wenn Du aber weißt, dass Du ihn besser nicht reizt, ist alles in Ordnung.«

Wölfe, Giftschlangen – was machte Harko aus meinem kleinen Paradies?

»Ich kenne Rudi seit acht Jahren. Er war bei einer Drogenrazzia festgenommen worden und saß nun mit Anderen in einem Untersuchungszimmer. Ich ging zufällig auf dem Flur vorbei, als ein junger Kollege rauskam und sagte: *Harko, da drin sitzt einer, der will nicht mit mir reden.*«

»Ja und?«

»Dachte ich auch: Was geht mich das an? Doch der junge Beamte war völlig verzweifelt, deshalb ging ich rein. *Du willst nicht mit ihm reden?* fragte ich. Rudi saß da und schüttelte den Kopf. *Magst Du ihn nicht?* Rudi zuckte die Schultern. *Willst Du mit mir reden?* Wieder Kopfschütteln.«

»Sicher eine spannende Vernehmung.«

»Sehr spannend. Ein hmmh war alles, was ich aus ihm rausbekommen konnte. So ging das ein paar Minuten.«

»Bei mir war er gesprächiger,« sagte ich soöttisch. »Kommt vielleicht auf den Fragesteller an.«

Harko lächelte. »Der hätte auch bei Dir keinen Ton gesagt. Zuerst war ich sauer, dann hab ich geschnallt, was los ist. Ich sagte zu meinem Kollegen: *Was ist, wenn Du nach einer Drogenrazzia einen hast, der nicht mir Dir reden will?* Der Beamte schaute mich genauso ratlos an wie Du jetzt. *Der hat was im Maul!* hab ich gesagt, bin mit einem Satz auf Rudi los und hab ihn bei der Gurgel gepackt.«

Harko demonstrierte das so lebendig an mir, dass ich nur noch den Kopf nach hinten reißen konnte, um seinen Klauenfingern zu entgehen. Mit der Folge, dass ich mit dem Kopf voll gegen die Wand donnerte. Vor meinen Augen tanzten Sterne und die Ohren dröhnten. Kaum dass ich Harko noch verstand: »50 Gramm Heroin hatte der im Mund!«

Ich rieb mir den schmerzenden Kopf. »Das hättest Du auch gleich sagen können.«

»Sorry,« sagte Harko entschuldigend. »Ich hab ihn damals in die Mangel genommen und er hat der Polizei geholfen, die Dealer auffliegen zu lassen, bei denen er den Stoff gekauft hat.«

Herrgott, tat mir der Kopf weh!

»Ich kann mir das lebhaft vorstellen, wie Du ihn in die Mangel genommen hast,« sagte ich mit zusammengebissenen Zähnen. »Eine ordentliche Tracht Prügel oder ein paar Silberlinge, wenn er singt.«

Harko sah mich verblüfft an. »Hat er Dir das schon gesagt?«

Ich war erfolgreicher Krimi-Autor, meine Bücher wurden auf drei Kontinenten verlegt, doch hier in meinem eigenen Haus musste ich mich vorführen lassen wie ein kleiner Schuljunge – erst von Rudi, dann von Harko.

»Du magst der bessere Löwenbändiger von uns Beiden sein, das gebe ich gern zu. Aber verdammt noch mal, Du bist hier nicht der Einzige, der was kann. Ich schreibe seit 20 Jahren Krimis und das heißt auch, dass ich seit 20 Jahren dafür recherchiere. Doch im Gegensatz zu Dir habe ich es nicht nur mit Kriminellen zu tun, die ich verprügeln oder bestechen kann – die Leute, die mir etwas verraten, sind in aller Regel unbescholten. Bei denen komme ich mit meiner Freundlichkeit weiter als Du mit Deinen Rambo-Methoden!«

Das musste einmal gesagt werden – auch wenn Harko nun beleidigt sein würde. Doch er strahlte mich an: »Das ist ja prima!«

»Wer von uns beiden ist gerade mit dem Kopf gegen die Wand geknallt? Du oder ich?«

»Bei uns im Schwäbischen sagt man: Leichte Schläge gegen den Hinterkopf erhöhen das Denkvermögen. Deshalb gibt´s manchmal einen gegen die Rübe – natürlich nur zu erzieherischen Zwecken.«

»Langsam verstehe ich, warum euch die Römer als Barbaren bezeichnet haben,« knurrte ich.

Harko lachte nur. Dann wurde er wieder ernst. »Jetzt mal ohne Scheiß. Ich habe heute telefoniert und ein paar Fühler ausgestreckt.«

»Wegen Rudi?«

»Ja.«

»Und?«

Auf Harkos Gesicht erschienen tiefe Sorgenfalten. »Da ist irgendwas am Kochen. Die Polizei sucht Rudi.«

»Das hatte ich mir fast schon gedacht,« sagte ich süffisant. »Bei eurer deutschen Ordnungswut habt ihr es sicher nicht gern, wenn euch ein Strafgefangener abhanden kommt.«

»Du stolperst noch mal über Deine Vorurteile!« konterte Harko.

Es machte mir eine diebische Freude, Harko mit einigen deutschen Marotten aufzuziehen, aber das musste ich ihm nicht unbedingt auf die Nase binden.

»Wenn ein Freigänger nicht zurückkommt, wird er zur Fahndung ausgeschrieben,« erklärte mir Harko. »Früher oder später wird er an einer Grenze oder bei einer Kontrolle geschnappt.«

»Und Rudi haben sie nicht zur Fahndung ausgeschrieben?«

»Doch, natürlich,« sagte Harko. »Aber das ist nicht alles. Rudi war im Knast, weil er mit einem Kilo Heroin erwischt wurde.«

»Da haben sie ihn nicht gleich an die Wand gestellt und erschossen?«

Harko verdrehte die Augen. »In Deutschland wird schon lange niemand mehr an die Wand gestellt!«

Ich lachte. »Rudi hat mir das erzählt. Das wird inzwischen diskreter gemacht. Ein netter, kleiner Selbstmord hat die gleiche Wirkung, verursacht aber weniger Schlagzeilen.«

Harko wollte etwas sagen, verkniff es sich jedoch.

»Also,« sagte ich, »was stimmt denn nun mit Rudi nicht.«

Harko trommelte nervös mit den Fingern auf die Tischplatte. »Die haben eine Fahndung durchgezogen, als suchten sie einen entflohenen Mörder.«

»Woher weißt Du das? Hast Du Dich beim Polizeipräsidenten erkundigt?«

»Hör mal, Du Klugscheißer: Wenn ich eine offizielle Stelle bei der Polizei anrufe und mich nach Rudi erkundige, wissen die doch sofort, dass er hier ist. Für wie dämlich hältst Du mich eigentlich?«

Harko kannte mich nur als braven, ausgeglichenen, mitunter etwas weltfremden Schriftsteller. Er hatte keine Ahnung, wie hart ich daran gearbeitet hatte, so friedfertig zu sein, immer an das Gute im Menschen zu glauben. Er wusste nichts von den Greueln, die ich in Südamerika erlebt hatte. Und dass ich in meiner Jugend nicht nur mit dem Gedanken gespielt hatte, mich einer Gruppe von Freischärlern anzuschließen. Keinen weltfremden Spinnern wie den Terroristen in Deutschland, die vor lauter Wohlstand nichts anderes im Kopf hatten, als ihre eigenen Onkels zu entführen und irgend etwas von politischer Freiheit rumzubrüllen. Nein, ich war bei einer Gruppe, bei der es oft genug ums nackte Überleben ging und darum, ob ein Land überhaupt noch eine Zukunft haben würde. Ich hatte die dunkle Seite der Menschen, aber auch meiner selbst kennengelernt und war erschrocken. Europa hatte ein unruhiges Jahrhundert mit zwei Weltkriegen hinter sich, aber der entscheidende Punkt war: Es hatte diese Zeiten hinter sich.

Ich zwang mich, wieder ruhiger zu werden. »Ich halte Dich nicht für dämlich,« sagte ich zu Harko, »ich setze sogar voraus, dass Du keinen solchen Anfängerfehler machst. Aber sag mir bitte – jedenfalls so ungefähr – woher Du Deine Informationen hast, damit ich mir selbst ein Bild machen kann.«

»Für Deinen Roman?«

»Nein – für Rudi.«

Auch Harko beruhigte sich wieder. »Eine Quelle ist direkt bei der Polizei.«

Ich sah Harko erstaunt an.

»Ein Kumpel von mir,« erklärte Harko, »den ich seit einer Ewigkeit kenne. Der hält dicht.«

»Und was hat der gesagt?«

»Wortwörtlich? *Hier ist die Kacke am Dampfen.* Der Oberstaatsanwalt, der den Freigang befürwortet hat, tobt.«

»Kann ich mir vorstellen.«

»Kannst Du nicht.«

»Dann kann ich es mir eben nicht vorstellen.« Ganz ruhig, Roberto.

»Ich meine, Du kannst es Dir nicht vorstellen, weil Du den Oberstaatsanwalt nicht kennst.«

»So ein Wüterich?«

»Ganz im Gegenteil. Der ist sogar ein ausgesprochen fauler Hund. Wenn Du dem einen Fall nicht auf dem Silbertablett servierst, rührt er keinen Finger. Mit einer Ausnahme: Wenn es um Rudi geht.«

»Moment mal,« sagte ich. »Du willst mir doch nicht erzählen, ein deutscher Staatsanwalt hat einen kleinen Gauner wie Rudi im Visier?«

»Doch. Nur weiß keiner, warum. Ich kam mit dem Mann nie gut aus, aber da war ich nicht der Einzige. Irgendwie brachte ich ihn früher oder später immer dazu, das Gewünschte zu tun. Außer wenn es um Rudi ging: Da legte sich der Herr Oberstaatsanwalt quer. Er war es auch, der dafür gesorgt hat, dass Rudi wegen des Heroins zu fünf Jahren verurteilt wird – was mir reichlich übertrieben scheint. Aber das ist noch nicht alles. Man munkelt, Rudi sei das Heroin bei einer verdeckten Aktion untergeschoben worden.«

»Du sagst, die Polizei hat Rudi Heroin untergeschoben, um ihn hinter Gitter zu bringen?«

»Nein, das behaupte ich nicht. Sowas gibt´s nur im Film. In meiner Zeit bei der Drogenfahndung kam das nicht vor. Alle Drogenfahnder, die ich kenne, sind grundehrlich. Das Heroin kann Rudi auch von dem Dealer untergejubelt worden sein, den er eigentlich verpfeifen sollte. Das geschieht hin und wieder und wird üblicherweise unter den Teppich gekehrt. Da genießt der V-Mann so etwas wie Narrenfreiheit. Bei Rudi hat die Staatsanwaltschaft jedoch mit aller Härte zugeschlagen. Das sieht mir eher wie ein privater Racheakt aus.«

»Trotzdem hat der Staatsanwalt, der Rudi angeblich nicht leiden kann, ihm Freigang verschafft.«

»Ja.« Harko trommelte erneut mit den Fingern auf die Tischplatte. »Das ist es, was ich nicht verstehe.«

»Ist es in Deutschland üblich, einen Sträfling ohne Bewachung rauszulassen?«

»Eher nicht,« sagte Harko. »Rudi hätte auch mit zwei Beamten als Begleitung und sogar in Handschellen auf die Beerdigung gehen können. Doch der Oberstaatsanwalt hat angeblich gesagt, das sei nicht notwendig, Rudi würde auf jeden Fall zurückkommen.«

»Was er aber nicht getan hat.« Mir fiel etwas anderes ein. »Seine Frau wurde erschossen und Du sagst, die Polizei sucht ihn wie einen Mörder. Kann es sein, dass Rudi für den Mord an seiner Frau gesucht wird? Als möglicher Täter?«

»Das würde ich annehmen, wenn sie eine Leiche hätten.«

»Bitte?«

»Es gibt keine Leiche. Die Polizei glaubt, Maja sei in Kroatien.«

»Dann hat Rudi uns angelogen.«

Harkos Trommeln wurde immer hektischer. »Das glaube ich nicht.«

»Und warum nicht?«

»Weil ich auch ein paar Anrufe zu früheren Informanten gemacht habe. Maja ist seit der Beerdigung ihrer Schwiegermutter spurlos verschwunden. In Stuttgart hat sie keiner gesehen, doch bei ihrer Familie in Zagreb ist sie auch nicht. Entweder ist sie abgehauen – wofür es keinen Grund gibt –, oder ihre Leiche wurde weggeschafft.«

Ich versuchte mir das bildhaft vorzustellen. Die Deutschen sind für ihre vorbildliche Abfallbeseitigung bekannt, ich konnte mir aber nicht vorstellen, dass eine Leiche einfach so entsorgt wurde – noch dazu ohne grünen Punkt. Blieb nur der Mörder übrig. Er merkt, er hat die falsche Zielperson getroffen, das eigentliche Opfer kann entkommen. Um keinen Wirbel zu verursachen, packt er die Leiche in einen Wagen und verschwindet mit ihr. Klang wie ein billiger US-Krimi, war aber möglich.

Harko winkte ab, als ich ihm meine Gedanken – ohne den Hinweis auf den grünen Punkt – mitteilte. »Vergiss es,« sagte er. »Wenn jemand auf Rudi schießt und stattdessen Maja trifft, wird sie dabei allenfalls verletzt. Ein Schuss in den Arm, in ein Bein, schlimmstenfalls in den Bauch. Aber doch nicht mitten ins Herz! Nicht Rudi, sondern Maja sollte getötet werden. Und zwar von einem Profi.«

»Bist Du sicher, dass es kein Versehen war?« Auch ein Killer konnte mal daneben schießen.

»Ein Scharfschütze, der die falsche Zielperson tötet, hat genug Zeit, noch einmal anzulegen und das eigentliche Opfer zu erschießen, bevor es sich auf offener Straße in Sicherheit bringen kann. Wäre Rudi das Ziel gewesen, wäre er jetzt tot.«

»Warum sollte jemand seine Frau töten wollen?«

Harko zuckte die Schultern. »Wenn ich das wüsste. Ich kann mir nur denken, da wollte jemand Rudi einen Denkzettel verpassen. Und zwar einen unmissverständlichen. Rudi sollte nicht getötet, sondern nur in Panik versetzt werden.«

»Wozu?«

»Das weiß ich nicht,« bekannte Harko. »Eine meiner Quellen meint, Rudi sei da in etwas hineingeschlittert, das für ihn eine Nummer zu groß ist.«

»Was könnte das sein?«

Harko zupfte sich am Ohr. »Vielleicht wollte Rudi einen kleinen Dealer hochgehen lassen und ist aus Versehen auf eine große Organisation gestoßen. Die ist jetzt hinter ihm her. Vielleicht hat er eine große Menge Heroin verschwinden lassen, das sie jetzt wiederhaben wollen. Vielleicht läuft doch ein krummes Ding bei der Polizei – hat sich einiges geändert, seit ich weg bin. Ich habe den ganzen Mittag eine Vielzahl von Möglichkeiten durchgespielt, aber es gibt zu viele Unbekannte. Keiner weiß genaueres, alle haben nur was läuten gehört.«

»Somit kannst Du es vergessen,« sagte ich. »Denn wenn Du tiefer bohrst, kannst Du gleich im Internet veröffentlichen, wo sich Rudi derzeit aufhält.«

Plötzlich lächelte Harko und ich hatte das Gefühl, als stecke etwas diabolisches in diesem Lächeln. Ich sollte recht behalten, denn schon im nächsten Moment ließ er die Katze aus dem Sack.

»Mein lieber Roberto,« sagte Harko mit zuckersüßer Stimme, »Du hast vollkommen recht, ich komme nicht weiter. Deshalb würde ich vorschlagen, Du übernimmst ab hier.«

»Ich? Bist Du noch ganz bei Trost? Soll ich in Stuttgart anrufen und fragen, was los ist?«

»Aber nein! Ich dachte mir, Du suchst Material für ein neues Buch und bittest daher einen Freund auf Korfu, der Beziehungen zur Polizei hat, um Hilfe. Natürlich tue ich Dir den Gefallen. Ich lasse meine Kontakte zu meiner alten Dienststelle spielen und sorge dafür, dass Du dort hinter die Kulissen sehen kannst.«

»Ich soll nach Stuttgart gehen?« fragte ich entgeistert.

»Ganz genau. Und weil ich ein sehr guter Freund bin, begleite ich Dich sogar.«

Die letzten Tage hatten mir klargemacht, meine Vorstellungen von gut und böse, vom Verhältnis der Polizei zu den Ganoven, überhaupt mein ganzer Eindruck vom *Milieu* – sie waren schlicht und einfach falsch. Was nicht weiter tragisch war. Das war, als hätte ein Theaterregisseur eine falsche Vorstellung vom Bühnenbild. Worauf es in einem Krimi wirklich ankam, waren die Personen und ihre Motive. Die zu beschreiben war eine meiner Stärken. Wenn Harko mir nach einem einzigen Tag Telefonrecherche klarmachen wollte, es sei unumgänglich, dass ich nach Stuttgart reise, dann stank das zum Himmel: Er hatte seine eigenen Möglichkeiten nicht ansatzweise ausgeschöpft. Vor allem hatte er die Hauptinformationsquelle, Rudi, nicht einmal angezapft. Da war nicht nur in Stuttgart was im Argen, da versuchte auch Harko etwas zu verheimlichen.

Das sagte ich ihm auch. Direkt. Und fügte hinzu, ich würde einen Dreck tun, solange er mir nicht sage, was wirklich hinter der Geschichte stecke. Harko versuchte zu leugnen, behauptete steif und fest, es ginge nur um Rudi. Doch ich blieb hart. Bis er endlich mit der Wahrheit herausrückte.

»Der Oberstaatsanwalt, der Rudi in die Pfanne gehauen hat, war auch dafür verantwortlich, dass ich gegangen bin.«

Harko hatte mir zwar verraten, dass er Probleme mit einem Staatsanwalt hatte, doch er hatte von sich aus gekündigt – er hatte dem Staatsanwalt seine Meinung gesagt und seinem Vorgesetzten die Kündigung auf den Tisch gelegt. Warum sollte er jetzt Wert darauf legen, gegen den Staatsanwalt vorzugehen? Es sei denn…

Ich zählte schnell eins und eins zusammen. Und das Ergebnis gefiel mir nicht. »Hör mal,« sagte ich, »es kann nicht sein, dass Du fürchtest, da könnte einiges aus Deiner eigenen Vergangenheit wieder ans Tageslicht kommen?«

Harkos Miene verdüsterte sich augenblicklich. Volltreffer!

»Darüber will ich nicht reden,« sagte er.

»Dann kannst Du meine Mitarbeit vergessen.«

Er stand wütend auf, ging wortlos zurück zu seinem Wagen, stieg ein, fuhr aber nicht weg. Mein Kommissar, dachte ich angewidert, der Hüter von Recht und Ordnung. Hat einfach die Seiten gewechselt und ist selbst kriminell geworden. Und hat sich abgesetzt, als ihm der Boden unter den Füßen zu heiß wurde. Das war zum Kotzen. Vor Enttäuschung schlug ich die Hände vors Gesicht.

»Glaubst Du wirklich, ich wäre selbst zum Verbrecher geworden?«

Ich hatte Harko nicht kommen hören.

»Was willst Du noch,« fragte ich. »Hast Du Dir schnell eine Lügengeschichte ausgedacht, um mich umzustimmen?«

»Habe ich Dich schon einmal angelogen, seit wir uns kennen?« fragte er leise.

»Das weiß ich doch nicht,« antwortete ich. »Notlügen hast Du jedenfalls schnell zu Hand.«

»Nur wenn es für die Sache notwendig ist. Das solltest Du doch wissen.«

Konnte ich ihm noch vertrauen? »Was war zwischen Dir und dem Staatsanwalt?« fragte ich. »Grundlos beendet niemand seine Karriere.« Das immerhin glaubte ich Harko: Er hatte gekündigt, ohne lange darüber nachzudenken.

Seine Antwort bestand zunächst aus einem tiefen Seufzen, gefolgt von Schweigen. Diesmal schlug er die Hände vors Gesicht. Als er sie wegnahm, sah ich Schmerz – unglaublich viel Schmerz.

»Ich hatte gehofft, nie darüber sprechen zu müssen. Und wenn ich Dir jetzt sage, was damals wirklich vorgefallen ist, dann erwarte ich, dass Du das für Dich behältst.«

»Das entscheide ich, wenn ich es gehört habe,« sagte ich kalt. Harko wollte etwas von mir, und wenn ich im Gegenzug von ihm Offenheit verlangte, dann war das sicher nicht zuviel verlangt. Dachte ich zumindest in diesem Moment. Heute weiß ich, dass ich ihm besser vertraut hätte. Harko hatte keine krummen Dinger gedreht, er war durch die Hölle gegangen.

»Du weißt, wie unterschiedlich Tina und Sina sind,« begann er ein Geständnis, das für ihn äußerst schmerzhaft sein musste. »Das war nicht immer so. Sina war zwar immer schon die temperamentvollere der Beiden, aber Tina stand ihrer Schwester nicht viel nach, wenn es um das Aushecken von Streichen ging. Vor drei Jahren aber änderte sich das, sie war plötzlich extrem verschlossen. Marianne und ich dachten zunächst, das habe etwas mit der Pubertät zu tun, doch bei Sina waren keine Veränderungen zu spüren. Als es immer schlimmer wurde und Tina kaum noch sprechen wollte, ging Marianne mit ihr zu einer Psychologin. Dabei kam raus, dass Tinas beste Freundin von einem Kollegen…« Er stockte, es fiel ihm schwer, das Unaussprechliche auszusprechen.

»Du meinst, sie wurde…«

Er schüttelte den Kopf, ich sah, dass seine Augen mit Tränen gefüllt waren. »Ihre Freundin war damals erst zehn und soweit ist es zum Glück nicht gekommen. Doch Tina war die einzige, der sie sich anvertraute. In meiner ersten Wut wollte ich den Kollegen zusammenschlagen, ich glaube, ich habe sogar ein paarmal daran gedacht, ihm die Eier abzuschneiden. Ich hätte Anzeige erstatten sollen und die ermitteln lassen, die dafür zuständig sind. Dummerweise habe ich selbst versucht, Beweise zu sammeln. Und herausgefunden, dass er noch andere Mädchen… bedrängt hat. Mit meinem Wissen bin ich dann zum Oberstaatsanwalt.«

»Und der hat Dich abgewiesen?«

»Abgewiesen?« Harko lachte rauh. »Der hat sich alles ganz genau angehört und versprochen, aktiv zu werden. Weißt Du, was passiert ist? Ein paar Wochen später wurde der Kollege befördert und nach Berlin versetzt und der Oberstaatsanwalt teilte mir lapidar mit, nun müsse er den Fall einstellen. Damals ist mir der Kragen geplatzt, ich habe das Vertrauen in die Gerechtigkeit verloren und wollte mit dem ganzen Verein nichts mehr zu tun haben.«

»Deshalb bist Du also gegangen.«

»Der Oberstaatsanwalt hat irgendwelche Fäden gezogen, von denen ich nichts wusste,« sagte Harko. »Ich habe nicht klein beigegeben, das ist nicht meine Art. Ich habe versucht, herauszufinden, was wirklich passiert ist. Doch als immer mehr Gerüchte auftauchten, ich wolle die Polizei verunglimpfen, da wusste ich, dass ich verloren habe.«

Jetzt wurde mir auch klar, warum Harko weit, weit weg wollte, und dass er seinen Weg ins Paradies von Korfu nicht ganz so freiwillig angetreten war, wie er immer behauptet hatte. Trotzdem war mir nicht wohl bei dem Gedanken, ihn nun zu unterstützen.

»Du willst Rache,« sagte ich.

Harko stritt das vehement ab. »Ich will keine Rache, ich will Gerechtigkeit. Jetzt sehe ich eine Chance dazu. Machst Du mit?«

Jetzt trommelte *ich* nervös mit den Fingerspitzen auf die Tischplatte. »Du hattest einen Tag Zeit, Dir alles durch den Kopf gehen zu lassen. Diese Zeit möchte ich auch haben.«

Der Wind hatte sich gelegt, Manousos und Rudi waren noch immer überfällig, und ich war müde. Ich schickte Harko nach Hause, wollte in Ruhe alles überdenken.

Die Vorstellung, in Deutschland echte Polizeiarbeit aus nächster Nähe kennenzulernen, war reizvoll, doch ich hatte nicht die geringste Lust, in irgendwelche Rachepläne verstrickt zu werden. Die Folgen davon kannte ich zur Genüge. Die Terroristen rächen sich am Militär, das sich danach an den Terroristen rächt, woraufhin diese Rache am Militär nehmen. Das Ende war ein Chaos, bei dem die Unschuldigen – wie immer – den höchsten Preis bezahlten.

Die Sonne stand hoch am Himmel, als Rudi auf die Terrasse trat. Wieder reckte er sich genussvoll, bevor er sich zu mir setzte, wortlos eine Zigarette rauchte und einen Kaffee trank. Er sah vergnügt aus.

»Spät geworden gestern?«

Er gähnte. »Halb vier.«

»So lange hat das Three Brothers doch gar nicht geöffnet,« sagte ich. »Kostas, der Wirt, macht spätestens um elf Uhr zu.«

»Hat er auch gemacht. Manousos wollte unbedingt noch zum Bowling.«

Aha. Die Zahl der Freizeitvergnügen in Afionas war eingeschränkt, bei knapp 500 Einwohnern wollte die lokale Freizeitindustrie nicht richtig in die Gänge kommen. Das Bowling-Center in der Agios Georgios Bucht, das nur im Sommer geöffnet war, erfreute sich deshalb großer Beliebtheit. Manousos Bruder spielte sehr gut, was Manousos ärgerte. Die Beiden lieferten sich regelmäßig Zweikämpfe.

»Wer hat gewonnen?« fragte ich. »Manousos oder Angelos?«

»Erst Angelos, danach Manousos, dann dreimal ich.«

»Du hast die Beiden besiegt?« fragte ich erstaunt. Mir war das noch nie gelungen.

Rudi gähnte noch einmal. »Ich hab früher professionell gespielt. Ist wie beim Radfahren: Wenn Du´s einmal kannst, verlernstes nicht so leicht.«

»Und?« fragte ich. »Wie bist Du mit den Griechen zurechtgekommen?«

»Die sind in Ordnung,« war Rudis einziger Kommentar. War das ein Lob? Oder nur die Feststellung eines Touristen?

»Wie fühlst Du Dich heute?«

»Hungrig bin ich,« sagte er. »Und durstig. Wir haben einiges getrunken. Ich glaube, die haben allein für die Getränke mehr als 100 Euro bezahlt.« Er sah mich fragend an. »Sag mal, wie ist das hier eigentlich mit dem Geld? Ich meine, wenn Manousos mir ein Bier spendiert, weil ich seinen Fiat wieder hingekriegt habe, ist das in Ordnung. Aber er hat gestern alles bezahlt. Soll ich ihm heute was rüberbringen?«

»Besser nicht,« sagte ich. »Da wäre er nur beleidigt. Zahl Du, wenn ihr das nächstemal was unternehmt, auch wenn er dabei protestiert. Oder beteilige Dich an den Kosten. Aber nicht, indem

Du Deinen Anteil genau ausrechnest – das wird hier nicht gerne gesehen.«

»Verstehe.« Dann widmete er sich seinem Frühstück.

»War Harko gestern hier?« fragte er kurz darauf mit vollem Mund.

»Ja,« sagte ich. »Wir haben uns lange unterhalten.«

»Hat er schon was rausgekriegt?«

»Nicht viel. Nur, dass *was am Kochen* ist, wie er es ausdrückte.« Von Harkos Rachegedanken sagte ich nichts.

Rudi lachte glucksend.

»Findest Du das so witzig?«

»Nein. Aber bei Harko ist immer was am Kochen. Der wittert überall ne Verschwörung.«

»Glaubst Du, Harko sieht Gespenster?«

Rudi trank einen Schluck Kaffee. »Dachte ich früher mal. Harko geht den unmöglichsten Spuren nach. Ich hab oft erlebt, wie ihn seine Kollegen auslachten. Doch Harko is wie'n Spürhund: Wo keiner was sieht, läuft er zielstrebig weiter. Manchmal ist es direkt unheimlich.«

»Irrt er sich nie?« Ich dachte dran, wie er bei dem Mordfall im Sommer den ganzen Ort der organisierten Kriminalität verdächtigt hatte.

Rudi dachte nach. »Ich glaube, die meisten Bullen halten sich an das, was sie gelernt haben. Läuft ein Fall nach Lehrbuch ab, sind sie gut. Harko geht anders vor. Er denkt wie ein Verbrecher und hält erstmal alles für möglich. Dann schließt er eins ums andere aus und schließlich weiß er, was wirklich gelaufen ist.« Rudi seufzte. »Wenn Harko kein Bulle geworden wäre – was hätte der für ne Karriere machen können.«

»Als Verbrecher?« fragte ich. »Im Knast?«

Rudi sah mich ernst an. »Wenn's in Deutschland ne Handvoll Bullen gibt, die ihm das Wasser reichen können, ist das viel. Die hätten ihn nie gekriegt.«

Das war ein großes Kompliment.

»Trotzdem ist Harko praktisch über Nacht gegangen.«

Rudi grinste. »Worüber sich viele Ganoven gefreut haben.«

»Ist Harko so verhasst?« fragte ich überrascht.

»Nein – gefürchtet. Der wusste immer, wo er rumstochern musste, wenn er was wissen wollte. So einer macht Dir das Leben schwer, wenn Du weißt, was ich meine.«

Ich konnte es mir denken.

»Trotzdem hast Du keine Karriere gemacht, als Harko wegging aus Stuttgart. Wenn Harko recht hat, bist Du sogar über den gleichen Staatsanwalt gestolpert wie er.«

»Jetzt hast Du mir das Frühstück verdorben,« sagte Rudi und schob demonstrativ den Teller von sich.

»Dann stimmt es? Das mit dem Staatsanwalt? Mittler heißt er glaube ich.«

»Der ist eine Drecksau. Eine richtige Drecksau.«

»Das heißt?«

Rudi sah mich entgeistert an. »Weißt Du nicht, was eine Drecksau ist?«

»Ein Dealer? Ein Zuhälter? Einer, der Leute verprügelt? Einer, der andere mit Benzin übergießt? Oder einer, der Verbrecher hinter Gitter bringt?«

Rudi starrte mich fassungslos an, dann brach er in schallendes Gelächter aus. »He Mann,« sagte er, als er sich wieder beruhigt hatte, »Du bist ja richtig gut!« Er legte den Kopf schief und sah mich neugierig an. »Heißt das jetzt, dass Du auch mich für eine Drecksau hältst?«

»Ich bilde mir nicht so schnell ein Urteil über Menschen,« stellte ich klar. »Natürlich bin auch ich nicht gegen den ersten Eindruck gefeit, aber ich habe gelernt, dem nicht zu vertrauen. Vielleicht hat es was damit zu tun, dass ich soviele Romanfiguren gestalte. Da habe ich auch ein erstes Bild, doch beim Schreiben merke ich, wie sich meine Figuren verändern.«

Damit konnte Rudi augenscheinlich nichts anfangen.

»Nimm mal an,« versuchte ich zu erklären, »ich würde einen Roman schreiben. Gleich zu Beginn bringt ein großer, starker, etwa 40 Jahre alter Mann einen klapprigen 70jährigen Greis um. Wer ist die *Drecksau*?«

Ohne nachzudenken sagte Rudi: »Der Mörder natürlich. Ist ja logisch.«

»Gut,« antwortete ich. »Nun stellt sich im Verlauf der Ermittlungen folgendes heraus: Der Mörder ist ein Familienvater, war noch nie straffällig, hat immer hart gearbeitet. Eines Tages verschwindet seine 14jährige Tochter. Vier Wochen lang wird das Mädchen gesucht. Und schließlich gefunden. Natürlich tot. Und vergewaltigt. Aber nicht nur das: Sie wurde auch gefoltert und zwar ziemlich übel. So übel, dass die Ärzte die Eltern nicht mal die Leiche sehen lassen.«

»Oh Mann,« sagte Rudi.

»Es gibt eine Reihe von Verdächtigen, darunter auch den alten Mann. Er steht im Ruf, ein alter Lustmolch zu sein, der es gerne mit kleinen Mädchen treibt. Verschiedentlich wurde er deshalb schon angezeigt, doch die Anzeigen sind immer wieder zurückgezogen worden. Denn er ist reich und hat gute Anwälte. Bei einer Hausdurchsuchung wird ein abgeschlossener Raum mit Eisenringen im Boden gefunden, frisch renoviert. Der Mann sagt, hier wären früher Schweine geschlachtet worden, jetzt habe er den Raum neu streichen lassen, um ihn als Abstellkammer zu nutzen. Keine Spuren. Es kommt trotzdem zur Anklage, doch die Anwälte des Alten erreichen einen Freispruch. Der Vater des toten Mädchens sucht den alten Mann auf, stellt ihn zur Rede. Und wird verhöhnt. Was er denn wolle? Er könne nicht das geringste beweisen. Der Vater rastet aus und erschlägt den Greis. Wer ist jetzt die *Drecksau*?«

»Verstehe,« sagte Rudi nachdenklich.

So dramatisch war es zwar bei Harko und Tinas Freundin nicht gewesen – Gott sei Dank –, doch ich hatte die ganze Nacht über Harkos Offenbarung nachgedacht und war zu dem Schluss gekommen, dass Rache zwar noch immer ein schlechtes, die Suche nach Gerechtigkeit dagegen ein edles Motiv sei. Zumindest versuchte ich mir das einzureden. Fakt war jedoch, ich wäre mir selbst wie ein Schuft vorgekommen, hätte ich Harko jetzt im Stich gelassen. Trotzdem gab es nicht den geringsten Beweis dafür, dass der Staatsanwalt damals seine Hände mit im Spiel gehabt hatte, vielleicht hatte Harko einfach einen Sündenbock gesucht.

»Solange ich nicht die ganze Geschichte kenne,« sagte ich zu Rudi, »bin ich mit meinem Urteil vorsichtig. Der Staatsanwalt, der Dir und Harko schwer im Magen liegt, ist für Dich eine *Drecksau* und Harko möchte ihm am liebsten den Hals umdrehen. Gut. Ich aber weiß bislang nur, dass er Dich wegen eines Drogenfundes lange hinter Gitter geschickt hat. Nun sagst Du mir, er sei eine *Drecksau*, sogar eine *richtige Drecksau*, was – soviel weiß ich immerhin von Harko – mit das abfälligste ist, was ein Schwabe über einen anderen Menschen sagen kann. Ich möchte wissen, warum er das ist.«

»War das jetzt eine Rede oder eine Frage?«

»Eine Frage. Auf die ich eine Antwort will. Ich will auch wissen, ob Du bei Deinem letzten Einsatz verladen worden bist oder nicht.«

Rudi stand auf und ging nervös hin und her. »Was hat Dir Harko über mich erzählt?«

Ich sah ihm direkt in die Augen. »Insgesamt ein prima Kerl, aber manchmal unberechenbar. Schüttet gelegentlich Benzin über Leute und droht ihnen, sie anzuzünden.«

»Macht Dir das keine Angst? Ich meine, wenn ich plötzlich ausraste?«

»Hast Du schon mal gesehen, wie ein Mensch bei lebendigem Leib verbrennt? Wie er, völlig verrückt vor Schmerz, brüllt, bis alles vorbei ist?«

»Natürlich nicht!« sagte Rudi entrüstet. »Ich wollte den Kerl auch nicht richtig abfackeln. Er sollte nur verschwinden.«

Ich zündete mir eine Zigarette an und sagte in aller Seelenruhe: »Ich habe schon gesehen, wie Menschen bei lebendigem Leib verbrennen. Und nicht nur das.«

»Du?«

»Ich komme aus Südamerika. Ein schöner Kontinent. Nur gelegentlich etwas unruhig. Aber das gehört jetzt nicht hierher.« Tat es auch nicht. »Also: Was ist mit dem Staatsanwalt?«

Rudi sah mich misstrauisch an. »Du bist nicht der Softie, als der Du Dich ausgibst.«

»Ich musste mich entscheiden,« sagte ich, »und ich habe mich für den Softie entschieden. OK?«

Er nickte. Respektvoll. Das war geklärt.

»Was ein Staatsanwalt beruflich macht,« sagte Rudi und setzte sich wieder, »ist eine Sache. Ich meine, wenn ich ein Ding drehe, gehe ich ein Risiko ein. Werde ich dabei erwischt, sorgt der Staatsanwalt dafür, dass ich in den Bau komme.«

»Deshalb bist Du Mittler also nicht böse?«

Rudi lachte leise. »Wenn ich auf alle Staatsanwälte und Richter, die mich schon verdonnert haben, einen Hass haben müsste, wäre ich viel beschäftigt. Mittler hat hart zugelangt und der Richter hat es akzeptiert.«

»Was war mit dem Heroin? Hat man das bei Dir gefunden?«

»Ja.«

»Untergeschoben?«

Er druckste herum. »Kann man so nicht sagen. Es ging um einen Drogenhändler aus Kurdistan, der wollte 20 Kilo Heroin nach

Stuttgart bringen und ich sollte die Übergabe arrangieren. Dabei wollte ihn die Polizei hochnehmen. Wir haben aber vorher einen Extra-Deal ausgemacht, ich hab selbst was zu Vorzugsbedingungen gekauft. Dachte, da ist ein kleiner Bonus drin.«

»Eine Falle?«

Rudi dachte nach. »Kann sein, aber so hab ich´s noch nicht gesehen.«

»Woher also Dein Hass auf den Staatsanwalt?«

Jetzt rückte er endlich mit der Sprache raus. »Wenn Du im Knast sitzt und der feine Herr Staatsanwalt, der Hüter von Recht und Moral, bumst Deine Alte…«

»Die eine Dienerin der Aphrodite war.«

»Die was war?«

»Eine Dienerin der Aphrodite,« wiederholte ich. »Eine Dame, die ihre Gunst für Geld anbietet.«

»Dienerin der Aphrodite,« murmelte Rudi. »Das muss ich mir merken. Klingt eindeutig besser als Nutte.«

»Wenn Deine Frau in diesem Gewerbe tätig war, kann auch ein Staatsanwalt ihre Dienste in Anspruch nehmen. Oder?«

Rudi schnaubte. »Wenn er dafür zahlt, klar. Dafür war Maja schließlich da. Aber Mittler wollte es nur umsonst. Und nicht einfach eine schnelle Nummer: Hausbesuche mussten es sein. Mit allem drum und dran. Der Herr hat nämlich ausgefallene Wünsche: Sado-Maso und so´n Zeug.« Er lachte grimmig. »Der wär auch so einer, der es gerne mit kleinen Mädchen treiben würde.«

Er sah mich an, beugte sich demonstrativ über den Tisch. »Jedesmal, wenn ich was brauchte, musste Maja antanzen. Was meinste, wie die geackert hat, damit ich zu dieser Beerdigung durfte? Geheult hat se, weil das Schwein sie ausgepeitscht hat. Und mit Nadeln und Zigaretten traktiert. Ich hab die Wunden gesehen. Und nu frag ich Dich: Ist so einer nicht ne richtige Drecksau?«

»Weil sie ihn beim Liebesspiel nicht genug ausgepeitscht hat, ist er ihr zwei Tage später nachgefahren und hat ihr ins Herz geballert?« Harko spuckte die Worte förmlich aus, während er wütend über meine Terrasse stampfte. »Tust Du eigentlich so oder bist Du wirklich so naiv?«

»Ich weiß nicht, was Du willst,« hielt ich dagegen. »Der gute Staatsanwalt hat Rudi Freigang verschafft, weil seine Frau die

Beine für ihn breitgemacht hat. Zuvor hat er ihm zu fünf Jahren verholfen, weil er zum was weiß ich wievielten Mal bei einer Straftat erwischt wurde. Aus dem machst Du jetzt eine Riesensache, weil Du einen persönlichen Groll gegen diesen Mann hegst. Der im übrigen durch nichts bewiesen ist.« Es sei denn, Harko hatte mir noch ein paar Dinge verschwiegen. Er deckte seine Karten ungern auf, soviel hatte ich inzwischen von ihm gelernt.

Rudi war mit Manousos wieder ins Three Brothers gefahren, doch heute Abend würde es nicht so spät werden: Manousos hatte reichlich angeschlagen ausgesehen. Harko war gegen sechs gekommen, ich hatte ihm alles berichtet, was ich mittlerweile von Rudi erfahren hatte. Woraufhin Harko buchstäblich an die Decke gegangen war.

»Dass Oberstaatsanwalt Mittler regelmäßig zu Nutten geht, ist seit Jahren bekannt. Er ist Witwer und hat wie es scheint einen kräftigen sexuellen Appetit. Dass er nicht immer dafür bezahlt, liegt auf der Hand. Denn ein Oberstaatsanwalt verdient nicht die Welt. Er treibt sich auch seit Jahren in Spielcasinos herum, was ein Vermögen kostet, da der gute Mann nicht gerade vom Spielglück verfolgt wird. Nur konnte ihm bislang noch keiner daraus einen Strick drehen. Der Kerl ist ein Schwein, aber ein Schwein mit enormer Rückendeckung. Wer versucht, ihm ans Bein zu pinkeln, findet sich kurz darauf in der Walachei wieder.«

Oder auf Korfu, dachte ich.

»Dass Rudi ein Kilo Heroin auf eigene Rechnung verhökern will, ist weiß Gott keine Überraschung. Der Hellste ist er nämlich nicht. Als Rudi vor einigen Jahren einen Drogenhändler ans Messer liefern sollte, haben wir seine ganze Wohnung mit Video-Kameras präpariert. Und was macht Rudi? Zieht sich vor laufender Kamera Koks rein. Mit sowas muss man immer rechnen, wenn man mit einem V-Mann arbeitet. Das weiß jeder Richter und das weiß auch der Oberstaatsanwalt. Das gehört leider dazu. Doch solche Kleinigkeiten lässt man unter den Tisch fallen – dafür gibt man nicht dem V-Mann fünf Jahre!«

Da musste inzwischen eine Menge unter dem Tisch liegen. »Warum sollte der Staatsanwalt nicht hart durchgreifen und auch V-Männer an die Einhaltung von Gesetzen erinnern?« fragte ich.

»Weil dieser V-Mann dann für fünf Jahre ausfällt. Und auch später nie mehr zur Zusammenarbeit bereit ist. Verstehst Du? Die sind nämlich nachtragend.«

Ich verstand.
»Wenn sich sowas rumspricht, haben auch andere V-Leute keine Lust mehr zur Zusammenarbeit. Die laden sich nämlich keine Drogenhändler in die eigenen vier Wände ein, um mit ihnen Ringelpietz oder blinde Kuh zu spielen.«
Mit schien, ich musste noch eine Menge lernen.
»Drogen sind eine schmutzige Sache und wenn Du den Drogenhandel bekämpfen willst, musst Du gelegentlich mit schmutzigen Methoden arbeiten. Oberstaatsanwalt Mittler segnet keine verdeckte Aktion mit Rudi ab und buchtet anschließend den V-Mann wegen einem Kilo Heroin ein. Es sei denn, er hat genau das von Anfang an im Sinn gehabt. Verstehst Du? Ich traue ihm viele Schweinereien zu. Aber der geht nicht hin und legt mal eben Rudis Frau um. Dazu ist er nämlich viel zu feige.«
»Bleibt nur noch eine große Verschwörung.« Das war sarkastisch gemeint, doch Harko hatte keinen Sinn für Sarkasmus. Jedenfalls nicht an diesem Tag.
»Rudi wurde verladen,« sagte Harko mit Bestimmtheit. »Er ist in irgendwas Großes reingeraten. Maja steckte ebenfalls mit drin. Dessen bin ich mir sicher.«
»Und jetzt?«
Harko hatte sich inzwischen soweit abreagiert, dass er sich an den Tisch setzen konnte. »Von hier aus kann ich nicht viel unternehmen, ich muss nach Stuttgart.«
»Darf ich Dich daran erinnern, dass Du kein Polizist mehr bist, Herr Ex-Kommissar.«
Er schnaubte wütend. »Daran brauchst Du mich nicht zu erinnern. Wenn es nicht um Oberstaatsanwalt Mittler ginge, würde ich auch schön meine Finger davon lassen. Aber da ist noch eine Rechnung offen, die ich begleichen möchte.«
Armer Harko, dachte ich, was weißt Du schon von offenen Rechnungen? Du lebst hier mit Deiner Frau und Deinen Kindern im Paradies. Dir hat kein durchgedrehtes Militärkommando die Braut erschossen. Und Du hast keine Vorstellung davon, was ein Rachefeldzug ist. Du bist noch nie vor einem Dutzend Toten im Dschungel gestanden, alle bis zur Unkenntlichkeit verbrannt. Du hast noch nie den Rausch der Befriedigung erlebt, den Rache mit sich bringt. Und kurz darauf mitansehen müssen, wie aus Rache auf Deine Rache ein ganzes Dorf ausradiert wird. Mit Menschen, die keinem

etwas zuleide getan haben. Du weißt gar nicht, welch schreckliche Folgen Rache haben kann.

Harko hielt mein Zögern wohl für Angst. »Ich fahre übermorgen nach Stuttgart. Die Frage ist: Kommst Du mit?«

Ich nickte müde. »Ja, ich komme mit.« Aber nicht, um Dir zu helfen, sondern um Dich vor Dir selbst zu beschützen, dachte ich.

An diesem Abend waren Manousos und Rudi bereits um zehn Uhr zu Hause, der für Afionas im Sommer üblichen Zeit für das Abendessen: Gegessen wird, wenn die Tagesarbeit erledigt ist und das ist sie, wenn die Sonne untergeht.

Ich hatte einen Schmortopf mit Pilzen und Biersauce zubereitet, ein einfaches, kräftiges Gericht. Rudi sagte nichts, aß aber mit großem Appetit und tunkte am Ende auch noch den letzten Rest der Sauce mit Brot aus.

»Wenn Du so gut schreibst wie Du kochst, dann alle Achtung.«

»Hör mal,« sagte ich, »Harko und ich fahren übermorgen nach Deutschland. Glaubst Du, Du kommst ein paar Tage allein zurecht?«

»Wenn Du mir sagst, wo ich einkaufen kann? Ich hab im Ort noch keinen Supermarkt gesehen.«

Konnte er auch nicht, denn es gab keinen. »Du kannst unten in Agios Georgios einkaufen,« erklärte ich ihm. »Im Sommer gibt es dort Supermärkte für Touristen. Ein bisschen teurer als normal, aber bezahlbar und gute Qualität. Das Brot kommt jeden Morgen frei Haus, sonst findest Du in der Küche alles, was Du brauchst. Wenn Du kochen kannst.«

Rudi verzog das Gesicht. »Ein paar Spiegeleier bring ich noch hin und Nudeln kann ich auch kochen. Aber ganz ehrlich: Allein Deine Töpfe jagen mir einen Heidenrespekt ein.«

»Ich zeig Dir später, was Du davon benutzen kannst.«

Topf ist Topf, hatte auch ich lange Zeit gedacht, und Pfanne ist Pfanne. Bis mir ein Profi-Koch in Wien einige Feinheiten gezeigt hatte. Woraufhin ich angefangen hatte, meine Sammlung an Kochutensilien aufzustocken.

Zur Verdauung schenkte ich uns zwei Jägermeister ein, dann rauchten wir jeder eine Zigarette.

Rudi wirkte nachdenklich. »Weißt Du, ich bin jetzt gerade zwei Tage hier, aber ich habe das Gefühl, als wäre es schon eine Ewigkeit. Deutschland ist weit weg.«

Ich lächelte: Er war dem Charme von Afionas erlegen.

»Wenn ich in die Kneipe komme, grüßen mich die Leute, obwohl sie mich nicht kennen. Ist das normal?«

»Nicht, wenn Du als Tourist hergekommen wärst,« sagte ich. »Griechen sind offen und wenn Du in einer Gegend des Landes bist, in der es wenig Tourismus gibt, wirst Du mit offenen Armen aufgenommen. Leider nutzen das viele Griechenlandurlauber aus, vor allem die Rucksacktouristen haben in der Vergangenheit kräftig schmarotzt.«

Ich selbst hatte vor einigen Jahren einen Anhalter mitgenommen, der mir stolz berichtete, er habe jetzt vier Wochen Urlaub in Griechenland gemacht, ohne dafür irgend etwas zu bezahlen. Ich warf ihn in der nächsten Stadt raus und sagte ihm, dann solle er auch jetzt zusehen, wie er ohne Geld weiterkomme.

Zu Rudi sagte ich: »Du bist nicht als Tourist ins Three Brothers gegangen, sondern von Manousos eingeführt worden. Das ist etwas anderes.«

»Verstehe.«

Der Maestro, der den ganzen Tag heftig geblasen hatte, hatte sich wieder gelegt, es war windstill. Nur die Zikaden zirpten.

»Hast Du eigentlich einen Blaumann?« wollte Rudi wissen.

»Einen Blaumann? Was ist denn das?«

Er beschrieb mir, wie ein Blaumann aussieht: Eine Hose, die bis zur Brust reicht, mit integriertem Hosenträger und jeder Menge Taschen. Ein Blaumann eben.

Ich versuchte mir das bildhaft vorzustellen und brachte nur ein Lachen zustande. »Tut mir leid – so etwas habe ich auf Korfu noch nicht gesehen. Es würde mich auch wundern, wenn ein Grieche so etwas anzieht. Wozu brauchst Du den?«

Er lächelte verlegen. »Ich hab mal einen Blick in Manousos Laster geworfen. Manousos macht ja wirklich alles selbst – ein Meister der Improvisation. Aber genauso sieht der Laster auch aus. Ganz ehrlich: Manches davon tut mir in der Seele weh. Ich hab ihm versprochen, mir den Motor vorzunehmen. Nur hab ich nichts passendes zum Anziehen dabei.«

Wir gingen zu meinem Kleiderschrank und ich suchte ihm mehrere alte Jeans und Hemden heraus. »Wenn die dreckig werden oder kaputtgehen, ist nicht viel hin. Reicht das?«

Rudi wirkte verlegen. »Kann ich noch mal Deinen Whirlpool benutzen? Es ist so eine herrliche Nacht.«

»Fühl Dich ganz wie zu Hause.«

Ich hatte selbst gerade geduscht, das Wasser war noch warm und Rudi verzog sich mit einer Flasche Bier ins Badezimmer. Der Gesang blieb diesmal aus: Manousos hatte ihn sicher deswegen aufgezogen.

Bevor ich mit Harko nach Deutschland fuhr, wollte ich noch mit Manousos reden. Zum einen widerstrebte es mir, Rudi ohne Aufsicht zu lassen, zum anderen sollte Manousos wenigstens ansatzweise wissen, mit wem er es zu tun hatte.

Er saß auf seiner Veranda, ich ging hinüber.

»Gia sou,« begrüßte ich ihn.

Er bat mich, Platz zu nehmen und forderte Helena auf, mir ein Bier zu bringen. Anfangs hatte es mich gestört, wenn sich die Männer bedienen ließen und keinen Handschlag bei der Hausarbeit taten. Bis mir aufging, dass sie das gar nicht durften. Als ich selbst zum erstenmal bei guten Freunden kochen wollte, hatte es mich harte Kämpfe gekostet, bis ich die Küche benutzen durfte. Meine Kochkunst hatte schließlich gewonnen. Das anschließende Aufräumen aber war mir bis heute untersagt.

»Ich fahre übermorgen mit Harko nach Deutschland,« sagte ich zu Manousos, »und wollte Dich bitten, ein Auge auf Rudi zu werfen.«

Manousos sah mich missbilligend an. »Du lässt Deinen Freund hier allein? Das ist nicht höflich.«

»Das weiß ich,« gab ich zu. »Aber wir fahren nicht zu unserem Vergnügen: Es ist wegen Rudi. Er hat in Deutschland Probleme und wir wollen versuchen, sie zu lösen. Glaub mir, es muss sein.«

Manousos glaubte mir nicht. Ich musste mehr erklären. »Rudi ist nicht mein Freund,« bekannte ich, »auch nicht der Freund von Harko. Harko hat früher mit ihm zusammengearbeitet.«

»Rudi ist Polizist?« fragte Manousos überrascht.

»Nicht so ganz. Rudi ist eher so etwas wie ein Geheimagent der Polizei. Jemand, der in Verbrecherkreise eingeschleust wird.«

Manousos pfiff durch die Zähne. »Das hätte ich ihm nicht zugetraut.«

Ich beugte mich vor, sah ihm in die Augen, verschwörerisch, wie ich hoffte. »Das haben ihm auch die Verbrecher nicht zugetraut. Genau deshalb war er so erfolgreich. Bei seinem letzten Einsatz hatte er wohl etwas zuviel Erfolg, jetzt ist jemand hinter ihm her. Er hat Harko um Hilfe gebeten. Gleichzeitig versteckt er sich hier in Afionas. Deshalb darf er Afionas auch nicht verlassen. Verstehst Du? Wenn diejenigen, die hinter ihm her sind, erfahren, wo er ist…«

Manousos nickte verstehend. Zu Helena, die mir mein Bier brachte, sagte er: »Rudi isst in den nächsten Tagen abends bei uns.«

Rudi und ich saßen noch beim Frühstück, als Harko kam. Er hatte die Schiffspassage nach Venedig gebucht, von dort würden wir mit dem Wagen nach Stuttgart fahren. Jetzt wollte er Rudi noch einmal genauer befragen.

Das war nicht das lockere Gespräch, das Rudi und ich in den letzten Tagen geführt hatten, das war ein Verhör. Wer hat die Aktion eingefädelt? Wann und warum? Welche Rolle spielte der Staatsanwalt bei den Vorbereitungen? Wie wurde das Treffen organisiert? Wie lief es ab? Harko fragte Rudi nicht einfach aus, er warf ihm immer wieder vor, vor wenigen Minuten das Gegenteil behauptet zu haben, ließ sich wichtige Information mehrfach geben, wohl um zu überprüfen, ob Rudi die Wahrheit sagte.

Nach einer Stunde hatte Harko ein umfassendes Bild. Und keinerlei neue Erkenntnisse.

»Eine Standardaktion,« stellte er fest, »wie ich sie früher selbst durchgezogen habe. Rudi soll mit einem türkischen Drogendealer einen Handel einfädeln und bei der Übergabe wird der Mann verhaftet.« Er sah Rudi an. »Wieso bekommst Du ein Kilo Heroin zu Vorzugskonditionen? Und wie hast Du das überhaupt bezahlt?«

Rudi lächelte verschmitzt. »Ich hab gesagt, ich wär nicht der Endkunde, sondern nur der Vermittler. Vom Türken wollte ich einen Mengenrabatt und bezahlt hätte ich mit meiner Provision vom Käufer.«

»Gab es denn einen Käufer?« fragte ich.

»Natürlich nicht,« sagte Rudi. »Aber das wusste der Türke ja nicht.«

»Bei mir hättest Du solche Sperenzchen nicht gemacht,« sagte Harko.

Rudi rutschte unruhig auf seinem Stuhl hin und her. »Du bist Harko. Wenn ich mit Dir sowas durchzog, wusste ich, dass ich mein Geld bekomme. Aber bei diesem Haberkorn? Bei der ersten Aktion hat er mir drei Riesen versprochen, bekommen habe ich einen. Mehr hätte der Staatsanwalt nicht genehmigt. Diesmal wollte ich sicher sein, dass meine Rechnung am Ende aufgeht.«

»Kennst Du diesen Haberkorn?« fragte ich Harko.

Harko schüttelte nur den Kopf. »Mein Freund Peter hat ihn als tüchtig, aber stur beschrieben.«

»Stur ist gut,« sagte Rudi. »Der ist ein Arschkriecher. Möchte Karriere machen und hält sich deshalb streng an die Vorschriften.«

An Harkos Gesicht konnte ich ablesen, was er von einer allzu engen Anlehnung an die Vorschriften hielt…

»Wie kommt so einer zur Rauschgiftfahndung?« fragte Harko.

»Frag mich was leichteres,« antwortete Rudi. »Jedenfalls macht die Zusammenarbeit mit ihm keinen Spaß.«

»Warum hast Du dann mit ihm zusammengearbeitet?« fragte ich.

Rudi zuckte die Schultern. »Die Zeiten sind hart, von irgendwas muss man leben.«

Als Harko gegangen war, fragte Rudi: »Gehst Du eigentlich nie baden?«

Ich dachte an seinen Fehlschlag, der ihm statt des erhofften Gewinns fünf Jahre Gefängnis eingebracht hatte, und sagte: »Doch, auch mir geht oft genug was daneben.«

Rudi verdrehte die Augen. »Ich meine, ob Du auch mal schwimmen gehst! Du lebst direkt am Meer, doch seit ich hier bin, hockst Du nur auf Deiner Terrasse.«

»Ich arbeite,« sagte ich. Was ich auch tat. Nachdem mein erster Ansatz für mein neues Buch im Papierkorb gelandet war, musste ich zusehen, wie ich das neue Konzept möglichst schnell zu einem tragfähigen Grundgerüst ausbauen konnte.

»Dann arbeite heute mal am Strand,« sagte Rudi. »Morgen fährst Du nach Deutschland, wenn Du wiederkommst, ist der September vorbei. Vielleicht auch der Sommer…«

Das hatte etwas für sich. Durch den Maestro war jedoch viel kaltes Wasser in die Agios Georgios Bucht gedrückt worden, die

Wassertemperatur lag nur noch bei 20 Grad. Mit diesem Phänomen kämpften wir jeden Sommer: Agios Georgios hatte Zugang zum offenen Meer und deshalb immer klares und sauberes Wasser, doch starker Wind drückte kaltes Tiefenwasser in die Bucht. Drei Tage Sonnenschein und das Wasser hatte wieder Badetemperatur. Da wir aber jetzt baden wollten, fuhr ich mit Rudi nach Agios Stefanos: Der Strand dort war flach, auch hundert Meter vom Ufer entfernt konnte man noch stehen – der Maestro richtete hier keinen Schaden an.

In direkter Luftlinie sind es vielleicht vier Kilometer von Afionas nach Agios Stefanos, doch wir brauchten rund 15 Minuten dafür: Erst runter nach Arillas, am Strand entlang, dann über den Hügel, der Arillas von Agios Stefanos trennt, erneut hinab ins Tal und dann an den Strand.

Für mich war die Fahrt vertraut und ich ärgerte mich vor allem über die kleinen, kurvigen Straßen, doch Rudi sah sich fasziniert um.

»Das ist verdammt schön hier, weißt Du das? Und Du sagst, gar nicht mal so teuer?«

»Mit Sicherheit billiger als in Stuttgart,« erwiderte ich. »Aber mach Dir keine falschen Hoffnungen: Der Bedarf an V-Leuten auf Korfu ist sehr gering.« Ich dachte an Harkos Aktion mit den Kindern. »Außerdem zahlt Harko hier nicht in Euro, sondern in Hamburgern.«

Rudi hörte gar nicht zu. Er war nachdenklich. »Glaubst Du, ein Mensch kann sich ändern?«

»Wie meinst Du das?« fragte ich. Ich konnte es mir denken, wollte es aber aus seinem Mund hören. Viele meiner Gäste waren spontan von Korfu begeistert, machten sich aber keinerlei Gedanken darüber, wie es war, das ganze Jahr hier zu leben: Auf einer von den Touristen verlassenen Insel im Winter, die von Geisterdörfern überzogen war, in denen nichts, aber auch gar nichts los war, auf einer Insel, auf der es kaum genug Jobs für die Einheimischen gab und auf der außer Lebenskünstlern, Pensionären und Schriftstellern nur Menschen lebten, die auch hier geboren und aufgewachsen waren.

Doch Rudi hatte sich in den wenigen Tagen, die er nun hier war, offenbar viele Gedanken gemacht. »In Deutschland wollte ich immer reich werden,« bekannte er. »So wie Du einen BMW fahren oder einen Mercedes. In einem großen, schönen Haus wohnen.

Vielleicht sogar mit Whirlpool. Aber irgendwie hat's nie dazu gereicht. An Manousos alten Fiat hätte ich früher nie einen Blick verschwendet. Wäre jemand mit dem zu mir in die Werkstatt gekommen, hätte ich ihm nur geraten, die Rostlaube schleunigst auf den Schrottplatz zu bringen. Für den Besitzer hätte ich nur ein müdes Lächeln übrig gehabt. Doch hier: Keiner lacht über Manousos Kiste. Ich hab mich oben im Ort umgesehen. Ein paar fahren neue Autos, aber auch die sind nichts besonderes. Die meisten haben Wagen, die noch viel klappriger sind als Manousos Fiat. Aber das spielt überhaupt keine Rolle. Die reden nicht mal über ihre Autos. Auch nicht über Geld. Keiner hat mich bisher gefragt, was ich mache oder was ich besitze. Ich bin hier einfach ich.«

»Eine neue Erfahrung für Dich?«

»Ja,« bekannte er offen.

Wir waren in Agios Stefanos angekommen, packten unsere Badesachen aus und suchten uns einen Platz am Strand. Noch vor zwei Wochen wäre das um diese Tageszeit ein Problem gewesen, doch die Hauptsaison war vorbei, der Strand nur noch von wenigen Touristen besucht. Und das, obwohl die Sonne noch immer mit 30 Grad vom Himmel brannte.

Fröhlich trällernd zog sich Rudi aus und cremte seine schneeweiße Haut sorgfältig mit Sonnenmilch ein. Im Knast hatte er wohl keine Zeit für ein Sonnenbad gefunden.

»Wenn Du nur ein paar Tage im Urlaub hier bist,« sagte ich, »glaubst Du, die Menschen auf Korfu hätten keine Probleme. Was natürlich nicht stimmt. Die kämpfen genauso ums Überleben wie andere auch und manchmal glaube ich, sie kämpfen sogar härter. Denn objektiv gesehen gibt es hier auf der Insel nicht viele Möglichkeiten. Tourismus im Sommer, Oliven im Winter, doch es gibt keine Industrie, keine Fabriken, keine Jobs. Die Menschen hier haben andere Probleme als Du sie wahrscheinlich kennst. Doch das, was Du beobachtet hast, stimmt schon: Man legt hier wenig Wert auf Statussymbole. Ein Auto ist ein Gebrauchsgegenstand und wird so lange gefahren, wie es geht, dann wird ein anderes gekauft. Aber täusch Dich nicht: Auch die Korfioten haben ihre Wertesysteme. Grund und Boden sind wichtig, das eigene Haus steht hoch im Kurs.«

»Das hat mir Manousos schon gesagt. Aber er sagt auch, Bauen sei hier sehr billig.«

»Geschenkt bekommst Du ein Haus auf Korfu nicht,« stellte ich klar. »Doch wir sind hier auf dem Land, das darfst Du nicht vergessen. Wenn Du nicht mitten im Ort wohnen willst, wo der Grund knapp ist, oder direkt am Wasser, wo es die reicheren Touristen hinzieht, kannst Du günstig ein schönes Stück Land kaufen und Dir von Manousos ein kleines Häuschen bauen lassen.« Ich sah Rudi aufmerksam an. »Du denkst ernsthaft daran, hierher zu ziehen?«

»Ich könnte auch nach Kroatien, aber da gefällt es mir nicht. In Deutschland hält mich nichts mehr. Seit Maja tot ist…« Er zögerte. »Glaubst Du, ich würde hierher passen?«

»Wenn Dir die Zentralheizung nicht mehr so wichtig ist…«

Er stand auf, offenbar bereit, ins Wasser zu gehen. »Du mit Deinem blöden *I need space, I need sun*. Du machst mich noch ganz wirr im Kopf.«

Dann rannte er ins Wasser. Ich folgte ihm und bald planschten wir vergnügt wie kleine Kinder im Wasser – der Softie und der Knacki.

Es soll Schriftsteller geben, die stehen früh am Morgen auf, schreiben ein bestimmtes Pensum und hören dann auf, um etwas anderes zu machen. Ich habe es versucht – und viele Stunden vor einem leeren Blatt Papier verbracht, ohne dass mir etwas eingefallen wäre. Irgendwann ließ ich alle guten Ratschläge beiseite und seither schreibe ich nur noch, wenn ich eine Idee habe. Gleichgültig, wann und wo das ist. Mit einer Ausnahme: Wenn ich morgens von einem Wecker geweckt werde, ist der Tag für mich gelaufen.

Leider hat die Minoan Lines kein Verständnis für meine Bedürfnisse, ihre Fähre von Korfu nach Venedig verlässt den Hafen um sieben Uhr in der Frühe. Entgegen sonstiger griechischer Gewohnheiten sogar pünktlich. Eine Stunde vorher da sein, eine Stunde von Afionas nach Korfu, vorher noch duschen und zu Harko: Um halb fünf rasselte mein Wecker.

In Erwartung dieses grässlichen Geräuschs hatte ich schon schlecht geschlafen, dementsprechend müde kam ich bei Harko an. Wir würden meinen BMW in seiner Garage abstellen; so weit ging meine Liebe zu Rudi nicht, ihm dieses edle Gefährt zu überlassen. Nach Deutschland würden wir in Harkos Land-Cruiser fahren.

Als ich kurz nach fünf bei ihm ankam, war Harko munter wie ein Fisch im Wasser. Und voller Tatendrang. Allein ihn in seiner Aktivität zu beobachten, bereitete mir schon Pein. Wortlos legte ich meinen Koffer und eine Kiste mit Büchern in seinen Wagen, stellte den BMW in seiner Garage neben Rudis alten Golf, kletterte in Harkos Rumpelkiste und schloss die Augen.

An Schlaf war nicht zu denken: Harkos Gelände-Lastwagen kam zwar überall durch, aber Fahrkomfort für die Gäste hatte bei den Ingenieuren, die diesen Wagen entwickelt hatten, auf der Liste der wünschenswerten Eigenschaften keinen Platz mehr gefunden. Außerdem redete Harko wie ein Buch. Gelegentlich nickte ich, doch wenn ich ehrlich bin, bekam ich kein einziges Wort mit.

Um sechs waren wir in Korfu-Stadt, Harko ließ unsere Tickets bestätigen – nichts als eine Schikane der Schiffahrtslinie gegenüber ihren übermüdeten Passagieren; die sollten es bereuen, die schöne Insel zu verlassen. Da Harko diese unangenehme Aufgabe übernahm, fand ich endlich ein wenig Schlaf.

Mein Schlummer war kurz, Harko weckte mich, als die Fähre einlief. Das Verladen des Wagens ging zügig, das Einchecken in die Kabine ebenfalls. Wohlig streckte ich mich auf meinem Bett aus – und war plötzlich putzmunter. Nach einer Stunde gab ich auf.

Ich zog mich an und ging an Deck, um Harko zu suchen. Er saß auf dem Oberdeck, in der Hand einen Plastikbecher mit Kaffee, und sah auf's Meer.

»Ist es nicht wunderschön hier?« fragte er mich.

Ich setzte mich zu ihm und rauchte eine Zigarette. Es war wirklich schön. Das Schiff hatte den Hafen von Korfu verlassen, fuhr zum griechischen Festland, nach Igoumenitsa. Majestätisch glitt die Fähre zwischen kleinen Inseln hindurch, die sich im ersten Licht des Morgens aus dem Meer erhoben. Es roch nach Wind, nach Sonne, nach Freiheit, aber auch nach Geborgenheit. All das sollten wir nun aufgeben und uns stattdessen in einer hektischen, lärmenden, vermutlich auch kalten und verregneten deutschen Stadt darum bemühen, Rudis Probleme zu lösen. Ich beschloss in diesem Moment, ein Idiot zu sein, denn niemand, der noch halbwegs bei klarem Verstand war, konnte sich auf eine so verrückte Geschichte einlassen.

»Hast Du etwas von dem mitbekommen, was ich Dir vorhin im Wagen gesagt habe?« fragte Harko. »Du hast zwar eifrig mit dem Kopf genickt, doch ich hatte den Eindruck, das liegt mehr an den Schlaglöchern als an Deiner Aufmerksamkeit.«

»Kann sein,« brummte ich, »besser, Du erzählst es mir nochmal.«

Was er auch tat. Er fasste zusammen, was wir bereits wussten – so gut wie nichts – und führte aus, was wir herausbekommen mussten. Das wiederum ließ sich in einem einzigen Satz zusammenfassen: Staatsanwalt Mittler ist eine richtige Drecksau. QED.[9]

»Interessiert Dich eigentlich, was wirklich passiert ist oder spielt das in Deinen Überlegungen nur eine untergeordnete Rolle?« fragte ich.

Zum erstenmal an diesem Morgen war Harko still.

Das Frühstück war schlecht. Die Brötchen alt, der Orangensaft aus der Tüte, der Kaffee lauwarm. Bei Minoan sah man es nicht gern, wenn jemand das Land verließ: Das Essen auf der Route Venedig-Korfu war wesentlich besser. Da ich das verstehen konnte, sagte ich nichts. Dafür wurde Harko wieder gesprächig.

»Ich glaube, Du hattest recht,« sagte er. »Ich lasse mich zu sehr von meinen Gefühlen leiten. Wir müssen versuchen, an Informationen ranzukommen und herausfinden, was wirklich passiert ist.«

Ich spülte die Reste meines Frühstücks mit einem Schluck Kaffee hinunter, zündete mir eine Zigarette an und inhalierte tief. »Wie ich Dich kenne, hast Du bereits einen Plan.«

Den hatte er in der Tat. »Ich stelle Dich einigen alten Freunden von mir vor und bitte sie, Dir etwas über ihre Arbeit zu sagen. Während Du Dich mit ihnen unterhältst, werde ich versuchen, Rudis Akten zu lesen. Die Akten von V-Leuten werden unter Verschluss gehalten.«

»Das ist ein guter Plan,« sagte ich. »Denn wenn sie uns dabei erwischen, können sie uns auch gleich verhaften. Dann werden meine Recherchen gleich viel realistischer.«

Ich machte einen weiteren Zug an meiner Zigarette und blies den Rauch genüsslich in die Luft. »Außerdem erspart mir das auch in Zukunft alle weiteren Recherchen. Wie sagt ihr im Deutschen so schön: *Ist der Ruf erst ruiniert, lebt sich's völlig ungeniert.* Wenn bekannt wird, dass ich illegal in Polizeiakten rumschnüffle, brauche ich mich nie mehr irgendwo blicken zu lassen. Dann kann ich nach meiner Entlassung aus dem Gefängnis ausschließlich auf Korfu leben. Das hat was für sich.«

Harko sah mich missmutig an. »Hast Du einen besseren Plan?«

»Nein,« sagte ich. »Ich habe überhaupt keinen Plan.«

»Was machen wir also?« fragte er.

---

[9] Latein: Quod erat demonstrandum - was zu beweisen war.

»Wir warten ab, was sich ergibt. Du hast viele Kontakte und ich bin ein guter Zuhörer.«

Harko wirkte nicht sonderlich überzeugt.

»Die Recherche für ein Buch,« versuchte ich zu erklären, »unterscheidet sich von Deinen Ermittlungen. Ich vermute, Du gehst sehr zielorientiert vor. Machst Dir Listen von Leuten, die Du verhören willst, trägst Deine Informationen Stück für Stück zusammen.«

»Ganz genau.«

»Das kann ich nicht oder besser: Das brauche ich nicht. Ich bin kein Autor, der historische Ereignisse verarbeitet, meine Geschichten sind Fiktion. Wenn ich recherchiere, dann nur, um meiner Story Authentizität zu verleihen.«

»Hättest Du das nicht gleich sagen können? Dann hätten wir uns diese Reise sparen können.« Jetzt war er richtig sauer.

»Hätte es etwas genutzt, wenn ich das vorher gesagt hätte? Dann wärst Du eben alleine losgefahren. Was aber noch viel wichtiger ist: Frag die Leute nicht direkt aus, dann sagen sie Dir alles, was Du wissen willst.«

»Kein Mensch wird Dir erzählen, dass er Maja erschossen hat, Du erfährst nicht mal, in was Rudi verwickelt ist.«

»Bist Du Dir sicher?« fragte ich.

»Ganz sicher,« sagte Harko.

Eine Kreuzfahrt ist etwas Herrliches, doch in einer Autofähre die Adria zu durchqueren, lässt sich nicht damit vergleichen. Wir sonnten uns, gingen essen, tranken Kaffee und redeten. Harko erzählte mir von seinen Kollegen, von seiner Arbeit, den V-Leuten. Er berichtete über Rudis Umfeld, über Maja und Lidya, eine Freundin und Kollegin von Maja. Harko beschrieb mir die komplette Struktur der Stuttgarter Polizei, die allein drei große Zentralen in der Stadt besitzt, von denen eine dem Landeskriminalamt, oder wie Harko sagte, dem LKA gehört. Dazu kamen unzählige Gerichtsgebäude, die Staatsanwaltschaft und und und. Ich musste das alles vor mir sehen, um mir ein Bild machen zu können. Ob daraus wirklich ein Roman entstehen würde, wagte ich zu bezweifeln, aber es würde mir sicher dabei helfen, meine Geschichte über die kolumbianische Drogenmafia lebendiger zu gestalten. Denn über Drogen hoffte ich eine Menge zu erfahren.

Der eigentliche Höhepunkt der Schiffsreise kam am nächsten Morgen, als die Fähre in Venedig einlief. Der Hafen befindet sich hinter der Stadt, die Fahrrinne davor. Wir sicherten uns rechtzeitig einen guten Platz an Deck und machten eine ungewöhnliche Stadtrundfahrt: Der Markusplatz aus 15 Meter Höhe, das hatte was.

Die Fahrt nach Stuttgart dagegen verlief ereignislos. Auf Korfu war mein BMW nur ein Cabrio, seine fahrerischen Qualitäten konnte er angesichts der schlechten Straßen nicht ausspielen. Auf Autobahnen dagegen hatte ich immer viele Abenteuer. Bei Harkos Land-Cruiser hatten die Konstrukteure nicht nur den Komfort für die Passagiere vergessen, der Wagen war eindeutig nicht für den Einsatz auf einer Autobahn vorgesehen.

Erst als wir kurz hinter Augsburg in einen Stau gerieten, lernte ich die Qualitäten des Land-Cruisers zu schätzen: Harko fuhr einfach von der Autobahn ab, holperte über Stock und Stein auf die nächste Nebenstraße.

»Das ist in Deutschland sicher verboten.«

Harko lachte. »Woher soll ein Grieche das wissen…«

Natürlich hatte Harko griechische Nummernschilder an seinem Wagen.

Der Mond stand hoch am Himmel, als wir unser Ziel erreichten. Harkos Tante, eine kleine, rührige Frau, die viel Herzlichkeit ausstrahlte, begrüßte uns mit einer schwäbischen Spezialität: Maultaschen. Harko schlemmte, als hätte er seit Tagen nichts mehr gegessen, ich fand sie eher interessant. Das Bier aber, das wir dazu tranken, war erstklassig. Man mag über die Deutschen denken, was man will, im Bierbrauen sind sie Weltmeister.

Als ich an diesem Abend ins Bett fiel, hatte ich keine Probleme mit dem Einschlafen.

Nach dem Frühstück zeigte mir Harko *seine* Stadt. Zunächst dachte ich, er wolle mir die Orte zeigen, mit denen ihn eine persönliche Beziehung verband: Hier habe ich studiert, dort zum erstenmal Marianne geküsst, da drüben habe ich gejobbt. Was sich bei Harko so anhörte: Da habe ich meinen ersten Einbrecher verhaftet, dort habe ich die meisten Junkies geschnappt, dahinten meinen ersten Mörder überwältigt.

Ich sah eine aufgeräumte Stadt mit schmucken Häusern, die sich am frühen Sonntagmorgen und bei strahlendem Sonnenschein von ihrer besten Seite zeigte, und hörte aus Harkos Mund, wie hinter jedem Strauch das Verbrechen lauerte.

Dann begriff ich: Für ihn war Stuttgart wirklich *seine* Stadt. Auf Korfu war Harko Gast, in Afionas war er sicher glücklich, aber er war Fremder in einem fremden Land. Hier dagegen war er ein Teil der Gemeinschaft gewesen, hatte als furchtloser Sheriff für Ruhe und Ordnung gesorgt.

Was mir von der Stadtrundfahrt à la Harko wirklich in Erinnerung blieb – denn Harkos Rückblick auf zwanzig Jahre Kampf gegen die Kriminalität hörte ich schon bald nicht mehr zu –, waren die vielen Bäume und die vielen Hügel. Mir war, als hätten die Schwaben ihre Landeshauptstadt mitten in einem Wald errichtet, dabei möglichst viele Bäume stehen gelassen und die Straßen einfach zwischen den Bäumen hindurchgeführt. Vielleicht hatte sich Harko deshalb einen Land-Cruiser zugelegt...

Zum Mittagessen waren wir bei Harkos wichtigster Informationsquelle eingeladen, einem Kripobeamten namens Peter Boyko. Er wohnte am Rande der Stadt, wo der Stadtwald in den richtigen Wald überging. Ein kleines, heimeliges Einfamilienhaus, der deutschen Sitte gemäß auf allen Seiten von einem Zaun umgeben, zwischen Haus und Garten ein gepflegter, kurzgeschnittener Rasen.

Harko stellte den Wagen ab, klingelte an der Haustür. Ein Hüne öffnete.

»Hallo Harko.«

»Hallo Peter.«

Ein Wiedersehen unter Freunden? Harko stellte mich vor: »Das ist Roberto.«

»Kommt rein.«

Das Haus war erfüllt von einem verführerischen Duft und Kindergeschrei. Der Duft kam aus der Küche, wo Jutta, Peters Frau, eine gestresst wirkende Brünette Ende 30, das Mittagessen zubereitete. Sie reichte uns nur kurz ihre feuchte Hand, sie war gerade dabei, den Salat zu putzen, und hatte keine Zeit für eine lange Begrüßung.

»Das duftet herrlich,« sagte ich. »Was gibt es denn?«

»Spätzle und Sauerbraten.«

Harko lief allein bei diesen Namen das Wasser im Mund zusammen.

Peter führte uns ins Wohnzimmer und bat uns, auf der großen Couch Platz zu nehmen, die das Wohnzimmer zur Hälfte ausfüllte. »Wollt ihr etwas trinken?« fragte er.

Harko war sofort einverstanden: »Ein Kleiner vor dem Essen kann nicht schaden.«

Peter ging zu einem riesigen Wandschrank und holte eine Flasche heraus. Er bezeichnete das Getränk als *Obstler,* ein höllisch scharfer, nach Pflaume schmeckender Schnaps, klar wie Wasser.

»Selbstgebrannt,« sagte Peter stolz. »Von unseren eigenen Pflaumen.«

Harko wusste das zu würdigen.

»Woher kennt Ihr Euch eigentlich?« fragte ich. Die Frage sollte beiläufig klingen, doch sie war es nicht: Ich kannte Harko jetzt seit mehr als zwei Jahren, doch bislang hatte er sich stets geweigert, mir mehr über seine aktive Zeit bei der Polizei zu erzählen.

»Wir haben zusammen studiert,« sagte Peter.

»Bei der Polizei?«

»Ja.«

»Und danach?«

»Haben wir gearbeitet.«

»Zusammen?«

Harko und Peter warfen sich einen verschwörerischen Blick zu.

»Gelegentlich,« sagte Peter.

»War Harko auch ein Drogenfahnder?«

»Gelegentlich.«

Es war zum aus der Haut fahren. Vorsorglich, damit genau das nicht geschieht, legte mir Harko den Arm auf die Schulter.

»Gib Dir keine Mühe,« sagte er. »Ich habe bei meinem Ausscheiden zugesichert, keine Dienstgeheimnisse zu verraten und daran wirst auch Du mit Deiner penetranten Neugier nichts ändern.«

In diesem Moment gellte Juttas Stimme durch das Haus: »Kaspar! Friedrich! Deckt ihr mal den Tisch?«

»Meine Söhne,« sagte Peter.

Die beiden Jungs, ich schätzte sie auf sieben und neun, stürmten ins Wohnzimmer, begrüßten uns kurz und richteten dann den Esstisch her.

»Junge, Junge,« sagte Harko, »die sind aber gewachsen.«

»Du warst schon lange nicht mehr hier,« sagte Peter. »Deine Mädchen mussten inzwischen auch ziemlich groß sein.«

»Das kannst Du laut sagen,« entgegnete Harko. »Zwölf sind sie jetzt – bald kommen sie in ein schwieriges Alter.«

Peter lachte. »Sei doch mal ehrlich: Das schwierige Alter bei Kindern fängt an, sobald sie krabbeln können und hört auf, wenn sie aus dem Haus gehen.«

Das Essen, offenbar typisch schwäbisch, war ausgezeichnet; ich ließ mir sofort das Rezept geben.

Peter war überrascht, doch Harko erklärte: »Wenn wir Roberto in unserer Abteilung gehabt hätten, dann als Abteilungsschreiber und Koch. Von beidem versteht er eine Menge. Aber als Ermittler?«

Den Kaffee nahmen wir, zusammen mit einem weiteren Obstler, der der Verdauung wirklich gut tat, wieder auf der Couch zu uns. Die Hausfrau erledigte in der Küche den Abwasch, die Kinder halfen ihr.

»Hast Du uns schon angekündigt?« fragte Harko.

»Ja,« sagte Peter, »aber nur bei mir in der Drogenfahndung. Ich fürchte, viel mehr kann ich nicht für euch tun. Es gab in letzter Zeit einige kritische Berichte über die Polizei in der Presse und wenn ich jetzt ganz oben sage, ein Schriftsteller möchte uns auf die Finger sehen, bekommt ihr vermutlich Hausverbot. Beide.«

»In erster Linie will ich die Akten einsehen,« sagte Harko.

»Und wie hast Du Dir das gedacht?« fragte Peter. »Innerhalb unserer Abteilung kann ich Dir einiges zugänglich machen. Aber außerhalb…«

»Ich dachte, der direkte Weg ist der beste. Ich komme morgen mit Roberto ins LKA, stelle ihn vor, dann schiebst Du ihn wie einen Neuling in eine Ecke ab und gibst ihm ein paar Akten zu lesen.«

»Du glaubst, das funktioniert?« fragte ich skeptisch.

Die Beiden sahen sich an und lachten. »Jeder hasst das wie die Pest,« erklärte Harko. »Keiner wird Dich fragen, was Du da liest, alle werden Dich nur bemitleiden. Glaub mir.«

»Was genau hofft ihr eigentlich zu finden?« wollte Peter wissen.

Harkos Gesicht wurde ernst. »Rudi wurde verladen, das steht für mich fest. Und Oberstaatsanwalt Mittler hat seine Finger mit drin.«

»Harko hält es für möglich, der Staatsanwalt habe mit dem Drogendealer zusammengearbeitet, um Rudi das Heroin unterzuschieben,« sagte ich.

Peter winkte ab. »Der Dealer sitzt. Und Mittler ist zwar ein schwieriger Mensch, aber er paktiert nicht mit Verbrechern. Der hat nicht mal Kontakte ins Milieu.«

»Trotzdem hat er Rudi verladen,« beharrte Harko.

»Rudi was anzuhängen ist kein Problem,« sagte Peter. »Das weißt Du selbst. Der hält sich für oberschlau und stolpert dabei ständig über seine eigene Dummheit. Wenn Mittler ihm was anhängen wollte, brauchte er nur zu warten, bis Rudi die nächste Dummheit macht. Was er ja auch getan hat.«

»Was ist mit Maja, Rudis Frau?« fragte ich. »Ist ihre Leiche inzwischen aufgetaucht?«

Peter schüttelte erneut den Kopf. »Ich war draußen in Leonberg, wo der Mord passiert sein soll. Nach zwei Wochen ist da nichts mehr zu sehen. Sollte es Spuren gegeben haben, hat sie der Regen längst weggewaschen.«

»Was ist mit unidentifizierten Leichen?« fragte Harko.

»Ich lasse mir jeden Tag den Bericht des Leichenschauhauses kommen. Dreimal war ich selbst schon da. Immer Fehlanzeige. Wenn sie tot ist, hat jemand die Leiche gründlich verschwinden lassen. Kann genausogut sein, dass sie nach Kroatien zurückgegangen ist.«

»Da hat sie aber niemand gesehen,« sagte Harko.

Peter seufzte. »Bist Du sicher, dass Du Dich nicht in irgend etwas verrennst? Dass Du einen Fall sehen willst, wo keiner ist? Nur weil Du einen persönlichen Groll gegen Oberstaatsanwalt Mittler hegst?«

Harko sagte nichts. Doch Peter Boyko hatte ausgesprochen, was auch ich dachte: Harko sah Gespenster und das nur aus dem Grund, weil er sie sehen wollte.

»Was steht heute auf dem Programm?« fragte ich Harko beim Frühstück. Seine Tante hatte beim Bäcker frische Brötchen geholt, die sie als *Weckle* bezeichnete und die ausgezeichnet schmeckten. Dazu gab es selbstgemachte Marmelade und eine Auswahl an Wurst, die mich überwältigte: In ganz Griechenland gab es nicht annähernd so viele verschiedene Sorten wie vor uns auf dem Tisch.

Harko war beim dritten Brötchen, er hatte offenbar einiges nachzuholen. Er schluckte, dann sagte er: »Wir fahren ins LKA und sehen uns Rudis Akte an.«

»Du hast es also noch nicht aufgegeben,« sagte ich. Ich sah die Schlagzeilen schon vor mir: *Bekannter argentinischer Kriminalautor bei Spionage im LKA geschnappt.* Das würde zwar den Verkauf meiner Bücher ankurbeln, aber ob ich das hinter schwäbischen Gardinen aus Stahl auch zu würdigen wusste?

Harko sah mir meine Bedenken an, meinte aber nur trocken: »Weißt Du inzwischen was besseres?«

Leider musste ich passen.

Kurz vor zehn trafen wir an Harkos alter Dienststelle ein, einem modernen, schmucklosen Verwaltungsbau.

»Wir sind da,« sagte Harko und parkte seinen Land-Cruiser mit den griechischen Nummernschildern wie selbstverständlich zwischen einigen Polizeiautos. »Hier ist das LKA, in dem ich viele Jahre tätig war.«

Ich holte die Schachtel mit meinen Romanen aus dem Wagen, dann gingen wir los. Harko stürmte auf den Eingang zu, als habe er sich zum Dienst verspätet. Schmunzelnd sah ich zu, wie er vom Pförtner gestoppt wurde und etwas zu hören bekam, das so ähnlich klang wie: »He, Sie da, hallo! Höret se amol: Do kennet se Ihren Wagen aber net standa lassa![10]«

Harkos Proteste nutzten nichts, er musste wieder nach draußen und den Land-Cruiser zum Besucherparkplatz fahren.

Wütend kam er zurück. »Das muss ich gleich ändern lassen,« sagte er. »Mich auf den Besucherparkplatz zu schicken!«

Brummelnd meldete er uns nun vorschriftsmäßig an: »Herr Kolbe und Herr Bardéz für Hauptkommissar Boyko – wir werden erwartet.«

»Wisset se, wo se hin müssa?[11]«

»Ja,« knurrte Harko, »das wissen wir. Ich habe selbst mehrere Jahre hier gearbeitet.«

»Ja wenn des so isch. An schöna Dag noch.[12]«

»Du scheinst allen hier noch in bester Erinnerung zu sein,« stichelte ich, als wir mit dem Lift in den dritten Stock fuhren. Harko besah sich höchst interessiert die Bedienknöpfe des Lifts.

Wir gingen durch einen breiten, von Neonröhren erhellten Flur, kamen an einer Reihe leerer Büros vorbei, bis wir links aus einem Zimmer laute, erregte Stimmen hörten. Sicher wurde gerade ein Dealer in die Mangel genommen. Doch als wir eintraten, sah ich nur ein halbes Dutzend Männer, die mich mehr oder weniger an

---

[10] Schwäbisch: Hallo, Sie da, hallo! Hören Sie: Hier können Sie Ihren Wagen nicht stehen lassen!

[11] Schwäbisch: Wissen Sie, wo Sie hin müssen?

[12] Schwäbisch: Ja wenn das so ist. Einen schönen Tag noch.

Harko erinnerten: Alle um die 40, alle in Jeans und T-Shirt, alle mit mächtigen Muskeln bepackt. Geklont schienen sie nicht zu sein, ich sah blonde, braune und sogar schwarze Haarschöpfe. Doch zumindest die Jeans musste Teil der Uniform eines Drogenfahnders sein. Sie standen um eine große Kaffeemaschine herum und diskutierten über Fußball.

Harko blieb im Türrahmen stehen, klopfte kräftig gegen die Tür und sagte laut: »Hallo Leute!« Ein halbes Dutzend Köpfe fuhr herum, die lautstarken Diskussionen wurden eingestellt und dann ertönte im Chor die Begrüßung: »Hallo Harko!«

Im nächsten Moment war er von seinen früheren Kollegen umringt und wurde mit Fragen bestürmt: »Wie geht´s? Was macht Korfu? Wann kommst Du nach Stuttgart zurück?« Das ging so mehrere Minuten, bis einer auf mich deutete und fragte: »Wer ist denn das da? Bringst Du den zur Vernehmung her?«

Harko drehte sich zu mir um und sagte: »Das ist Roberto Bardéz, ein argentinischer Schriftsteller und ein Freund von mir auf Korfu. Er will sich mal ansehen, was ihr hier für einen Mist baut.«

Hätte er mich als Milchmann aus Augsburg vorgestellt, wäre die Begrüßung nicht dürftiger ausgefallen: Man schüttelte mir die Hand, fragte höflich, wie es mir gehe und wie mir Stuttgart gefalle und wandte sich dann, ohne auf eine Antwort von mir zu warten, wieder Harko zu. Ich stellte die Schachtel mit meinen Büchern auf den Besprechungstisch.

Nur Peter Boyko kam auf mich zu und drückte mir herzlich die Hand: »Hallo, ich bin Peter, der Anführer von diesem Haufen. Harko hat mir schon viel über Dich erzählt.«

Peter bat mich, Platz zu nehmen und fragte mich, ob ich einen Kaffee wolle. Ich nahm dankbar an.

»Du willst Dich hier bei uns umsehen?« fragte er mit lauter Stimme und zwinkerte mir dabei verschwörerisch zu. »Ich werde sehen, was ich für Dich tun kann. Vielleicht solltest Du erst einmal ein paar Akten durchsehen, damit Du ein Bild davon bekommst, was wir hier überhaupt tun.«

Er verließ den Besprechungsraum und kam mit einem Stapel roter Aktenhefter zurück. Auf dem obersten konnte ich den Namen *Rudolf Wölfle* erkennen. Zumindest dem Namen nach war Rudi also tatsächlich ein Wolf. »Bei uns steht noch nicht alles im Computer,« erklärte Peter, »soll aber demnächst kommen.«

Eine halbe Stunde später hatte Harko den ersten Wissensdurst seiner Kollegen gestillt. Er setzte sich zu mir. Aus den Augenwinkeln sah ich, wie mich die anderen Beamten mitleidig musterten: Ein Schriftsteller, extra aus Griechenland angereist, der nun in eine Ecke gesetzt und mit ein paar Akten abgespeist wurde. Harkos Plan funktionierte.

»Hast Du gesehen, wie sie alle an die Decke gesprungen sind vor Freude, einen berühmten Schriftsteller zu Gast zu haben?« fragte Harko leise und grinste mich dabei an wie ein übermütiger Schuljunge.

»Können die überhaupt schon Bücher lesen?« giftete ich zurück. Harko lachte nur und vertiefte sich selbst in eine Akte.

Es war interessant, Rudis Fall in einer offiziellen und sehr ausführlichen Akte studieren zu können, aber erstens war alles in einem sehr trockenen Beamtendeutsch abgefasst – *ich verbrachte die Person des Angeklagten in polizeilichen Gewahrsam* – und zweitens stand in der Akte nichts drin, was wir nicht schon wussten.

Plötzlich durchschnitt eine kräftige Stimme den Raum. »Herr Kolbe? Was tun Sie denn hier? Mit Dienstakten in den Händen, die Sie garantiert nichts angehen?«

Harko machte ein betroffenes Gesicht und Peter Boyko wurde bleich.

»Herr Kriminaldirektor Zimmermann, ich…«

Neugierig drehte ich mich um. In der Tür stand ein Mann um die 60, groß, kräftig; dem teuren Anzug und dem imponierenden Titel nach zu urteilen hatte er hier etwas zu sagen.

Er sah Harko wütend an, dann musterte er auch mich grimmig. »Ein Privatmann mit Dienstakten…« Plötzlich strahlte sein Gesicht: »¿Señor Bardéz? ¡Buenos días! ¿Cómo está usted? ¿Qué hace usted aquí en la comisaria?[13]«

Ich deutete auf Harko: »Un amigo…[14]«

Mit zwei großen Schritten war er bei mir und schüttelte mir begeistert die Hand. Noch immer spanisch sprechend, sagte er: »Ich bin ein großer Fan von Ihnen.«

Zu Harko gewandt fragte er: »Sie kennen Señor Bardéz?«

Harko war völlig verdattert: »Mein Nachbar auf Korfu.«

---

[13] Spanisch: Herr Bardéz? Guten Tag. Wie geht es Ihnen? Was machen Sie hier bei der Polizei?

[14] Spanisch: Ein Freund

Auf spanisch fragte mich der Kriminaldirektor: »Haben Sie einen Moment Zeit? Ich würde mich gerne mit Ihnen unterhalten.«

»Natürlich,« antwortete ich, »mit dem größten Vergnügen.«

Ohne Harko noch eines Blickes zu würdigen, griff er mich am Arm und zog mich mit sich. Ich drehte mich noch einmal halb zu Harko um, zuckte mit den Schultern, weidete mich an seinem ratlosen Gesicht und war draußen.

Das Büro von Kriminaldirektor Zimmermann befand sich auf einem anderen Stockwerk in einem entfernten Flügel, wir mussten lange gehen. Außerdem blieb der Kriminaldirektor immer wieder stehen, um mich vorzustellen: »Das ist Señor Bardéz, ein berühmter argentinischer Schriftsteller!« Ich schüttelte unzählige Hände.

Nach gut einer Viertelstunde langten wir schließlich in seinem Büro an – ein großer, heller Raum, mit teuren Kirschholzmöbeln edel ausgestattet. Der große Schreibtisch war aufgeräumt: Hier wurde wenig gearbeitet und viel repräsentiert.

Kriminaldirektor Zimmermann geleitete mich zu einer kleinen Sitzgruppe und bat mich, Platz zu nehmen.

»Kaffee? Oder lieber einen Brandy?«

»Kaffee,« sagte ich, »wenn es keine Umstände macht.«

Er ging zu seinem Telefon, drückte eine Taste und sagte auf deutsch: »Frau Müller – zwei Kaffee bitte. Dann möchte ich nicht gestört werden, ich habe eine wichtige Besprechung.«

Er setzte sich zu mir und ich sagte: »Sie sprechen ausgezeichnet spanisch.«

»Meine Frau ist Katalanin, wir haben uns in Barcelona kennengelernt.«

Er sagte *Barselona* und nicht *Barzelona*: Auch ein gebürtiger Spanier hätte das weiche s nicht besser aussprechen können.

»Wie kommt es, dass Sie mich gleich erkannt haben?« fragte ich. »Die deutschen Übersetzungen meiner Romane erscheinen ohne Bild.«

»Ich lese natürlich die Originalausgaben auf spanisch. Das ist viel besser als eine Übersetzung. Ich muss gestehen, dass ich im Grunde genommen kein großer Krimi-Fan bin, die Arbeit der Polizei wird fast immer verzerrt dargestellt. Wir haben viel Mühe, uns der Öffentlichkeit gegenüber realistisch zu präsentieren. Es gibt bei uns eben keinen Kommissar Rex, der jeden Fall mit seiner Nase löst und keinen Schimanski, der von einem Fettnäpfchen ins nächste tritt und am Ende trotzdem immer gewinnt.«

Beide Namen sagten mir nichts. Ich nahm an, es handle sich um berühmte Romanhelden, erfuhr aber später von Harko, dass es populäre Fernseh-Kommissare waren. Der eine ein Schäferhund, der andere ein Frauenheld.

»Ihre Krimis dagegen sind wie ein Lehrbuch für mich. Sie beschreiben die Arbeit der Polizei authentisch. Verfügen Sie über so gute Quellen?«

Verfügte ich nicht, aber das brauchte er nicht zu wissen.

»Ich habe Freunde in verschiedenen südamerikanischen Ländern, die mich regelmäßig mit Informationen versorgen,« sagte ich stattdessen. »Doch ich muss zugeben, inzwischen gehen mir in Südamerika die Verbrecher aus.«

»Und da kommen Sie nach Stuttgart? Sie haben Glück, wir haben noch ein paar schwere Jungs hier.« Er zwinkerte mir belustigt zu. »Seit Herr Kolbe nicht mehr bei uns ist, vermehren sie sich sogar wieder.«

»Hat Harko, ich meine, Herr Kolbe, so gründlich aufgeräumt?«

Er schmunzelte. »Herr Kolbe war ein sehr guter Polizist, das darf ich wohl sagen. Tüchtig, einsatzfreudig, kreativ. Leider hat er den Kampf gegen das Verbrechen wie einen Kreuzzug geführt, als gelte es, die Kriminalität mit Stumpf und Stil auszurotten. Was natürlich unsinnig ist, aber das brauche ich Ihnen ja nicht zu sagen. Solange es Gesetze gibt, gibt es auch Menschen, die dagegen verstoßen. Die Aufgabe der Polizei kann niemals sein, alle Gesetzesbrecher zu eliminieren: Wir müssen das Verbrechen eindämmen, es auf ein akzeptables Maß reduzieren. Wir müssen den Bürgern das Gefühl von Sicherheit verschaffen.«

Das mochte ein realistisches Ziel sein, aber stand das nicht im Gegensatz zu der Aufgabe der Polizei, die eigentlich jedes Verbrechen aufklären, noch besser: verhindern sollte? Ich wollte es genauer wissen. »Wäre es nicht schön, in einer Welt ohne Verbrecher zu leben?«

»Dann wären Sie und ich arbeitslos,« sagte Kriminaldirektor Zimmermann lachend.

»Wir würden andere Aufgaben finden,« entgegnete ich.

Er beugte sich leicht nach vorn. »Sie wissen es natürlich nicht, aber auch ich arbeite an meinem ersten Roman.«

Wer tut das nicht? dachte ich.

»Keine Angst,« sagte er schnell, »ich möchte Ihnen keine Konkurrenz machen. Haben Sie schon einmal von der 68er Bewegung gehört?«

»Ist das eine Terrorgruppe?« fragte ich.

Wieder lachte er. »Nein, ganz sicher nicht, obwohl viele Terroristen aus ihr hervorgegangen sind. Sehen Sie: 1945 war Deutschland am Boden zerstört. Der Krieg war verloren, dazu kam die Schande wegen des Völkermordes. Die Städte waren zu einem großen Teil zerstört, die Wirtschaft ebenfalls. Mehrere Jahre verbrachte das Land in einer Agonie. Dann erstieg die Bundesrepublik aus den Trümmern des Deutschen Reichs. Ein demokratisches Land, das sich einen neuen Platz in der Welt erobern musste. Von Politik wollten die Menschen nichts wissen, sie hatten genug von Führern und Ideologien. Sie wollten leben und arbeiten. Deutschland erlebte sein Wirtschaftswunder, die Bundesrepublik wurde eine der führenden Wirtschaftsnationen.«

»Das war doch gut so,« sagte ich. »So etwas hätten wir in Südamerika auch gebraucht. Ansätze dazu gab es, aber ich schätze, uns Lateinamerikanern fehlt der deutsche Arbeitsgeist.«

»Das mag sein,« gab Kriminaldirektor Zimmermann zu, »doch glauben sie mir: Arbeitsgeist allein macht ein Volk nicht glücklich. Ende der 60er Jahre regte sich Widerstand gegen die vollständige Ausrichtung auf den Kapitalismus; eine Bewegung, die vor allem von den Studenten ausging. 1968 kam es zu politischen Unruhen. Es begann mit Demonstrationen und endete mit Straßenschlachten. Wenn ich heute versuche, meinen Kindern…« Er seufzte. »…und bald schon meinen Enkelkindern den Geist dieser Tage zu beschreiben, ernte ich nur Unglauben. Wer nicht selbst dabei war, kann es einfach nicht verstehen.«

»Sie wollen den Geist dieser Tage in einem Roman einfangen?«

Es klopfte, Frau Müller brachte uns den Kaffee. Ich probierte einen Schluck: Er war stark, schwarz und bitter. Die Deutschen haben keine Ahnung, wie man einen guten Kaffee zubereitet, dachte ich nicht zum erstenmal. Frau Müller ließ uns wieder allein.

»Über die 68er Bewegung ist schon viel zu viel geschrieben worden,« fuhr der Kriminaldirektor fort. »Unzählige Analysen. Und Romane. Sie beschäftigen sich mit den Ursachen und referieren über die Folgen. Doch sie treffen den Kern nicht.«

Er schilderte mir die Grundzüge der 68er Bewegung aus seiner Sicht, die Haltung von Menschen, die unter dem Stigma des Nationalsozialismus litten, die vom Kommunismus enttäuscht und vom Kapitalismus frustriert waren. Die Terroristen, erklärte er mir, die aus dieser Protestbewegung hervorgingen, wollten mit ihren Aktionen die Zeit zurückdrehen, die in ihren Augen falsche Gesellschaftsordnung zerstören und aus dem Chaos heraus eine neue, bessere Gesellschaft aufbauen.

»Und Sie schreiben nun einen Roman über diese Entwicklung?«

»Señor Bardéz,« sagte Kriminaldirektor Zimmermann. »Ich bin jetzt 58, in zwei Jahren gehe ich in den Ruhestand. Als ich jung war, habe ich die Generation meiner Eltern nicht verstanden, die blind einem Monster gefolgt war. Meine Kinder haben nicht verstanden, warum ich in der 68er Bewegung aktiv war und meine Enkel verstehen ihre Eltern nicht, warum sie lieber arbeiten als sich in der Disco zu amüsieren. Was werden meine Urenkel einmal über ihre Eltern sagen? Warum sie sich mit Techno zudröhnten, statt sich auf die Erforschung des Weltraums zu konzentrieren? Jede Generation muss ihren eigenen Weg gehen, das habe ich rückblickend immerhin verstanden.«

»Und Ihr Buch?« fragte ich.

»Das ist für meine Ur-Enkel, vielleicht auch erst für deren Kinder oder Enkelkinder geschrieben. Es ist ein utopischer Roman.«

»Jetzt machen Sie mich aber neugierig,« sagte ich.

»Die Grundidee der 68er Bewegung war, eine bessere Gesellschaft zu gründen. Doch wenn die Menschen vor einem Angst haben, dann ist das Veränderung. Wer sich sein Leben eingerichtet hat, möchte nicht, dass es ein anderer umkrempelt. Deshalb ist jeder Ansatz, eine bestehende Kultur von außen zu verändern, von vornherein zum Scheitern verurteilt. Das erlebe ich seit 40 Jahren Tag für Tag: Die Politik fordert von uns Ergebnisse, hindert uns aber gleichzeitig daran, die notwendigen Maßnahmen zu ergreifen. Ich möchte Ihnen nur ein einziges Beispiel nennen.«

Er stand auf, ging zu seinem Schreibtisch und holte aus einer Schublade einen Ordner heraus. Er öffnete ihn, gab mir ein Blatt, das voller chemischer Formeln war. Oben auf der Seite konnte ich nur lesen: *Die Herstellung von Heroin*.

»Wenn Sie Opium zu Heroin veredeln wollen,« erläuterte er und deutete dabei auf das Blatt, »brauchen Sie dazu Essigsäureanhydrid. Alle Industrienationen klagen lautstark über die Geißel Rauschgift und geben – angeblich – Unsummen für die Drogenbekämpfung aus. Gleichzeitig produzieren und verkaufen sie große

Mengen von Essigsäureanhydrid. Würde die Produktion dieser Chemikalie gestoppt beziehungsweise ihr Export verboten, gäbe es in einem Jahr kein Heroin mehr.«

»Ohne Witz?«

»Ohne Witz. Um Opium zu Heroin zu verarbeiten, brauchen Sie nicht viel – die notwendigen Gerätschaften haben in einer winzigen Küche Platz. Doch ohne Essigsäureanhydrid geht es nicht. Das aber können Sie nur in einer großen chemischen Fabrik herstellen, die Produktion ließe sich also weltweit relativ einfach überwachen. Bei Kokain ist es ähnlich – hier wird Kaliumpermanganat benötigt.«

»Aber wenn es so einfach wäre, den Drogenhandel zu bekämpfen: Warum wird es dann nicht gemacht?«

»Weil es in Wahrheit gar nicht gewünscht wird. Von niemandem. Und es auch keinen Sinn machen würde.«

»Sie meinen, weil die Politik korrupt ist?«

Er lächelte. »Das dachte ich lange Zeit. Und bis zu einem gewissen Grad stimmt es sogar. Aber das ist es nicht. Sehen Sie: Ich leite diese Dienststelle seit 15 Jahren. Ich habe gute Polizisten wie Herrn Kolbe, die dem Kampf gegen das Verbrechen ihr Leben widmen. Die brauche ich. Ich habe Polizisten hier – und zwar in leitenden Positionen –, die nichts können außer hübsche Grafiken zu erstellen. Doch die brauche ich auch. Es gibt Beamte, die benötigen in erster Linie ihren Büroschlaf – die brauche ich nicht, die habe ich aber auch. Viele denken nur an ihre Karriere, einige an die Familie, der eine oder andere ist wohl korrupt. Glauben Sie mir: Ich bin nicht der einzige Dienststellenleiter, der mit dieser Mischung zurechtkommen muss, meinen Kollegen in anderen Städten geht es genauso. Die Polizei ist ein eigener Mikrokosmos mit einer großen Bandbreite von Mitarbeitern. Natürlich könnte ich hingehen, meine unfähigen Beamten versetzen lassen und mir dafür andere holen. Aber wozu? Um Stuttgart zu einer der saubersten Städte in Deutschland zu machen?«

»Wäre das nicht ein schönes Ziel?« fragte ich.

»Hätten Sie mich das vor 20 Jahren gefragt, hätte ich ja gesagt. Vielleicht sogar noch vor zehn Jahren. Heute sage ich nein.«

»Aber warum?«

Der Kriminaldirektor hielt sich die Hand an die Nasenwurzel und schloss die Augen, als würde er intensiv nachdenken. »Ich werde Ihnen zwei Gründe nennen. Einen halb offiziellen und einen rein privaten.«

Er stand auf, ging zum Schreibtisch, griff nach einem anderen Ordner, überlegte es sich dann jedoch anders. »Nein,« sagte er, »ich werde Sie jetzt nicht mit Zahlen langweilen, ich werde lieber versuchen, Ihnen ein Bild zu vermitteln.«

Er kam zurück und setzte sich wieder. »Das Bild der Polizei in Deutschland ist vielfältig, jedes Bundesland organisiert die Polizeiarbeit selbst und setzt dabei andere Prioritäten. Baden-Württemberg zum Beispiel gibt viel Geld für seine Polizei aus, wir sind mit Sicherheit das technisch am besten ausgestattete Bundesland, nur Bayern kann mit uns mithalten.«

»Was heißt das?«

»Das heißt zum Beispiel: Wenn die Polizei in Berlin, also in der Bundeshauptstadt, einen Hubschrauber braucht, muss sie den vom Bundesgrenzschutz mieten. Wir haben eine eigene Hubschrauberstaffel und wenn wir einen Hubschrauber benötigen, genügt ein Anruf.«

»Brauchen Sie häufig einen Hubschrauber?«

»Für die Jagd auf Verbrecher? Nein. Für unsere eigentliche Aufgabe? Ja.«

»Und was ist diese Aufgabe? Ich dachte, das sei die Jagd auf Verbrecher.«

Kriminaldirektor Zimmermann schmunzelte. »Wenn Sie uns als Unternehmen ansehen würden, dann produzieren wir Sicherheit. Durch Präsenz und durch unsere Erfolge bei der Verbrechensbekämpfung vermitteln wir unseren Bürgern das Gefühl, hier in Baden-Württemberg sicher zu sein. Genau wie in Bayern. Beide Bundesländer sind nicht für ihre liberale Grundeinstellung bekannt, doch in Süddeutschland ist die Welt – wie man so schön sagt – noch in Ordnung. Sicherheit schafft Vertrauen, lockt Investoren, sorgt für Arbeitsplätze. Deutschland stöhnt derzeit unter der seit 50 Jahren höchsten Arbeitslosigkeit, doch bei uns floriert die Wirtschaft noch immer.«

»Weil Sie das Verbrechen am effektivsten bekämpfen?«

»Weil wir es am effektivsten in geordnete Bahnen lenken. Das ist ein großer Unterschied.«

»Den ich, offen gestanden, nicht verstehe.«

»Dann lassen Sie es mich erklären. Auch wir bekämpfen den Drogenkonsum. Und haben dabei schon hart durchgegriffen. Doch was ist das Ergebnis von solchen Aktionen? Wir legen einen Teil der Versorgung lahm, der Bedarf aber bleibt unverändert. Der Preis für Rauschgift unterliegt Angebot und Nachfrage. Sinkt das Angebot, steigt der Preis. Die Drogenkonsumenten haben keine Rücklagen, vor allem Heroinabhängige müssen sich das Geld vor jedem Schuss erst besorgen. Was ist das Ende vom Lied? Die Zahl der Einbrüche geht stark nach oben. So lange, bis wieder mehr Rauschgift in die Stadt kommt.«

Von einem derartigen Zusammenhang hatte ich bislang nichts gewusst. In Büchern und Filmen werden Dealer gnadenlos gejagt und sobald sie geschnappt sind, ist die Welt wieder in Ordnung. Was danach mit den Drogensüchtigen geschieht, interessiert keinen Geschichtenerzähler, vermutlich auch keinen Journalisten. Nur die Polizei musste mit den Folgen ihrer Aktionen leben.

»Der Effektivität der Polizei sind in gewissen Bereichen natürliche Grenzen gesetzt. Selbstverständlich werden wir jeden Mörder so lange verfolgen, bis wir ihn gefasst haben. Doch wir können nicht jedem Autofahrer beim geringsten Vergehen den Führerschein abnehmen, sonst hätten wir in kurzer Zeit nur noch Fußgänger. Wir müssen den richtigen Mittelweg finden – die Raser und die Verkehrsrowdies im wahrsten Sinn des Wortes aus dem Verkehr ziehen, ohne dabei jeden Autofahrer zum potentiellen Kriminellen zu machen. Denn – Hand auf's Herz: Wer von uns fährt nicht gelegentlich ein wenig zu schnell?«

»Wir Korfioten,« sagte ich schmunzelnd. »Wenn wir zu schnell fahren, übersehen wir die Schlaglöcher.«

Der Kriminaldirektor lachte schallend.

»Und der zweite Grund?« fragte ich neugierig. »Der private?«

»Der hängt mit meinem Roman zusammen. Wenn Sie eine ideale Gesellschaft wollen und diese nicht durch eine Veränderung erreichen können, müssen Sie einen Neuanfang machen. Das habe ich versucht. Ich habe mich meiner Ideale aus den 68ern erinnert und ließ in ferner Zukunft eine Gruppe Siedler auf einem weit entfernten Planeten neu beginnen.«

»Ein interessanter Ansatz. Was ist dabei herausgekommen?«

Er lächelte sehnsüchtig. »Es waren die Besten der Besten. Wackere Männer, mutige Frauen. Sie hatten große Aufgaben zu bewältigen und haben das auch geschafft. Sie waren diszipliniert, befolgten alle Regeln, die sie sich in ihrer kleinen Gesellschaft selbst gegeben hatten. Glauben Sie mir, ich habe viele Versuche unternommen, diesen Roman zu schreiben, in ihm die ideale Welt zu erschaffen, von der wir in der 68er Bewegung träumten. Das

Ergebnis war jedesmal das gleiche: Am Ende erstickten sie an ihrer Rechtschaffenheit oder gingen an Langeweile zugrunde.«

»Das alte Problem des Schriftstellers,« sagte ich. »Er möchte selbst ein ruhiges Leben führen, aber in seinen Büchern braucht er Konflikte.«

»Nicht nur in den Büchern, Señor Bardéz. Mein Roman wurde erst besser – zumindest glaube ich, dass er besser wurde –, als ich den Menschen in meiner Gesellschaft dunkle Seiten zugestand. Es war wie das Salz, das einer faden Suppe fehlte. Inzwischen bin ich überzeugt, im realen Leben ist es genauso. Stellen Sie sich doch einmal die Schlagzeilen in einer perfekten Gesellschaft vor, wenn nichts mehr über Katastrophen und Verbrechen zu berichten ist: *Alle führenden Politiker trafen sich zum Festbankett. In einer Stunde alle wichtigen Fragen geklärt. Wie immer vollständige Einigung erzielt.* Würden Sie in einer solchen Welt leben wollen?«

Wir unterhielten uns zwei Stunden über seinen Roman und über die Bedeutung von Konflikten und wir genossen dieses Gespräch. Er hatte sich intensiv Gedanken über die Gesellschaft, über Politik und die Polizei gemacht und ich musste zugeben, seine Theorie von der Notwendigkeit von Konflikten auch im realen Leben hatte etwas für sich.

Ich begriff auch, wie sehr er darum kämpfte, seine Dienststelle als Mittler zwischen Bürgern und Polizei zu positionieren – echte Kriminalität zu bekämpfen, ohne dass aus dieser Arbeit eine neue Polizeistadt entstand, in der alle kleinen Verfehlungen ihrer Bewohner mit unnachgiebiger Härte bekämpft wurden. Wie sagte Kriminaldirektor Zimmermann dazu so treffend: »Wenn mein Nachbar um Mitternacht noch eine Party feiert, ist das Ruhestörung. Doch wenn er sich über meine eigene Party beschwert, dann ist das Intoleranz.«

Für ihn waren Gesetze eine Richtlinie, um ein friedliches Zusammenleben der Menschen zu ermöglichen, aber kein Leitfaden, an den sich alle buchstabengetreu zu halten hatten. Weil sonst das Leben nicht mehr lebenswert wäre.

Im Gegenzug zu seinen Ausführungen berichtete ich ihm von meiner Arbeit, verriet ihm einige meiner Tricks, um Figuren lebendig zu gestalten, eine Geschichte spannend zu erzählen. Ich sagte ihm auch, ich wolle in meinen Büchern weder belehren noch moralisieren, doch ich würde viel Wert auf Authentizität legen. Das brachte uns zurück zum Grund meines Besuchs in Stuttgart – zumindest dem offiziellen Teil davon.

»Harko hat mir auf Korfu viel über seine Arbeit als Polizist verraten. Keine Dienstgeheimnisse, wie ich hoffe, doch lebendige Schilderungen seines beruflichen Alltags. Dabei ist mir die Idee gekommen, einen Roman über einen Fahnder zu schreiben, der mit Hilfe eines V-Manns einen Verbrecherring auffliegen lässt. Ich dachte an eine Kombination aus Wirtschaftsverbrechen und Drogenkriminalität.«

Kriminaldirektor Zimmermann strich sich über das Kinn. »Zur Wirtschaftskriminalität kann Ihnen Herr Kolbe mit Sicherheit eine Menge Informationen liefern. Aber sie sollten auch wissen, wie es in der Drogenszene zugeht.«

»Das denke ich auch. Was mir außerdem noch fehlt, ist der Lokalkolorit – angesichts von Harkos Vergangenheit drängt es sich geradezu auf, die Geschichte in Stuttgart spielen zu lassen.«

»Das liegt auf der Hand,« bestätigte der Kriminaldirektor.

»Nun hat Harko einige private Dinge in Stuttgart zu erledigen und ich habe ihn gebeten…« Ich schmunzelte. »… bedrängt wäre sicher richtiger, ihn begleiten zu dürfen. Er hat mir versprochen, mir die Stadt zu zeigen, mich einigen seiner früheren Kollegen, aber auch einigen Kontaktpersonen aus dem Milieu vorzustellen. Natürlich wollte ich mir auch ein Bild von seiner früheren Arbeitsstelle machen, deshalb sind wir heute hier. Ich hoffe natürlich, Sie haben nichts dagegen.«

»Señor Bardéz! Ich bitte Sie! Wenn *Sie* einen Roman über die Stuttgarter Polizei schreiben – ich könnte mir keinen Besseren dafür vorstellen.«

Er überlegte. »Herr Kolbe kann Ihnen ein lebendiges Bild von Stuttgart vermitteln. Natürlich hat sich die Stadt verändert, seit er uns verlassen hat, aber er dürfte noch immer ein guter Kenner der Szene sein und seine Kontakte sind, dessen bin ich mir sicher, nach wie vor ausgezeichnet. Aber Sie müssen unbedingt auch einen Eindruck von der aktuellen Polizeiarbeit bekommen, und Sie brauchen Hintergrundinformationen über die Drogenszene. Haben Sie keine Lust, einige Tage hier im LKA zu verbringen? Und echte Einsätze mitzuerleben?«

»Sie meinen, mit den Beamten rauszufahren?«

»Natürlich nicht zu den wirklich gefährlichen Einsätzen. In Stuttgart gibt es nicht jeden Tag eine Schießerei. Gott sei Dank.«

»Interessiert wäre ich schon,« sagte ich. »Meinen Sie, einer von Harkos früheren Kollegen würde mich mitnehmen?«
»Wenn ich es anordne?« Er lächelte. »Möchten Sie auch eines unserer Gefängnisse von innen sehen?«
»Wenn sie mich nicht dabehalten…«
Er trommelte mit den Fingern auf die Tischplatte – offenbar eine Angewohnheit deutscher Polizisten. »Gehen Sie nach Stammheim. Sagen Sie den Beamten, die Sie begleiten, sie sollen mit Ihnen rausfahren. Vielleicht haben sie ohnehin einen Termin dort. Ich werde veranlassen, dass Sie sich frei bewegen können. Das gilt natürlich auch hier im Haus. Die entsprechenden Anweisungen gehen heute noch raus.«
Das war mehr, als Harko und ich uns erhofft hatten. Weit mehr. Jetzt musste ich noch an den Staatsanwalt rankommen.
»Kann ich sonst noch etwas für Sie tun?« fragte der Kriminaldirektor.
»Sie könnten mir noch zwei Fragen beantworten,« sagte ich und stellte die erste Frage, die mir so lange schon auf der Seele brannte. »Was genau hat Harko, ich meine, Herr Kolbe, bei der Polizei gemacht?«
Der Kriminaldirektor lächelte, endlich würde das große Geheimnis gelüftet. »Fragen Sie mich lieber, was er nicht gemacht hat. Und die zweite Frage?«
Ich schluckte meine Enttäuschung hinunter. »Harko war, soweit ich das beurteilen kann, Polizist mit Leib und Seele. War die Liebe zu Korfu wirklich größer als seine Liebe zu seiner Arbeit?«
Zum erstenmal verdüsterte sich die Stirn von Kriminaldirektor Zimmermann. »Er hat uns aus freien Stücken verlassen, was wir alle sehr bedauert haben. Offiziell hat er uns verlassen, weil er ins Ausland gehen wollte. Doch wenn Sie mich fragen, hat er sich auf einen Machtkampf mit einem Staatsanwalt eingelassen, den er leider verloren hat.«
»Leider?« fragte ich, wobei ich erstaunter tat als ich es tatsächlich war.
»Staatsanwalt Mittler, genauer Oberstaatsanwalt Mittler, ist, wenn Sie mir diese Offenheit gestatten, ein kleiner Giftzwerg. Niemand mag ihn, was ihn nicht im geringsten kümmert. Ich weiß nicht, wie gut Sie Herrn Kolbe kennen, aber er hält nicht viel von Autorität.«
»Den Eindruck hatte ich gelegentlich,« gab ich schmunzelnd zu.

»Oberstaatsanwalt Mittler ist ein Mensch, der extrem viel Wert auf Autorität legt, weshalb die Beiden in schöner Regelmäßigkeit aneinandergerieten.«

Davon hatte mir Harko natürlich nichts gesagt. Sehr interessant, dachte ich.

Er lächelte, als sei ihm gerade ein Einfall gekommen. »Herr Kolbe käme wohl kaum auf die Idee, Sie mit dem Staatsanwalt bekannt zu machen, der für seinen Abschied von der Polizei verantwortlich ist. Aber ist es nicht so, dass ein Roman von Konflikten lebt?«

»So ist es,« pflichtete ich ihm bei.

»Dann tun Sie mir bitte einen Gefallen – aber das muss unter uns bleiben!«

»Natürlich,« versprach ich.

»Bauen Sie Oberstaatsanwalt Mittler als Antagonisten[15] in Ihren Roman ein. Stellen Sie ihn als den Giftzwerg dar, der er auch in Wirklichkeit ist, und wenn er sich beschwert, was er sicher tun wird, begründen Sie es mit literarischen Notwendigkeiten.«

»Ist er so ein schlimmer Mensch?«

»Sagen wir einmal, es gibt auch unsympathischere Menschen. Mir fällt nur im Moment keiner ein.« Wieder lächelte er, diesmal äußerst boshaft.

»Wie erfahre ich näheres über diesen Staatsanwalt?« fragte ich, zugegeben etwas scheinheilig.

»Indem Sie sich mit ihm unterhalten. Warten Sie, ich mache gleich einen Termin für Sie aus.«

Er ging zu seinem Schreibtisch und wählte eine Nummer.

»Hallo? Hier ist Kriminaldirektor Zimmermann. Ich möchte Oberstaatsanwalt Mittler sprechen. Ja, es ist dringend. Ich warte.«

Fast eine Minute verging.

»Hallo Oskar! Hier ist Rainer. Ich habe ein Attentat auf Dich vor. Bei mir sitzt gerade ein bekannter Schriftsteller aus Argentinien, der jetzt auf Korfu lebt, und der einen Roman über die Stuttgarter Drogenszene schreiben will... Doch, doch, ernsthaft... Ja, im Moment recherchiert er bei uns. Ich habe ihm gesagt, ein wirklich vollständiges Bild könne er sich nur machen, wenn er auch die Staatsanwaltschaft von innen sieht. Und wer könnte ihm da mehr erzählen als Du? Ob er deutsch spricht?«

Kriminaldirektor Zimmermann sah mich an, ich sagte schnell auf deutsch: »Kein Problem«.

---

[15] Gegenspieler

»Ja natürlich spricht er deutsch. Also, wann hast Du Zeit für ihn? Mittwoch? Zehn Uhr?«

Der Kriminaldirektor warf mir einen fragenden Blick zu. Selbstverständlich hatte ich Zeit.

»Ja,« sagte er am Telefon, »das passt. Er ist am Mittwoch um zehn bei Dir.«

Er stand auf und rieb sich zufrieden die Hände. »Ich weiß, Sie werden ein sehr realistisches Bild der Stuttgarter Polizei zeichnen. Aber wenn Sie den guten Oskar etwas pointieren könnten?«

Ich versprach es.

Gutgelaunt brachte er mich zur Abteilung Drogenfahndung zurück, verabschiedete sich mit einem kräftigen Händedruck, lächelte Harko freundlich zu und sah dann die überrascht dreinblickenden Beamten streng an. »Señor Bardéz wird sich in den nächsten Tagen bei euch umsehen und ich will, dass ihr ihm alles zeigt. Wenn mir zu Ohren kommt, dass einer von euch Señor Bardéz nicht voll und ganz unterstützt, gibt es Ärger. Habe ich mich klar und deutlich ausgedrückt?«

Die Beamten sahen ihn verdutzt an.

Fröhlich pfeifend verließ der Kriminaldirektor den Besprechungsraum. Harko ging zur Tür, warf vorsichtig einen Blick in den Flur, machte die Tür zu und schloss zweimal ab.

»Was hast Du Hundesohn bei Zimmermann gemacht? Du warst fast vier Stunden weg. Und wie hast Du ihn dazu bekommen, dass er Dich unterstützt? Hast Du ihn unter Drogen gesetzt?«

Ich lächelte vielsagend. »Du hast Deine Methoden, ich habe meine.« In groben Zügen berichtete ich ihm, worüber ich mich mit dem Kriminaldirektor unterhalten hatte. Den Termin beim Staatsanwalt behielt ich für mich, das wollte ich Harko unter vier Augen sagen. Als ich fertig war, sah ich mich unter Harkos Ex-Kollegen um. »Wer von den Herren hat Lust, mir in den nächsten Tagen mehr über die Arbeit der Stuttgarter Kripo zu zeigen?« Ich hatte freie Auswahl.

Harko und ich blieben noch eine Stunde im LKA. Peter löste die Personalfrage, er stellte mich Hauptkommissar Martin Häberle vor, auch er ein Muskelpaket in Jeans und T-Shirt, Anfang 40, wie ich schätzte. Hauptkommissar Häberle musterte mich eingehend: »Du willst also was über die Stuttgarter Polizei wissen?«

»So ist es,« bestätigte ich. »Und ich möchte Sie bitten, möglichst offen zu sein. Mir liegt viel daran, die Arbeit der Polizei realistisch wiederzugeben – die Arbeit der Polizei und natürlich die Arbeit in der Drogenbekämpfung. Denn die Geschichte soll zwar wie ein Wirtschaftskrimi anfangen, doch ich möchte auf jeden Fall Drogen mit hineinnehmen. Sie wissen schon – das große Geld.«

Kommissar Häberle sah mich abschätzend an. »Bist Du nur an einer spannenden Geschichte oder an der wirklichen Polizeiarbeit interessiert?«

»An beidem,« sagte ich. »Die Geschichte muss natürlich spannend sein, aber ich möchte dabei die Arbeit der Polizei so zeigen, wie sie wirklich ist.«

»Gut. Dann fangen wir gleich mit der ersten Lektion an. Hier siezt sich niemand. Das tun nur ein paar Youngsters. Und Beamte aus anderen Abteilungen. Doch wer tagtäglich eng miteinander zusammenarbeitet, duzt sich. Akzeptierst Du das?«

»Mit Vergnügen,« sagte ich. »Ich heiße Roberto.«

»Ich Martin. Jetzt zur zweiten Lektion: Wir legen hier großen Wert auf sorgfältige Arbeit. Deshalb werde ich nichts für Dich aus dem Ärmel schütteln, sondern etwas für Dich vorbereiten. Morgen früh geht es zur Sache. Einverstanden?«

»Natürlich.«

»Gut.« Martin drehte sich um und verließ den Raum, nahm sich dabei ein Exemplar eines meiner Bücher mit.

Als Harko und ich allein im Besprechungsraum waren, erzählte ich ihm von dem geplanten Besuch bei Mittler. Zum zweitenmal an diesem Tag machte Harko große Augen: »Du hast Kriminaldirektor Zimmermann dazu gebracht, Dir einen Termin bei Mittler zu verschaffen? Das glaube ich nicht!«

»Glaub es ruhig,« sagte ich vergnügt. »Ich habe Dir doch gesagt, ich gehe bei meinen Recherchen nicht so zielorientiert vor wie Du. Ich lasse die Leute erzählen. Wie den Kriminaldirektor. Dabei erfahre ich eine Menge.«

Harko schüttelte nur den Kopf.

»Wie weit bist Du gekommen?« fragte ich. »Hast Du mehr erfahren?«

Harko deutete auf die Akten. »Sieht alles ganz normal aus. Der Drogendealer, Ömer Eçebür, ist Kurde. Er war noch nicht lange in Deutschland, als die Sache mit Rudi eingefädelt wurde. Der Polizei ist nicht bekannt, dass er zu einer größeren Bande gehört. Hat sich den Stoff vermutlich direkt in der Türkei besorgt und dachte, mit einem großen Deal hätte er gleich ausgesorgt.«

»Und Rudi? Ist über den etwas bekannt?«

»Nichts was wir nicht schon wüssten. Mittler hat einen Tick gegen ihn, was sich keiner erklären kann, doch juristisch ging scheinbar alles sauber über die Bühne.«

»Also?« sagte ich. »Keine Verschwörung?«

»Irgendwas ist im Busch, das rieche ich.«

Ich schnupperte selbst, doch außer dem Kaffee aus dem Automaten konnte ich nichts wahrnehmen.

Harko brachte mich zu seiner Tante, verabschiedete sich jedoch sofort wieder, er wollte sich mit Lidya unterhalten, der besten Freundin von Rudis ermordeter Frau, und zwar allein. Ich nahm an, das war die Retourkutsche für meinen Besuch bei Kriminaldirektor Zimmermann, bei dem Harko auch nicht dabei sein durfte. Allerdings war ich nicht sonderlich unglücklich darüber: In meinen Augen verrannte sich Harko da in etwas und das musste er wohl selbst herausfinden. Außerdem war ich nach den vielen Eindrücken müde.

Harkos Tante machte mir einen Kaffee, überraschenderweise sogar einen ausgezeichneten. »Des han i en Korfu glernt,[16]« sagte sie schmunzelnd, als sie mein überraschtes Gesicht bemerkte. »Ned schlecht, was die do aus dem oifacha Pulverkaffee machat.[17]« Sie hatte wirklich nur einfachen Nescafé zubereitet, aber auf die griechische Art: Pulver und Zucker mit etwas Wasser anrühren, bis eine cremige Masse entsteht, dann mit heißem Wasser aufgießen und einen Schluck Milch dazu. Der Kaffee war perfekt.

Wir hatten Zeit und kamen ins Plaudern. Sie erzählte mir viel von Harkos Jugend, dass er schon früh Polizist werden wollte und sich von unten hochgearbeitet hatte. »Sei Karriere hot der nie em Sinn ghabt, der wollt emmer bloß Verbrecher jaga.[18]« Sie schien stolz auf ihren Neffen zu sein, war ob seiner Berufswahl aber nicht glücklich. »Der hot emmer zu mir gsagt, des wär älles net so gfährlich. Trotzdem hot er oft a bluadige Nas met hoim brocht.[19]«

---

[16] Schwäbisch: Das habe ich auf Korfu gelernt.

[17] Schwäbisch: Nicht schlecht, was die da aus dem einfachen Pulverkaffee machen.

[18] Schwäbisch: Er hatte nie seine Karriere im Sinn, er wollte immer nur Verbrecher jagen.

[19] Schwäbisch: Er hat immer zu mir gesagt, das wäre nicht so gefährlich. Trotzdem hat er oft eine blutige Nase mit heimgebracht.

Um acht rief ich bei mir in Korfu an, dort war es neun Uhr und Rudi sollte eigentlich zu Hause sein. Doch ich hörte nur meine eigene Stimme auf dem Anrufbeantworter und hatte wenig Lust, mich mit mir selbst zu unterhalten. Also versuchte ich es bei Manousos – bei ihm war jetzt Three Brothers-Time.

»Nai?[20]«

»Hallo Manousos, Roberto hier. Ich suche Rudi. Weißt Du, wo der steckt?«

»Der sitzt hier neben mir und erzählt Geschichten aus seinem Leben.«

Mir stockte der Atem.

»Ist ja irre, was der mit Harko alles erlebt hat. Wie die Beiden unter den Drogendealern in Stuttgart aufgeräumt haben – toll.«

Ich betete, Rudi würde die Geschichten entsprechend ausschmücken und nichts von seiner kriminellen Vergangenheit preisgeben. Siedendheiß fiel mir ein, ich hatte vergessen, ihm das einzuschärfen.

»Willst Du mit ihm sprechen?«

»Ja,« sagte ich schnell, »gib ihn mir.«

»Hallo Rudi,« sagte ich auf deutsch.

»Ah Roberto! Wie geht´s Dir denn? Was macht Stuttgart? Regnet´s?«

»Hör mal,« sagte ich, »was erzählst Du den Leuten in Afionas? Hoffentlich nichts von Deiner wahren Vergangenheit.«

»Denkst Du, ich bin blöd? Ich sag denen, was ich mit Harko alles angestellt habe, doch die denken, ich sei ein ziviler Fahnder.«

Mir fiel ein Stein vom Herzen.

»Und sonst?« fragte ich. »Alles OK?«

»Alles bestens. Gestern hat mich Manousos zum Fischen mitgenommen.«

Das war Manousos große Leidenschaft: Vier Kilometer Leine mit 500 Haken auszulegen und drei Stunden später alles wieder einzusammeln. Meist hingen wirklich drei oder vier winzige Fische an den Haken. Da diese Ausflüge aber immer mit einer Übernachtung auf Othoni oder Mathraki verbunden waren, dienten sie wohl eher als Alibi, eine Nacht und einen Tag der Familie zu entfliehen.

»Habt ihr auch was gefangen?« fragte ich der Höflichkeit halber.

»Das kannst Du aber laut sagen: Drei Prachtburschen, der kleinste hatte sechs Kilogramm.«

---

[20] Griechisch: Ja

»Du sollst nicht soviel flunkern,« sagte ich.
»Ich flunkere nicht: Einen davon haben wir heute ins Three Brothers mitgenommen und Kostas hat Steaks auf dem Grill gebraten. Allererste Sahne, sag ich Dir!«
Donnerwetter!
»Was treibst Du eigentlich tagsüber?« fragte ich. »Ist Dir nicht langweilig?«
Rudi lachte. »Hast Du eine Ahnung, was in Manousos Maschinenpark alles repariert werden muss? Da bin ich sicher noch einen Monat mit beschäftigt.«
»Du arbeitest?«
»Ehrlich: Hättste mir das vor einer Woche gesagt, hätt ich Dir gesagt, Du tickst nicht richtig. Ich und malochen. Aber irgendwie – weißt Du, hier ist alles anders.«
Auf Korfu galten eigene Regeln.
»Halt mich jetzt nich für bescheuert: Dein blöder Leopard hatte recht. Scheiß auf die Zentralheizung.«
Nun musste ich schmunzeln.
»Und bei Euch? Habt ihr schon was rausgefunden?«
Ich berichtete ihm, was wir in den Akten gefunden hatten – leider nicht den geringsten Hinweis darauf, dass etwas nicht mit rechten Dingen zugegangen sein könnte.
»Wenn Du mich fragst,« sagte ich, »hat sich Harko da in etwas verrannt. Heute Abend ist er bei Lidya.«
»Ohne Dich?«
»Er wollte sich mit Lidya unterhalten und mich nicht dabeihaben.«
Ich musste den Hörer auf Abstand halten, so laut brüllte Rudi vor Lachen.
»Was ist daran so komisch?« fragte ich.
»Lidya ist die schärfste Nutte von Stuttgart! Kein Wunder, dass er Dich nicht dabeihaben wollte!«
»Glaubst du…«
Rudi lachte noch immer. »Man kann von Harko denken was man will – Kostverächter ist der keiner.«
Das hätte ich Harko gar nicht zugetraut.
Ich wünschte Rudi noch einen schönen Abend und versprach, mich in den nächsten Tagen wieder bei ihm zu melden. Dann holte ich mir ein Bier. Harko und Lidya: Das würde ich ihm bei passender Gelegenheit aufs Butterbrot schmieren.

Den Rest des Abends verbrachte ich vor dem Fernseher. In den Nachrichten wurde die allgemeine Situation so dargestellt, als wäre Deutschland am Ende – die Arbeitslosenzahlen auf einem neuen Rekordhoch, die Wirtschaft auf einem neuen Rekordtief, die Staatsverschuldung auf einem neuen Rekordhoch und die Stimmung auf einem neuen Rekordtief. Gab es in diesem Land auch etwas, das nicht Rekord-verdächtig war?

Harkos Tante hatte Kabelfernsehen und ich zappte durch die Kanäle. Die Auswahl war groß, das Angebot an Sehenswertem mager: Vier Talkshows, die zu später Stunde als Schlafmittel gut geeignet sein mochten, ein paar seichte amerikanische Krimis mit vielen Toten, drei Dokumentationen über das Dritte Reich. Bei einer davon blieb ich kurz hängen – Russen, die sich ihr eigenes Grab schaufeln mussten und dann wie räudige Hunde abgeknallt wurden. Bis neun kämpfte ich mich von Kanal zu Kanal, dann hatte ich Glück: Eine alte Folge von Columbo. Die hatte ich schon gesehen, doch dem schusseligen Inspector dabei zuzusehen, wie er einen Mörder mit seinen Fragen immer weiter in die Enge treibt, war stets ein großes Vergnügen.

Kurz bevor Columbo den Täter überführt hatte, kam Harko zurück und wollte reden, doch ich bat ihn, bis zum Ende des Films zu warten. Er holte sich ein Bier aus dem Kühlschrank, setzte sich geduldig zu mir und wartete, bis der Film zu Ende war. Dann berichtete er.

Er war bei Lidya gewesen. Hatte lange mit ihr über Maja, Rudi und den Staatsanwalt gesprochen. Und nichts erfahren. Maja war angeblich nach Kroatien gereist, von Rudi wusste Lidya nur, dass er die Beerdigung seiner Mutter zur Flucht genutzt hatte und den Staatsanwalt kannte sie nur als Kunden – ein Winzling mit einem enormen sexuellen Appetit.

»So so,« sagte ich, als Harko seinen Bericht beendet hatte. »Das hat Dir die schärfste Nutte Stuttgarts bei einem Tässchen Tee anvertraut.«

Harko sah mich verdutzt an, dann stand er auf und sagte nur zwei Worte: »Gute Nacht.«

Mein erster Tag bei der Drogenfahndung brachte mir weder neue Erkenntnisse im Fall Rudi noch bescherte er mir einen Einblick in die spannende Arbeit der Fahnder. Doch er erschütterte mein Weltbild und zwar nachhaltig.

Harko brachte mich morgens um zehn zum LKA. Das erste, was mir auffiel, war die gründliche Arbeit von Kriminaldirektor Zimmermann: Der Pförtner wollte keinen Ausweis von mir sehen, er tippte sich lediglich an seine Mütze und sagte: »Schena guada Morga, Señor Bardéz.[21]« In der Abteilung begrüßte mich Peter Boyko mit Handschlag und brachte mich zu Martin Häberle.

»Kaffee?« fragte Martin. Ich nahm das Angebot gerne an.

»Was weißt Du über Drogen?« fragte er, nachdem er mir einen Kaffee eingeschenkt hatte, der für meinen Geschmack viel zu stark war.

»Was ich über Drogen weiß?« gab ich zurück. »Vermutlich nur das, was alle wissen. Vielleicht ein wenig mehr, denn Harko hat mir einiges über Anbaugebiete, Transportwege und den Vertrieb gesagt. Aber sonst?«

»Das habe ich befürchtet,« sagte Martin. »Am besten fangen wir ganz von vorne an. Komm.«

Wortlos ging er mit seiner Kaffeetasse in der Hand voran, ich folgte ihm. Meinen Kaffee, der mir nicht schmeckte, ließ ich in seinem Büro zurück. Mit dem Lift fuhren wir in den Keller, wo Martin mich zunächst durch unzählige Flure geleitete, bevor er vor einer massiven Stahltür stehenblieb.

»Junkies Traum,« sagte er, »wir sind da.«

Er tippte einen Sicherheitscode über eine kleine Tastatur neben der Türe ein, die Stahltür schwang auf und das Licht im dahinterliegenden Raum ging an.

»Unsere Asservatenkammer,« erklärte er. »Hier lagern wir das Zeug, das wir bei unseren Razzien beschlagnahmen.«

Wir traten in einen großen Lagerraum, vollgestellt mit Stahlregalen, in denen unzählige Schachteln und Kisten lagerten. Was mir sofort ins Auge fiel, waren zwei Poster, die ich kannte, die mich aber überraschten, denn sie waren gegenüber den Originalen leicht abgeändert. Das erste zeigte den Marlboro-Cowboy, wie er auf einem Pferd durch Marlboro-Country reitet, in der Hand unverkennbar einen Joint. Auf dem zweiten war der Camel-Mann zu sehen, in irgendeiner Dschungel-Kneipe lässig auf einem Barstuhl sitzend, die Füße in den martialischen Camel-Boots mit dem obligatorischen Loch in der Schuhsohle. Darunter der berühmte,

[21] Schwäbisch: Schönen guten Morgen, Herr Bardéz.

jedoch leicht abgewandelte Werbespruch: *Ich gehe meilenweit für einen echten schwarzen Afghanen.*

Martin bemerkte meine offensichtliche Neugier und sagte: »Für den Fall, dass Rauschgift eines Tages legalisiert wird und sich die Tabakindustrie auf diesen neuen Markt stürzt.«

»Glaubst Du, das könnte geschehen?«

Er rümpfte die Nase. »Ich hoffe nicht. Doch wenn der Staat Milliarden an Tabak- und Branntweinsteuer verdient, warum sollte er dann Milliarden für die Drogenbekämpfung ausgeben? Zumal es ohnehin nicht viel bringt. Holland hat die weichen Drogen legalisiert, seitdem profitiert das Land vom Drogentourismus. Amsterdam ist inzwischen total versifft, doch was die Kriminalität anbelangt, gibt es keine großen Unterschiede zu anderen Großstädten. Die ist durch die Legalisierung weder gestiegen noch gefallen.«

Er stellte seinen Kaffee auf einen kleinen, schon älteren Holztisch, holte eine Schachtel Zigaretten aus seiner Hosentasche, fischte eine Zigarette heraus und zündete sie an.

»Auch eine?« fragte er, doch ich lehnte ab.

»Danke, ich habe meine eigenen.«

»Suchtmittel zu verdammen,« sagte er, »ist genauso sinnvoll, wie den Leuten vorzuschreiben, was sie zu essen oder zu trinken haben. Drogen sind so alt wie die Menschheit. Selbst die primitivsten Völker im tiefsten Busch kennen und benutzen sie. Sogar aus dem Tierreich ist bekannt, dass einige Tiere sie nehmen – sie fressen bestimmte Gräser oder vergorene Früchte und das nicht aus Versehen, sondern ganz bewusst. Ich selbst brauche morgens meinen Kaffee und zwar einen mit Koffein, ich rauche meine Zigaretten mit Nikotin und ich trinke regelmäßig mein Bier mit Alkohol. In Stuttgart hatten wir letztes Jahr 17 Drogentote, im Bundesgebiet waren es 1.477. Wieviele Menschen in dieser Zeit an Alkoholmissbrauch oder den Folgen des Rauchens gestorben sind, ist nicht bekannt – man weiß nur, es waren deutlich mehr. Es scheint also, als bräuchte die Menschheit ihren Kick und sei auch bereit, den Preis dafür zu bezahlen.«

Eine schöne Rede, dachte ich, aber die hätte ich nicht von einem Drogenfahnder, sondern von einem Süchtigen erwartet, der damit seinen Rauschgiftkonsum begründen wollte.

»Theoretisch,« fuhr Martin fort, »würde nichts dagegen sprechen, eine Reihe von Drogen zu legalisieren. Viele Asiaten rauchen regelmäßig Opium, die meisten Araber genießen ihr Hasch-

Pfeifchen und in Südamerika, Deiner Heimat, kauen sie Coca-Blätter. Anderswo ist es die Betel-Nuss. Rauschgift ist in vielen Ländern dieser Welt Teil der Kultur, so wie bei uns Wein oder Bier. Scheint also, als wäre unsere Arbeit höchst überflüssig.«

»Damit sprichst Du sicher vielen Drogenkonsumenten aus der Seele,« sagte ich. »Aber warum diese positive Einstellung Drogen gegenüber, wenn Du hier als Drogenfahnder arbeitest?«

»Ich habe keine positive Einstellung gegenüber Drogen,« sagte Martin nüchtern. »Im Gegenteil: Ich hasse dieses Zeug. Mir ging es nur darum, Dir zu zeigen, dass ich kein Fanatiker bin, der aus Prinzip dagegen ist. Ich habe mich – wie fast alle hier bei uns in der Abteilung – intensiv mit dem Problem befasst und mich dann dafür entschieden, Drogen zu bekämpfen. Und zwar absolut.«

»Das musst Du mir erklären,« sagte ich, setzte mich und zündete mir ebenfalls eine Zigarette an.

»Der Genuss von Suchtmitteln ist eine Sache, ihr Missbrauch eine andere. Wer täglich sein Glas Bier oder seinen Schoppen Wein trinkt, muss deshalb noch keine gesundheitlichen Risiken befürchten. Queen Mom hat auch mit 100 noch jeden Tag ihren Gin genossen und es ist müßig, darüber zu diskutieren, ob sie ohne Alkohol heute noch leben würde: Sie hat praktisch alle Ärzte, die ihr Abstinenz nahelegten, überlebt. Ich kannte gesundheitsbewusste Ärzte, die alles richtig machten – zumindest das, woran sie glaubten und von dem sie annahmen, es wäre wissenschaftlich bewiesen und damit richtig – und die dann in ihren besten Jahren an einem Herzinfarkt gestorben sind. Hätten sie hin und wieder ein Gläschen getrunken oder eine Zigarette zur Entspannung geraucht, statt sich ständig Sorgen über ihre Gesundheit zu machen, hätten sie sicher länger gelebt. Doch wer raucht oder trinkt, bleibt bei Tabak und Alkohol – er selbst bestimmt, wieviel er konsumiert und wann die Grenze vom Genuss zum Missbrauch überschritten wird. Wer zum Alkoholiker wird, ist krank – doch er hat sich diese Krankheit selbst zuzuschreiben. In meinen Augen verdient ein Alkoholiker kein Mitleid: Die Gefahren sind bekannt und es gibt genügend abschreckende Beispiele. Doch bei Rauschgift ist alles anders – zumindest in Europa und in den USA. Und die wirklich großen Probleme mit Drogenmissbrauch gibt es nur im Westen.«

Er stand auf und begann mit seiner Vorführung. »Fangen wir mit den sogenannten weichen Drogen an, Haschisch und Marihuana.« Er holte eine Schachtel aus einem der Regale und legte ihren Inhalt vor mir auf den Tisch. Ich sah braune Brocken, die wie zu lange gebackene und vertrocknete Kekse aussahen, und ein Büschel Heu.

»Die braunen Platten sind Haschisch, das getrocknete Gras ist Marihuana. Beides sind rein pflanzliche Produkte, nicht veredelt, und am ehesten mit Tabak vergleichbar: Ein leicht euphorisierendes Gefühl, keine körperliche Abhängigkeit, relativ geringe körperliche Schädigung.«

»Moment mal,« unterbrach ich ihn. »Nikotin macht doch abhängig. Und ich dachte, bei Haschisch und Marihuana gäbe es keine körperlichen Beeinträchtigungen.«

Martin setzte sich wieder. »Zu Deinem ersten Einwand: Es gibt nur zwei Rauschmittel, die eine echte körperliche Abhängigkeit bewirken – Alkohol und Heroin. Bei Alkohol dauert es Jahre, bis es soweit ist, bei Heroin genügen sieben oder acht Mal, bevor Du nicht mehr loskommst von dem Zeug. Aber: Die reine körperliche Abhängigkeit ist mit einer zweiwöchigen Entziehungskur überwunden, sowohl bei Alkohol wie bei Heroin. Kein Problem. Das wirkliche Problem ist die psychische Abhängigkeit und die gibt es bei jedem Rauschmittel. Wenn Du die Willenskraft hast, kannst Du sofort mit dem Rauchen aufhören. Deinem Körper geht dabei überhaupt nichts ab. Nur: Hast Du den Willen dazu?«

Das wusste ich nicht, ich hatte es noch nie versucht. Ich rauchte gern.

Zwei Stunden lang führte mir Martin eine Droge nach der anderen vor und erklärte mir ihre Besonderheiten. Ich erfuhr, dass jede Droge körperliche Schäden hervorruft, auch die angeblich leichten Drogen wie Haschisch und Marihuana. Und das nicht nur während des Genusses, sondern oft noch Jahre danach. Martin nannte das Phänomen *Flashback* – selbst Leute, die seit Jahren clean waren, konnten von einem Moment auf den anderen vollkommen ausrasten, als wäre in ihrem Gehirn etwas kaputt.

Das Hauptproblem, sagte Martin, sei der Wunsch der Konsumenten nach dem Kick. Ein Araber, der regelmäßig sein Hasch-Pfeifchen rauche, sei wie ein Schwabe, der täglich sein Gläschen Wein trinke. Doch die Menschen aus dem Westen, die Drogen nehmen, suchten nicht die Entspannung, sondern eine unglaubliche Erfahrung. Und die könne jede Droge nur für kurze Zeit vermitteln. Deshalb würden vor allem Jugendliche von den Einstiegsdrogen schnell zu den wirklich harten Sachen wechseln.

Martin räumte auch mit einem Vorurteil auf: Drogendealer, die Heroin auf Schulhöfen gratis verteilen und sich so ihre Kundschaft von Morgen heranziehen.

»Heroin,« sagte er, »ist ein unglaublich starkes Gift. Wer das zum erstenmal nimmt, erlebt keinen Kick: Der fühlt sich sterbenselend. Und ist keineswegs süchtig. Nur wenn gute Freunde immer wieder drängen, stellt sich nach dem fünften oder sechsten Mal endlich das große Erlebnis ein. Kurz darauf sind sie süchtig.«

Am interessantesten war seine Beschreibung der Wirkungen der verschiedenen Rauschgifte: Haschisch und Marihuana, die beruhigen, Ekstasy, das die Sinneswahrnehmungen intensiviert, Opium, das lethargisch macht, Heroin, das einen kurzen Kick vermittelt und Kokain, das den Körper auf 150 Prozent laufen läßt.

»Am Anfang,« sagte Martin, »hat jede Droge etwas faszinierendes, doch am Ende sind sie alle gleich: Sie machen Dich kaputt.«

Ich war schockiert, doch als Martin mein Gesicht sah, lachte er nur.

»Was ist los?«

»Du siehst genauso aus wie ein Jugendlicher nach einer unserer Drogenaufklärungen,« sagte er. »Du bist verunsichert, weil Du viel gehört hast, und Du glaubst mir sogar.«

»Das tue ich,« bestätigte ich.

Er griff in seine Tasche und holte eine Münze heraus. »Teil zwei unserer Aufklärungskampagne ist die Konfrontation der Jugendlichen mit echten Junkies und die steht Dir auch noch bevor. Das ist meist ein heilsamer Schock. Aber Du bist Schriftsteller, ich gehe deshalb davon aus, dass Du die Dinge von allen Seiten betrachten willst.«

Er nahm die Münze zwischen Daumen und Zeigefinger und warf sie mit einer schnellen Bewegung auf den Tisch, wo sie sich drehte, taumelte, und dann auf einer Seite liegenblieb.

»Die negativen Folgen von Rauschgift sind bekannt, genau wie die Folgen übermäßigen Alkoholkonsums oder die Folgen des Rauchens. Und? Trinkt deshalb nur einer weniger sein Bier? Raucht deshalb nur einer weniger seine Zigarette? Seit Anfang des Jahres steht auf jeder Schachtel Zigaretten groß und deutlich, wie schädlich das Rauchen ist. Die Absatzzahlen sind unverändert hoch, die Raucher haben nur öfter ein schlechtes Gewissen. Auch bei den Drogen gibt es eine zweite Seite und ich denke, über die solltest Du ebenfalls etwas erfahren.«

Dass auch er sich nicht von den Aufdrucken auf den Zigarettenschachteln vom Rauchen abhalten ließ, bewies er, indem er sich eine neue Zigarette anzündete und die Schachtel demonstrativ auf den Tisch legte.

»Wir gehen oft in Schulen und versuchen, die Jugendlichen über die Gefahren des Drogenkonsums aufzuklären. Wenn wir fertig sind, glauben wir, wir hätten etwas bewirkt. Doch ich mache mir keine falschen Hoffnungen. Die Jugendlichen, die wir mit unserer Aufklärungsarbeit schockieren, denken einige Tage über das nach, was sie von uns gehört haben, und beschließen, die Finger von dem Teufelszeug zu lassen. Am Wochenende gehen sie in die Disco, sehen, wie gut ihre Freunde drauf sind, nachdem sie ein paar Pillen geschluckt haben, und merken, wie mies sie selbst sich fühlen, ohne diese kleinen Helferlein. Was machen sie?«

»Ich kann es mir denken,« sagte ich. »Sie vergessen alles, was sie über die Gefahren des Rauschgifts gehört haben und schlucken selbst wieder eine von den Pillen.«

»Genau. Ich kenne hier in Stuttgart eine Frau, die war früher süchtig. Heroin. Ziemlich übel drauf. Sie hat es geschafft, ist von dem Teufelszeug weg. Weißt Du, was sie sagt? Sie träumt heute noch davon, sich einen Schuss zu setzen. Wir nennen das Nadelgeilheit: Sie stellt sich vor, sich die Nadel in den Arm zu stechen, sich den Stoff reinzudrücken, zu spüren, wie das Gift direkt ins Gehirn geht. Für einen langjährigen Fixer dauert dieser Glücksmoment nur wenige Sekunden, dann ist alles vorbei und er leidet – die meisten haben grässliche Schmerzen. Echte Junkies erleben keine Glücksgefühle mehr, sie spritzen nur noch, um ihre Schmerzen zu betäuben. Diese Frau weiß das, sie ist durch die Hölle gegangen und ist sich vollkommen darüber im klaren, was geschieht, wenn sie rückfällig wird. Trotzdem hat sie – bewusst oder unbewusst – Sehnsucht nach der Nadel. Kannst Du das verstehen?«

Ich glaube, Martin war erstaunt, als ich nickte. »Bist Du schon einmal Ballon gefahren?«

Er verneinte.

»Ein unglaubliches Gefühl. Du stehst in einem Korb, über Dir die Hülle des Ballons, und um Dich herum nichts. Da der Ballon immer mit dem Wind treibt, ist es sogar windstill für Dich. Du glaubst nicht, dass Du Dich bewegst, denn Deine Sinne vermitteln Dir nichts von einer Bewegung. Für Dich ist es, als würde die Welt wie ein Gemälde unter Dir vorbeigezogen. Wenn Du über den

Rand des Korbes nach unten siehst, erkennst Du, es geht ziemlich weit nach unten. Dein Verstand sagt Dir, wenn Du jetzt aussteigst und nach unten fällst, stirbst Du beim Aufprall. Du hast keine Todessehnsucht. Nur den unglaublich starken Wunsch, auszusteigen und ein paar Schritte neben dem Ballon herzugehen. Vielleicht ist es mit Rauschgift ähnlich?«

»Möglich,« sagte Martin. »Zumindest bei Heroin. Früher oder später landen die meisten Heroinsüchtigen im Grab. Wenn sie nicht am goldenen Schuss sterben, richten sie ihren Körper zugrunde und geraten ins soziale Abseits. Eines von beiden tötet sie irgendwann.«

Er nahm die Münze wieder in die Hand, warf sie erneut und sah ihr zu, wie sie taumelte und fiel. Das Spiel wiederholte er so lange, bis sie endlich auf der anderen Seite liegenblieb. Ich glaube, es war der vierte oder fünfte Versuch.

»Das gilt nur für Heroin. Kokain ist anders.«

»Wie?« fragte ich neugierig.

»Friedrich Erlmann, von seinen Freunden Fritz genannt,« sagte Martin, wie mir schien, etwas geistesabwesend. Es war nur ein Moment, dann war er wieder bei der Sache. »Fritz war ein Musterschüler. Abitur mit Auszeichnung, dann Student, ich glaube, Elektrotechnik. Ein unauffälliger, strebsamer, schüchterner und fleißiger junger Mann. Vergrub sich am liebsten in seine Bücher, kaum Kontakte zu Frauen, wenig Freunde. Bis ihn ein Bekannter mitnahm auf einen Trip nach Amsterdam. Die Beiden kauften sich Haschisch. Fritz brachte sich etwas davon mit nach Stuttgart. Und jetzt kommt das eigentlich Faszinierende. Er konsumierte das Hasch nicht einfach, er führte richtige Experimente damit durch – fast schon wissenschaftlich. Mit sich selbst als Versuchsperson. Wir haben die Unterlagen gesehen: wirklich beeindruckend. Er beschrieb genau, wieviel er nahm, in welcher Form, was er dabei empfand. Er wurde davon nicht süchtig, er war distanziert und hatte die Sache voll im Griff.«

»Hat er sich selbst etwas vorgemacht?« fragte ich.

»Nein,« versicherte Martin. »Er hatte es wirklich im Griff. Ich würde sogar sagen, es war höchst professionell, was er da tat. Als er glaubte, seine Versuche erfolgreich abgeschlossen zu haben, wurde er mutiger. Er wiederholte das Ganze mit Kokain. Ich habe seine Aufzeichnungen sorgfältig studiert: Der gleiche Ansatz wie beim Haschisch, die gleiche Sorgfalt, die gleiche Akribie. Nur ein vollkommen anderes Ergebnis.«

»Inwiefern?« fragte ich. »Ist er am Kokain gestorben?«

Martin lachte. »Am Kokain stirbt man nicht. Es sei denn, man bringt sich in einer depressiven Phase um. Kokainsüchtige landen jedoch häufig in der Psychiatrie.«

»Auch Fritz?«

»Der hatte Glück. Er bekam fünf Jahre und als er die abgesessen hatte, fand er zurück in ein normales Leben.«

»Fünf Jahre? Nur für ein wenig schnupfen?«

»Warte ab, bis Du die ganze Geschichte kennst,« sagte Martin. »Fritz begann mit seinen Selbstversuchen und glaubte wohl einige Zeit, auch den Konsum von Kokain kontrollieren zu können. Doch er musste bald feststellen, dem war nicht so: Er war süchtig geworden. Auch das hielt er schriftlich fest. Er notierte akribisch, wie er sich veränderte. Zunächst zum Positiven: Er wurde mutig. Selbstsicheres Auftreten, plötzlicher Erfolg bei Frauen. Fritz war kein Niemand mehr, kein unauffälliger Student, er entwickelte Persönlichkeit.«

»Beeindruckend.«

»In der Tat,« bestätigte Martin. »Wenn man die Geschichte nur bis hierher kennt. Als wir ihn verhafteten, brauchten wir dazu das MEK, das Mobile Einsatz Kommando. Die sind sonst für Terroristen und Schwerverbrecher zuständig. Für den Einsatz wurde ausdrücklich mannstoppende Munition genehmigt. Anders ausgedrückt: Hätte er Widerstand geleistet, hätten wir ihn erschießen dürfen.«

»Einen unauffälligen Studenten?«

»Das war er, als er mit dem Kokain anfing. Doch er brauchte mehr, immer mehr. Und er veränderte sich. Als wir das erstemal von ihm hörten – einer seiner Kunden war uns bei einer Razzia in die Hände gefallen und hatte gesungen –, da war Fritz kein unauffälliger Student mehr. Er ging im langen Mantel aus dem Haus, in einer Tasche eine abgesägte Schrotflinte, in der anderen eine 38er Magnum, wie wir nach der Verhaftung feststellten, mit dummdumm Geschossen geladen. Bei der Hausdurchsuchung fanden wir neben seinen noch immer sorgfältig geführten Aufzeichnungen und einer Menge Kokain auch ein beeindruckendes Waffenlager. Von der Maschinenpistole bis zu schweren Waffen, die selbst im militärischen Bereich nur mit Sondergenehmigung verkauft werden dürfen, war alles vorhanden. Damit hätte man eine kleine Armee ausrüsten können. In einem einzigen Jahr war aus dem braven, schüchternen Studenten ein knallharter Dealer und ein überaus rühriger Waffenhändler geworden. Das, mein lieber Roberto, ist die andere Seite der Medaille.«

Martin stand auf, leerte den Aschenbecher und nahm seine Kaffeetasse. Wir verließen die Asservatenkammer, die Martin als *Junkies Traum* bezeichnet hatte. Alptraum-Kammer wäre wohl der treffendere Ausdruck gewesen.

»Wenn es Dir recht ist,« sagte er, »sehen wir uns jetzt die Drogenszene Stuttgarts in der Praxis an. Was glaubst Du, werden wir da finden?«

Ich brauchte nicht lange zu überlegen. »Vermutlich nur Heroinabhängige.«

»Warum?«

Der Lehrer fragte seinen Schüler.

»Hascher dürften ihr Haschisch in den heimischen vier Wänden oder bei Freunden rauchen, und Kokser finden wir wahrscheinlich nur, wenn sie mit einem langen Mantel und abgesägter Schrotflinte durch die Stadt laufen. Für eine Razzia in einer Disco ist es zu früh – die Kinder sind um diese Zeit in der Schule. Bleiben also nur die Heroinsüchtigen übrig. Sind die meisten Drogenabhängigen, die es in einer Stadt gibt, Heroinsüchtige?«

Wir traten aus dem Lift und gingen in Martins Büro.

»In Europa sind es die Heroinsüchtigen, in den USA inzwischen die Crackies.«

»Warum dieser Unterschied?« fragte ich. »Hat das etwas mit der Kultur zu tun?«

»Nein,« antwortete Martin, »mit dem Angebot. In den USA ist das Kokain deutlich billiger als in Europa – durch die Nähe zu Kolumbien und anderen Kokain produzierenden Ländern. In Europa ist Koks zu teuer, als dass sich die Umwandlung in Crack lohnen würde. Zum Glück.«

»Warum zum Glück?«

»Weil Heroin die Leute apathisch macht. Bei Crack werden sie aggressiv. Deshalb gibt es in Europa viele Einbrüche, in den USA aber viele Überfälle. Crackies haben keine Hemmungen mehr, während die Heroin-Abhängigen ihr Selbstbewusstsein verloren haben.«

Martin setzte sich an seinen Schreibtisch und rief Peter Boyko an. »Wir gehen jetzt mit unserem Gast auf Tour… Nein, nicht lange –

zwei, drei Stunden... Nein, nichts gefährliches... Nur die übliche *Besuchertour.*«

»Besuchertour?« fragte ich misstrauisch. Das klang mir sehr nach Hollywood.

»Hätten wir die entsprechenden Mittel, würden wir diese Tour mit jedem Schüler machen. Glaub mir, denen würde die Lust an Drogen schnell vergehen. So aber kommen nur ausgewählte Besucher in diesen *Genuss* – Freunde, Bekannte, spezielle Gäste, von denen wir glauben, ein heilsamer Schock wäre nützlich, weil sie mit Drogen liebäugeln.«

Ich wollte sagen, bei mir bestehe keine Gefahr, doch Martin ließ mich nicht zu Wort kommen.

»Bei Dir ist das etwas anderes. Ich habe mir gestern einen Deiner Krimis mitgenommen und heute Nacht darin gelesen. Ich bin kein Krimi-Fan; unrealistische Machos sind mir genauso zuwider wie depressive Polizisten, die von morgens bis abends auf ihren Beruf schimpfen. Sollen sie sich doch pensionieren lassen. Zuerst dachte ich, unser guter Kriminaldirektor habe nur deshalb einen Narren an Dir gefressen, weil er damit angeben will, einen argentinischen Schriftsteller zu kennen. Doch Du beschreibst die Polizeiarbeit so, wie sie ist. Wenn Du jetzt einen Krimi über die Stuttgarter Polizei schreibst, traue ich Dir zu, uns so darzustellen, wie wir wirklich sind: Keine Fanatiker, sondern Polizisten, die an das glauben, was sie tun. Ganz normale Menschen, konfrontiert mit einer Aufgabe, die manchmal aussichtslos erscheint, die aber getan werden muss. Und ich möchte Dir einen möglichst umfassenden Einblick in die Realität geben. In der Hoffnung, dass Du das auch so wiedergeben wirst.«

Uff. Ich hatte nicht vor, einen Krimi über die Stuttgarter Polizei zu schreiben. Das war nur Tarnung. Nun wurden plötzlich große Hoffnungen in mich gesetzt. Das gefiel mir nicht.

Martin setzte sich an seinen Schreibtisch, schloss eine Schublade auf und holte einen Schnellhefter heraus.

»Was ich Dir jetzt zeige, ist absolut intern. Du kannst die Informationen in Deinem Roman verwenden, aber von mir hast Du sie nicht bekommen. Auch nicht von einem meiner Kollegen. Verstanden?«

»Verstanden,« bestätigte ich. Ich setzte mich und Martin gab mir den Hefter. »Das ist eine interne Statistik der Drogenfälle. Wie man sehen kann, ist die Zahl der Delikte deutlich zurückgegangen. Siehst Du das?«

Es war eine Statistik aus dem Jahr 2003, mit Zahlen aus Stuttgart, Baden-Württemberg und dem gesamten Bundesgebiet. Ich brauchte eine Weile, bis ich die Zahlen fand, die Martin meinte, dann war ich beeindruckt: Rückgang bei den Handelsdelikten um 23,4%, Rückgang beim Erwerb von Heroin um 27,8%, Rückgang beim Handel von Ekstasy sogar um 39,4%. Nur der Handel von Kokain hatte um 9,3% zugenommen.

»Ziemlich erfolgreich, würde ich sagen.«

»So wird es auch verkauft – da oben. Was aber nicht in der Statistik steht: In vielen Städten wurden im letzten Jahr die Drogenabteilungen stark abgebaut, in manchen Städten wird inzwischen gar nicht mehr kontrolliert. Was sich natürlich positiv auf die Zahl der Drogendelikte in der Statistik auswirkt: sie sinkt.«

»Das wusste ich nicht.«

»Das wissen die wenigsten. Es klingt besser, wenn die Politiker mit Statistiken winken und verkünden, es gibt jetzt weniger Drogenfälle, als wenn sie zugeben müssten, aufgrund von Sparmaßnahmen werden weniger Delikte festgestellt.«

Ich sah mir die Statistik noch einmal an. »Trotzdem sind die sichergestellten Drogenmengen beachtlich: Zehn Tonnen Haschisch, über eine Tonne Kokain, eine halbe Tonne Heroin.«

»Beeindrucken Dich diese Zahlen? Ja? Dann sieh Dir mal die nächste Seite an.«

Ich blätterte um. Las neugierig, dann überrascht, schließlich schockiert. Die Drogenfahnder hatten den durchschnittlichen Bedarf eines Drogensüchtigen ermittelt, diesen mit der Zahl der geschätzten Süchtigen multipliziert und hochgerechnet, wieviel von jeder Droge in Deutschland konsumiert wurde. Dem hatten sie die Mengen des sichergestellten Rauschgifts gegenübergestellt: Weniger als 1%.

Martin sah mein erschrockenes Gesicht: »Unsere Schätzungen des Bedarfs und der Süchtigen sind sehr konservativ. In Wahrheit dürfte der Konsum noch deutlich höher liegen.«

Weniger als 1%! Es war unfassbar.

»Kein Politiker und kein Polizeisprecher wird jemals diese Zahlen bekanntgeben,« sagte Martin nüchtern. »Unsere Erfolge werden von den Politikern gefeiert – und natürlich ihren eigenen Bemühungen zugeschrieben. Die Prügel für die Drogentoten bekommen wir. Wir versuchen wirklich, einen guten Job zu machen und vermutlich wäre es ohne unsere Arbeit noch viel schlimmer. Aber manchmal haben wir schon das Gefühl, nur zu Alibi-Zwecken hier zu sein. Wenn Du das vielleicht in Deinem Buch schreiben könntest…«

Martin nahm den Schnellhefter wieder an sich und verschloss ihn sorgfältig in seinem Schreibtisch. »Bist Du bereit für die Besuchertour?« fragte er.

»Ja,« sagte ich, »ich bin bereit.«

Martin stand auf, ich erhob mich ebenfalls und gemeinsam gingen wir in Richtung Lift. An einem Büro auf dem Weg blieb Martin stehen.

»Schorsch, hast Du Zeit?«

Dem Gebrummel konnte ich nicht entnehmen, ob die Antwort ja oder nein lautete. Wir traten ins Zimmer und fanden Schorsch in ein Buch vertieft.

Er blickte auf und sah mich an. »Hast das wirklich Du geschrieben?«

Schorsch hatte einen meiner Romane in der Hand.

»Ist das jetzt Pflichtlektüre?«

»Reine Neugier,« sagte Schorsch. »Wenn´s schon mal was umsonst gibt…«

»Und?« fragte ich neugierig. »Wie gefällt Dir mein Werk?«

»Was willst Du hören? Ein Lob oder die Wahrheit?«

Ich schluckte. »Die Wahrheit.«

Schorsch legte das Buch zur Seite. »Zuviel Blut für meinen Geschmack.« Dann grinste er. »Aber sonst nicht schlecht.«

Martin lachte. »Darf ich vorstellen: Georg Hufschmidt, unser Mann für´s Grobe.«

Schorsch, der in Wirklichkeit Georg hieß, lachte ebenfalls. »Ich weiß nicht, ob Dir Harko schon von mir erzählt hat, aber wir beide haben im Ländle für Ordnung gesorgt.«

»Ländle?«

»Im Schwaben-Ländle. Stuttgart und Umgebung.«

Zu dritt gingen wir zum Lift und fuhren nach unten. Schorsch sah in der Tat so aus, als könne er für Ordnung sorgen: groß, breit, Hände wie Schaufeln und ein Gesicht, in dem mehr als eine Auseinandersetzung ihre Spuren hinterlassen hatte.

Auf dem Parkplatz steuerte Martin einen silberfarbenen Opel Omega Kombi an. Ich wollte hinten einsteigen, doch Schorsch bat mich, vorn Platz zu nehmen.

»Du sollst doch was sehen von unserer schönen Stadt.«

»Ein unauffälliger Wagen,« sagte ich, nachdem wir losgefahren waren. »Geht ihr damit auf die Jagd nach Dealern?«

Martin lachte. »Ich habe keine Ahnung, wer sich das mit den unauffälligen Zivilfahrzeugen ausgedacht hat. Unsere Kunden kennen alle unsere Autos und alle unsere Gesichter – wir könnten genausogut mit einem Streifenwagen durch die Stadt fahren. Wäre sogar besser, weil niemand die Streifenwagen auseinanderhalten kann. Und Dealer fangen? Hast Du überhaupt eine Vorstellung davon, wie das Geschäft heute läuft?«

Hatte ich natürlich nicht. »Harko hat mir im Sommer von einigen Farbigen erzählt, die den Stoff im Mund trugen, das ist alles.«

Martin fuhr die Waiblinger Straße hinunter, eine breite Allee, die ins Zentrum von Bad Cannstatt führte, dem Stadtteil von Stuttgart, in dem sich das LKA befand.

»Die Farbigen gibt es noch immer, doch die zu erwischen ist schwer.«

»Warum?«

»Weil die heute extrem mobil sind. Die fahren mit der Straßenbahn. Die Junkies wissen, Josef kommt um 10 Uhr 22 mit der Linie 14 am Schlossplatz vorbei. Also steigen sie um 10 Uhr 22 am Schlossplatz in die Linie 14 ein und machen mit Josef eine kleine Stadtrundfahrt. Sieben, acht, neun Leute. Diese Fahrt dauert so lange, bis Josef sicher ist, dass sich kein schwarzes unter seinen Schäfchen befindet und auch keine Bullen in der Nähe sind. An irgendeiner Station steigt er aus. Einer aus der Gruppe, selbst ein Junkie, ist der Vermittler. Er hat von allen Kunden das Geld eingesammelt, gibt es Josef, bekommt die Ware und Josef steigt in die nächste Straßenbahn. In zwei Minuten ist alles vorbei, der Verteiler gibt den Stoff an die Kunden weiter und zweigt sich seine eigene Portion als Provision ab. Jetzt versuch mal, diesen Dealer auffliegen zu lassen.«

»Nicht so einfach,« sagte ich. »Geht das nur mit V-Leuten?«

Martin fuhr jetzt Richtung Stadtzentrum Stuttgart. »Man braucht V-Leute, Kunden oder Fahnder aus anderen Städten, die in Stuttgart keiner kennt. Wobei die Sache bei den Afrikanern noch relativ einfach ist, weil die den Stoff immer bei sich haben. Die Türken und Albaner sind inzwischen gewitzter. Die arbeiten schon lange nicht mehr im Stadtzentrum, die haben ihre Aktivitäten ins Umland verlagert. Sie legen in der freien Natur Depots an. Hier fünf Gramm unter einem Stein, dort zehn Gramm in einem Erdloch. Kommt ein Kunde, meist ein Vermittler, der auch für andere Junkies einkauft, gehen sie mit ihm spazieren. Der Kunde zahlt und der Dealer sagt, wo der Stoff versteckt ist. Dann geht er. Der Käufer holt sich den Stoff aus dem Depot, das war´s.«

»Ein narrensicheres Verfahren,« gab ich zu.

»Und das sind nur einige von den Methoden, die wir kennen. Wenn wir wirklich etwas ausrichten wollen, müssen wir uns auf die großen Transporte konzentrieren. Den Nachschub lahmlegen. Wenn wir das geschafft haben, herrscht für ein paar Wochen Ruhe. So lange, bis eine andere Gruppe ihre Kapazität erhöht hat und die Nachfrage befriedigen kann.«

»Wie Fische,« sagte ich. »Ihr fischt in einem großen Teich, doch egal, wieviel ihr fischt, es ist immer noch genügend da. Und wenn die großen Fische weg sind, wachsen die kleinen umso schneller.«

»Das ist gut,« sagte Schorsch, »das trifft den Nagel auf den Kopf.«

Wir waren offenbar an unserem Ziel angekommen, Martin parkte den Wagen. Ich wollte aussteigen, doch er hielt mich zurück.

»Ich habe Dich vorhin gefragt, welche Drogensüchtigen wir in der Stadt finden werden und Du hast richtig gesagt, dass es vor allem Heroinabhängige sind. Aber weißt Du auch, warum es davon so viele gibt, die auf der Straße und an Plätzen wie dem, wo wir gleich hingehen werden, herumlungern?«

»Keine Ahnung,« gab ich zu.

»Dann will ich es Dir sagen. Hascher besorgen sich ihre Dosis, freuen sich auf den Abend oder das Wochenende, wo sie sich bekiffen können und sind happy, sobald sie high sind. Bei Koksern ist es ähnlich und bei den gutbetuchten Heroin-Abhängigen auch. Was hier in Stuttgart und auch in allen anderen Städten in sogenannten offenen Szenen herumlungert, ist der Bodensatz. Süchtige, die den sozialen Abstieg hinter sich haben, meist ohne feste Bleibe, ohne Arbeit sowieso. Sie warten nur auf den nächsten Schuss. Am Anfang reicht eine Spritze am Tag, später sind es fünf oder sechs. Und zwar regelmäßig. Die wollen schon lange keinen Kick mehr, die brauchen den Stoff nur noch, um ihre Schmerzen zu bekämpfen. Alle vier bis fünf Stunden. Sie setzen sich den Schuss, sind vielleicht noch eine Sekunde lang high, dann vegetieren sie dahin, bis ihr Körper das nächste Gift braucht. Aktiv werden sie nur, um sich das Geld für den nächsten Schuss zu besorgen. Die können sich auch nichts mehr einteilen – haben sie mehr Geld, spritzen sie sich mehr oder in kürzeren Abständen, ist die Kohle knapp, schlucken sie Schmerzmittel oder alles, was sie sonst bekommen können. Die richten ihren Körper zugrunde, doch das spielt für sie keine Rolle. Aber das wirst Du gleich selbst sehen.«

Wir stiegen aus und gingen in eine Grünanlage, den Schlosspark, wie mir Schorsch erklärte. Viel war nicht los. Einige Rentner, die die letzten Strahlen der Sonne genossen, bevor es endgültig Herbst wurde. Mütter mit Kinderwagen, allein oder zu zweit in ein Gespräch vertieft. Hin und wieder ein Student, der lieber im Grünen als in seiner Studentenbude seine Bücher las.

Dann änderte sich das Bild. Auf einer Wiese lungerten einige Männer und Frauen herum, die sofort aufsprangen und wegliefen, als sie uns sahen. Schorsch legte einen beachtlichen Sprint hin und hielt eine Frau am Arm fest.

»Hallo Sybille – wohin denn so schnell? Hast Du keine Lust auf ein kleines Schwätzchen?«

»Verpiss Dich,« zischte die Frau und versuchte, sich loszureißen. Blitzschnell hatte ihr Schorsch Handschellen angelegt.

»Ist sie gefährlich?« fragte ich Martin.

»Keine Angst,« beruhigte er mich, »Sybille ist nicht gefährlich. Aber wenn wir bei ihr etwas finden wollen, müssen wir ihr Handschellen anlegen. Sonst lässt sie den Stoff unterwegs verschwinden.« Er deutete auf die Frau: »Was glaubst Du, wie alt sie ist?«

Ich sah sie mir genauer an. Ihr Gesicht wirkte verbraucht, dazu das ungepflegte, lange blonde Haar, das schon lange kein Shampoo mehr gesehen hatte, die vergammelte Kleidung, die nicht so aussah, als käme sie frisch aus der Reinigung: Eine speckige Jeans, ein verfilzter Pullover, ausgetretene Sportschuhe.

»Ende 30, Anfang 40, würde ich sagen.«

»28,« sagte Martin. »Vor vier Wochen ist sie 28 geworden.«

Schorsch hatte Sybille unter dem Arm gepackt und führte sie an uns vorbei Richtung Auto. Mir fiel auf, dass Sybille nicht gut zu Fuß war.

»Hat sie eine Behinderung?« fragte ich Martin. »Mir scheint, sie kann nicht besonders gut laufen.«

»Deshalb erwischen wir sie auch so häufig bei unseren Razzien – sie kann nicht schnell genug türmen.«

Am Opel angekommen, half Schorsch der Frau einzusteigen. Sie schimpfte, widersetzte sich aber nicht. Als wir anderen ebenfalls im Wagen saßen, öffnete Martin alle vier Fenster.

»Du wirst gleich merken warum.«

Ich merkte es: Trotz der frischen Luft, die durch den Wagen wehte, war der Gestank, der von Sybille ausging, bald unerträglich. Ich war froh, als wir wieder beim LKA waren und sprang schnell aus dem Wagen. Als Sybille von Schorsch ins Gebäude geführt wurde, hielt ich wohlweislich einige Meter Abstand.

»Das war der angenehme Teil,« sagte Martin. »Jetzt kommt der Unangenehme.«

Er machte dem Pförtner ein Zeichen, der griff sofort zum Telefon.

»Wen ruft er an?«

»Eine Beamtin für die Leibesvisitation. Sonst machen wir uns am Ende noch sexueller Übergriffe schuldig.«

Schorsch stieg mit Sybille in den Aufzug und hielt uns die Tür auf. Doch ich sagte nur: »Danke, ich glaube, ich gehe lieber zu Fuß.«

Schorsch grinste. »Vierter Stock.«

Auch Martin nahm lieber die Treppe. Als wir oben ankamen, war Schorsch mit der Frau schon auf dem Weg zu einem Büro, die Beiden traten gerade ins Zimmer.

»Was geschieht hier?« fragte ich Martin. »Muss sie sich vor der Beamtin ausziehen?«

»Das wirst Du gleich selbst sehen,« sagte Martin. »Wir gehen ebenfalls rein.«

»Wenn sie sich nackt auszieht?«

Martin legte mir seine Hand auf die Schulter. »Ich garantiere Dir, Dein kleiner Freund kommt nicht auf dumme Gedanken.« Dann sagte er ernst: »Zu Deiner Information: Bei uns zieht sich keine Frau vor Männern aus. Doch Sybille ist keine Frau mehr, sie ist nur noch menschlicher Müll – Junk.«

»Und damit hat sie keine Rechte mehr?«

»Oh doch, die hat sie. Aber Sybille ist heute nicht hier, weil wir Rauschgift suchen, sie ist hier, um Dir zu zeigen, was das Rauschgift aus Menschen macht. Glaub mir: Das kann Dir niemand so gut zeigen wie Sybille.«

Im Zimmer wartete bereits eine Beamtin, eine resolut aussehende Frau Anfang 50. Sie nahm Sybille die Handschellen ab und sagte befehlend: »Ausziehen«.

Die Anwesenheit von drei Männern im Raum schien die Beamtin nicht zu stören. Auch Sybille protestierte nicht, sie begann wortlos, sich zu entkleiden.

Obwohl es unpassend war und ganz entgegen Martins Prophezeiung wurde mein kleiner Freund doch rege – der Anblick eines nackten 28jährigen Mädchens erschien ihm verlockend. Doch nicht mein Gehirn sagte ihm, er solle sich beherrschen: Mein Magen sandte bald viel stärkere Signale.

Vor uns stand keine attraktive junge Frau, vor uns stand eine wandelnde Leiche. Der Körper fast bis zum Skelett abgemagert, die Brüste nur noch zwei große, lasche Hautfalten. Das war noch das Positivste, was mir an Sybille auffiel. Die Arme waren über und über von kleinen roten Punkten übersät, offenbar Einstichstellen. Die gab es nicht nur an den Armen: Brust, Bauch, Schenkel – überall sah ich rote Punkte. Dazwischen teils offene, teils verschorfte Wunden.

Als Sybille ihre Socken auszog, wurde mir schlecht: Ihre Füße waren eine einzige, offene Wunde, der Eiter tropfte in dicken, gelben Kugeln auf den Boden.

»Wenn Du es noch schaffst,« sagte Martin seelenruhig, »findest Du draußen im Flur eine Toilette. Sonst nimm hier das Waschbecken.«

Ich entschied mich für das Waschbecken und verabschiedete mich von meinem Frühstück.

Als ich mir das Gesicht abgewaschen hatte und mich wieder umdrehte, trat Martin mit einem Glas auf mich zu. »Trink erstmal einen Obstler, der hilft Dir wieder auf die Beine. Und denk Dir nicht viel dabei: Das geht jedem so, der das zum erstenmal mitmacht.«

Ich hatte Angst, mein Erbrochenes würde riechen, doch Sybilles Gestank überdeckte alles: Die sollten hier nicht nur einen Schnaps bereitstellen, sondern Gasmasken ausgeben.

Der Obstler, in Verbindung mit einem weiteren Glas, das ich mir ständig unter die Nase hielt, half mir, die nächste halbe Stunde zu überstehen. Schorsch und die Beamtin durchsuchten zunächst mit Plastikhandschuhen Sybilles Kleidung. Sie brachten eine verdreckte Spritze, einen verbogenen, verrußten Kaffeelöffel und eine Dose zum Vorschein.

»Das Heroin?« fragte ich.

»Nein, Ascorbinsäure. Vitamin C. Heroin ist nicht wasserlöslich, aber es verbindet sich mit Vitamin C. Deshalb werden beide Substanzen miteinander aufgekocht. Das Ergebnis ist eine braune Brühe, die aufgezogen und injiziert wird. Total unhygienisch. Das ist der Grund, weshalb so viele Fixer an Infektionen sterben.«

Trotz gründlicher Suche fanden Schorsch und die Beamtin kein Heroin. Sybille grinste.

»Sag uns besser, wo Du das Zeug hast, sonst durchsuchen wir Dich gründlich,« drohte Schorsch.

»Komm doch, wenn Du Dich traust,« höhnte Sybille.

Ich sah Martin fragend an.

»Viele Fixer haben Aids und glauben, wir würden sie deshalb nicht anfassen. Einer hat mir sogar vor ein paar Jahren seine noch blutige Nadel in den Arm gestochen.«

Unwillkürlich wich ich einen Schritt zurück.

»Keine Angst,« sagte Martin, »ich habe kein Aids. Der Virus ist zwar aggressiv und so ziemlich gegen alles resistent, stirbt beim Kontakt mit Sauerstoff aber sofort ab. Das weiß nur niemand. Sowie das Blut an die frische Luft kommt, ist es ungefährlich – zumindest, was Aids angeht.«

Nachdem klar war, in der Kleidung befindet sich nichts, begann die Untersuchung der Körperöffnungen. Die Beamtin griff Sybille in den Mund und schrie auf, als ihr Sybille in den Finger biss. Trotzdem blieb die Beamtin bemerkenswert ruhig. Sie forderte Sybille auf, die Beine zu spreizen, was diese widerwillig tat. Zwischen dem dunklen, von Blut und Urin verklebten Schamhaar war etwas Helles zu sehen. Die Beamtin griff danach und beförderte eine kleine Plastiktüte ans Licht.

Bislang hatte Sybille alles über sich ergehen lassen, nun fing sie an zu zetern: »Gib das sofort her, Du alte Schlampe, das gehört mir.«

Schorsch musste sie festhalten.

Martin tippte mir auf die Schulter und ging zur Tür, ich folgte ihm, dankbar, diesen Ort verlassen zu können.

»Was geschieht jetzt?« fragte ich. »Kommt sie nun ins Gefängnis?«

»Von Rechts wegen müssten wir sie einsperren, eine Anzeige schreiben und sie dann dem Haftrichter vorführen. Der würde sie sofort freilassen, weil die Justiz in Stuttgart aus schlichtem Personalmangel gar nicht alle Fälle von Drogenkonsum bearbeiten kann. Da es sich hier um eine Besuchertour handelt, sparen wir uns den Ärger. Wenn Sybille will, kann sie duschen, wir bieten ihr frische Kleidung an und ein Arzt wird ihre Wunden behandeln. Weißt Du, was sie als nächstes tun wird? Sie geht in den Schlosspark, um sich den nächsten Schuss zu besorgen. Sag selbst: Ist das noch ein menschenwürdiges Leben?«

Harko holte mich nach Dienstschluss ab, wir fuhren in die Stadt. Auf dem Weg berichtete ich ihm von meinem ersten »Arbeitstag«. Er hörte nur mit halbem Ohr zu, wobei ich nicht wusste, ob er sich auf den Verkehr konzentrieren musste oder ob ihn meine Beschreibung der Polizeiarbeit schlicht langweilte. Erst als ich ihm von Sybille erzählte, reagierte er. »Die gute Sybille,« sagte er, »dass die immer noch lebt.« Das war alles.

Bei einem Türken aßen wir einen Lammtopf mit Joghurt, dazu frisches Fladenbrot. Nach dem zweiten Bier wurde Harko munter, er berichtete mir, was er an diesem Tag erlebt hatte. Zunächst hatte er alte Kontakte aktiviert und sich ein Bild der aktuellen Drogenszene verschafft. Er war entsetzt.

»Dreimal hat man mir heute Drogen angeboten, ganz offen. Mir, einem Polizisten!«

»Einem Ex-Polizisten,« korrigierte ich und musste schmunzeln: Klar, dass Stuttgart vor die Hunde ging, wenn Obersheriff Harko nicht mehr seinen Colt schwang. Ich dachte an das Gespräch mit Kriminaldirektor Zimmermann und seine Aussage, dass Kriminalität nicht rücksichtslos bekämpft, sondern besser in geordnete Bahnen gelenkt werden sollte: Auf mich machte Stuttgart einen äußerst lebendigen und vitalen Eindruck. Vielleicht etwas bieder, aber insgesamt eine Stadt, in der es sich gut leben ließ.

Was mich wirklich interessierte, war nicht Harkos Einschätzung der Drogenszene, sondern das, was er über Rudi herausgefunden hatte. Das war, gelinde gesagt, so gut wie nichts. Keine Hetzjagd auf Rudi, kein Bandenkrieg, keine Verschwörung. Rudis Abgang hatte ungefähr soviel Wirbel verursacht wie meine Ankunft in der Stadt, Majas Verschwinden noch viel weniger. Auch über den

Staatsanwalt hatte Harko nichts herausbekommen. Seine Quellen wussten weder etwas über Kontakte zum organisierten Verbrechen noch zur Drogenszene.

Mangelnder Einsatz war Harko nicht vorzuwerfen. Nachdem er sich die notwendigen Genehmigungen besorgt hatte, war er in Heimsheim ins Gefängnis gegangen, in dem Rudi vor seiner Flucht eingesessen hatte.

»Warum war Rudi eigentlich nicht in Stammheim?«

»Du immer mit Deinem Stammheim,« antwortete Harko ungehalten. »Stammheim ist ein Untersuchungsgefängnis, da sitzen nur Leute in U-Haft. Wer verurteilt ist, kommt in ein anderes Gefängnis.«

»Das galt aber nicht für die Terroristen!« entgegnete ich.

»Die Terroristen waren eine Ausnahme. Für die wurde in Stammheim ein Hochsicherheitstrakt gebaut. Alle anderen werden nach ihrer Verurteilung in ein Gefängnis in der Nähe ihres Wohnortes verlegt. In Rudis Fall war das Heimsheim, zwölf Kilometer von Leonberg entfernt.« Er lachte. »Damit die Sehnsucht nach Maja nicht übermächtig wird.«

»Hast Du wenigstens in Heimsheim etwas erfahren?«

»Leider nein. Ich war in Rudis Zelle und habe mit seinen Mitgefangenen gesprochen. Die wussten nichts.«

Ich schmunzelte. »Die haben sicher nur darauf gewartet, Dir ihr Herz auszuschütten.«

Harko sah mich mit zusammengekniffenen Augen an. »Da täuschst Du Dich ganz gewaltig, mein Lieber. Das Gefängnis ist eine Welt für sich, da gelten eigene Gesetze. Rudis Mitbewohner waren sogar sehr gesprächig. Nur wussten sie leider nichts.«

»Rudi wird wohl kaum über seine Fluchtpläne gesprochen haben.«

»Hat er auch nicht. Er hatte nämlich keine. Rudi ging davon aus, in Handschellen auf der Beerdigung zu erscheinen. Darüber hat er sich bitterlich beklagt. Dass er ohne Bewacher raus durfte, hat ihn wohl selbst überrascht.«

»Das kann ich mir denken,« sagte ich. Mich hätte es überrascht. »Hat er mit Maja Fluchtpläne ausgeheckt?«

»Nichts bekannt. Die sagten, Rudi hätte sich zwar nicht vor Sehnsucht nach seiner Alten verzehrt, und eifersüchtig war er auch nicht. Sonst hätte er sie kaum auf den Strich geschickt. Ansonsten war ihre Beziehung wohl in Ordnung.«

Eine Beziehung zu einer Prostituierten. Was konnte da schon in Ordnung sein?

Nach dem zweiten Bier wurde Harko redseliger. Ich erfuhr, dass er doch etwas über den Staatsanwalt erfahren hatte, wenn auch nicht das, was er sich erhoffte.

»In Feuerbach gibt es einen alten Krauter, den wir als das Tor zur anderen Welt bezeichnen. Im Prinzip ein zwielichtiger Typ, bei dem Du alles bekommst: Videorecorder, die vom Lastwagen gefallen sind, Waffen und vor allem Militaria.«

»Militaria?«

»Uniformen, Abzeichen, einfach alles, was mit dem Militär zusammenhängt. Vor allem mit dem Dritten Reich. Viele halten ihn für einen alten Ex-Nazi, obwohl er damals noch gar nicht geboren war. Er sieht nur alt genug dafür aus.«

»Wie kann so ein Mann direkt unter den Augen der Polizei ein illegales Geschäft betreiben?« fragte ich. »Denn wenn ich Dich richtig verstanden habe, ist er ein Hehler.«

»Erstens ist der Typ ein Original und nicht gefährlich, zweitens ist sein Laden so etwas wie eine neutrale Zone. Frag mich nicht, wie er das geschafft hat, aber so ist es nun mal. Hinz und Kunz kommen da hin und halten ein Schwätzchen. Warum sollte die Polizei eine solche Informationsquelle schließen?«

Ich musste erneut an mein Gespräch mit Kriminaldirektor Zimmermann denken: Eine funktionierende Gesellschaft brauchte auch kriminelle Elemente. Waren alte Männer in kleinen Läden so notwendig wie das Salz in der Suppe?

»Der hat Dir was über Rudi erzählt?«

Harko strich sich nachdenklich über das Kinn. »Über Rudi wusste er nichts, auch nichts über Maja. Nur den Oberstaatsanwalt kennt er.«

Ich wurde neugierig. »Kauft der bei ihm Militaria?«

»Dachte ich zunächst auch. Der Alte lachte und sagte, so dumm wäre Mittler nicht. Heute wäre der zwar nur ein kleines Würstchen, im Dritten Reich aber hätte er echt Karriere gemacht.«

»Warum das?«

»Hat er mir nicht verraten.«

Ich konnte mir schon denken, wie das Gespräch verlaufen war: Kaum war der alte Mann so weit, dass er sprechen wollte, legte ihm Harko die Daumenschrauben an. Und aus war´s mit den Infos. Harko würde nie lernen, einfach mal zuzuhören.

Er kratzte sich missmutig am Kopf. »Morgen lernst Du Mittler selbst kennen. Ich bin ehrlich gespannt, wie Du mit ihm zurechtkommst.« Plötzlich grinste er. »Ich fress nen Besen, wenn er vor Dir kuscht.«

Das ließ ich unkommentiert. Stattdessen fragte ich: »Was steht bei Dir morgen auf dem Programm?«

»Ich treffe mich mit einem Rechtsanwalt.«

»Kannst Du mir verraten, was der über Rudi wissen soll?«

Harko lächelte vielsagend. »Ich habe Dir nicht alles über Mittler gesagt.«

Wusste ich es doch.

»Ich hatte damals nicht nur ein Verfahren wegen Beleidigung am Hals, da ging es noch um mehr. Und dieser Rechtsanwalt hat mich vertreten.«

Wie hatte Kriminaldirektor Zimmermann gesagt: Harko hat sich auf einen Machtkampf eingelassen, den er verlor. Dieser Kampf war offensichtlich mit mehr als nur mit Worten ausgetragen worden. Und jetzt? Würde ich Harko als Lügner bezeichnen, würde er mir einen Vortrag über professionelle Polizeiarbeit halten und dass ein Polizist niemals alle Informationen aufdeckt, bevor es notwendig ist. Ich könnte auch den Beleidigten spielen und nach Korfu zurückkehren. Aber wäre damit etwas gewonnen? Ich hatte beschlossen, mich auf Harkos Spiel einzulassen und dieses Spiel war noch nicht vorbei. Doch wenn Harko glaubte, ich würde das Spiel nach seinen Regeln spielen, hatte er sich getäuscht. Ich beschloss, für´s Erste so zu tun, als würde mich seine Salami-Taktik kalt lassen und auf eine passende Gelegenheit zu warten, um ihm seine Halbwahrheiten zurückzuzahlen.

»Weißt Du,« fragte er, »warum ich mich damals für diesen Anwalt entschieden habe? Ich kannte ihn nur als Gegner im Gerichtssaal und da hat er mich mehr als einmal glatt an die Wand gespielt.«

»Lass mich raten,« sagte ich, ohne mir meinen Ärger anmerken zu lassen. »Erstens bist Du nicht nachtragend, außer es handelt sich um Deinen Staatsanwalt. Zweitens glaube ich, dass Du Dir den besten Anwalt genommen hast und ein Anwalt, der Dich vor Gericht in die Schranken weist, muss gut sein. Richtig?«

Harkos Lächeln wurde breiter. »Alles richtig. Aber es gab noch einen dritten Grund.«

Ich wartete, doch Harko ließ mich zappeln. »Nun komm schon,« drängte ich. Wut ist eine Sache, Neugier eine andere. Mein kleiner Mann im Ohr schalt mich einen idiotischen Heuchler, ich sagte, er solle still sein.

»Der Rechtsanwalt hat eine Schwester.«

Ich wartete auf die Pointe, die nicht kam.

»Weißt Du, was die macht?«

»Wahrscheinlich hilft sie ihm in seiner Kanzlei,« sagte ich. »Ich vermute, sie ist ebenfalls Rechtsanwältin.«

»Dicht dran,« sagte Harko. »Aber nur dicht. Sie ist Staatsanwältin. Eine Kollegin von Mittler. Gell, da staunst Du.«

Ich staunte in der Tat. »Und die sagt Dir jetzt, was los ist?«

»Das hoffe ich zumindest. Wenn jemand etwas über Mittler weiß, dann Oberstaatsanwältin Schovenberg.«

Ich stutzte. Wenn Harko so gute Karten gehabt hatte, warum war er dann aus dem Polizeidienst ausgeschieden? Ich fragte ihn und die Antwort überraschte mich: »Mittler wollte mich wegen Verrats von Dienstgeheimnissen hinter Gittern sehen, er strengte einen Prozess an, um mich fertigzumachen. Nur dem Rechtsanwalt verdanke ich, dass es nie zum Prozess kam. Trotzdem hat es Mittler geschafft, meinen Glauben an die Gerechtigkeit zu zerstören. Verstehst Du jetzt, warum ich nicht gut auf ihn zu sprechen bin?«

Mittwoch Vormittag um zehn Uhr sollte ich Staatsanwalt Mittler treffen. Ich hatte Kommissar Haberkorn, den Beamten, der Rudis letzten Einsatz leitete, am Abend zuvor gebeten, mich bei Harkos Tante abzuholen und zu dem Treffen zu begleiten. Er wollte nicht, sagte, die Polizei sei kein Taxiunternehmen. Erst als Peter Boyko fragte, ob Kriminaldirektor Zimmermann die »Taxifahrt« anordnen solle, lenkte Kommissar Haberkorn ein. Um neun Uhr wollte er mich abholen.

Mir war wichtig, das Zusammentreffen zwischen ihm und dem Staatsanwalt zu beobachten: Hatten sie tatsächlich etwas gemauschelt und der Name Rudolf Wölfle fiel, würde sich einer von Beiden verraten.

Punkt neun stand der Kommissar mit einem grünen Audi vor dem Haus, kam aber nicht herein. Ich steckte einen meiner Romane in die Tasche und ging nach draußen. Haberkorn war allein gekommen, ich setzte mich auf den Beifahrersitz. Der Kommissar sagte

»Guten Morgen« und schwieg dann. Ein leichter Nieselregen ließ Stuttgart unter einer grauen Wolkendecke verschwinden, Haberkorn tat, als müsse er sich auf den Verkehr konzentrieren.

Nach zehn Minuten wagte ich den ersten Vorstoß: »Schlecht geschlafen? Das kenne ich. Und dann noch so ein Wetter.«

Er sah mich misstrauisch von der Seite an. »Warum haben Sie gerade mich ausgesucht, Sie zu Oberstaatsanwalt Mittler zu begleiten? Jeder andere hätte Sie genauso hinbringen können.«

Jetzt wird es interessant. »Zufall, denke ich,« sagte ich scheinheilig. Und setzte noch eins drauf: »Ich glaube, in einer der Akten, die mir Ihr Abteilungsleiter zum Lesen gab, stand Ihr Name und dass Sie eng mit dem Staatsanwalt zusammenarbeiten. Kann sein, das hatte ich noch im Kopf, als ich Sie bat, mich zu begleiten.«

»Sie meinen die Akte Rudi?«

»Rudi? Der Name sagt mir nichts.«

»Rudolf Wölfle, genannt Rudi,« erklärte Kommissar Haberkorn. »Da hatte ich tatsächlich mit Oberstaatsanwalt Mittler zu tun – er bearbeitet alle Drogenfälle von L-Z.« Haberkorn wich einem Lastwagen aus und wechselte die Spur. »Wissen Sie, was wir unsere *Kunden* als erstes fragen? Wie sie mit Nachnamen heißen. Wenn einer dabei ist, dessen Nachname mit einem Buchstaben von A-K beginnt, führen wir den Fall unter diesem Namen. Nur damit wir nicht mit Oberstaatsanwalt Mittler zusammenarbeiten müssen.«

»Doch Wölfle beginnt mit W,« sagte ich.

»Genau.«

»Spielt das so eine große Rolle?«

»Oberstaatsanwalt Rimmele, der für die Fälle von A-K zuständig ist, ist in Ordnung. Mit ihm kann man offen reden, kann Abmachungen treffen, wird unterstützt. Da macht die Zusammenarbeit sogar Spaß.«

»Bei Mittler ist das anders?«

Kommissar Haberkorn warf mir einen schiefen Blick zu. »Wenn ich Ihnen etwas unter der Hand sage: Können Sie das für sich behalten?«

»Wenn es vertraulich ist, bleibt es vertraulich,« sagte ich.

»Gut.« Wie ein Teekessel, der zu lange auf dem Feuer gestanden hat und Dampf ablassen möchte, ließ Kommissar Haberkorn seinen Ärger heraus. »Dann sage ich Ihnen jetzt was: Oberstaatsanwalt Mittler ist ein Schwein. Ein richtiges Schwein. Fragen Sie mich nicht, wieviele Karrieren der schon zerstört hat – Ihr Freund Harko ist kein Einzelfall. Gut, Spannungen gibt es immer mal und nicht jeder kann mit jedem. Es gibt Feindschaften, aber auch Freundschaften. Einer will ihnen was am Zeug flicken, ein anderer paukt sie wieder raus. Aber nicht, wenn Oberstaatsanwalt Mittler in den Fall verwickelt ist. Dann kuschen alle. Mir ist nicht bekannt, dass er jemals einem Beamten geholfen hätte, aber wenn er sie im Visier hat, haben sie plötzlich keine Freunde mehr. Dann will sie keiner mehr kennen. Alle haben Angst vor ihm.«

»Sie auch?« fragte ich.

»Ja,« sagte er, »ich auch.« Er fuhr sich fahrig mit der Hand durchs Gesicht. »Ich habe vor zwei Jahren gebaut, vor einem Jahr haben meine Frau und ich geheiratet und vor drei Monaten ist unser erstes Kind auf die Welt gekommen. Ich kann es mir nicht leisten, dass ein Schwein wie Mittler mir Übles will.«

»Was könnte er tun?«

»Das gleiche, was er mit Harko gemacht hat. Mir einen Prozess anhängen. Mich versetzen lassen. Mich abschieben. Der hat Möglichkeiten, das können Sie sich gar nicht vorstellen.«

Meine Neugier auf diesen Mann wuchs. »Gab es denn im Fall Rudolf Wölfle Grund zu einer solchen Anklage?«

Kommissar Haberkorn fuhr sich erneut über das Gesicht, als müsse er Angstschweiß entfernen. »Anfangs nicht,« sagte er. »Routine. Rudi hatte von einem möglichen Deal gehört und wollte ihn für uns einfädeln. Wir trafen eine Abmachung, ich bereitete alles vor und dachte, es läuft wie geplant. Das einzig Gute an Oberstaatsanwalt Mittler ist seine Faulheit. Bereitet man einen Fall gut vor und stellt sicher, dass die Verurteilung nur noch Formsache ist, macht er keine Scherereien. Er liebt Erfolge, die er gut verkaufen kann, und meidet schwierige Fälle wie die Pest. Bei Rudi aber kniete er sich plötzlich rein, als gebe es nichts wichtigeres auf der Welt. Ich habe Rudi auf Knien angefleht, den Deal sauber abzuwickeln. Und was macht dieses Arschloch? Krallt sich auf eigene Rechnung ein Kilo Heroin. Und lässt sich dann auch noch damit erwischen. Bei Gott, ich habe Blut und Wasser geschwitzt und nur noch gebetet, heil aus der Sache herauszukommen.«

»Verstehe,« sagte ich. Was keineswegs der Fall war. Hatte Harko doch recht und der Staatsanwalt hatte Dreck am Stecken?

»Als Rudi auf Antrag von Mittler zu fünf Jahren verurteilt wurde – was ich für reichlich übertrieben halte –, da dachte ich, die Sache wäre ausgestanden. Doch vor drei Wochen ist Rudi getürmt. Jetzt habe ich Angst, dass die ganze Scheiße von vorne anfängt.«

»Er ist ausgebrochen?« fragte ich. »Ich dachte, die Gefängnisse in Deutschland sind sicher.«

»Rudi ist nicht ausgebrochen,« sagte der Kommissar. »Er hatte Freigang und ist nicht zurückgekommen.«

»Freigang?« Woher sollte ein Schriftsteller aus Südamerika wissen, was Freigang ist?

»Er durfte zur Beerdigung seiner Mutter zwei Tage raus. Ohne Bewachung.«

»Entschuldigen Sie, wenn ich jetzt etwas naiv frage: Wenn ich zu fünf Jahren Haft verurteilt wäre und jemand würde mir zwei Tage Urlaub gewähren – dann könnten Sie mich anschließend irgendwo in Südamerika suchen.«

»Mich auch,« sagte Kommissar Haberkorn.

»Wer hat ihm denn zu diesem *Freigang* verholfen?«

Kommissar Haberkorn warf mir einen seltsamen Blick zu. »Das ist es ja, was ich am allerwenigsten verstehe: Mittler selbst.«

Ich zeigte mich überrascht…

Wir hielten vor einem alten, prächtig verzierten Gebäude.

»Sind wir da?« fragte ich.

Kommissar Haberkorn schaltete den Motor ab. »Hier ist die Staatsanwaltschaft.«

Der junge Beamte tat mir inzwischen leid, deshalb sagte ich: »Sie brauchen nicht mitzukommen, warten Sie doch im Wagen auf mich.«

»Danke für das Angebot,« sagte er. »Aber wenn Mittler erfährt, dass ich hier war und Sie nicht hineinbegleitet habe…«

Das letztemal hatte ich eine solche Form von Angst in Argentinien gesehen – und gedacht, nein, gehofft, das nie wieder erleben zu müssen.

Wir gingen hinein – ich noch immer neugierig, wenn auch mit gemischten Gefühlen, Kommissar Haberkorn mit einem Gesicht, als müsse er zu seiner eigenen Hinrichtung.

Punkt zehn Uhr klopfte ich an der Tür zum Büro des Staatsanwalts. Eine kräftige Stimme sagte *herein*. Ich öffnete die schwere, alte Eichentür und ging mit Kommissar Haberkorn hinein. Erwartet hatte ich einen ehrfurchtgebietenden Riesen, einer, der es selbst mit Harko aufnehmen konnte, den Giftzwerg von Kriminaldirektor Zimmermann hatte ich im übertragenen Sinne verstanden. Doch der

Staatsanwalt war wirklich ein kleines Männchen mit Nickelbrille und Glatze, das hinter seinem riesigen Schreibtisch fast verschwand.

Ohne mich zu begrüßen, blaffte er Kommissar Haberkorn an: »Sie werden hier nicht gebraucht.«

Der junge Beamte warf mir einen Blick zu, der wohl soviel heißen sollte wie *viel Glück*, drehte sich um und ging hinaus. Ich fühlte mich plötzlich allein – wie ein Angeklagter, der von vornherein verurteilt ist. Roberto, sagte ich mir, Du bist kein Angeklagter. Du bist ein bekannter Schriftsteller, der mit dem Segen von höchster Stelle mehr über die Arbeit der Stuttgarter Polizei erfahren will. Also reiß Dich zusammen, sei freundlich, gib ihm Dein Buch und verwickle ihn in ein nettes Gespräch.

Dazu bekam ich keine Gelegenheit. Der Staatsanwalt sah auf seine Uhr. »Meine Zeit ist kostbar. Sie werden verstehen, dass ich Ihnen nur wenige Minuten widmen kann. Ich weiß nicht, wie Sie es geschafft haben, sich das Vertrauen von Kriminaldirektor Zimmermann zu erschleichen, ich nehme an, ihr Freund Kolbe steckt hinter der ganzen Sache. Ich habe mich schlau gemacht: Juristisch ist gegen Ihre sogenannte Recherche leider nichts zu machen.« Das *leider* betonte er stark. »Ich kann Ihnen aber eines versprechen: Ich werde alles, was Sie über die Stuttgarter Polizei schreiben, sehr sorgfältig lesen. Und ich warne Sie: Sollte ich nur ein einziges Wort finden, das nicht der Wahrheit entspricht, oder feststellen, dass ein Dienstgeheimnis verletzt wurde, werde ich Sie verklagen. Und mein Arm reicht auch nach Korfu. Haben Sie mich verstanden?«

Ich zählte leise bis zehn, atmete tief durch, dachte an den alten Mann in seinem Shop mit den Militaria und was der über den Staatsanwalt gesagt hatte. Dann entgegnete ich freundlich: »Ich kam hierher, um etwas über die Arbeit der Staatsanwaltschaft in Deutschland zu erfahren. Das habe ich hiermit getan. Wie ich sehe, haben sich die Methoden seit dem Dritten Reich nicht verändert. Damit kann ich auf eine Fülle gut dokumentierten Materials zugreifen.« Mittler lief rot an, ich fürchtete schon, gleich würde er explodieren. Deshalb verabschiedete ich mich schnell: »Hasta la vista – baby.« Das konnte ich mir nicht verkneifen.

»Raauuuus!!!«

Diesem Wunsch kam ich gerne nach.

Kommissar Haberkorn war noch nicht weit gekommen, ich hatte ihn rasch eingeholt.
»Das ging aber schnell,« sagte er. »Was war denn das für ein Gebrüll?«
»Mittler hat sich von mir verabschiedet.« Äußerlich war ich ruhig, innerlich dagegen war ich auf 180. »Kann man hier in der Nähe irgend etwas trinken?«
»Kaffee oder einen Schnaps?«
»Wenn Sie es vertraulich behandeln: Ein Schnaps wäre mir jetzt lieber.«

Als wir zwei Stunden später ins LKA zurückkehrten, hatte sich unsere Laune dank diverser Schnäpse und Biere wieder gebessert. Kommissar Haberkorn hatte von seiner Arbeit berichtet, doch ich hatte nur mit halbem Ohr zugehört. Ihn selbst hielt ich für unschuldig, kein Verbrecher würde mit einem derart ängstlichen Polizisten zusammenarbeiten. Mittler dagegen konnte ich mir sehr gut als Drahtzieher im Drogengeschäft vorstellen. Naschte er selbst ein wenig Kokain? Ich dachte an Fritz, den Kokser, wie der sein Selbstbewusstsein mit Kokain aufgepäppelt hatte. Das würde gut zu dem Giftzwerg Mittler passen. Der Hinweis auf die Militaria schien mir nicht mehr aus der Luft gegriffen: Koksen, Dealen und dann in den Waffenhandel einsteigen.
Auch die kurze, aber eindrucksvolle Rede des Staatsanwalts ging mir nicht aus dem Kopf. Die war so verdammt nah an der Wahrheit gewesen. Hatte er mich nur einschüchtern wollen? Oder kannte er die Wahrheit? Doch der Einzige, der wusste, was Harko und ich in Stuttgart wirklich wollten, war Peter Boyko.
Der begrüßte uns bei unserer Rückkehr freudestrahlend. »Kriminaldirektor Zimmermann war vor einer Stunde hier. Oberstaatsanwalt Mittler hat sich bei ihm über Dein unverschämtes Auftreten beschwert.« Bei mir schrillten alle Alarmglocken. Doch Peter strahlte weiter: »So vergnügt habe ich den Alten seit Jahren nicht mehr erlebt. Mann Roberto – dem alten Giftzwerg hast Du´s aber ordentlich gegeben.«
Wie ordentlich ich es ihm gegeben hatte, merkte ich im Lauf des Nachmittags. Aus dem ganzen LKA kamen Leute vorbei, um sich aus erster Hand darüber zu informieren, was genau zwischen Mittler und mir vorgefallen war. Und alle, ohne Ausnahme, beglückwünschten mich zu meinem verbalen Sieg und meinten, es wäre schon lange an der Zeit, dass jemand dem Staatsanwalt Paroli

bieten würde. Nur habe bislang leider noch niemand soviel Rückgrat bewiesen. Ich fürchtete die ganze Zeit, mein Vergleich zum Dritten Reich würde mir übelgenommen, doch als ich fragte, hieß es nur: »Der hat noch nicht mitbekommen, dass sich in diesem Land in den letzten 60 Jahren einiges verändert hat.«

Ich wartete sehnsüchtig auf Harkos Rückkehr, ich wollte selbst mit dem alten Mann in seiner neutralen Zone sprechen. Harko aber war nicht erreichbar. Stattdessen hatte Kriminaldirektor Zimmermann etwas für mich organisiert: Am späten Nachmittag bekam ich eine Schnelleinweisung in Daktyloskopie, die Erkennung von Fingerabdrücken.

Die Überführung eines Täters mittels Fingerabdrücken gehört zum kleinen Einmaleins jedes Krimischreibers; ich selbst hatte in meinen Büchern schon manchen Fall damit gelöst. Deshalb sah ich die Belehrung als reine Pflichtübung an, die ich eben mitmachen musste, um meiner Rolle als interessierter Schriftsteller gerecht zu werden.

Konrad Nägele, der Daktyloskopie-Experte des LKA, brauchte genau zehn Minuten, um mein angebliches Wissen über Fingerabdrücke als pure Sammlung von Vorurteilen und Halbwahrheiten zu entlarven. Dann ersetzte er es durch profunde Kenntnisse. Es wurden zwei überaus spannende Stunden.

Das erste Vorurteil, dass der etwa 50jährige, sehr distinguiert wirkende Spezialist beseitigte, war das Alter der Fingerabdruckerkennung. Ich *wusste*, die Identifizierung von Tätern mittels ihrer Fingerabdrücke war vor rund 100 Jahren in Mode gekommen, und ich *wusste* auch, dass es bereits im gesamten 19. Jahrhundert Versuche gegeben hatte, diese Methode für kriminalistische Ermittlungen zu nutzen. Was ich *nicht wusste*, war die Tatsache, dass Fingerabdrücke schon seit tausenden von Jahren als Siegel benutzt wurden. In China tunkten Bauern ihren Daumen in Tinte und hinterließen anschließend einen Daumenabdruck auf Verträgen, doch die ersten nachgewiesenen Abdrücke als Siegel waren noch viel älter: Schon die Assyrer signierten Tontafeln mit einem fälschungssicheren Daumenabdruck.

»Wenn die Kenntnisse von der Einmaligkeit von Fingerabdrücken so alt sind,« fragte ich erstaunt, »warum hat es dann so lange gedauert, bis sie zur Ermittlung von Tätern genutzt wurden?«

»Das werden sie auch heute noch nicht.«

Ich glaubte, mich verhört zu haben.

Der alte Fuchs weidete sich an meinem überraschten Gesichtsausdruck. »Wir ermitteln keine Täter – wir ermitteln Spurenverursacher. Das ist ein großer Unterschied. Wir können aus der vorhandenen Spur viele Details erkennen – etwa die Griffrichtung oder die Intensität des Berührungsvorgangs. Doch ob derjenige, der die Spur verursacht hat, auch dazu berechtigt war, etwa weil er am Tatort wohnt, das können wir dem Abdruck nicht entnehmen. Das herauszufinden ist Aufgabe der ermittelnden Beamten. Sie verstehen?«

Ich begann zumindest zu begreifen.

»Außerdem ist es ein großer Unterschied, ob Sie einen Fingerabdruck als Siegel oder zur Spurenermittlung nutzen.«

Das verstand ich nicht.

»Ich werde es Ihnen erklären,« sagte Konrad Nägele. Er holte ein Tuschekissen und ein Stück Papier. »Wir fertigen jetzt einen Fingerabdruck von Ihnen an.« Ich reichte ihm meine rechte Hand, er drückte meinen Zeigefinger auf das Tuschekissen und rollte den Finger mit kräftigem Druck über das Papier.

»Das ist Ihr Fingerabdruck, so wie er bei der Polizei registriert würde.« Er drückte meinen Finger ein zweitesmal auf das Papier. »Das ist Ihr Fingerabdruck, wenn Sie ihn benutzen, um ein Siegel zu hinterlassen. Sehen Sie die Übereinstimmung?«

Ich betrachtete die beiden Abdrücke. Der erste war breiter, weil er meinen Finger abgerollt hatte, der zweite zeigte nur die Fingerkuppe. Doch ich konnte die Muster deutlich erkennen: Sie waren identisch. »Eindeutig und fälschungssicher, richtig?«

»Richtig,« bestätigte Konrad Nägele. Nun drehte er das Papier um 180 Grad, tippte mit meinem Finger nur leicht auf das Papier. Zurück blieb ein Schmutzfleck. »Das ist die Spur, die Sie am Tatort hinterlassen. Sehen Sie immer noch eine Übereinstimmung? Oder wenigstens eine Ähnlichkeit?«

Ich verglich den dritten mit den beiden vorherigen Abdrücken. »Wenn ich ehrlich bin,« sagte ich, »kann ich überhaupt keine Ähnlichkeit erkennen.«

»Für einen Laien,« erläuterte Konrad Nägele, »sieht ein Fingerabdruck geheimnisvoll aus. Deshalb ist er überzeugt davon, aus dem Muster von Linien ließen sich eindeutige Merkmale herauslesen. So wie viele Leute heute noch daran glauben, aus den Linien der

Hand ließe sich etwas über die Zukunft herausfinden. Ein Aberglaube, der den Siegeszug der Daktyloskopie lange verzögerte.«

Jetzt wurde mir einiges klar. Das 19te Jahrhundert, das ganz im Zeichen der Wissenschaft gestanden hatte, war nicht nur ein Jahrhundert der großen Erfindungen, sondern auch der großen Irrtümer. Hatte nicht Alphonse Bertillon wie viele andere Experten seiner Epoche noch geglaubt, Kriminelle allein an ihrer Schädelform oder an anderen körperlichen Merkmalen erkennen zu können? Die Pariser Polizei hatte viel Geld investiert, um Verbrecher zu »bertillonieren« und von den Ohren bis zu den Zehen alles genau zu vermessen. Verschwendete Energie und vergeudetes Geld – wie man heute wusste. Trotzdem musste dieser Ansatz den Verantwortlichen damals seriöser erschienen sein als die Abwandlung eines Aberglaubens.

Konrad Nägele fuhr mit seinen Erläuterungen fort. »Das Abbild eines Abdrucks ändert sich, je nachdem, wie stark sie aufdrücken. Dazu kommt, dass am Tatort meist nur Fragmente von Fingerabdrücken zurückbleiben. Einem Fragment können Sie weder ansehen, in welchem Winkel es entstanden ist, von welchem Finger es stammt oder ob es von einem Mann oder einer Frau herrührt. Sie können noch nicht einmal bestimmen, ob es von einem Menschen oder einem Menschenaffen verursacht wurde.«

»Davon habe ich noch in keinem Krimi gelesen,« bekannte ich. »Dort hinterlassen die Täter immer schöne Abdrücke, die sich problemlos auswerten lassen. In Wahrheit, so scheint mir nun, ist die Aufgabe, die Sie haben, kaum lösbar.«

»Ganz so schlimm, wie Sie jetzt glauben, ist es nicht,« sagte der Experte. »Obwohl sich das Abbild ändert, je nachdem, wie stark Sie aufdrücken, lassen sich eindeutige Merkmale herauslesen.«

Er stand auf, und ich folgte ihm – mit meinem eigenen Fingerabdruck in der Hand – zu einem Poster mit dem stark vergrößerten Abdruck eines Fingers. »Wie Sie selbst gesehen haben, macht es keinen Sinn, mit Abständen arbeiten zu wollen. Die Abdrücke variieren je nach Aufdruckstärke, können gedehnt, verzerrt oder fragmentarisch abgebildet sein. Auch das Wachstum eines Menschen hat Auswirkungen: Ein Kind hinterlässt kleinere Abdrücke als der spätere Erwachsene. Womit wir arbeiten können, sind Grundmuster: Wirbel, Schleifen und Bogen sowie Linien, die sich verzweigen. Jeder Fingerabdruck besitzt ein Grundmuster und sogenannte anatomische Merkmale. Diese anatomischen Merkmale sind Abweichungen von einem theoretisch vorhandenen unterbrechungsfreien Verlauf einer Papillarleiste.«

Er deutete auf die Linien des Posters – eine scheinbar wirre Abfolge schwarzer und weißer Linien.

»Die schwarzen Linien sind die Abdrücke, die die Tusche auf dem Papier hinterlässt, die weißen sind die Vertiefungen dazwischen.«

»Wie Täler und Hügel.« Für mich sah der Fingerabdruck aus wie die Luftaufnahme eines Gebirges.

»Wenn Sie so wollen,« sagte Konrad Nägele. Er nahm mir das Blatt mit meinen Fingerabdrücken aus der Hand, ging damit zu einem Tageslichtprojektor und warf das Bild stark vergrößert an die Wand. Dann zeigte er mir verschiedene Einzelheiten. Er deutete auf einige verschlungene Linien. »Hier sehen Sie beispielsweise ein Auge, da den Beginn einer Papillarleiste und dazwischen…« Er zählte. »… vier Papillarleisten, von denen sich eine verzweigt.«

Als Laie verglich ich offenbar die kompletten Abbilder meiner Fingerabdrücke miteinander – kein Wunder, dass ich nach einer einfachen Drehung um 180 Grad nichts mehr erkennen konnte. Nun ignorierte ich das Gesamtbild und konzentrierte mich stattdessen auf die Merkmale. Ich sah das Auge, den Anfang einer auffälligen Papillarleiste und die von Konrad Nägele aufgezählten Papillarleisten dazwischen – bei den ersten beiden Abdrücken waren sie eindeutig zu erkennen. Ich suchte sie im dritten Abdruck: Schon nach wenigen Sekunden hatte ich sie gefunden.

»Jetzt erkenne ich die Übereinstimmung,« sagte ich aufgeregt. »Wenn man weiß, wonach man suchen muss…«

»Ich möchte nicht zu sehr ins Detail gehen,« sagte Konrad Nägele. »Wichtig ist, dass wir pro Finger zwischen 80 und 120 anatomische Merkmale haben. Wenn wir vergleichen, suchen wir zunächst nach Abdrücken mit einem entsprechenden Grundmuster, danach erst nach übereinstimmenden anatomischen Merkmalen.«

»So wie ich Frauen zunächst in die Kategorien blond, brünett und rothaarig einteile?«

Der Daktyloskopie-Experte schmunzelte. »Nicht genauso, aber vielleicht so ähnlich. Zunächst suchen wir nach Vergleichsabdrücken mit ähnlichen Grundmustern. Dann erfolgt der Abgleich durch Vergleich der Feinstruktur. Dieses Ergebnis ist dann eindeutig: Wenn mindestens zwölf anatomische Merkmale in Form und Lage zueinander übereinstimmen, gilt der daktyloskopische Identitätsnachweis in Deutschland als erbracht.« Er sah mein fragendes Gesicht. »Am besten zeige ich Ihnen das am Computer.«

Wir gingen zu einem kleinen Büro, in dem auf einem Schreibtisch ein PC mit einem großen Monitor stand. Konrad Nägele schaltete ihn ein. Ich sah eine einfach aussehende Windows-Anwendung mit einem eingescannten Fingerabdruck, dazu eine Reihe von Bedienelementen. Ich war mir sicher, die Software innerhalb von Minuten bedienen zu können. Der Trick musste folglich woanders liegen, sonst hätte das LKA nicht einen Spezialisten wie Konrad Nägele mit dieser Aufgabe betraut.

Er deutete auf den Fingerabdruck am Bildschirm. »Nehmen wir einmal an, dies sei ein Abdruck, der an einem Tatort gefunden wurde. Den habe ich in AFIS, das Automatisierte-Fingerabdruck-Identifizierungs-System, eingescannt. Nun möchte ich nach der zugehörigen Person suchen.«

Mit der Maus betätigte er einen Schieberegler am Bildschirm: Der Fingerabdruck wurde abgeblendet, dafür erschien ein verwirrendes Muster aus Kreisen und Strichen.

»Das sind die individuellen Merkmale, die die Software aus dem Abdruck, den wir als Spur bezeichnen, ermittelt hat. Ein geometrisches Bild mit der Lage spezifischer Merkmale, die als Kreise dargestellt sind, und einem Winkel zum Linienverlauf, symbolisiert durch die Striche. Starte ich nun eine Abfrage, wird diese Information nach Wiesbaden geschickt, wo derzeit die Fingerabdrücke von drei Millionen Menschen gespeichert sind. Nach ungefähr einer halben Stunde bekomme ich eine Liste mit möglichen Verursachern dieser Fingerspur – geordnet nach dem Grad der Übereinstimmung. Doch wie schon gesagt, ist das nur das Ergebnis des Massenvergleichs: Mögliche Übereinstimmungen, die aus der Codierung der Software resultieren. Meine Aufgabe ist es, die Spur mit den Fingerabdrücken der ermittelten Personen zu vergleichen, um den Menschen festzustellen, von dem der Abdruck stammt. Diese Identifikation muss eindeutig sein.«

Jetzt war mir auch klar, warum diese Arbeit nur von einem gut ausgebildeten Fachmann mit jahrelanger Erfahrung geleistet werden konnte.

»Damit,« sagte Konrad Nägele, »sind wir am Ende unserer Tour angelangt. Noch Fragen?«

»Derzeit nicht,« sagte ich, »Sie haben mir drastisch vor Augen geführt, wie blauäugig ich in meinen bisherigen Krimis mit Fingerabdrücken als Beweismittel umgegangen bin.«

Er wollte mich zum Lift begleiten. Auf dem Weg dahin kamen wir an einem Poster mit Abbildungen von Ohren vorbei. »Was ist das?« fragte ich neugierig.

»Ein exotischer Zweig der Personenidentifikation,« erläuterte Konrad Nägele. »Ohren sind genauso individuell wie Fingerabdrücke.«

Ich stutzte. »Welcher Täter hinterlässt schon Ohrabdrücke am Tatort?«

Konrad Nägele lächelte. »Sehen Sie nun, mit welchen Schwierigkeiten die Daktyloskopie in ihren Anfängen zu kämpfen hatte? Immer nur einen Hauch von der Lächerlichkeit entfernt?« Dann wurde er ernst. »Sie glauben gar nicht, wieviele Einbrecher zuerst an der Wohnungstür lauschen, ob jemand im Haus ist. Leider gibt es noch keine Datenbank mit vergleichenden Ohrabdrücken, jede Auswertung muss derzeit noch manuell durchgeführt werden. Doch ich bin sicher, das ändert sich in den nächsten Jahren.«

Auf dem Weg nach oben fragte ich mich, ob Bertillon am Ende gar nicht so verrückt gewesen war, die körperlichen Merkmale aller Verbrecher peinlich genau festzuhalten. Ohrabdrücke. Auf welche Ideen Kriminalisten kamen.

Als mich Harko abends abholte, musste ich ihm alles über mein Treffen mit Mittler erzählen. Er lachte Tränen. Leider konnte er über Rudi nichts Neues berichten, beim Rechtsanwalt hatte er nichts erfahren. Dafür wollte er sich nun mit Staatsanwältin Schovenberg treffen, der Schwester des Rechtsanwalts und, wie mir Harko augenzwinkernd verriet, früher eine seiner wichtigsten Informationsquellen, was die Arbeit der Staatsanwaltschaft anbelangte.

»War sie so etwas wie Deine persönliche V-Frau?«

Harko verzog das Gesicht. »Sie hat niemals Dienstgeheimnisse verraten, doch eine effektive Zusammenarbeit zwischen Polizei und Staatsanwaltschaft macht gelegentlich so etwas wie einen kleinen Dienstweg notwendig. Das verstehen nicht alle Staatsanwälte.«

Sicher auch nicht alle Polizisten, dachte ich. Vielleicht verstanden das nur die, die ihr Leben der Verbrechensbekämpfung gewidmet haben?

Ich war gespannt auf die Staatsanwältin. Harko hatte einen Tisch im Timbales reserviert, nur wenige Meter von der Staatsanwaltschaft entfernt. Von außen wirkte das Timbales unscheinbar, der Parkplatz dagegen war schon jetzt, kurz nach sechs, bis auf den letzten Platz besetzt, wir mussten den Wagen auf der Straße abstellen.

Als wir eintraten, konnte ich nur staunen. Das Timbales hatte die ungewöhnlichste Bar, die ich je gesehen hatte. Sie war über und über mit Trommeln verziert: Große Trommeln, kleine Trommeln, Becken, Congas, Bongos, Maracas und natürlich Timbales – was sich mit Schlagstöcken bearbeiten ließ, war vertreten.

»Ali Osman hat den Rhythmus im Blut,« sagte Harko.

Ali Osman, dem Namen und dem Aussehen nach ein Türke mit fast schon arabisch dunklem Teint, erkannte Harko und kam freudestrahlend auf uns zugelaufen.

»Ti kanis, file mou, ise kala?[22]«

»Poly kala,[23]« antwortete Harko und weidete sich dabei an meinem überraschten Gesicht. »Darf ich vorstellen? Ali Osman, genannt Alex, Schwarzmeergrieche; Roberto Bardéz, Pan-Korfiote.«

Ali Osman begrüßte uns mit Handschlag. »Du lebst auf Korfu?« fragte er Harko. »Du Glückspilz!« Die Beiden unterhielten sich über Harkos Leben auf Korfu, während ich mir die Bar näher ansah. Was Ali hier an Trommeln verbaut hatte, war schon beeindruckend. Doch es war nichts im Vergleich zu dem Schlagzeug, das auf einer kleinen Bühne thronte, die ich beim Eintreten übersehen hatte. Das war riesig.

Harko bemerkte meine Neugier und fragte Ali, der sich offensichtlich lieber Alex nannte: »Gibst Du heute eine Vorstellung?«

Wie jeder gute Künstler zierte sich Ali. »Wenn ich in Stimmung komme – vielleicht. Aber nur vielleicht.« Was Harkos Gesichtsausdruck nach bedeutete, wir würden Ali ganz sicher an diesem Abend in Aktion erleben.

Bei zwei Gläsern Weißbier erzählte mir Harko mehr über Ali. »Du willst doch immer wissen, wie aus Menschen Kriminelle werden. Alex ist ein gutes Beispiel dafür.«

---

[22] Griechisch: Wie geht´s, mein Freund, alles in Ordnung?

[23] Griechisch: Sehr gut

»Ist er denn kriminell?«

Harko schmunzelte. »Sagen wir mal, Alex ist ein Lebenskünstler. Kennengelernt habe ich ihn bei einem Drogenfall.«

Ich warf einen schnellen Blick zu Ali, der hinter seiner Bar mit einigen Gläsern hantierte. »Er war Dealer?«

»Nein. Ali hatte mit einigen Mietern Probleme, kurdischen Drogenhändlern. Wir haben ihm geholfen, sind erst Stammgäste und dann Freunde geworden.«

Harko sah meinen fragenden Blick und interpretierte ihn richtig.

»Wir haben alle unsere Rechnungen hier bezahlt! Glaub bloß nicht den Blödsinn, Polizisten ließen sich für kleine Gefälligkeiten freihalten. Damit würdest Du erpressbar. Alex spendiert gelegentlich ein Bier, wie es jeder Wirt bei guten Gästen macht. Das ist alles.«

Harko blickte plötzlich versonnen drein. »Meinen Abschied vom LKA habe ich auch hier gefeiert…«

Um acht kam Staatsanwältin Schovenberg. Eine elegante, selbstsicher wirkende Frau Mitte 50, das Gesicht – vielleicht durch die vielen schweren Fälle – von Sorgenfalten gezeichnet, die Augen aber blitzten lebhaft.

Sie reichte mir die Hand und Harko stellte uns vor: »Oberstaatsanwältin Schovenberg, Roberto Bardéz.«

Sie musterte mich neugierig. »Wie geht es mit Ihrer sogenannten Recherche voran?«

Ich sah Harko überrascht an, der hob sofort abwehrend die Hände. »Ich musste ihrem Bruder reinen Wein einschenken.«

»Und mein Bruder und ich haben keine Geheimnisse voreinander,« fügte die Staatsanwältin lächelnd hinzu. Ein freundliches, aber auch ein gefährliches Lächeln.

Diese Frau wollte ich nicht zur Gegnerin haben. Angesichts ihrer Direktheit wollte aber auch ich wissen, woran ich mit ihr war. »Gilt die Offenheit auch für dienstliche Geheimnisse?«

Harko sah mich erschrocken an, die Staatsanwältin lächelte weiter, wenn auch eine Spur härter. »Sagen wir: Die Offenheit gilt für einige davon. War das diplomatisch genug?«

»Das war es,« bestätigte ich. Dann beantwortete ich ihre Frage. »Zu meiner Recherche kann ich nicht so viel sagen, wie Sie sicher hören möchten. Ich bekomme interessante Hintergrundinformationen, sehe aber noch keine Geschichte. Über einen Ex-Polizisten zu schreiben, der einen Groll gegen einen Staatsanwalt hegt, scheint mir kein geeignetes Thema für einen Kriminalroman zu sein.«

Das Lächeln blieb, die Gesichtszüge wurden hart. »Meiner Meinung nach wird daraus auch keine Geschichte werden. Harko ist auf einer falschen Fährte.«

Harko hatte einmal damit geprahlt, er würde niemals rot. In diesem Moment bewies er das Gegenteil. Ich war aber nicht mit nach Stuttgart gekommen, um gegen ihn zu arbeiten, ich wollte mir auf meine Art ein Bild machen. Die Staatsanwältin war sicher gut darin, Angeklagte zu verhören, wollte ich sie aushorchen, würde sie das sofort merken und abblocken. Doch wenn ich sie erzählen ließ?

»Darf ich Ihnen zunächst eine sehr, sehr wichtige Frage stellen?«

Vergnügt registrierte ich, wie sie sich zur Abwehr bereitmachte.

»Was wollen Sie trinken?«

Sie stutzte, dann lachte sie. »Ein Glas Rotwein wäre jetzt das richtige.«

Ich sah Harko an. »Wärst Du so nett?«

Missmutig stand er auf und ging zu Ali, um das Gewünschte zu holen.

»Jetzt zur zweitwichtigsten Frage,« sagte ich.

Die Staatsanwältin lächelte weiter, diesmal listig. »Sie wollen mehr über Oberstaatsanwalt Mittler wissen?«

»Das auch. Was mich aber noch viel mehr interessiert: Wie funktioniert in Deutschland das Zusammenspiel zwischen Polizei, Staatsanwaltschaft und Gerichten?«

Sie sah mich neugierig an. »Warum fragen Sie das? Für Ihre Recherche? Die es in Wahrheit gar nicht gibt?«

Die letzte Frage überhörte ich. »Wenn ich Harko richtig verstanden habe, kann man Ihnen nichts vormachen. Ja, es interessiert mich für meine Recherche, aber nur sekundär. Harko hat mir einiges über die Arbeitsweise der Kriminalpolizei in Deutschland gesagt, im LKA erlebe ich sie jetzt in der Praxis. Doch wenn ich ehrlich bin, habe ich damit zwei, nein, wenn ich ganz ehrlich bin, sogar drei Probleme.«

Harko kam mit dem Rotwein zurück, doch die Staatsanwältin beachtete den Wein nicht. Sie sah mich nur aufmerksam an.

»Der erste Punkt,« begann ich, »ist der Umstand, dass bislang alle meine Informationen von Polizisten stammen. Harkos Kollegen sind offen und hilfsbereit, sehen die Probleme aber in erster Linie aus ihrer Sicht. Was mir, so fürchte ich, kein wirklich objektives

Bild vermittelt. Ich habe gehofft, von Staatsanwalt Mittler mehr zu erfahren, doch wie Sie vielleicht wissen, war mein Besuch bei ihm kürzer als erwartet.«

Sie schmunzelte. »Das habe ich gehört. So laut hat der gute Oskar lange nicht mehr gebrüllt. Was haben Sie ihm eigentlich gesagt?«

Ich schilderte ihr das kurze Gespräch und meinen Vergleich mit dem Dritten Reich. »Das war nur so dahingesagt,« erklärte ich, »ich wollte ihm seine harten Worte zurückzahlen. Nun scheint mir, ich habe da einen wunden Punkt getroffen.«

Sie sagte nichts dazu, forderte mich nur auf, die beiden anderen Punkte zu nennen, die mir angeblich Probleme bereiteten.

»Staatsanwaltschaft und Polizei sind nur zwei Säulen des Rechtssystems,« fuhr ich fort, »die dritte Säule sind die Gerichte. Von deren Rolle im deutschen Rechtssystem weiß ich überhaupt nichts.«

Wieder kein Kommentar von ihr, nur eine Handbewegung, die mich aufforderte, auch noch den dritten Punkt vorzubringen.

»Ich weiß nicht, wie der Staatsanwalt in dieses Bild passt. Ich meine, durch die Reaktionen im LKA auf meinen Streit mit Mittler ist mir klargeworden, welche Macht dieser Mann ausübt. Nur konnte mir bislang noch niemand sagen, woher diese Macht kommt. Ich habe einen Beamten erlebt, der so gezittert hat, als müsse er im Argentinien der Militärjunta zu einem Verhör und rechne damit, zunächst gefoltert und später exekutiert zu werden. Deutschland ist ein Rechtsstaat und ein friedlicher dazu. Wie kann da ein Staatsanwalt so viel Angst verbreiten?«

Ich hatte meine Fragen vorgebracht, jetzt war es an ihr, mir Antworten zu geben. Doch sie nippte nur an ihrem Weinglas und sagte: »Ich habe Hunger. Beinhaltet die Einladung auch ein Abendessen?«

»Aber natürlich,« sagte Harko. »Alex kocht ausgezeichnet.«

»Dann möchte ich jetzt bestellen.«

Ali Osman hatte natürlich eine Speisekarte, bot uns aber gemäß griechischer Sitte an, selbst einen Blick in die Kochtöpfe zu werfen. Was keiner von uns wollte. Ali empfahl uns das Milchlamm und vorab eine Vorspeisenplatte.

»Ich gehe davon aus, Herr Bardéz,« sagte die Staatsanwältin, nachdem Ali unsere Bestellung aufgenommen hatte, »dass alle Ihre Fragen primär darauf abzielen, mehr über Oberstaatsanwalt Mittler zu erfahren.«

»Letzten Endes schon,« bestätigte ich die Einschätzung der Staatsanwältin. »Mir liegt aber genausoviel daran, ein Gesamtbild zu bekommen. Meine Leser mögen spannende Geschichten, sind es jedoch gewohnt, sie von mir in einer ansprechenden Verpackung serviert zu bekommen.«

»Soll ich mit Oskar beginnen oder dem Gesamtbild?«

Harko öffnete schon den Mund, doch ich kam ihm zuvor. »Mit dem Gesamtbild.« Harko schloss den Mund wieder, die Enttäuschung war ihm deutlich anzusehen.

»Das Verhältnis von Polizei, Staatsanwaltschaft und Gerichten,« begann die Staatsanwältin, »ist durch eine Reihe von Gesetzen, darunter auch dem Grundgesetz, eindeutig geregelt.«

»Meinem Deutschlandbild nach sind die Deutschen sehr gesetzestreu,« sagte ich lächelnd. »Jedenfalls mehr oder weniger. Vermutlich sogar eher mehr als weniger. Doch Gesetze bilden, ich denke, da stimmen Sie mir zu, nur Rahmenbedingungen. Oder können Sie mir sagen, in welchem Gesetz eine konspirative Zusammenkunft zwischen einer Staatsanwältin, einem Ex-Polizisten und einem neugierigen Schriftsteller geregelt ist?«

Sie musterte mich intensiv. »Es wäre interessant, Ihnen im Gerichtssaal gegenüberzustehen.« Sie lächelte. »Doch, das wäre höchst interessant.«

Ali Osman brachte die Vorspeisenplatte. Wir bedienten uns und ich hoffte, die Staatsanwältin würde endlich etwas erzählen, doch sie hatte nur eine weitere Frage parat: »Was wissen Sie bislang über die Zusammenarbeit von Polizei und Staatsanwaltschaft?«

»Nicht viel, fürchte ich, und selbst das wenige war für mich schon überraschend.«

Nun sah mich die Staatsanwältin mit echter Neugier an.

»Warum überraschend?«

»Weil ich als Schriftsteller einen anderen Fokus habe. Ich brauche in einer Geschichte eine zentrale Figur, vielleicht auch ein Zweier-Team, um den Erzählfluss aufzulockern. Bei mehr zentralen Figuren wird es für den Leser schwer, der Geschichte zu folgen oder sich mit einer der Hauptfiguren zu identifizieren. In einem Krimi steht bei mir daher ein Polizist oder ein Staatsanwalt oder ein Richter im Mittelpunkt. Wie die drei dahinterstehenden Institutionen zusammenarbeiten, ist für die Leser nebensächlich. Sie dagegen erleben dieses Zusammenspiel Tag für Tag. Ich war beispielsweise überrascht, als mir Harko erzählte, dass auch Staatsanwälte

Ermittlungen leiten können. In meiner Vorstellung waren Staatsanwälte nur wortgewaltige Ankläger, die im Gerichtssaal versuchen, den Angeklagten möglichst lange hinter Gitter zu bringen.«

Die Staatsanwältin bestrich sich eine Scheibe Brot mit Taramosalata[24] und biss hinein. Nachdem sie hinuntergeschluckt hatte, fragte sie: »Glauben Sie, das ist das Bild, das die Öffentlichkeit von uns hat?«

»Ich weiß es nicht,« gestand ich. »In der Welt der Literatur dürfte es wohl so sein. Da sind die Polizisten diejenigen, die die Verbrecher jagen, Staatsanwälte erscheinen nur vor Gericht.«

Sie wirkte nachdenklich. »Vielleicht sollte ich Ihnen wirklich mehr über unsere Arbeit verraten.«

Endlich war sie soweit.

»Zunächst einmal: Die Arbeit vor Gericht ist nur ein Bruchteil dessen, was wir wirklich tun. Die Staatsanwaltschaft ist die Herrin eines Verfahrens, und zwar jedes Strafverfahrens, bei dem ermittelt wird. Wenn sich zwei Parteien streiten, genügen ein Richter und zwei Rechtsanwälte. Liegt dagegen eine Straftat vor, ist es immer die Staatsanwaltschaft, die die Fäden in der Hand hält. So zumindest hat es der Gesetzgeber vorgesehen. In der Praxis verhält es sich etwas anders. Staatsanwälte führen nur in Ausnahmefällen selbst Ermittlungen durch, obwohl sie dazu berechtigt sind. Ich habe das auch schon getan. Doch die Polizei hat mehr Möglichkeiten und mehr Erfahrung. Im Regelfall kommt ein Kriminalbeamter zu mir, trägt mir seinen Fall vor und überlässt mir dann die Entscheidungen. Meine erste Entscheidung ist, ob aus dem Fall überhaupt ein Verfahren wird. Sage ich nein, geschieht nichts. Natürlich kann ich nicht willkürlich entscheiden, ich bin wie jeder Staatsanwalt an die Gesetze gebunden. Aber ich habe einen gewissen Entscheidungsspielraum. Und die Justiz hat nur begrenzte Kapazitäten. Deshalb werde ich Bagatelldelikte auch einmal ablehnen, einstellen oder auf den Privatklageweg verweisen.«

Sie trank einen Schluck Rotwein. »Habe ich jedoch beschlossen, einen Fall vor Gericht zu bringen, bin ich für die Koordination der weiteren Aktionen zuständig. Natürlich werde ich mich dabei im wesentlichen auf die Polizei verlassen.« Sie lächelte Harko spitzbübisch zu. »Auch wenn gewisse Polizeibeamte in der Vergangenheit gelegentlich eine eigenwillige Vorstellung über die Durchführung von Ermittlungen offenbarten.«

---

[24] Fischrogensalat

Harko hustete und trank einen Schluck Weißbier. »Ich glaube, ich habe mich verschluckt,« krächzte er.

Die Staatsanwältin lachte. »Wie eng ein Staatsanwalt mit der Polizei zusammenarbeitet, hängt vom Fall, vom Staatsanwalt und von den persönlichen Kontakten zur Polizei ab. Meist ist es Teamarbeit: Der Staatsanwalt bereitet die Anklage vor und die Polizei liefert die Beweise. Ist der Staatsanwalt der Überzeugung, der Fall sei verhandlungsreif, beantragt er einen Gerichtstermin.«

»Nun kommt der Richter ins Spiel?« fragte ich.

»Und der Rechtsanwalt – den haben Sie vergessen, Herr Bardéz.«

»Wie auch den Angeklagten, fürchte ich.«

»Lassen Sie den Angeklagten einmal beiseite, genau wie die Zeugen. Der Angeklagte ist zwar der Mittelpunkt des Verfahrens, und die Zeugen sind natürlich auch wichtig. Doch die juristische Auseinandersetzung findet zwischen Staatsanwalt, Richter und Rechtsanwalt statt.«

Sie dachte nach. »Ich könnte Sie jetzt mit juristischen Fachbegriffen langweilen, doch ich fürchte, das würde weder Ihnen noch den Lesern Ihrer Bücher helfen. Lassen Sie mich diese Auseinandersetzung deshalb mit einer Metapher darstellen. Denken Sie an einen sportlichen Wettkampf, bei dem zwei Parteien gegeneinander antreten. Auf der einen Seite stehen der Staatsanwalt und die Polizei, auf der anderen der Rechtsanwalt und der Angeklagte. Der Staatsanwalt möchte eine gerechte Bestrafung erreichen, der Rechtsanwalt eine möglichst geringe; wenn es geht, sogar einen Freispruch seines Mandanten. Beide Parteien arbeiten hart daran, den Wettkampf zu gewinnen – natürlich immer im Rahmen der Gesetze, aber mit einer Menge Tricks. So braucht ein Staatsanwalt nicht alle Karten auf den Tisch zu legen. Oftmals ist es sogar wichtig, sich einige Trümpfe bis zum Schluss aufzuheben. Umgekehrt muss der Rechtsanwalt nicht unbedingt die Wahrheit ans Licht bringen; seine Aufgabe ist es, seinen Mandanten zu verteidigen. Dass dabei gelegentlich gelogen wird, dass sich die Balken biegen, können Sie sich vorstellen. Der Staatsanwalt muss den Fall deshalb so gut vorbereiten, dass diese Lügen entlarvt werden können.«

»Und der Richter?« fragte ich. »Welcher Partei steht er näher?«

»Keiner!« Das klang sehr bestimmt.

»Auch wenn er weiß – oder besser: vermutet –, der Rechtsanwalt und der Angeklagte lügen?«

»Dass der Angeklagte lügt, ist anzunehmen, dass der Rechtsanwalt nicht immer die volle Wahrheit sagt, zumindest wahrscheinlich. Das darf den Richter aber nicht zu einem Verbündeten des Staatsanwaltes machen. Er ist der Schiedsrichter. Er beobachtet das Spiel, leitet es und gibt am Ende das Ergebnis bekannt.«

»Halten sich die Richter an diese Rolle?« fragte ich. »Im Dritten Reich…«

Die Staatsanwältin blickte mich sehr ernst an. »Das Dritte Reich war dieser Nation eine große Lehre, Herr Bardéz. Und die Bundesrepublik ist fest entschlossen, die Fehler aus dieser Zeit nicht zu wiederholen. Ein Richter in Deutschland ist einzig und allein dem Gesetz verpflichtet. Es gibt niemanden, und ich meine wirklich niemanden, der einen Richter in seinem Urteil beeinflussen könnte. Die Richter pochen auf diese Unabhängigkeit. Ich kann mich als Staatsanwältin privat mit einem Polizisten treffen und bei einem Glas Wein über einen Fall diskutieren. Doch einen Richter sehe auch ich nur im Gerichtssaal. Begegne ich ihm auf der Straße, wird er mir zwar einen guten Tag wünschen, mehr aber nicht.«

»Und bei einem Fehlurteil?«

»Ein Urteil ist ein Urteil. Gibt es klare Verfahrensfehler, können beide Parteien Revision beantragen, sind Rechtsanwalt oder Staatsanwalt mit dem Urteil nicht einverstanden, können sie dagegen Berufung einlegen und in die nächste Instanz gehen. Doch die Entscheidung des Richters wird nicht in Frage gestellt.«

»Gibt das Richtern nicht sehr viel Macht?« fragte ich.

»Im Einzelfall schon,« gab die Staatsanwältin zu, »doch dafür gibt es die Möglichkeit der Berufung. Das System als solches hat sich seit nunmehr 60 Jahren bewährt.«

»Die drei Eisheiligen,« sagte Harko und die Staatsanwältin verzog das Gesicht.

»Eisheilige?« fragte ich neugierig.

Harko wollte erklären, doch die Staatsanwältin hob die Hand. Und Harko schwieg.

»In den 80er Jahren gab es in Stuttgart drei Richter, die sich wohl in der 68er Bewegung getroffen und dabei beschlossen haben, den Staat auf ihre Weise zu reformieren. Sie urteilten – sagen wir einmal – gelegentlich etwas eigenwillig.«

Nun konnte Harko nicht mehr an sich halten. »Eigenwillig ist gut. Die haben ganz offen das Recht gebeugt. Die sprachen Angeklagte frei, obwohl die Beweise eindeutig waren, und behandelten Polizisten, als säßen die auf der Anklagebank. Wenn ein Polizist aus einem Verfahren rauskam, fragten die Kollegen nur: Wieviel hast Du gekriegt? Denn so gut wie jeder Polizist wurde im Verfahren mit einer Ordnungsstrafe belegt.«

»Haben die sich so aufgeführt?« fragte ich. Bei Harko konnte ich mir durchaus vorstellen, dass ein Richter eine Ordnungsstrafe aussprach, denn Harko hielt mit seiner Meinung ungern hinterm Berg. Aber dass alle Polizisten die Richter angegriffen haben sollten?

»Wenn ein Richter von Dir verlangt, im Beisein des Angeklagten Deine Privatadresse zu nennen, dann wirst Du den Teufel tun, wenn das ein schwerer Junge ist, der die Möglichkeit hat, sich an Deiner Familie zu rächen. Und das war nur eine Schikane dieser drei Terroristen!«

Die Staatsanwältin sah Harko missbilligend an. »Also bitte! Terrorist ist ein sehr hartes Wort!«

»Sie waren nicht weit davon entfernt,« sagte Harko trotzig.

Ich musste an mein Gespräch mit Kriminaldirektor Zimmermann denken. Vielleicht waren die drei Eisheiligen den Terroristen gar nicht so unähnlich gewesen. Auch die waren aus der 68er Bewegung mit dem Ziel hervorgegangen, die Gesellschaft zu verändern, ob es dieser passte oder nicht.

»Sagen wir einmal: Die drei Eisheiligen waren nicht gerade eine Zierde für das Rechtswesen in Stuttgart,« schlug die Staatsanwältin als Kompromiss vor.

»Was ist aus den Dreien geworden?« fragte ich. »Wurden sie irgendwann entlassen?«

»Solange ein Richter nicht selbst straffällig wird, kann er nicht entlassen werden. Ich gebe zu, einige Urteile waren wirklich fragwürdig und die Staatsanwaltschaft ist zu der Zeit häufig in Berufung gegangen. Doch auch in diesem Fall galt: Ein Richter ist absolut unabhängig.«

»Sie sagen *damals* und *galt*: Gibt es die drei Eisheiligen nicht mehr?«

»Das Problem hat sich von allein gelöst. Einer der drei hatte einen Verkehrsunfall und ist seitdem querschnittsgelähmt, der zweite beging Selbstmord und der dritte wollte sich allein nicht mehr gegen das System auflehnen.«

Wir hatten unsere Vorspeisenplatte leergegessen und Ali Osman brachte das Hauptgericht. Allein der Duft ließ uns alle Spannungen schlagartig vergessen, wir widmeten uns nahezu schweigend dem Essen. Alles, was wir von uns gaben, waren Komplimente.

Erst als wir fertig waren, fragte ich: »Ist Mittler auch ein 68er?«

Die Staatsanwältin bestellte bei Ali Osman, der das Geschirr abräumte, noch ein Glas Rotwein, bevor sie antwortete. »Es mag gehässig klingen, doch Oskar ist kein 68er, er ist, wenn es das gibt, ein 45er. Ihr Vergleich mit einem Nazi ist, auch wenn er sicher aus der Emotion heraus erfolgte, nicht von der Hand zu weisen.«

»Ist Mittler rechtsradikal?«

»Das nun gerade nicht. Ich würde sogar sagen, er ist extrem unpolitisch. Die einzige Partei, für die er jemals Sympathie hegen könnte, wäre eine Partei der Egoisten. Nein, Oskar hält sich streng an die Gesetze, pocht auf Recht und Ordnung. Deshalb bin ich überzeugt davon, Harkos Verdacht entbehrt jeder Grundlage. Vor Jahren behauptete ein scheidender Beamter, er sei von Oskar erpresst worden, doch es blieb bei der Behauptung.«

»Gab es keine Beweise?«

»Der pensionierte Beamte fuhr drei Tage später gegen einen Baum.«

»Und es gab keine Untersuchung?«

»Des Unfalls?« fragte die Staatsanwältin.

»Der Anschuldigungen.«

Die Staatsanwältin lächelte spöttisch. »Wenn Sie wüssten, was man mir in meiner Dienstzeit schon alles vorgeworfen hat. Üble Nachrede ist Teil unseres Berufes. Vergessen Sie nicht: Vor Gericht spielen wir die Rolle des Bösen!«

»Was Sie in Wirklichkeit gar nicht sind.«

»Sie haben mich noch nicht vor Gericht erlebt.«

»Und Mittler?«

»Vor Gericht ist natürlich auch er der Böse, da muss er es schließlich sein. Und privat? Mir ist nicht bekannt, dass er sich da anders verhält.«

Kriminaldirektor Zimmermann hatte Mittler als Giftzwerg bezeichnet, für Rudi war er eine richtige Drecksau und selbst Kommissar Haberkorn, der so großen Wert darauf legte, nirgendwo anzuecken, bezeichnete Mittler noch als Schwein. Staatsanwältin Schovenberg war die erste, die ihm zumindest ansatzweise menschliche Eigenschaften zubilligte. Nur wusste ich immer noch nicht, woher Mittler diese Macht über Menschen hatte. Durch seine Position allein ließ sich der Terror nicht erklären.

Das sagte ich der Staatsanwältin. Ihre Antwort war zumindest ehrlich: »Auch ich habe keine Ahnung.«

In diesem Moment wurde die Musik lauter: Samba Pa Ti von Santana.

»Es geht los!« sagte Harko begeistert und drehte seinen Stuhl erwartungsvoll in Richtung Bühne. Ali Osman stand noch immer hinter der Theke, nur hatte er jetzt keine Gläser mehr in der Hand, sondern ein Paar Schlagstöcke. Mit denen klopfte er gegen diverse Gläser. Es klang ungewohnt, passte aber zu der Musik. Als nächstes bearbeitete Ali Flaschen, dann die Theke, schließlich die als Dekoration aufgehängten Trommeln. Zunächst unterhielten sich noch einige Gäste, doch die Gespräche verstummten nach und nach, bis alle lauschten.

Ali hatte sich warmgeklopft, kam hinter seiner Theke hervor, ging, auf Tische und gegen die Gläser von Gästen trommelnd, zu seiner kleinen Bühne und setzte sich an sein Schlagzeug.

»Er hat schon mit Carlos Santana gespielt,« flüsterte Harko. »Alex ist wirklich gut.«

Davon konnten wir uns in den nächsten Stunden selbst überzeugen. Die Alex Osman Show, eine One-Man-Band, die nur die Songs von bekannten Bands timbalemäßig untermalte, schuf eine Atmosphäre, wie ich sie bisher nur in den besten Jazz-Clubs erlebt hatte. Es wurde ein langer Abend.

Meine Stimmung am nächsten Morgen, während ich mit Harko zum LKA fuhr, war so trübe wie das Wetter: Es regnete in Strömen. Ich vermisste meinen Morgenkaffee auf meiner Terrasse, den Blick auf das Meer, den Sonnenschein. Selbst ein Frühstück mit Rudi erschien mir verlockender als ein weiterer Tag im Büro.

»So hatte ich mir das nicht vorgestellt,« sagte ich im Wagen zu Harko. »Ich will mich hier nicht zum Kriminalbeamten ausbilden lassen. Ich bin Schriftsteller.«

Harko warf mir einen spöttischen Blick zu. »Gehen Dir die Ermittlungen zu langsam voran? So ist das nun mal in der Realität. Da gibt´s nicht oft Action, da wird Steinchen für Steinchen zusammengetragen. Nur mit Geduld kommst Du weiter.«

»Hör mir auf mit Deinem Unterschied zwischen echter Polizeiarbeit und meinen Krimis,« hielt ich wütend dagegen und dachte an Harkos Salami-Taktik. »Ich wollte mir ein Bild über Rudi machen, nicht über die Arbeit der Polizei. Du ermittelst, ich leide. Ist das Deine Vorstellung von Teamwork?«

Harko lachte. »Auf Korfu fragst Du mich die ganze Zeit, wie echte Polizeiarbeit aussieht. Jetzt lernst Du sie kennen und schon nach zwei Tagen wird es Dir zuviel.«

Das ließ ich nicht gelten. »Es ist ja wohl ein Unterschied, ob Du mir etwas über Deine Einsätze erzählst, was ich gut in meinen Krimis verwenden kann, oder ob ich die ganze Theorie lernen muss. Das bringt uns in Rudis Fall sicher nicht weiter.«

»Glaubst Du wirklich, Polizeiarbeit besteht nur darin, Verbrecher zu jagen?«

»Ja!« sagte ich. »Zumindest in meinen Krimis. Wenn ich mich richtig erinnere, hast Du nie Wert auf einen Platz im Chefsessel gelegt, Du wolltest lieber ermitteln. Gleiches Recht für alle: Auch ich will auf die Straße! Und etwas erleben!«

»Dann wirf mal einen Blick nach draußen!«

Es goss noch immer in Strömen.

»Das war im übertragenen Sinn gemeint!«

Harko fuhr an zwei Autos vorbei, denen der Regen und das Aquaplaning eine unfreiwillige Begegnung der heftigeren Art beschert hatten. »Polizeiarbeit ist Geduldarbeit. Ich tappe derzeit noch völlig im Dunkeln.«

»Ja, aber Du arbeitest an Rudis Fall. Und ich? Ich darf nicht einmal seinen Namen erwähnen, um ihn auf Korfu nicht zu gefährden. Was erwartet mich als nächstes? Heute ein Tag bei der Mordkommission, morgen ein Tag bei der Sitte? Nächste Woche die Abteilung für Einbrüche?«

»Du hast die Wirtschaftskriminalität, die Computerkriminalität und noch ein paar andere Abteilungen vergessen.«

Harko fuhr am Cannstatter Bahnhof vorbei, gleich würden wir das LKA erreichen.

»Du hättest mich wenigstens in das Gefängnis mitnehmen können, in dem Rudi gesessen hat,« sagte ich.

»Kennst Du ein Gefängnis, kennst Du alle.«

»Bislang kenne ich noch kein einziges deutsches Gefängnis von innen.« Hoffentlich unterschieden sie sich von denen in Südamerika.

»Dann sag Peter, er soll Dich rausfahren. Beschwer Dich aber hinterher nicht bei mir, wenn es langweilig ist.« Harko verstand mich nicht.

Er stellte seinen Land-Cruiser erneut zwischen den Einsatzfahrzeugen ab. Diesmal protestierte der Pförtner nicht, als wir die wenigen Meter zum Eingang rannten, er wünschte uns trotz des schlechten Wetters einen »Schena guada Morga, die Herra[25]«.

»Hast Du ihn heimlich bestochen?« fragte ich.

»Ich darf das jetzt – ganz offiziell.« Vermutlich hatte Peter Boyko ein Wort mit dem Pförtner geredet.

Wir fuhren mit dem Lift in den dritten Stock und gingen in den Besprechungsraum, wo neben Peter Boyko auch Martin Häberle und Schorsch saßen. Doch ich kam weder dazu, einen Kaffee zu trinken, noch mit Peter wegen eines Besuchs in einem Gefängnis zu sprechen.

»Gestern und vorgestern hattest Du Theorie, heute ist die Praxis dran,« sagte Martin unmittelbar nach unserem Eintreten und zwinkerte mir belustigt zu. Er schien sich darauf zu freuen. Besser als mir den nächsten Vortrag anzuhören, dachte ich.

Bis Mittag fuhr er mit Schorsch und mir durch die Stadt, zeigte mir die Plätze, an denen sich die Junkies trafen und an denen früher der Großteil des Heroins verkauft wurde. In den kurzen Regenpausen gingen wir auch ein paar Meter zu Fuß, doch keinem von uns stand der Sinn nach einem längeren Spaziergang.

Zum Mittagessen fuhren wir zu einem Schnellimbiss. Ich sagte den Beiden, dass ich als Feinschmecker keine Lust auf eine Würstchenbude hatte, doch mein Angebot, sie in ein richtiges Restaurant einzuladen, lehnten sie ab.

»Deutschland ist berüchtigt wegen seiner Currywurst-Buden,« erklärte mir Martin, »und wenn Du nur die kennst, gebe ich Dir recht. Das gilt jedoch nicht für den Brunnenwirt: Der hat fast schon Haute Cuisine. Wir kommen oft nach einem Einsatz hierher und essen eine Kleinigkeit. Du wirst gleich sehen, warum.«

Was ich kurz darauf sah, war ein winziger Ausschank mit einem Mann dahinter, der – Curry-Wurst verkaufte. »Dreimal Curry-Wurst und dreimal Kartoffel rot-weiß,« bestellte Schorsch, »dazu drei Bier.« Martin und ich warteten an einem kleinen Stehtischchen.

»Sieh Dir mal das Publikum hier an,« sagte Martin. »Daran erkennst Du, dass der Brunnenwirt wirklich was besonderes ist.«

Pflichtschuldig sah ich mich um. Eine Handvoll anderer Gäste verzehrte Curry-Wurst und Schweinebauch. Alle sahen hungrig

[25] Schwäbisch: Schönen guten Morgen, die Herren.

aus, Handwerker, Büroangestellte, leicht bekleidete Damen. Dazu zwei Männer, die wie leitende Angestellte wirkten.

»Hier kommt jeder her,« erklärte Martin, »von der Nutte bis zum Manager. Das ist nicht einfach nur ein Schnellimbiss – das ist eben der Brunnenwirt.«

Schorsch kam vollbeladen zurück. Kartoffel rot-weiß entpuppte sich als Portion Pommes Frites mit Ketchup und Mayonnaise, und schmeckte genauso, wie Pommes Frites mit Ketchup und Mayonnaise nun einmal schmecken. Die Curry-Wurst jedoch, ich musste es zugeben, war eine Delikatesse. »Der nimmt den Bratensaft vom Schweinebauch und würzt damit die Curry-Wurst,« erklärte Schorsch mit verschwörerischer Miene, als würde er mir das wohlgehütete Geheimnis eines Fünf-Sterne-Kochs verraten.

Nach dem Imbiss kündigte Martin an, mir das Umland zu zeigen, wo sich heute der größte Teil des Drogenverkaufs abspielt.

»Was meinst Du mit Umland?« fragte ich. »Ich habe mir einen Stadtplan von Stuttgart angesehen. Wenn ich ehrlich bin, finde ich darauf nicht einmal eine Stadt.«

Schorsch lachte und Martin erklärte. »Stuttgart ist die Großstadt zwischen Wald und Reben, so wird sie von vielen Leuten hier genannt. Es ist keine Großstadt, eher wie Frankfurt eine Ansammlung von Dörfern. Noch vor 100 Jahren war Stuttgart kleiner als Bad Cannstatt, das heute nur noch Stadtteil ist. Weil der Herzog aber in Stuttgart regierte, wurde Bad Cannstatt und nicht Stuttgart eingemeindet. Auch heute noch hat die eigentliche Stadt nicht mehr als 480.000 Einwohner.«

»Jetzt mach unser Städtle nicht kleiner als es ist,« protestierte Schorsch.

»Also gut,« sagte Martin. »Dann hör Dir diese Zahlen an. Die Region Mittlerer Neckar mit Stuttgart als Zentrum hat insgesamt 2,5 Millionen Einwohner. Und ist das wichtigste Wirtschaftszentrum Europas.«

»Ich dachte, das sei das Ruhrgebiet,« wandte ich ein.

Martin lachte nur verächtlich. »Im Ruhrgebiet haben sie eine Menge Schwerindustrie, die wirklich wichtigen Unternehmen aber sind fast alle hier. Daimler-Benz, seit neuestem DaimlerChrysler, Porsche, Bosch – und das sind nur die ganz großen. In und um Stuttgart herum gibt es hunderte von Unternehmen, von denen Du noch nie gehört hast, deren Erzeugnisse Du aber täglich benutzt. Wenn es um die Herstellung von hochwertigen mechanischen

Produkten geht, macht den Schwaben so schnell keiner was vor. Die Menschen hier arbeiten viel und gern und vor allem: Sie sind stolz auf das, was sie leisten. Hier triffst Du nicht viele, die ihren Job herunterreißen. Man arbeitet beim Daimler, oft in der dritten oder vierten Generation, und man ist stolz darauf.«

Wir fuhren an einem riesigen Industriekomplex vorbei.

»Das ist ein Teil des Werksgeländes von DaimlerChrysler,« sagte Martin, »inzwischen der drittgrößte Automobilhersteller der Welt. Die Daimler-Mitarbeiter würden niemals zugeben, dass DaimlerChrysler ein Stuttgarter Unternehmen ist. Die sind hier in Untertürkheim oder im zweiten großen Werk in Sindelfingen und was man in Stuttgart tut und denkt, interessiert weder die Untertürkheimer noch die Sindelfinger. Doch Untertürkheim und Sindelfingen sind genauso Teil der Wirtschaftsmetropole Stuttgart wie Zuffenhausen, wo Porsche seine Sportwagen baut.«

»Und wo ist dann das Umland?« fragte ich.

»In der Stadt,« sagte Schorsch. »Die einzelnen Stadtteile gehören verwaltungsmäßig zu Stuttgart, sind aber praktisch eigenständig. Du kannst zwei Stunden lang durch Stuttgart fahren und kommst dabei immer wieder durch große Wälder und ausgedehnte Grüngebiete, die vollkommen ländlich sind. Trotzdem bist Du immer in der Stadt.«

»Wie ich Dir vor zwei Tagen schon sagte, sind die türkischen Drogenhändler nicht wirklich aus der Stadt abgehauen, sie brauchen nur etwas Natur für ihre Geschäfte,« erklärte Martin. »Sowie die Stadt ländlicher wird, legen sie ihre Verstecke an: Unter Steinen, in Baumhöhlen, im Boden vergraben. Kommt ein Kunde – meist mit einem öffentlichen Verkehrsmittel –, unternehmen sie gemeinsam einen kleinen Spaziergang im Grünen. Der Kunde bezahlt, der Dealer verrät, wo der Stoff liegt, und das Geschäft ist perfekt.«

Martin deutete auf einen Grünstreifen. »Hätten wir genug Drogenhunde, könnten wir regelmäßig alle Grünflächen innerhalb von Stuttgart kontrollieren und die Verstecke ausheben. Doch so lohnt sich der Aufwand nicht: Ein Drogenhund kann nicht ewig schnüffeln und wenn wir nach einer mehrstündigen Suche nur ein einziges Briefchen mit zwei oder drei Gramm gefunden haben, lachen uns die Dealer aus.«

»Was macht ihr dann?« fragte ich. Denn ich konnte mir nicht vorstellen, dass die Beiden sich so schnell geschlagen gaben.

Schorsch grinste. »Das siehst Du gleich.«

Martin fuhr zunächst nach Süden. In einem Ortsteil, der Degerloch hieß, bog er nach rechts ab Richtung Innenstadt. Eine breite Straße führte durch einen bewaldeten Hügel ins Tal. Zwei Minuten später hielt Martin vor einer schäbig wirkenden Kneipe mit dem unpassenden Namen *Zum Goldenen Löwen*.

»Da drin sitzen immer einige unserer Kunden,« sagte er. »Mal sehen, was sie uns heute zu sagen haben.«

Schorsch stieg aus und ging um das Gebäude herum.

»Kommt er nicht mit uns rein?« fragte ich.

»Doch,« sagte Martin, »aber Schorsch nimmt lieber den Hintereingang.«

Martin ging voran, ich folgte ihm. Wir traten durch eine quietschende Holztür in einen spärlich beleuchteten und trotz der frühen Stunde reichlich verqualmten Schankraum. Ich hörte das Klack-Klack von Billardkugeln, sah mehrere Männer und Frauen an der Theke, im Hintergrund spielte ein Schwarzer an einem Geldspielautomaten.

»Wenn's gleich hektisch wird, setzt Du Dich still in eine Ecke und hältst Dich raus,« raunte mir Martin zu. Er zog seine Dienstmarke heraus und rief laut: »Kriminalpolizei – Ausweiskontrolle.«

Wenn Martin vorhatte, für mich eine Show abzuziehen, ging die Vorstellung gründlich daneben. Die Billardspieler dachten nicht daran, ihr Spiel zu unterbrechen, die Männer und Frauen an der Theke unterhielten sich weiter, der Schwarze hämmerte auf die Tasten des Geldspielautomaten und der Wirt, ein schmächtiges Bürschchen Anfang 30 mit langem, ungepflegtem Haar, putzte demonstrativ ein Glas.

Martin ging auf die Theke zu und bat den ersten Mann, dem Aussehen nach ein Araber, um seinen Pass. Der Mann stand betont langsam auf, suchte umständlich in seinen Taschen nach seinem Ausweis und überreichte ihn lässig. Martin sah sich das Papier an, verglich das Bild mit dem Gesicht.

Ohne Vorwarnung ging es los. Drei Männer, die gerade noch gemütlich ihr Bier tranken, sprangen auf und rannten nach hinten ins Lokal, sie wollten scheinbar durch den Hinterausgang türmen. Martin ließ den Pass des Arabers achtlos fallen und rannte hinterher. Sekunden später hörte ich klatschende Geräusche, wütende Schreie und unterdrücktes Stöhnen. Einer rief »Du Schwein«, worauf ein weiteres klatschenden Geräusch zu hören war. Schorsch hielt nicht viel von subtilen Methoden.

»Mächtig was los hier,« sagte eine weibliche Stimme neben mir. Ich drehte mich um, nicht sicher, ob ich gemeint war oder ob nur jemand vor sich hingemurmelt hatte. Ein Mädchen Mitte 20 sah mich an.

»Bist Du auch ein Bulle?«

»Lass den Mann in Ruhe,« brüllte Schorsch, der sich zwei der Flüchtigen unter seine großen Arme geklemmt hatte und mit ihnen jetzt im Schankraum erschien. »Das ist ein Herr, ein Señor – der ist nichts für Dich.«

Das Mädchen warf Schorsch einen amüsierten Blick zu. »Woher willst Du wissen, was gut für mich ist und was nicht?«

»Sie kennen sich?« fragte ich.

»Ich arbeite hier in der Nähe,« sagte das Mädchen, »in der Olgastraße. Straßenstrich. Und Sie? Sie kennen Schorsch wohl auch.«

»Erst seit zwei Tagen,« sagte ich. »Ein Informationsbesuch.«

Schorsch und Martin durchsuchten die drei Ausreißer.

»Sie sind…« Ich suchte ein anderes Wort für Prostituierte, doch mir fiel nur Dienerin der Aphrodite ein.

»Ich bin Freudenmädchen. Und Sie?«

»Schriftsteller.«

»Angenehm.«

Sie reichte mir ihre Hand, ich zögerte.

»Keine Angst, ich bin außer Dienst.«

Ich gab ihr die Hand. »Roberto Bardéz.«

»Heidemarie Walner.«

Wenn mich bislang eine Nutte angesprochen hatte, benutzte sie dazu Worte wie »Willst Du mal?«, »Hast Du Lust auf einen Fick?« oder »Wie wär´s denn mit uns Beiden?«. Eine Prostituierte, die von ihrer Profession wie von einem normalen Beruf sprach, war eine neue Erfahrung für mich. Sie machte mich neugierig und ich sah mir Heidemarie genauer an. Entweder war sie noch nicht lange in diesem Beruf oder sie war keine Nutte, sondern ein Call-Girl – und zwar eines der besseren Sorte. Keine aufregende Schönheit, sondern ein attraktives junges Mädchen: Ein angenehmes, freundliches Gesicht, gepflegt, aber nicht geschminkt, volles, dunkles, fast schon schwarzes Haar, zu einer Art Bubi-Kopf geschnitten, mit einer auffallenden Stufe im Nacken. Um ihren Mund lag ein spöttischer Zug, die Augen aber strahlten Wärme und Interesse aus. Sie trug einen langen, grauen Rock, dazu eine weiße Bluse – eher brav als aufreizend. Was mir am meisten auffiel, war ihre Stupsnase: Die verlieh ihrem Gesicht eine Spur Frechheit.

»Wie wird man eigentlich Schriftsteller?« fragte sie.

»Indem man Bücher schreibt. Und wie wird man Freudenmädchen?«

»Indem man die Beine breit macht.«

»Touché,« sagte ich lachend.

Martin und Schorsch hatten ihre Durchsuchung beendet, die drei Männer, Türken oder Kurden, trugen jetzt Handschellen. Schorsch kam auf uns zu. Mit drohend erhobenem Zeigefinger sagte er zu Heidemarie: »Ich sag es Dir nur noch einmal: Lass den Mann in Ruhe, der ist kein Kunde für Dich. Der ist unser Gast.«

Heidemarie ließ sich davon nicht beeindrucken. »Ich bin privat hier, trinke ein Glas Tee zum Aufwärmen und unterhalte mich mit einem Mann. Hast Du daran was auszusetzen?«

»Ihr scheint euch näher zu kennen,« sagte ich zu Schorsch.

»Wir hatten ein paarmal das Vergnügen,« sagte Schorsch. »Als ich bei einem Fall mit der Sitte zusammengearbeitet habe.« Zu dem Mädchen gewandt sagte er: »Du könntest Dir weiß Gott einen anderen Job suchen. Das hast Du doch gar nicht nötig.«

Bevor ich fragen konnte, was Schorsch damit meinte, drehte er sich um und ging zurück zu den drei Verdächtigen. Dafür kam Martin auf uns zu.

»Wir müssen die drei auf ein Revier bringen. Ich kann einen Streifenwagen rufen, der müsste in ein paar Minuten da sein.«

»Was ist mit unserem Wagen?«

»Nicht genug Platz für uns alle.«

»Dann lasst mich hier,« sagte ich. »Ich nehme mir später ein Taxi.«

Martin sah mich missbilligend an. »Also hör mal… Wenn Du Mädchen kennenlernen willst, kenne ich andere...«

Heidemarie stand auf. »Ich habe verstanden – ich bin mal wieder der letzte Dreck.« Sie reichte mir die Hand. »Hat mich gefreut, Ihre Bekanntschaft zu machen.« Sie legte einige Münzen auf den Tresen, drehte sich um und ging zum Ausgang.

»Ich bin Schriftsteller,« sagte ich leise zu Martin, »und das ist die ungewöhnlichste Prostituierte, die ich bisher getroffen habe. Gib mir eine Stunde, um mich mit ihr zu unterhalten, dann komme ich ins LKA.«

Ich lief Heidemarie nach. Hundert Meter nach der Kneipe holte ich sie ein.

»Lassen Sie mich in Ruhe,« zischte sie.

»Es tut mir leid, was eben geschehen ist.«

Sie rührte sich nicht.

»Wenn Sie Lust haben, mit mir zu reden…«

Sie drehte sich zu mir um. »Erst war ich nur eine von drüben und unerwünscht, jetzt bin ich eine Bordsteinschwalbe und noch unerwünschter. Jeder gibt mir gute Ratschläge und alle laufen auf das gleiche hinaus: Verpiss Dich. Mein Bedarf für heute ist gedeckt.«

»Ich finde Sie nett.«

Wir standen im Nieselregen und schwiegen uns an.

»Ich weiß nicht, wie es Ihnen geht,« sagte ich nach einer kleinen Ewigkeit, »aber ich würde mich lieber im Warmen unterhalten. Vielleicht bei einem Kaffee oder noch lieber bei einem ordentlichen Steak. Kennen Sie ein gutes Steakhaus?«

Sie schien zu schwanken. Bis aus dem Nieseln plötzlich ein heftiger Platzregen wurde. Wir rannten, bis wir in einem Bushäuschen ein trockenes Plätzchen fanden. Ihre Frisur war ruiniert, die Bluse klebte ihr am Leib. Mir lief das Wasser in den Kragen und von dort den Rücken hinunter.

»Vielleicht wäre etwas Warmes jetzt nicht schlecht,« sagte sie.

Wir fuhren mit dem nächsten Bus in die Innenstadt. »Gegenüber vom Bahnhof gibt es ein gutes Steakrestaurant,« sagte sie. »Ich weiß aber nicht, ob die um diese Zeit schon aufhaben.«

Wir hatten Glück, es war geöffnet. Allerdings waren wir die einzigen Gäste. Während ich die Speisekarte durchsah, ging Heidemarie auf die Toilette, um sich wenigstens die Haare zu trocknen. Als sie zurückkam, wirkte sie arg zerzaust.

»Schauen Sie mich bloß nicht an,« sagte sie, »ich sehe fürchterlich aus.«

»Man soll Menschen nie nach ihrem Äußeren beurteilen,« entgegnete ich.

Sie lachte. »Erzählen Sie das mal einem Freier!«

Der Ober kam und wir bestellten. Als Vorspeise holten wir uns beide einen Teller Salat von der Salatbar. Dann fragte sie: »Sind Sie wirklich Schriftsteller?«

»Ja.«

»Was machen Sie dann bei der Polizei?«

»Ich schreibe Krimis und recherchiere.«

»Und jetzt wollen Sie von mir etwas über die Nutten von Stuttgart wissen?«

»Nein,« antwortete ich, »ich möchte mehr über Sie wissen. Sie sehen weder aus wie ein Freudenmädchen noch benehmen Sie sich wie eines. Das macht mich neugierig.«

Sie überlegte. »Hören Sie,« sagte sie nach einer Weile, »was halten Sie von einem Geschäft. Ich sage Ihnen, was Sie wissen wollen, dafür verraten Sie mir, wie man Schriftsteller wird. Oder besser gesagt, Schriftstellerin.«

Diesmal zögerte ich. Sie fasste das als ein *Nein* auf. Enttäuscht stand sie auf. »Da haben Sie es – niemand will einer Nutte helfen.«

»Setzen Sie sich,« sagte ich. »Und lernen Sie Ihre erste Lektion als künftige Schriftstellerin: Geben Sie niemals auf.«

Widerstrebend nahm sie Platz.

»Wäre ich Arzt, würden Sie mich dann fragen, wie man Doktor wird? Sicher nicht, weil Sie die Antwort kennen: Man muss studieren, viel lernen, hart arbeiten. Doch jeder scheint zu glauben, als Schriftsteller braucht man nicht mehr als einen Stift, ein Blatt Papier und eine gute Idee.«

»Reicht das denn nicht?«

»Doch,« sagte ich verstimmt, denn diese Art von Diskussion hatte ich schon unzählige Male geführt, »doch, das reicht. Wenn Sie genügend Seiten gefüllt haben, müssen Sie nur noch einen Verleger finden, der ihr Buch über Nacht zum Beststeller macht. Überhaupt kein Problem.«

Das war zugegebenermaßen heftig, doch es ärgerte mich jedesmal, wenn jemand glaubte, Schreiben bestünde nur aus einigen Tricks. Die Wirklichkeit sah anders aus. »Millionen haben diesen Traum. Einige tausend finden wirklich einen Verlag, dem ihr Buch gefällt. Der es druckt und in die Arena schickt, wo um die Gunst der Käufer gerungen wird. Plötzlich steht Ihr Werk neben den Mega-Sellern. Haben Sie überhaupt eine Vorstellung davon, wieviel Glück Sie brauchen, um sich erfolgreich zu behaupten? Selbst wenn Sie beim Schreiben alles richtig gemacht haben? Von den Millionen, die antreten, bleiben am Ende eine Handvoll übrig, die es schaffen. Die wirklich als Schriftsteller leben können. Da ist es sicherer, ich verrate Ihnen, wie Sie Ärztin werden: Geben Sie jedem Patienten, der mit Schmerzen zu Ihnen kommt, ein Aspirin.«

Sie sah mich misstrauisch an. »Sie sind doch Schriftsteller? Oder nicht?«

»Doch,« bestätigte ich, »das bin ich.«

»Aber Sie haben es nicht studiert. Weil man es nämlich nicht studieren kann.« Es lag so etwas wie Triumph in ihrer Stimme, unterlegt mit Angst und Zweifel.

»Sie sind doch auch Freudenmädchen geworden, ohne es studiert zu haben. Oder täusche ich mich?«

Sie schluckte.

»Keine Angst, ich will Ihnen nicht wehtun.«

Wie sagt man das, was ich nun sagen musste? Dass selbst die, die es schafften, dafür einen hohen Preis bezahlten?

»Hören Sie,« begann ich, »es ist nicht so einfach, wie Sie sich das vorstellen. Schriftsteller zu sein, ist ein schöner Traum, doch der Weg dahin ist ein Alptraum. Solange Sie noch keinen Erfolg haben, müssen Sie viel Spott und eine Menge Rückschläge ertragen. Stellt sich endlich der erste Erfolg ein, wird es noch viel schlimmer: Sie sind massiver Kritik ausgesetzt. Jeder kritisiert und natürlich wissen alle, wie sie es besser gemacht hätten. Selbst wenn Sie erfolgreich sind: Bis sich Ihr Stil durchsetzt, ist es ein verdammt langer und dornenreicher Weg.«

Ich war überzeugt, ihr mit meiner kurzen Rede den Wind aus den Segeln genommen zu haben. Sie aber sah mich nur nachdenklich an. »Glauben Sie wirklich, das Leben als Nutte wäre ein Zuckerschlecken? Vergnügen von morgens bis abends? Nutten sind der letzte Dreck! Geile Männer kommen zu mir, um sich zu befriedigen. Sie sind grob, sie sind dreckig, sie stinken. Ihr einziges Ziel besteht darin, mir den Stolz ihrer Männlichkeit hineinzustecken, und grunzend zu kommen. Sie sehen auf mich herab. Wenn ich Glück habe, tut einer so, als wäre ich ein gefallener Engel, den er retten möchte. Die meisten beschimpfen mich nur. Glauben Sie mir: Probleme sind mir bestens vertraut. Was ich brauche, ist ein Ausweg aus dieser ganzen Scheiße.«

»Den suchen Sie über das Schreiben?« fragte ich. Alex, der Goldschmied aus Pagi, hatte mit mir im Sommer viel über Kunst diskutiert, Gespräche, bei denen ich überraschend viele Parallelen zum Schreiben entdeckt hatte. Ein Künstler, so hatte er gesagt, ist nicht einfach ein Mensch, der ein Kunstwerk schafft. Er ist ein Mensch, der etwas zu sagen hat, der einiges erlebt und darüber nachgedacht hat, und der seine Gedanken in seinen Werken ausdrücken möchte. Ein Handwerker legt Wert darauf, etwas möglichst Perfektes zu schaffen, ein schlechter Künstler möchte sich selbst verwirklichen, doch ein guter Künstler schafft etwas Perfektes, das auch einen Teil seiner Seele enthält.

Beim Schreiben war es ähnlich. Der Markt wurde überschwemmt von Büchern, deren Autoren in erster Linie ihren Namen auf einem Buchrücken sehen wollten, es gab Schreiber, die nach dem großen Geld schielten, und es gab Geschichtenerzähler. Die waren mir noch die liebsten. Es gab auch die großen Autoren, die fantastische Geschichten erzählten und die damit etwas aussagen wollten – nicht das, was gerade in aller Munde war, sondern etwas, das sie wirklich berührt hatte. Sie legten einen Teil ihrer Seele in ihre Bücher und das merkte man diesen Werken auch an. Wenn Heidemarie Wut in sich verspürte, war das kein schlechter Ansatz, um ein Buch zu schreiben. Doch wenn sie im Sinn hatte, damit schnell Geld zu verdienen, dann war das schlecht – Erfolg in der Literatur lässt sich nicht vom Autor planen, nur von Verlagen mit viel Geld gelegentlich erzwingen. Schlecht war auch, wenn sie sich nur ihre Wut von der Seele schreiben wollte. Dann war sie kein Stück besser als die Möchtegern-Künstler, die nur an ihre Selbstverwirklichung dachten. Ich wollte wissen, welche Motivation Heidemarie antrieb und fragte sie danach.

»Ich komme aus Eisenach,« sagte sie, »einer kleinen Stadt in Thüringen, nicht weit von der alten Zonengrenze entfernt. Aufgewachsen bin ich in einer zwar armen, aber geordneten Welt. Dann kam die Wende. Über Nacht schien alles möglich. Wir bekamen neue Straßen, neue Einkaufszentren, neue Bürogebäude – und eine Menge Würstchenbuden. Leider hat keiner daran gedacht, auch Arbeitsplätze zu schaffen. In Eisenach gibt es 20% Arbeitslosigkeit, und das ist nur die offizielle Statistik. Wir könnten heute alles kaufen – wenn wir das Geld dazu hätten.«

»Sind Sie deshalb auf die Straße gegangen?«

Sie stocherte wütend in ihrem Salat herum. »Im Osten gehen viele auf die Straße. Die meisten tun dies auf Demos, schreien ihren Protest hinaus in die Welt und hoffen, dass irgend jemand sie hört und ihnen ihre Sorgen abnimmt. Vielleicht haben wir in der DDR wirklich verlernt, uns selbst um unsere Probleme zu kümmern, dafür war der Staat da. Doch im neuen Deutschland denkt jeder nur an sich. Wer stark genug ist, wer sich durchsetzen kann, der lebt hier gut. Die anderen müssen zusehen, wo sie bleiben.«

Sie schob den Teller von sich weg, der Appetit war ihr wohl vergangen. »Ich war Sekretärin. Zum Studieren war ich vielleicht nicht helle genug, ich hätte es mir auch nicht leisten können. Wissen Sie, wieviele von den Firmen, für die ich gearbeitet habe, in den letzten fünf Jahren Pleite gegangen sind? Acht. Acht Unternehmen, die einfach dichtgemacht haben. Nachdem ich ein Jahr arbeitslos war, bin ich in den Westen. Doch Westdeutschland steckt selbst in einer Krise, gute Jobs sind rar. Als ich keine andere Möglichkeit mehr sah, bin ich auf die Straße gegangen. Aber nicht zum Demonstrieren, sondern um zu überleben.«

Der Frust stand ihr nun deutlich ins Gesicht geschrieben.

»Von der Straße gibt es kein Zurück in einen normalen Beruf. Was soll ich in meinem Lebenslauf angeben? Sexualtherapeutin? Befriedigungsexpertin? Mit drei Jahren Berufspraxis? Ich spare, um irgendwann einen kleinen Laden aufzumachen. Vielleicht finde ich sogar einen Mann, der mich heiraten will. Ich dachte, nein, ich hoffte wohl, wenn Sie mir einige Tricks über das Schreiben verraten, ist es einfacher.«

War schon einmal jemand auf die Idee gekommen, einen Musiker oder einen Maler nach *einigen Tricks* zu fragen, um damit eine eigene Karriere zu starten? Ohne Begabung, ohne fundiertes Wissen, ohne eine lange Zeit des Lernens und des Übens? Nur bei Schriftstellern war offenbar allgemein bekannt, dass *einige Tricks* genügten, um einen Bestseller zu landen.

»Haben Sie schon etwas geschrieben?« fragte ich. Ich bekam genau die Antwort, die ich erwartet hatte.

»Ja, ich habe versucht, mein Leben literarisch zu verarbeiten.«

Wie neun von zehn anderen angehenden Literaten auch.

»Lassen Sie mich raten,« sagte ich. »Es ist die Geschichte eines lieben netten Mädchens, natürlich in der Ich-Form geschrieben, die ihren Platz im Leben sucht, dabei von einer bösen Welt ständig Knüppel zwischen die Beine geworfen bekommt und dann in der Prostitution landet.«

Sie sah mich überrascht an. »Woher wissen Sie…«

Ich lächelte sie an. »Weil ich es an Ihrer Stelle genauso gemacht hätte. Auch ich hätte zum Naheliegendsten gegriffen, meinem eigenen Leben, und hätte all das beschrieben, was mir wichtig ist. Das ist eine gute Schreibübung, aber kein Stoff für einen Roman.«

»Man hat mir gesagt, Leser lieben Probleme.«

Auch das ein Vorurteil, das ich oft hörte. »In Deutschland sagt man glaube ich: *Wenn zwei sich streiten, freut sich der Dritte.* Das ist es, was die Leser wollen: Konflikte. Aber keine Probleme. Sie lieben die Rolle des lachenden Dritten.«

Heidemarie sah mich verständnislos an.

»Darf ich Ihnen eine Frage stellen? Und um eine ehrliche Antwort bitten?«

»Natürlich.«

»Wenn Sie versuchen, einem anderen Menschen Ihre – zugegebenermaßen traurige – Lebensgeschichte zu erzählen: Wie lange hören Ihnen die Menschen dann zu?«

Sie schnaufte wütend. »Das kann ich Ihnen ganz genau sagen: Niemand hört mir zu. Hier denkt jeder nur an sich.«

»Trotzdem glauben Sie, wenn Sie Ihre Geschichte aufschreiben, ist das Interesse größer.«

Das Licht, das ihr in diesem Moment aufging, war in ihren Augen als Funkeln zu erkennen.

»Jetzt verstehe ich,« sagte sie. »Was keiner hören will, will auch keiner lesen.«

»Genau.«

»Aber wäre eine Geschichte über das Leben einer Prostituierten nicht interessant? Ich meine, es ist zwar ein Scheiß-Leben, aber mein Leben als Sekretärin war deutlich langweiliger.«

»Würde Sie mein Leben als Schriftsteller interessieren? Wie ich morgens aufstehe, mich an meinen Computer setze, vier oder fünf Stunden schreibe, mir etwas zu Essen koche, einen Text redigiere? Fünf, sechs, manchmal sieben Tage in der Woche?«

Sie schüttelte vehement den Kopf. »Ich glaube, das wäre langweilig.«

»Vermutlich noch langweiliger, als wenn Sie beschreiben, wie Sie morgens aufstehen, sich anziehen, sich auf die Straße stellen und auf Freier warten. Vielleicht wäre der Akt mit dem ersten Freier noch einigermaßen interessant, doch spätestens nach dem zweiten Freier würde ein normaler Leser das Buch zuklappen und zur Seite legen.«

Ihre Enttäuschung war groß. Ich nahm ein Glas, goss Wasser hinein und stellte es zwischen uns auf den Tisch.

»Was ist das?« fragte ich.

»Das ist ein Glas,« sagte sie irritiert.

»Was ist in dem Glas?«

»Wasser.«

»Nun stellen Sie sich vor, das wäre kein Wasser, sondern Ihr Leben. Was Sie bislang tun, ist, dieses Leben zu beschreiben. Das ist für den Leser genauso spannend, als würden Sie dieses Glas mit Wasser beschreiben.«

Auf dem Tisch lagen dunkelrote Servietten. Von einer davon riss ich einen Streifen ab und warf ihn in das Glas. Das Papier saugte sich mit Wasser voll und sank auf den Boden. Ich griff mit den Fingern hinein, packte ein Ende des Streifens und zog ihn langsam heraus. Heidemarie sah mir neugierig zu.

»Das ist ein roter Faden,« erklärte ich. »Der rote Faden einer Geschichte. Einer Geschichte, die den Leser interessiert. Sie sehen, nicht alles Wasser haftet daran, nur ein klein wenig – eine Auswahl dessen, was Sie in Ihrem Leben erlebt haben und was einen Bezug zu der Geschichte hat. Alles andere bleibt zurück im Glas.«

In diesem Moment brachte der Ober das Essen: Schöne, große argentinische Rindersteaks. Ich probierte: perfekt gegrillt. Auch Heidemaries Appetit kam zurück, doch sie konzentrierte sich nicht wirklich auf das Essen – ich konnte förmlich sehen, wie sich die Gedanken in ihrem Kopf überschlugen.

»Wie weiß ich, was ich für die Geschichte brauche und was nicht?« Das Schreiben war ihr wichtiger als das Essen.

»Überlassen Sie die Entscheidung Ihren Figuren.«

Sie sah mich verständnislos an.

Ich deutete wieder auf das Glas. »Bislang ist nur Ihr Leben da drin. Ein geschlossenes Theater mit einer leeren Bühne und einer gut gefüllten Requisitenkammer.« In einer meiner Taschen musste ich noch eine Kopfschmerztablette haben. Ich suchte danach und holte sie heraus – eine Brausetablette. Genau das, was ich jetzt brauchte. Ich riss die Verpackung auf und warf die Tablette in das Glas. Sofort schäumte das Wasser.

»Das ist das Stück, das nun aufgeführt wird und das Sie in einem Roman beschreiben können.«

»Was ist das für ein Stück?«

»Das ist Ihre Entscheidung. Sie schreiben einen Roman, also eine Geschichte über Menschen. Bislang haben Sie nur eine Person – sich selbst. Das ist zu wenig. Sie brauchen Schauspieler, andere Figuren. Leser interessieren sich für Konflikte und ein Konflikt entsteht am einfachsten, wenn zwei Menschen unterschiedlicher Meinung sind.«

Heidemarie begann zu verstehen.

»Verlieben Sie sich in einen Freier. Oder erfinden Sie einen netten Mann, der sich in Sie verliebt, ohne etwas von Ihrem Beruf zu wissen. Denken Sie sich zwei Figuren aus, die vollkommen unterschiedlich sind, die aber ein gemeinsames Interesse haben. Stellen Sie die Beiden vor eine Herausforderung, bringen Sie sie in eine ungewöhnliche Situation und beschreiben Sie, was sie dabei erleben. Sie werden sehen, die Geschichte entwickelt sich ganz von allein und Sie müssen sie nur noch aufschreiben.«

»Das ist alles?«

»Das ist der Anfang,« sagte ich. »Was danach kommt, ist harte Arbeit. 10% Inspiration, 90% Transpiration. Aber es macht Spaß.«

Sie sah auf die Uhr.

»Müssen Sie gehen?«

»Nein,« sagte sie. »Das ist einer der wenigen Vorteile meines Berufes – ich kann mir meine Arbeitszeit frei einteilen. Aber Sie müssen zurück zur Polizei.«

Ich schmunzelte. »Das ist auch einer der wenigen Vorteile meines Berufes – ich kann mir meine Arbeitszeit ebenfalls frei einteilen.«

»Wenn Sie noch Zeit haben: Können Sie mir mehr verraten? Ich meine, was Sie mir bis jetzt gesagt haben, hilft mir schon weiter. Aber wenn ich nun versuche, meine Geschichte zu schreiben, merke ich sicher schnell, dass ich nicht weiterkomme.«

»Etwas Zeit habe ich noch, doch ich fürchte, nicht soviel wie Sie brauchen. Es dauert Monate, einen Roman zu schreiben, mitunter auch Jahre. Was ich machen könnte: Ich helfe Ihnen, ein Konzept für Ihre Geschichte zu entwickeln. Wenn Sie wollen, können wir uns in ein paar Tagen wieder treffen. Dann zeigen Sie mir, was Sie geschrieben haben und ich helfe Ihnen, wenn es irgendwo klemmt.«

Ihre Augen leuchteten. »Das wäre prima. Hätten Sie jetzt gleich Zeit?«

»Warum nicht? Ich muss nur vorher beim LKA Bescheid sagen, dass es länger dauert.«

Ich stand auf und ging zur Toilette, hier konnte ich ungestört reden. Es war fast vier, ohnehin zu spät, um noch ins LKA zu fahren. Ich rief Martin an.

»Wo steckst Du denn?« fragte er. »Du bist hoffentlich nicht schwach geworden?«

»Keine Sorge. Ich bin mit dem Mädchen in einem Restaurant am Hauptbahnhof, wir unterhalten uns. Das wird noch eine Weile dauern. Ist Harko in der Nähe?«

»Der ist vor einer Stunde weggefahren, er sagte, er hat einen Termin in der Stadt. Er wollte gegen sechs zurückkommen und Dich abholen.«

»Dann ruf ich ihn selbst an. Bis morgen.«

Martin knurrte »bis morgen« und beendete das Gespräch. Ich wollte gar nicht wissen, was er jetzt von mir dachte. Ein Schriftsteller und eine Nutte, dazu ein verstimmter Kriminalbeamter – das wäre schon eine gute Ausgangssituation für einen Roman. Harko konnte ich nicht erreichen, sein Mobiltelefon war ausgeschaltet.

Als ich an den Tisch zurückkam, stand Heidemarie bereits.

»Wollen Sie doch schon gehen?« fragte ich erstaunt.

»Ja,« sagte sie. »Aber mit Ihnen zusammen. Trauen Sie sich in die Höhle einer Löwin?«

»Einer Löwin?«

»Sternzeichen Löwe.«

»Ich muss noch bezahlen.«

»Habe ich schon. Sie sind eingeladen.«

Heidemarie entsprach wirklich nicht meinem Bild eines leichten Mädchens.

Es regnete noch immer, doch wir gingen direkt vom Restaurant durch ein unterirdisches Einkaufszentrum, das sich unter dem Bahnhofsplatz erstreckt, zum Bahnhof und stiegen in die S2 Richtung Flughafen. Feierabendverkehr, verbissene Gesichter: Ich hatte Heimweh nach Korfu.

In Vaihingen stiegen wir aus. Der Regen hatte aufgehört, wir kamen trocken zu ihrer Wohnung, einem kleinen Appartement in der Ackermann-Straße, unweit des Vaihinger Bahnhofs.

»Da sind wir,« sagte sie, »meine Höhle, eine Zwei-Raum-Wohnung.«

»Zwei-Raum-Wohnung?«

»Im Westen sagt man Zwei-Zimmer-Wohnung, im Osten heißt es Zwei-Raum-Wohnung. Liegt vielleicht daran, dass im Westen die Zimmer zu klein sind, um als Räume zu gelten.«

Klein war die Wohnung, dafür gemütlich eingerichtet. Ein großes Sofa mit poppigen Farben, ein Marmortischchen mit zwei Stühlen, Bücherregale und zahllose Spiegel an den Wänden, wunderschön mit farbigem Glas verziert. Auf dem Tisch lag ein neuer Spiegel, daneben Glasscherben.

»Selbstgemacht?« fragte ich.

»Ein Hobby von mir.«

Ihr Gefühl für Farben und Formen war gut. »Wo schreibst Du, wenn Du schreibst?« fragte ich.

»Im Bett. Da ist es am kuscheligsten.« Sie sah meinen skeptischen Blick, deutete ihn aber falsch. »Hierher kommen keine Freier, dafür habe ich in der Olgastraße ein Zimmer mit Bett.«

Das meinte ich nicht. »Ich könnte im Bett nicht schreiben,« sagte ich. »Ich brauche einen Tisch.«

»Ich schreibe nicht am Computer so wie Sie.«

Du, Sie. »Ich… ich glaube, ich habe Sie gerade geduzt.«

Sie lachte. »Dann lass es auch dabei. Du kannst Heide zu mir sagen.«

»Und Du Roberto.«

»Möchtest Du einen Kaffee?« Sie trat an den Tisch und räumte den Spiegel und die Glasscherben weg.

»Was kochst Du für einen Kaffee?« fragte ich. »Den typisch deutschen, in dem der Löffel steckenbleibt oder einen, den man trinken kann?«

»Cappuccino? Oder lieber Espresso?«

»Espresso.«

Sie ging in die Küche und ich nutzte die Gelegenheit, mir ihre Bibliothek anzusehen. Eine Reihe von Klassikern, mehrere Schundromane, Fachbücher über Kunst. Dann stutzte ich. Ungläubig zog ich ein Buch aus dem Regal: *Mein Kampf* von *Adolf Hitler*. Luxusausgabe mit Hochglanzumschlag. Scheiße.

»Möchtest Du Zucker in Deinen Espresso?« Heide kam mit zwei Tassen aus der Küche.

»Ich glaube, ich möchte lieber gehen,« sagte ich und deutete auf das Buch.

Sie sah mich ungläubig an. »Wegen dem Buch?«

»Sei mir nicht böse, damit möchte ich nichts zu tun haben.«

Sie stellte die Tassen auf den Tisch und stemmte die Arme in die Hüften. »Jetzt enttäuschst Du mich. Ist es nicht Aufgabe eines Schriftstellers, sich mit allem offen und objektiv auseinanderzusetzen?«

»Damit kann man sich nicht auseinandersetzen,« widersprach ich. »Das kann man nur bekämpfen.«

»Gib her,« sagte sie, nahm mir das Buch aus der Hand und schlug es auf. Ich sah, dass einige Textpassagen markiert waren. »Jetzt hör Dir das an.«

In dieser Zeit sollte mir auch das Auge geöffnet werden für zwei Gefahren, die ich beide vordem kaum dem Namen nach kannte, auf keinen Fall aber in ihrer entsetzlichen Bedeutung für die Existenz des deutschen Volkes begriff: Marxismus und Judentum.

»Alle Deutschen haben gelernt,« sagte sie, »die Bekämpfung der Juden als etwas Böses zu sehen. Das sehe ich genauso: Niemand hat das Recht, sechs Millionen Menschen zu töten, nur weil man sie nicht versteht und nicht mag. Doch wir Deutschen im Osten sind mit dem Marxismus aufgewachsen, wir haben 40 Jahre lang damit gelebt. Und der Westen hat uns bekämpft – 40 Jahre lang. Wir haben gemerkt, dass unser real existierender Sozialismus nicht gut war, und haben uns auf den Kapitalismus gefreut. Und wo stehen wir heute? Ich muss anschaffen gehen, um zu überleben. Die Wirtschaft meiner Heimat wurde systematisch zerstört, als Ersatz haben wir Baumärkte bekommen. Sollen wir damit im Do-it-yourself unser Land wieder aufbauen? Unser Staat, der sicher eine Menge Fehler hatte, der aber für seine Bürger sorgte, ist heute der letzte Dreck. Aber sind die Lügen, die ich jetzt aus dem Westen höre, so viel besser? Adolf Hitler hat mehrere Jahre in einem Wien gelebt, in dem es den Arbeitern verdammt dreckig ging, und er hat nach einem Weg gesucht, diesen Menschen zu helfen. Dass er dabei irgendwann den falschen Weg eingeschlagen hat, war schlimm. Doch seine Grundideen waren gut.«

Sie schlug eine andere Stelle auf und las mir eine weitere Passage vor.

Ich weiß nicht, was verheerender ist: die Nichtbeachtung der sozialen Not, wie dies die Mehrzahl der vom Glück Begünstigten oder auch durch eigenes Verdienst Gehobenen tagtäglich sehen lässt, oder jene ebenso hochnäsige wie manchmal wieder zudringlich taktlose, aber immer gnädige Herablassung gewisser mit dem »Volk empfindender« Modeweiber in Röcken und Hosen. Diese Menschen sündigen jedenfalls mehr, als sie in ihrem instinktlosen Verstande überhaupt nur zu begreifen vermögen. Daher ist dann zu ihrem eigenen Erstaunen das Ergebnis einer durch sie betätigten sozialen Gesinnung immer Null, häufig aber sogar empörte Ablehnung; was dann freilich als Beweis der Undankbarkeit des Volkes gilt.

Dass eine soziale Tätigkeit damit gar nichts zu tun hat, vor allem auf Dank überhaupt keinen Anspruch erheben darf, da sie ja nicht Gnaden verteilen, sondern Rechte herstellen soll, leuchtet einer solchen Art von Köpfen nur ungern ein.

»Klingt das für Dich nach Judenverhetzung?« fragte sie. »Für mich klingt das wie eine treffende Beschreibung der derzeitigen Situation im Osten. Wir Ossies sind zu Almosenempfängern des Westens geworden, wir profitieren vom Solidarzuschlag der Wessis, den auch ich als Nutte im Westen bezahlen muss. Und was geschieht mit dem Geld? Reiche Wessies bauen Paläste aus Glas und Marmor, aus denen sie von oben auf uns herabsehen. Sie verteilen Almosen und erwarten, dass wir uns dafür bedanken. Doch wir wollen nicht dankbar sein für Geschenke, wir wollen eine Chance, aus eigener Kraft zu leben. Die aber bekommen wir nicht. Unsere Fabriken waren nicht gut genug, sie waren alt und verkommen. Deshalb wurden sie abgerissen. Das kann ich noch verstehen. Doch an ihre Stelle traten keine neuen Fabriken, sondern Verwaltungsbauten; all das viele Geld, das die Menschen in Westdeutschland für den Osten bezahlt haben, wurde zum größten Teil vergeudet und an den falschen Stellen ausgegeben. Jetzt verwalten die Wessies die Ossies zu Tode und selbst dafür müssen die Menschen im Westen noch immer finanziell bluten. Hitler war ein Scheusal, aber er hat in seiner Jugend einige Dinge richtig erkannt. Ich meine nicht seine Abneigung gegen die Juden und schon gar nicht seine Deutschtümelei. Die finde ich zum Kotzen. Doch er hat gesehen, dass das Volk von einigen Wenigen unterdrückt und ausgebeutet wird. Für ihn waren das damals die Habsburger, die Österreich-Ungarn bis aufs Blut ausgesaugt haben und die durch Dummheit ein Weltreich zugrunde richteten. Für uns sind es heute die Politiker, die uns blühende Landschaften versprochen haben und die uns jetzt mit dem Schlachtruf *Hartz 4* in die Armut treiben. Angeblich sollen damit die Schmarotzer bestraft werden, in Wahrheit aber trifft es mal wieder die, die ohnehin nichts haben.«

Wütend und aufgeregt blätterte sie in dem Buch. »Hör Dir mal an, was er über die Politiker seiner Zeit gesagt hat, und dann sag mir, ob man sich damit auseinandersetzen kann oder nicht.«

...geraten diese Neunmalklugen bei jeder kritischen Stunde in die schrecklichste Verlegenheit, suchen krampfhaft nach analogen Fällen und erwischen mit tödlicher Sicherheit natürlich die falschen Rezepte. Wäre es nicht so, könnte man die politischen Leis-

tungen unserer gelehrten Regierungsheroen in höchsten Stellen nicht begreifen, außer man entschlösse sich, anstatt pathologischer Veranlagung schurkenhafte Niedertracht anzunehmen.

»Ist das nicht eine treffende Beschreibung dessen, was sich heute in Deutschland abspielt? Eine Reform jagt die andere, eine dümmer als die vorherige, doch alle haben das gleiche Ergebnis: Den Menschen geht es immer schlechter. Zumindest dem Volk. Sozialleistungen werden gekürzt, doch Diäten regelmäßig erhöht. Ist das Dummheit oder schurkenhafte Niedertracht?«

»Jetzt hätte ich gerne meinen Kaffee.«

Heide war aufgebracht. »Ostdeutschland ist seit 60 Jahren der Prügelknabe Europas. Nach dem zweiten Weltkrieg kamen die Russen, haben uns für den Krieg und alle Kriegsverbrechen verantwortlich gemacht und uns ausgeplündert. Als wir es trotzdem schafften, das reichste Land des Ostblocks zu werden, wurden wir von allen anderen Staaten im Osten angefeindet. Dann kam der Westen und hat sich uns einverleibt. Dabei wurde gerecht geteilt: Der Westen bekam die wertvollen Stücke, wir ein paar milde Gaben. Wir haben nichts, worauf wir stolz sein können, wir haben nicht mal eine eigene Identität. Jetzt suchen viele Jugendliche nach neuen Wegen. Und einige setzen dort an, wo der ganze Ärger angefangen hat: Beim Dritten Reich. *Mein Kampf* ist im Osten sehr populär und ich wollte einfach wissen, warum das so ist.«

Ihren Espresso rührte sie nicht an. »Hitler hat das sehr geschickt gemacht,« fuhr sie fort. »Er erinnerte die Menschen an ihre Probleme und machte ihnen klar, dass ihnen etwas vorenthalten wird, worauf sie ein Recht haben. Damit hat er sie begeistert. Ich habe mich intensiv mit der Entwicklung in Deutschland Anfang der 30er Jahre befasst. Die Wirtschaft lag am Boden, noch schlimmer, als es heute im Osten der Fall ist. Hitler hat für Arbeit und Wohlstand gesorgt, hat sich um die Kinder und die Mütter gekümmert, was außer ihm keiner für notwendig hielt. Die Menschen vertrauten ihm. Leider hat kaum jemand geahnt, was seine wirklichen Ziele waren und wohin er die Nation führen würde. Doch die Anfänge waren gut. Heute suchen wieder viele Menschen ein Ziel und in der Verlogenheit der westlichen Politik finden sie es nicht.«

»Nicht alle Politiker sind verlogen,« wandte ich ein. »Es gibt in jeder Regierung Lügner und Unfähige, doch es gibt auch Menschen, die sich einsetzen und die wirklich die Interessen ihrer Mitbürger vertreten.«

»Das hören wir auch die ganze Zeit,« sagte sie. »Der Alltag lehrt uns etwas anders. Wir sehen, wie unsere Welt um uns herum zerfällt, erleben mit, wie unsere sozialen Strukturen zerschlagen werden, wie uns Eigenverantwortung verwehrt wird. Ich hoffe nicht, dass der Faschismus oder der Nationalismus wiederkommen, genausowenig wie der Marxismus oder der Sozialismus. Aber irgend etwas muss kommen – so wie jetzt kann es nicht weitergehen.«

Es lebe der Individualismus, dachte ich, speziell in der Form, wie er in Afionas gepflegt wird. Da ruft keiner nach dem Staat, da braucht keiner eine Idee, nach der er leben kann, da kümmert sich jeder selbst um seine Probleme. Doch ungeschriebene Gesetze stellen sicher, dass die sozial Schwächeren dabei nicht vergessen werden. Warum ließ sich so ein System nicht auch in Deutschland einführen? Mussten die Deutschen immer gleich nach einer alles beherrschenden Philosophie suchen?

Aber ich war nicht hergekommen, um über Politik zu sprechen, ich wollte Heide dabei helfen, ein Buch zu schreiben.

»Hast Du Dir inzwischen Gedanken über Deinen Roman gemacht?« fragte ich.

Sie schüttelte den Kopf. »Das hat mich abgelenkt.«

Ich lächelte. »Eine Schriftstellerin sollte nicht abgelenkt, sondern inspiriert werden. Du regst Dich über soziale Ungerechtigkeiten auf? Dann schreib darüber. Du möchtest mit dem System in der DDR abrechnen? Dann tu es. Du willst keinen Faschismus? Dann schreib es. Du magst keine Wessies? Dann mach sie nieder.«

Sie sah mich ungläubig an.

»Wer sagt denn, dass Deine Geschichte in Stuttgart spielen muss? Erfinde ein Straßenmädchen in Eisenach. Lass sie einen Jungen kennenlernen, der in der rechtsradikalen Szene ist. Wenn Du aus dem Mädchen eine überzeugte Kommunistin machst, hast Du Stoff für viele interessante Dialoge. Erfinde einen bösen Unternehmer aus dem Westen, der ein Unternehmen aus Eisenach ruinieren will. Vielleicht gehört das Unternehmen dem Vater des Jungen. Du könntest beschreiben, wie der Vater das Mädchen wegen ihres Berufs ablehnt, dann hast Du gleich zwei weitere Konflikte: Den zwischen dem Vater und dem Mädchen und den zwischen dem Vater und seinem Sohn, denn der Sohn wird sich sicher zu seiner Liebe bekennen. Beschreib die Ausweglosigkeit in Eisenach, aber mach es nicht auf die Mitleidstour, sondern wirf Deinen Mitbürgern auch ein gutes Stück Phlegma vor: 40 Jahre hat der Staat für sie gesorgt, jetzt weigern sie sich, ihr Schicksal selbst in die Hand zu nehmen. Erst das Mädchen macht ihnen klar, wie dumm das ist, organisiert Widerstand und bringt die Eisenacher dazu, sich gegen den Wessi zusammenzuschließen und das Werk zu retten. Am Ende bekommen sich der Junge und das Mädchen. Dann hast Du alles drin, was Dir am Herzen liegt, und kannst über Menschen und Orte schreiben, die Du kennst.«

Heide sah mich mit offenem Mund an. »Das ist… das ist gut.«

Ich winkte ab. »Das ist nur eine Kopfschmerztablette in Deinem Wasserglas. Jetzt sprudelt es immerhin. Was Du damit machst, ist Deine Sache.«

Sie war aufgeregt und holte sich sofort Papier und einen Stift. Amüsiert sah ich ihr zu, wie sie die Grundidee zu Papier brachte – und dann nicht weiterkam.

»Mist,« sagte sie.

»Fehlt der Einstieg?«

»Nein. Ich kann an diesem blöden Tisch nicht arbeiten. Ich brauche mein Bett. Kommst Du mit?«

»Ins Bett?«

»Nein – auf's Bett.«

Kurz darauf lagen wir zusammen auf dem Bett: Ich, der argentinische Schriftsteller, der auf dem Bett einer Hure in dem vielleicht verdammenswertesten Buch aller Zeiten schmökerte, und die Dienerin der Liebe aus Eisenach, die angefangen hatte, ihre Vergangenheit aufzuarbeiten.

Um sechs rief Harko an.

»Ich hol Dich gleich ab, dann gehen wir zusammen zu Mittler.«

»Kannst Du das nicht alleine machen?« fragte ich.

»Was? Heute Morgen machst Du mich rund, weil Du nicht ermitteln darfst, jetzt will ich mit Dir zum Hauptverdächtigen und nun hast Du keine Lust?«

»Lust schon,« sagte ich, »aber im Moment keine Zeit. Ich erklär's Dir später.«

»Mach doch, was Du willst!« sagte er und beendete das Gespräch.

Um acht bestellte Heide eine große Pizza bei einem Pizza-Kurier, dann schrieb sie weiter. Ich half ihr, die ersten Figuren zu entwickeln, zeigte ihr, wie man Orte beschreibt und diskutierte ausführlich mit ihr über die Vor- und Nachteile eines Ich-Erzählers. Dazwischen las ich immer wieder in dem Buch, von dem ich schon so viel gehört hatte, das zu lesen mir aber niemals in den Sinn gekommen wäre.

Ich war überrascht, wie scharfsinnig der große Diktator seine Umwelt analysiert hatte, wie er Probleme richtig erkannt und in Ansätzen auch gut gelöst hatte. Und ich verstand, welche Anziehungskraft auch heute noch von diesen Ideen ausging, die am Ende 40 Millionen Menschen das Leben gekostet und Europa wirtschaftlich fast zugrunde gerichtet hatten.

Heide erzählte mir über ihr Leben im Osten, über ihre Kindheit und Jugend, über die Menschen dort und wie sie die Wiedervereinigung erlebt hatten. Ich sah erstaunliche Parallelen zwischen der heutigen Situation dieser Menschen und der Misere, in der die unteren sozialen Schichten Anfang des letzten Jahrhunderts gesteckt hatten. Zwar gab es heute nicht mehr die gleiche Armut wie damals, doch das Gefühl, von der Zukunft ausgesperrt zu sein, dürfte sich kaum von damals unterscheiden.

Noch etwas wurde mir klar. *Mein Kampf* gehört zu den indizierten Büchern, sein Verkauf ist verboten, doch Heide sagte mir, es sei kein Problem, das Buch über das Internet zu bekommen. Eine objektive Auseinandersetzung mit Hitlers Ideen gab es Heides Worten nach nicht, nur das Verbot. War es beim Rauschgift nicht genauso? Wenig Aufklärung über die Gefahren, kaum Verständnis für die Situation der Betroffenen, nur ein absolutes Verbot, das offen unterlaufen wurde.

Mitternacht war längst vorüber, als Heide endlich ihren Stift zur Seite legte. Sie drehte sich auf die Seite und sah mich glücklich an.

»Du hast mir heute den Weg in die Freiheit gezeigt. Danke.« Sie gab mir ein Küsschen.

»Ich habe Dir keinen Weg in die Freiheit gezeigt,« widersprach ich. »Den hast Du Dir selbst gesucht. Wenn überhaupt, dann habe ich Dir dabei geholfen, die ersten Schritte zu gehen. Wirklich laufen lernen kannst Du aber nur allein: Du musst Deinen eigenen Stil finden.«

Ich stand auf. »Es ist spät geworden. Könntest Du mir ein Taxi rufen?«

»Wenn Du willst, kannst Du hier schlafen.«

»Danke für das Angebot,« sagte ich und dachte an die Couch in ihrem Wohn-Raum, »doch ich mag keine Sofas. Da tut mir am nächsten Tag der Rücken weh.«

Sie deutete auf das Bett. »Wir können es teilen.« Mit der Hand zog sie eine imaginäre Linie genau in der Mitte. »Das ist Deine Hälfte, das meine – nur die Bettdecke müssen wir zusammen benutzen.«

Bleiben oder nicht bleiben – das war hier die Frage.

»Ich beiße nicht,« sagte Heide.

»Aber ich schnarche – behaupten manche.«

»Dann beiße ich doch.«

Wir lachten. Sie gab mir ein Handtuch und eine Zahnbürste, dann ging sie ins Bad, um zu duschen. Ich rief Harko an, bekam jedoch nur seine Mailbox und hinterließ ihm die Nachricht, dass ich heute in der Stadt übernachten und ihn am nächsten Morgen im LKA treffen würde.

Heide hatte mir ein frisches T-Shirt für die Nacht bereitgelegt, das die Ausmaße eines Nachthemds hatte. Als ich ins Bett kroch, rückten wir beide an unsere jeweiligen Ränder des Doppelbetts. Wir merkten schnell, dafür war die Bettdecke zu klein. Notgedrungen mussten wir uns in der Mitte treffen, vermieden es jedoch, uns zu berühren. Heide schaltete das Licht aus, wünschte mir eine Gute Nacht und drehte mir den Rücken zu.

Von draußen fiel Licht ins Zimmer, tauchte die Möbel in ein schummriges Grau. Von Zeit zu Zeit fuhr ein Auto vorbei, sonst war es still.

»Schläfst Du schon?« fragte Heide nach einer Weile.

»Ja,« antwortete ich.

»Ich kann auch nicht einschlafen. Mir geht soviel im Kopf herum.« Sie drehte sich mir zu, stützte ihren Kopf auf den Arm. »Denkst Du oft an Deine Geschichten?«

Auch ich drehte mich auf die Seite und wandte ihr das Gesicht zu. »Kommt darauf an,« sagte ich. »Wenn ich bei der ersten Fassung bin und noch nicht weiß, wie es weitergeht, denke ich intensiv darüber nach. Manchmal träume ich sogar von meinen Figuren und bekomme im Traum neue Ideen.«

»Ich denke an nichts anderes. Mir ist, als würden sie in meinem Kopf spielen – ein Theaterstück, bei dem ich nur Zuschauer bin.«

»Du führst Regie. Lass Deine Schauspieler nicht übermütig werden.«

»Was denkst Du jetzt?« fragte sie.

»Jetzt im Moment?«

»Denkst Du, Du liegst mit einer Nutte im Bett?«

Daran hatte ich in der Tat gedacht. Aber nur kurz. »Ich habe eher das Gefühl, bei einer guten Freundin zu Gast zu sein.«

»Ich hatte schon lange keinen guten Freund mehr zu Gast.« Leise fragte sie: »Würde es Dich stören, wenn ich mich an Dich kuschle?«

Ich breitete meine Arme aus. »Genügt das als Antwort?«

Es genügte. Sie drehte mir wieder den Rücken zu, schmiegte sich diesmal aber eng an mich.

Ihr Haar duftete.

»Weißt Du,« sagte sie, »es ist schön, neben einem Mann zu liegen, der nichts von mir will.«

Wollte ich auch nicht, nur mein kleiner Freund war anderer Meinung: Er regte sich. Ich versuchte es zu verbergen, doch es war zu spät.

Sie seufzte. »Ihr Männer seid alle gleich.« Doch sie machte keine Anstalten, von mir wegzurücken. Ich bemühte mich, an etwas anderes zu denken, an Harko, an Korfu, sogar an Rudi. Endlich zeigte mein Krieger eine Reaktion: Er zog sich zurück. Leider nicht lange, denn Heides Hand stattete ihm einen Besuch ab.

»Findest Du, wir haben uns etwas Entspannung verdient?« fragte sie leise.

»Als Freunde?«

»Als gute Freunde.«

Es wurde eine lange und zärtliche Nacht.

Heide brachte mich am nächsten Morgen bei strahlendem Sonnenschein zur S-Bahn, erklärte mir, wie ich nach Bad Cannstatt komme und gab mir zum Abschied einen Kuss. Ich versprach ihr, mich vor meiner Rückkehr nach Korfu noch einmal mit ihr zu treffen und mir anzusehen, was sie bis dahin geschrieben hatte. Das fertige Manuskript wollte sie mir dann nach Korfu schicken.

Noch immer müde kam ich im LKA an. Ich sehnte mich nach meinem Morgenkaffee auf meiner Terrasse, nach der Ruhe, und der Freiheit, selbst über meinen Tagesablauf bestimmen zu können. Der Wunsch nach Kaffee führte mich direkt in den Besprechungsraum zum Kaffeeautomaten – Hauptsache Koffein.

Martin und Schorsch waren ebenfalls da. Ich begrüßte sie, doch Martin sah mich nur missbilligend an. Schorsch grinste anzüglich. »Gut unterhalten gestern Mittag?«

»Wir haben geredet – über das Schreiben, falls es Dich interessiert. War sehr spannend.«
Schorsch gab Martin einen Rippenstoß. »Du, die haben ihr Angebot für Touristen erweitert: Jetzt gibt es sogar Dichterlesungen.«
Martin schüttelte den Kopf. »Stuttgart ist voller netter, hübscher Mädchen. Und Dir fällt nichts besseres ein als…« Er ließ den Satz unvollendet.
Demonstrativ ging ich zur Kaffeemaschine, ließ mir einen Kaffee mit einer doppelten Menge Milch heraus, schüttete soviel Zucker hinein, bis er genießbar war, dann setzte ich mich zu den Beiden. Umständlich holte ich ein Notizbuch aus meiner Tasche und schlug es auf.
»Victoria, Stewardess aus Venezuela. Juanita, Mannequin aus Nicaragua. Dolores, Tänzerin aus Paraguay.« Die Liste war lang. »Wenn ich Sehnsucht nach weiblicher Gesellschaft habe, genügt ein Anruf und eine dieser Damen steht mir zwei Wochen als Begleitung zur Verfügung. Und euch beiden Möchtegern-Casanovas dürfte es schwerfallen, eine ähnlich attraktive junge Dame in Stuttgart zu finden – vermutlich habt ihr hier nur Sybilles, die Madame Tussauds Wachsfigurenkabinett entsprungen sind: Abteilung Horror und Grauen.«
Martin schaute düpiert, Schorsch bog sich vor Lachen.
»Ich bin Schriftsteller,« sagte ich, »vergesst das nicht. Ich schreibe über Menschen und glaubt mir: Was ich bei Heide erlebt und erfahren habe, war faszinierend.«
Demonstrativ schrieb ich ihren Namen in mein Adressbuch: Heidemarie, Dienerin der Aphrodite, dazu ihre Telefonnummer. Dann klappte ich das Notizbuch zu.
»Darf ich mal sehen?« fragte Schorsch.
»Ein Gentleman genießt und schweigt,« sagte ich und steckte das Notizbuch wieder weg.
»Du bist ein komischer Vogel,« sagte Martin. Ob er mich verstand, wagte ich zu bezweifeln.
»Hat sich Harko schon gemeldet?« fragte ich. Ich hatte mehrfach versucht, ihn anzurufen, doch immer nur die Mailbox erreicht.
»Hat er Dich nicht hergebracht?« fragte Martin erstaunt.
»Ich habe ihn seit gestern früh nicht mehr gesehen.«
Schorsch brüllte vor Lachen los.
»Was ist daran so komisch?« fragte ich genervt.

»Scheiß auf die Polizei,« sagte er prustend, »im nächsten Leben werde ich Schriftsteller. Ein Buch voll mit Adressen hübscher Miezen und wenn ich in den Puff will, sage ich, ich muss recherchieren.«

»Gnagnagna« war alles, was mir dazu einfiel. Wortlos trank ich meinen Kaffee.

»Ich bin da gestern auf etwas Interessantes gestoßen,« sagte ich nach einer Weile.

»Hat es etwas mit weiblicher Anatomie zu tun?« fragte Schorsch neugierig.

»Nein, hat es nicht,« entgegnete ich. »Mit der deutschen Vergangenheit. Genauer gesagt, mit dem Dritten Reich. Oder noch genauer: Wie es dazu gekommen ist.«

Martin sah mich misstrauisch an. »Darüber hast Du Dich mit der Nutte unterhalten?«

»Unter anderem,« bestätigte ich. »Sie wies mich auf einige interessante Parallelen zwischen dieser Zeit und der heutigen Situation im Osten hin. Darüber möchte ich mehr wissen.«

»Wir haben keine historische Abteilung,« sagte Martin. »Wir befassen uns mehr mit zeitgenössischen Problemen. Drogen und so. Die gab es im Dritten Reich noch nicht, da waren die Leute auch ohne Rauschgift durchgeknallt.«

»Aber wir haben ein wandelndes Lexikon,« sagte Schorsch. »Frag Peter – der kennt sich in Geschichte bestens aus.«

Die Beiden standen auf und gingen zur Tür. »Schriftsteller müsste man sein,« sagte Schorsch mit sehnsüchtiger Stimme. »Den ganzen Tag tun, wozu man Lust hat.« Martin warf mir einen bösen Blick zu, in dem seine ganze Verachtung für mich lag.

Oh nein, dachte ich, Ermittler ist an mir keiner verloren gegangen. Als die Zwei draußen waren, rief ich mir die letzten Tage noch einmal in Erinnerung. War es wirklich falsch, was ich jetzt tat? Harko und ich waren hierhergekommen, um mehr über Rudi und seine Probleme herauszufinden. Mein Besuch im LKA sollte nur dazu dienen, die Akten einzusehen. Das hatten wir geschafft. Anschließend wollten wir uns um Rudis Vergangenheit kümmern. Wir, nicht Harko. Und nun?

Jeder Krimiautor wäre dankbar für das, was Du hier erleben darfst, sagte meine innere Stimme. Du hast nichts weiter zu tun, als unter dem Segen des Leiters der LKA alles zu fragen, was Dich interessiert und was Du für Deine Krimis gebrauchen kannst.

Ich möchte mehr über Rudi erfahren, widersprach ich, doch ich darf hier nicht einmal seinen Namen erwähnen.

Und? fragte mein kleiner Mann im Ohr. Ist das so schlimm? Du weißt genau, was dabei herauskommen würde. Nichts. Rudi hat Mist gebaut und ist deshalb ins Gefängnis gekommen. Der Staatsanwalt mag ein Schwein, ein Dreckschwein, sogar eine richtige Drecksau sein. Bislang aber hast Du noch nicht einmal den Hauch einer kriminellen Machenschaft entdeckt. Mach Dir doch nichts vor: Harko ist auf einem privaten Rachefeldzug und das einzige, was Du wirklich tun kannst, ist, dafür zu sorgen, dass er sich dabei nicht in ernste Schwierigkeiten bringt.

Wir wollten gemeinsam ermitteln! sagte ich mir selbst. Darauf habe ich mich gefreut.

Armer Roberto, antwortete mein Alter Ego, Harko vergnügt sich und Du leidest. Er darf sich den ganzen Abend mit seinem Erzfeind herumschlagen, während Du Dich bei einer attraktiven jungen Dame langweilst.

Ich hasse es, wenn meine innere Stimme sarkastisch wird.

Was willst Du denn jetzt tun? fragte sie nun. Nach Rudi darfst Du nicht fragen, nach Mittler solltest Du nicht fragen, und Dein Interesse an der Polizeiarbeit scheint nach drei Tagen vollauf befriedigt zu sein.

Ich weiß, gestand ich vor mir selbst ein. Und sagte meiner inneren Stimme: Ich könnte den alten Mann in der neutralen Zone aufsuchen. Der könnte mir was über Mittler und das Dritte Reich sagen.

Bis zu diesem Moment hatte ich nicht gewusst, dass der kleine Mann im Ohr so herzhaft lachen konnte.

Gib´s doch zu, sagte er, der alte Mann ist Dir vollkommen gleichgültig. Es geht um das Mädchen. Nur wegen ihr möchtest Du mehr über das Dritte Reich wissen. Du bist neugierig, warum sie sich so dafür interessiert.

Kann schon sein, gab ich zu. Doch es ist nicht richtig, wenn ich damit meine Zeit vergeude. Ich sollte Rudi helfen.

Du musst eure Tarnung aufrecht erhalten, erinnerte mich mein zweites Ich. Das allein ist wichtig. Wie Du das tust, ist Deine Sache. Findest Du nicht?

Mich selbst zu belügen, fiel mir immer schon schwer, das wusste mein zweites Ich ganz genau. Ich schob meine Schuldgefühle nebst aller Gedanken an Rudi und den Staatsanwalt zur Seite, dachte an Heide und ging zu Peter. Der saß in seinem Büro und las Zeitung.

Siehst Du, neckte mich mein Ego, der hat kein schlechtes Gewissen, wenn er nicht ununterbrochen auf Verbrecherjagd ist.

Ich glaube, das gab den Ausschlag.

»Darf ich Dich kurz stören?«

»Immer,« sagte Peter und faltete seine Zeitung zusammen. »Was hast Du auf dem Herzen?«

Ich sagte ihm, jedenfalls in groben Zügen, was ich bei Heide erlebt hatte und dass ich mehr über die Entwicklungen wissen wollte, die zum Dritten Reich geführt hatten. Um die Sache in seinen Augen glaubwürdiger zu machen, fügte ich hinzu, ich würde mich natürlich in erster Linie für die Vorgänge hier in Stuttgart interessieren.

»Ich fürchte,« sagte Peter, »da hast Du Dir die falsche Stadt ausgesucht. In Stuttgart war so gut wie gar nichts los. Hitler mochte Stuttgart nicht.«

»Gab es dafür einen Grund?«

Peter schmunzelte. »Den gab es. Hitler war ein großer Redner und er hat natürlich auch in Stuttgart eine Rede gehalten. Aber nur eine einzige. Irgend ein Scherzbold hackte das Kabel zwischen Mikrofon und Lautsprecher durch, so dass ihn nur wenige verstehen konnten. Der Schuldige wurde nie gefunden, doch Hitler war so wütend, dass er von da an einen großen Bogen um Stuttgart machte. Was, im nachhinein betrachtet, auch gut war.«

»Dann gab es in Stuttgart keine Nazis?«

»Natürlich gab es die. Hitlers Machtergreifung in Deutschland war total. *Alle* wichtigen Positionen waren mit Parteimitgliedern besetzt. Nur waren die meisten Stuttgarter keine glühenden Anhänger des Dritten Reichs. Man kocht hier gern sein eigenes Süppchen, legt mehr Wert auf Ergebnisse und saubere Arbeit als auf Demonstrationen. Und man schätzt Recht und Ordnung. Vielleicht erscheint Dir Stuttgart prüde…« Er grinste. »Obwohl ich glaube, dass Du Stuttgart gestern von einer anderen Seite erlebt hast…«

Das hatte sich schnell herumgesprochen.

»Ich wollte mit Dir nicht über das Liebesleben der Stuttgarter sprechen, sondern über das Dritte Reich,« wies ich ihn zurecht.

Peter hüstelte. »Wie gesagt, darüber gibt es nicht viel zu sagen. Wir hatten kein KZ hier, nur eine zentrale Hinrichtungsstätte im Lichthof des alten Justizgebäudes, in dem von 1933 bis 1944 fast 500 Menschen getötet wurden, die meisten durch das Fallbeil.«

»Ganz schön grausam, diese Nazis!«

»Täusch Dich nicht,« sagte Peter, »diese Hinrichtungsstätte wurde nicht von den Nazis eingerichtet, die gab es schon zu Zeiten der Weimarer Republik. Von den Nazis stammt nur der Erschießungsplatz am Dornhaldenfriedhof.«

»Ein Erschießungsplatz? Für Juden?«

»Nein, die wurden in die KZs transportiert. Erschossen wurden Straftäter, politisch Andersdenkende – am Ende auch jeder, der nicht an den Endsieg glaubte.«

Was war aus Hitlers Idealen geworden? War ihm die Neuorganisation Deutschlands aus dem Ruder gelaufen? Hatte er geglaubt, die Zukunft nur mit Gewalt durchsetzen zu können? Waren am Ende gar korrupte Politiker das kleinere Übel für eine Nation?

»Wenn Du willst, können Dir Martin und Schorsch den Dornhaldenfriedhof zeigen – er ist nicht weit von hier. Nur fürchte ich, wirst Du da nicht viel sehen.«

Peter rief Martin an, der hatte Zeit und so fuhren wir zu dritt hin: Martin noch immer ablehnend, Schorsch nach wie vor sehr vergnügt ob meines Abenteuers der vergangen Nacht und ich neugierig.

»Hat Dir Peter gesagt, dass auch drei der Top-Terroristen auf dem Dornhaldenfriedhof begraben sind?« fragte Schorsch.

»Nein, das hat er wohl vergessen.«

»Du solltest Dir wenigstens das Grab ansehen: Andreas Baader, Gudrun Ensslin und Jan-Carl Raspe sind da 1977 nach ihren sogenannten Selbstmorden beigesetzt worden.«

»Du sagst sogenannt: Glaubst Du es nicht?« Ich wurde hellhörig.

Schorsch wollte etwas sagen, doch Martin unterbrach ihn schroff. »Damals ist viel spekuliert worden, das offizielle Ergebnis war jedoch eindeutig: Die drei und Ulrike Meinhoff haben sich selbst gerichtet. Lass es gut sein damit, ja?«

Als wir ankamen, musste ich Peter recht geben: Viel zu sehen gab es nicht. Ein parkähnlich angelegter Friedhof, ein ruhiger Fleck, um begraben zu sein oder verstorbene Angehörige zu besuchen, aber sicher der falsche Ort, um hier zu sterben. Ich versuchte mir vorzustellen, wie es damals zugegangen war, als Menschen hierhergeführt und erschossen wurden, doch mir kamen immer wieder die Bilder der Erschießungen in den Kopf, die ich wenige Tage zuvor im Fernsehen gesehen hatte. Die passten nicht zu diesem Park.

Schorsch führte mich zum Grab der Terroristen. Eine graue Bodenplatte, einige immergrüne Büsche, dazwischen eine einzelne rote Rose: Mehr war von der berüchtigtsten Terrorbande Deutschlands nicht übriggeblieben.

Das Klingeln von Martins Mobiltelefon störte die Stille des Friedhofs. Martin meldete sich, hörte eine Weile zu und sagte dann: »Wir kommen.«

Er steckte sein Telefon wieder ein und sagte: »Es gibt Arbeit. In Lahr haben sie einen mutmaßlichen Drogendealer geschnappt, kommen aber nicht weiter.« Martin war sichtlich froh, den Friedhof verlassen zu können. Er war erheblich sensibler als ich zunächst gedacht hatte.

Wir fuhren nach Lahr, einem kleinen Städtchen am Rande des Schwarzwaldes, knapp zwei Stunden südwestlich von Stuttgart, nur wenige Kilometer von der französischen Grenze entfernt.

»Wenn Du wissen willst, wie Kriminalität entsteht, dann sieh Dir Lahr genau an,« erklärte Martin auf der Fahrt. »Das ist eine Kleinstadt mit 40.000 Einwohnern, alles brave Bürger. Bis vor ein paar Jahren gab es dort einen kanadischen Fliegerhorst und Lahr hat gut davon gelebt. Dann gaben die Kanadier die Basis auf und Politiker haben 18.000 Russlanddeutsche auf dem Areal untergebracht. 18.000 Menschen, die jetzt ein Dach über dem Kopf, aber keine Arbeit haben, dazu 40.000 Bewohner, denen die wichtigste Existenzgrundlage entzogen wurde. Das ist ein Pulverfass. Manchmal habe ich fast schon Verständnis für die Aussiedler, die natürlich häufig mit Drogen handeln. Was sollen sie sonst auch tun?«

Der Stadt war die hohe Kriminalitätsrate nicht anzusehen, sie wirkte noch immer idyllisch und etwas verschlafen. Auch die neuen Häuser der Aussiedler machten einen guten Eindruck. Störend waren nur die vielen Männer jeden Alters, die untätig herumlungerten.

»Von was leben die Menschen hier, wenn sie keine Arbeit haben?« fragte ich.

»Von Sozialhilfe. Wenn die jetzt gekürzt wird, könnte das Pulverfass irgendwann explodieren.«

Der mutmaßliche Drogendealer, den die örtliche Polizei festgenommen hatte, entpuppte sich als russischstämmiger Deutscher Anfang 20. Dicker BMW, teure Kleidung und augenscheinlich äußerst aggressiv. Die Streifenbeamten hatten eine kleine Portion Rauschgift gefunden, die auch für den privaten Gebrauch bestimmt sein konnte, doch sie hatten den Verdacht, der Deutschrusse könne mit der russischen Mafia zusammenarbeiten und deshalb die Spezialisten aus dem LKA angefordert.

»Na mein Junge, auch mal mit den Großen mitspielen wollen?« fragte Schorsch und besah sich den BMW genauer. Er schien nichts bestimmtes zu suchen, ignorierte einen großen Elektroschocker im Kofferraum und klopfte stattdessen systematisch mögliche Hohlräume ab. Ich hätte großes technisches Equipment erwartet, ein Endoskop, um Hohlräume zu durchsuchen, mindestens einen Drogenhund, doch Schorsch und Martin hatten offenbar ihre eigenen Methoden.

Martin stand abseits, scheinbar gelangweilt, ich sah aber, wie er den jungen Mann aus den Augenwinkeln genau beobachtete. Der wiederum gab sich selbstbewusst und desinteressiert, als wüsste er, dass die Beiden nichts finden würden. Doch als Schorsch die Türverkleidung der Beifahrerseite abtastete, zuckte der junge Deutschlandrusse leicht mit den Mundwinkeln.

»Bingo,« sagte Martin.

Ziemlich rabiat riss Schorsch die Verkleidung ab und beförderte mehrere Päckchen hellbraunen Pulvers ans Tageslicht. Der junge Mann tobte.

Martin kam zu mir. »Den nehmen wir jetzt mit nach Stuttgart. Sei mir nicht böse: Der ist ein anderes Kaliber als Sybille. Mir wäre lieber, wenn Du mit dem Zug nach Stuttgart zurückfahren könntest.«

»Kein Problem,« sagte ich. »Dann lerne ich auch noch die Deutsche Bahn kennen.«

Martin unterhielt sich mit den beiden Polizeibeamten und die boten an, mich zum Bahnhof zu bringen. Einer der beiden fragte während der Fahrt über Funk nach, wann der nächste Zug geht.

»Wenn wir uns beeilen, schaffen Sie noch den Zug um 14 Uhr 28. Da müssen Sie in Offenburg umsteigen, dann können Sie bis Stuttgart durchfahren.«

Ich sah auf die Uhr: 14 Uhr 25.

»Das schaffen wir schon,« sagte der Fahrer und schaltete das Martinshorn ein.

Um 14 Uhr 27 erreichten wir den Bahnhof.

»Ich habe noch keine Fahrkarte,« sagte ich, als ich ausstieg.

»Die können Sie im Zug kaufen. Gleis 1, beeilen Sie sich und gute Fahrt.«

Ich rannte zum Bahnsteig und kam an, als der Zug gerade einfuhr. Ein Regionalzug, den vielen Jugendlichen nach zu urteilen, die wohl von der Schule nach Hause fuhren. Noch völlig außer Atem suchte ich mir einen Platz. Nur eine Minute später rief jemand: *Fahrkartenkontrolle*. Ich drehte mich um, ein Mann in Freizeitkleidung mit einer umgehängten Tasche und einem Ausweis, den er vor sich hielt, ging durch den Wagen. So hatte ich mir einen deutschen Zugschaffner nicht vorgestellt. Ich winkte ihm und sagte: »Entschuldigen Sie, ich brauche noch eine Fahrkarte.«

Er kam auf mich zu, ich holte meine Brieftasche heraus und sagte: »Von Lahr nach Stuttgart, was kostet das?«

»Sie haben keine Fahrkarte?«

»Nein, deshalb möchte ich ja eine kaufen.«

»Hier im Zug können Sie keine Fahrkarte kaufen.«

»Vor drei Minuten hat man mir gesagt, dass ich das kann. Auf dem Bahnhof war dazu keine Zeit mehr.«

»Bis Februar diesen Jahres konnten Sie das auch, jetzt nicht mehr,« klärte er mich auf.

»Was mache ich dann?«

»In Offenburg müssen Sie umsteigen, dort können Sie sich eine Karte aus dem Automaten holen.«

»Danke,« sagte ich und steckte meine Brieftasche wieder ein.

»Nicht so schnell,« sagte er, »ich bekomme von Ihnen noch 40 Euro.«

»Für die Auskunft?«

»Nein, als Strafe für´s Schwarzfahren.«

»Was?!?«

»Sie haben keine Fahrkarte, also sind Sie Schwarzfahrer.«

»Aber ich habe Ihnen doch gesagt, dass ich eine Fahrkarte kaufen will.«

»Und ich habe Ihnen gesagt, dass das nicht geht. Also haben Sie keine Fahrkarte, folglich sind Sie Schwarzfahrer. Macht 40 Euro.«

Alle Erklärungen nutzten nichts, ich wurde behandelt wie ein ertappter Verbrecher, musste meine Personalien angeben und 40 Euro bezahlen. Das Geld war mir egal, doch die Behandlung und die offensichtliche Ungerechtigkeit ärgerten mich maßlos.

In Offenburg stieg ich um, löste – wenn auch mit einiger Mühe – an einem Automaten eine Fahrkarte und fuhr weiter nach Stuttgart. Diesmal kam kein Fahrkartenkontrolleur, sondern ein gebrochen deutsch sprechender junger Mann, dem harten Akzent nach ebenfalls mit Ahnen von der Wolga, und fragte mich, ob er mich über meine Erfahrungen mit der Bahn befragen dürfe. Der kam mir gerade recht! Doch als ich ihm meine jüngsten Erlebnisse mit der Bahn mitteilen wollte, interessierte es ihn entweder nicht oder er verstand mich nicht. Stur wie ein Automat rasselte er seine Fragen herunter.

Schließlich nahm ich ihm den Fragebogen aus der Hand und füllte ihn selbst aus.

Wie sind Sie mit dem Service der Bahn zufrieden? 1=sehr gut, 6=schlecht.

Ein dickes Kreuz bei der 6.

Wie sind Sie mit der Informationspolitik der Bahn zufrieden? 1=sehr gut, 6=schlecht.

Ein weiteres dickes Kreuz bei der 6.

So ging es weiter. Fast alle Fragen bezogen sich auf Pendler; ich begriff, dass ich als Einzelreisender, der im letzten Moment noch seinen Zug erreichen wollte, bei der Deutschen Bahn nicht erwünscht war. Auf der letzten Seite des Fragebogens schrieb ich mir meinen Ärger von der Seele, fügte noch meine Adresse auf Korfu hinzu und gab das Ganze zurück. Der junge Mann dankte und ging weiter – meine Probleme waren ihm vollkommen gleichgültig.

Ich grummelte noch eine Weile vor mich hin, dann wurde ich müde. Die kurze Nacht forderte ihren Tribut und das gleichmäßige Rattern des Zuges wirkte einschläfernd. Zunächst kämpfte ich dagegen an, dann sank ich ins Reich der Träume.

Ich saß noch immer im Zug, doch der hatte sich verändert: Er war jetzt alt und einfach ausgestattet und ratterte unglaublich laut. Wieder rief jemand Fahrkartenkontrolle, wieder hatte ich keine Fahrkarte bei mir, wieder sagte ich, ich wolle ein Karte kaufen. Doch diesmal trug der Kontrolleur eine Uniform, braun von Kopf bis Fuß. Er verlangte meinen Ausweis. »Argentinier sind Sie? Und keine Fahrkarte? Das ist im Deutschen Reich verboten. Sicher sind Sie ein Spion. Am besten erschießen wir sie, sicher ist sicher.«

Ich dachte, er mache einen Witz, doch als er mich mit gezogener Pistole zum Aufstehen aufforderte, merkte ich, er meinte es ernst. Ich protestierte, vergebens. Am nächsten Bahnhof musste ich aussteigen und, zusammen mit anderen Männern und Frauen, auf einen alten Lastwagen klettern. Die Fahrt war kurz, in einem Wald hielt der Wagen an, wir mussten aussteigen. Soldaten führten uns zu einer kleinen Lichtung.

Der Platz war idyllisch, fast so idyllisch wie der Dornhaldenfriedhof. Die Sonne schien, ein herrlicher Tag. Nur nicht zum Sterben. Wir wurden auch nicht sofort erschossen: Ein Mann mit einem Klemmbrett kam auf uns zu.

»Wir führen eine kleine Meinungsumfrage bei unseren Kunden durch und würden uns freuen, wenn Sie uns einige Ihrer Eindrücke schildern könnten,« brachte er sein Anliegen vor. Ohne auf unsere Proteste zu achten, stellte er stur seine Fragen: Ob wir bei unserer Festnahme gut behandelt worden seien? Wie uns die Fahrt hierher gefallen habe? Ob uns der Erschießungsplatz im Wald zusage?

»Wir richten Sie heute mit Maschinenpistolen hin, ein neuer Service, und Sie sind die ersten, die in diesen Genuss kommen. Achten Sie deshalb in den nächsten Minuten genau darauf, wie die Kugeln in Ihren Körper einschlagen – Ihre Eindrücke sind für uns sehr wichtig.«

Er trat einige Schritte zurück und die gepriesenen Maschinenpistolen ratterten los. Das letzte, was ich sah, war der Meinungsforscher, der sich über mich beugte und mich fragte: »Waren Sie mit Ihrer Hinrichtung zufrieden?«

Ich nahm alle mir noch verbliebene Kraft zusammen und sagte: »Leck mich!«

»Also höret Se a mol! Des isch aber ganz sche overschämt![26]«

Vor mir stand ein älterer Herr, seinem Gesichtsausdruck nach kolossal wütend.

»I wollt se wecka, weil mer in Schtuagat sen, un Sia beschempfed me[27]!«

Ich schüttelte benommen den Kopf.

»Das tut mir leid,« sagte ich entschuldigend, »ich hatte wohl einen Alptraum. Ich wollte Sie nicht beleidigen.«

Seine Miene wurde sofort freundlicher. »Des kenn i. Wenn mi mei Alte weckt un i han schlecht gschlofa, no hert dia au äbbes bleds vo mir. Nix für oguat![28]«

Als ich im Besprechungsraum des LKAs mein Abenteuer mit der Bahn zum Besten gab, lachten alle herzlich: Bahnfahren sei wohl doch nicht so entspannend, wie die Bahn in ihrer Werbung immer

---

[26] Schwäbisch: Also hören Sie mal! Das ist aber ganz schön unverschämt!

[27] Schwäbisch: Ich wollte Sie wecken, weil wir in Stuttgart sind, und Sie beschimpfen mich!

[28] Das kenne ich. Wenn mich meine Frau weckt und ich geschlafen habe, dann hört die auch etwas Dummes von mir. Nichts für ungut!

behaupte. Dann baten sie mich zur Kasse: Es war Freitag Nachmittag, die Sonne schien und so war Grillen angesagt. Harko hatte den Vorschlag gemacht – natürlich ohne mich vorher zu fragen –, ich solle damit meinen Einstand feiern. Brot, genügend Bier und Schnitzel zum Grillen hatten sie bereits besorgt, mir blieb nur noch, die Rechnung zu bezahlen. Was ich auch gerne tat. Doch ich hatte eine Bedingung: Wenn schon Grillen, dann bitte mit Steaks, schönen, saftigen argentinischen Rindersteaks. Die wurden anstandslos akzeptiert und sofort besorgt und bis weit nach Mitternacht hörte ich Geschichten aus dem Leben der Stuttgarter Kripo. So ruhig, wie ich diese Woche erlebt hatte, schien es hier nicht immer zuzugehen.

Harko machte Witze über meine letzte Nacht, doch als ich ihn fragte, wo er denn gesteckt habe, wurde er still. Zuerst dachte ich, er hätte eine alte Damenbekanntschaft aufgefrischt, dem war aber nicht so: Auf mein Drängen hin gab er zu, die Nacht in einer Zelle verbracht zu haben.

»Du hast was?«

»Pscht!« sagte er sofort, »das muss hier nicht jeder wissen.«

»Bist Du verhaftet worden?« fragte ich mit gedämpfter Stimme.

»So schnell wird man in Deutschland nicht verhaftet. Aber weißt du…« Er wirkte melancholisch. »Wir sind schon eine Woche hier und herausbekommen habe ich noch immer nichts.« *Wir* sind hier, aber *er* hat noch nichts herausbekommen. Mein Alter Ego lächelte höhnisch.

»Oberstaatsanwältin Schovenberg hat mir gestern Morgen versprochen, sich umzuhören, auch sie kann Mittler nicht leiden. Doch Konkretes weiß sie nicht.«

»Deshalb hast Du die Nacht in einer Zelle verbracht? Dachtest Du, dort erfährst Du mehr?«

»Natürlich nicht. Als Du gestern Abend anriefst und mir sagtest, bei Dir wird es später, bin ich zu Mittlers Haus gefahren. Was ich dort wollte, weiß ich nicht. Vielleicht wollte ich ihn zur Rede stellen, vielleicht wollte ich ihm einfach meine Meinung sagen. Erst habe ich eine Stunde im Auto gewartet und sein Haus beobachtet, dann bin ich ein Bier trinken gegangen und dann noch eins. Irgendwann muss ich wohl betrunken gewesen sein. Als ich zum Wagen zurückging…«

»Du wolltest betrunken Auto fahren?«

»Quatsch. Ich wollte Mittlers Haus beobachten. Irgendwann hätte ich mir ein Taxi genommen.«

Ich hoffte, das stimmte.

»Jedenfalls kam ein Streifenwagen – vermutlich von Mittler alarmiert, der mich scheinbar erkannt hat. Da ich den Land-Cruiser nicht gestartet habe, konnten sie nichts machen. Doch sie nahmen mich mit auf die Wache und haben mich dort in eine Ausnüchterungszelle gesteckt. Schöne Scheiße.«

Deshalb konnte ich Harko die ganze Nacht nicht erreichen.

»Und heute?« fragte ich. »Hast Du heute etwas erreicht?«

Er zuckte die Schultern. »Vermutlich genauso viel oder genauso wenig wie Du.«

»Also?« fragte ich. »Geben wir auf? Wo kein Fall ist, können wir auch nichts herausfinden.«

Davon wollte Harko nichts wissen. »Ich habe gerade erst begonnen, meine Netze auszuwerfen. Warten wir doch ab, ob sich ein Fischlein darin fängt.«

Meine erste Woche bei der Polizei war aufregend, aber anstrengend gewesen, ich wollte das Wochenende zur Erholung nutzen. Auch Harko kam mir erholungsbedürftig vor, was er jedoch vehement abstritt.

»Ich möchte etwas tun,« sagte er, »doch alles, was ich bisher angepackt habe, hat sich als Sackgasse erwiesen. Meine Kontakte zur Halbwelt wissen angeblich nichts von einer Verlade Rudis, aus den Akten geht nichts Neues hervor, Lidya hat keine Ahnung, wo Maja steckt und Staatsanwältin Schovenberg bestätigt mir nur, was ich schon lange weiß: Mittler ist ein unangenehmer Zeitgenosse, dem man besser aus dem Weg geht. Doch seine Weste ist angeblich so weiß, als wäre sie mit Persil gewaschen.«

»Ich habe Dir gleich gesagt, Du lässt Dich durch Deinen Hass auf diesen Mann blenden.«

»Du magst ihn doch auch nicht,« konterte Harko.

»Das ist richtig,« sagte ich. »Ich würde sagen, er ist ein Krake, der seine Tentakel überallhin ausstreckt. Mächtige Tentakel mit viel Gift drin, vor denen jeder Angst hat. Nur weiß angeblich keiner, was für ein Gift sie versprühen, nur, dass man sich besser vor ihnen in acht nimmt. Das aber macht ihn nicht automatisch zum Drahtzieher in Rudis Fall. Auch nicht zum Mörder von Maja.«

»Also sind wir noch keinen Schritt weitergekommen,« sagte Harko verdrießlich. »Ich bin einfach gereizt, weil überhaupt nichts passiert.«

Nach dem Frühstück fuhren wir in die Stadt, um verschiedene Dinge für Korfu zu besorgen. Die Insel ist wunderschön und alles Lebensnotwendige bekommt man auch, doch ein einziger deutscher Baumarkt hat eine größere Auswahl als alle Baustoffhändler Korfus zusammen. Harkos Land-Cruiser mochte in punkto Komfort Defizite haben, der Stauraum aber war gigantisch. Kein Vergleich zu meinem BMW.

Harko erwarb einen großen Steinschneider für seine Bruchsteine, ich deckte mich großzügig mit Gartenwerkzeugen und Sämereien ein. Außerdem erstand ich einen großen Springbrunnen für meinen Teich: Kermit und Miss Piggy würden sich freuen.

Wir standen an der Kasse, als mein Mobiltelefon klingelte.

»Wer kann das sein?« fragte ich Harko, dann sah ich, es war Manousos.

»Ti kanis,« begrüßte ich ihn, »ola kala?[29]«

»Nichts ist in Ordnung,« sagte Manousos ungewöhnlich heftig. »Rudi ist vor zehn Minuten überfahren worden.«

»Mach keine Witze!« sagte ich.

»Das ist kein Witz. Er ist schwer verletzt.«

»Was ist passiert?« Ich hielt meinen Apparat so, dass Harko mithören konnte.

»Wir dachten zuerst, es sei ein Unfall mit Fahrerflucht, doch Rudi sagt, es war ein Anschlag. Und ich glaube ihm. Du kennst doch die Abzweigung nach Agios Georgios?«

»Natürlich,« sagte ich. Es war die einzige Abzweigung, die es in Afionas überhaupt gab.

»Kurz vor dieser Abzweigung ist es passiert. Rudi war spazieren, als ein Motor aufheulte. Er drehte sich um und sah einen Wagen auf sich zufahren. Rudi hätte leicht zur Seite springen können. Ist mir auch schon passiert, dass ein Tourist Gas und Bremse verwechselt – vor allem Engländerinnen haben mit den Mietwagen oft Probleme.«

»Warum ist Rudi dann nicht zur Seite gesprungen?«

»Weil genau in diesem Moment die Kleine von Bulldozer-Nick über die Straße lief. Die hätte der Wagen sicher erfasst. Das Mäd-

---

[29] Griechisch: Wie geht es? Alles in Ordnung?

chen ist erst 5 Jahre alt und hat gar nicht richtig mitbekommen, was passiert ist.«

»Was ist denn passiert?«

»Rudi hat das Mädchen zur Seite gestoßen und ist dann selbst nicht mehr schnell genug weggekommen. Der Wagen hat ihn erfasst und durch die Luft geschleudert. Er hat einen Arm und das Bein gebrochen.«

»Und das Mädchen?«

»Hat geschrieen wie am Spieß und auf den bösen Mann geschimpft, der sie gestoßen hat. Dass Rudi ihr das Leben gerettet hat, versteht sie noch nicht.«

»Wo ist Rudi jetzt?«

»Der liegt noch auf der Straße. Ich bin gerade erst gekommen. Nicks Frau, die Mutter der Kleinen, hat mich angerufen. Sie hat alles gesehen.«

»Habt ihr einen Krankenwagen und die Polizei gerufen?«

»Wollten wir. Doch Rudi wehrt sich dagegen. Er sagt, wenn die Polizei ihn in die Finger bekommt, landet er sofort im Gefängnis. Und im Krankenhaus würden sie ihn finden.«

»Sie?«

»Rudi sagt, er sei von deutschen Polizisten angefahren worden. Deshalb rufe ich ja an. Kann das sein?«

Ich sah Harko fragend an, doch der riss mir das Mobiltelefon aus der Hand.

»Kannst Du mir den Wagen beschreiben?« fragte Harko aufgeregt.

Ich konnte kein Wort verstehen. Entweder sprach Manousos sehr leise oder er fragte jemanden im Hintergrund. Nach einiger Zeit, die mir wie eine Ewigkeit vorkam, sagte er: »Ein schwarzer BMW, ein 3er, neues Modell. Mit vier Männern. Kein Nummernschild, aber auf dem Heck ein Aufkleber mit einem D drauf. Rudi sagt, das heißt Deutschland.«

Auf Korfu hatte kein Auto ein Landeskennzeichen – EU-Vorschrift hin oder her.

»Ein mobiles Fahndungsteam,« murmelte Harko vor sich hin. Zu Manousos sagte er: »Kann sein, dass Rudi recht hat, ich versuche das hier nachzuprüfen. Wenn es wirklich deutsche Polizisten waren, dann finden sie ihn auch im Krankenhaus – dort werden sie ihn als erstes suchen. Danach befragen sie die Arztpraxen. Doch

Rudi muss behandelt werden. Kennst Du einen verschwiegenen Arzt?«

»Wir bringen ihn zu Konstantinos in Velonades, der ist ohnehin der Beste bei Knochenbrüchen.« Konstantinos ist kein Arzt, sondern ein alter Mann, der Knochen im Körper fühlen und Brüche einrichten kann. Er würde keine Fragen stellen, und Rudi war bei ihm in guten Händen.

»Danach muss Rudi von der Bildfläche verschwinden,« sagte Harko. »In Robertos Haus kann er nicht bleiben, da ist er nicht mehr sicher.«

»Das habe ich mir auch schon gedacht,« sagte Manousos. »Wir bringen ihn ins Dionysos.«

»Rudi ist in ganz Afionas nicht mehr sicher!« sagte Harko laut. »Wenn sie ihn bei den Ärzten nicht finden, werden sie ihn in Afionas suchen.«

Doch Manousos hatte das Dionysos gut ausgewählt. »Wer ins Dionysos will, muss am Three Brothers vorbei. Dort wird immer jemand sein und die Straße beobachten. Sollte ein schwarzer BMW auftauchen oder sonst ein Auto, in dem nur Männer sitzen, löst er Alarm aus. Zwei Minuten später ist die Straße gesperrt. Da holt keiner Rudi heraus.«

Das stimmte. Die einzige Zufahrt zum Dionysos, einer Taverne mit Fremdenzimmern am äußersten Zipfel der Halbinsel, auf der sich Afionas befand, führte am Three Brothers vorbei. Auf den anderen drei Seiten war nur das Meer.

»Wenn jemand aus Afionas verrät, wo Rudi ist?«

»Ich gebe bekannt, dass Rudi beschützt werden muss. Da redet keiner. Glaub mir.«

Ich glaubte ihm. So zerstritten die Afioniten auch sein mochten – wer sich offen gegen die Gemeinschaft stellte, dessen Tage im Ort waren gezählt.

»Ruf uns wieder an, wenn es etwas Neues gibt,« sagte Harko.

»Dich oder Roberto?« fragte Manousos.

»Egal. Hauptsache, Du rufst an.« Harko beendete das Gespräch.

Die Leute um uns herum sahen uns interessiert an. Wir hatten griechisch gesprochen, so dass keiner etwas verstehen konnte, doch Harkos heftige Reaktionen hatten sie wohl neugierig gemacht. Harko und ich zogen es daher vor, nichts mehr zu sagen und schweigend unsere Sachen durch die Kasse zu bringen.

Erst als wir die Einkäufe in Harkos Land-Cruiser verstaut hatten und im Wagen saßen, redeten wir.

»Heute Morgen hast Du Dir noch gewünscht, dass etwas passiert,« sagte ich.

»Aber doch kein Mordanschlag auf Rudi!«

»Stimmt das mit der Polizei? Machen die sowas?«

»Kann sein, muss aber nicht,« antwortete Harko. »Es gibt mobile Fahndungsteams, die operieren mit zwei oder vier Mann im Ausland. Die benutzen häufig schwarze BMWs oder schwarze Mercedes. Aber die haben niemals den Auftrag oder die Erlaubnis, einen Gesuchten über den Haufen zu fahren, die sollen ihn festnehmen. Die fahren auch nicht ohne Nummernschilder durch die Gegend. Viel zu auffällig.«

»Auf Korfu? Wo Autos nur angemeldet werden, wenn man damit auch in die Stadt muss?«

Korfioten hielten es für überflüssig, Steuer und Versicherung für ein Auto zu bezahlen, das nur in einem Umkreis von wenigen Kilometern genutzt wurde. Auf den kleineren griechischen Inseln gab es so gut wie nie zugelassene Fahrzeuge. Illegal, aber geduldet. Durch die schlechte Zahlungsmoral griechischer Versicherungen war der Unterschied zwischen einem angemeldeten und einem nicht angemeldeten Wagen in der Praxis nicht gravierend. Und wenn zwei Insulaner einen Unfall bauten, brauchten die ganz sicher keine Versicherung, um das zwischen sich zu regeln.

»Trotzdem,« sagte Harko. »Ich glaube nicht, dass die Polizei dahintersteckt. Das sieht mir eher nach einem Killerkommando aus.«

»Davon hast Du Manousos nichts gesagt. Du hast ihn nicht einmal gewarnt!«

Harko seufzte. »Wenn Killer hinter Rudi her sind, ist er im Dionysos vermutlich am sichersten. Dann müssten sich die Verbrecher nämlich mit dem halben Ort anlegen und die Afioniten sind äußerst wehrhaft.« Das wusste Harko aus eigener Erfahrung: Erst vor wenigen Wochen hatte er in seinem Land-Cruiser eine Ladung Schrot-Kugeln verpasst bekommen. »Falls es doch die Polizei war, ist Rudis Vorsicht mehr als angebracht.«

»Was ist, wenn sie die griechische Polizei einschalten?« gab ich zu bedenken.

»Was sollen sie denen sagen? Hallo Kollegen, wir suchen einen entlaufenen Sträfling, den haben wir schon überfahren, aber wir wissen nicht, ob er tot ist. Könnt ihr uns vielleicht bei der Suche unterstützen? No way.«

»Dann kommen sie auch nicht an Informationen aus den Krankenhäusern.«

»Die Polizei offiziell um Mithilfe zu bitten ist eine Sache,« sagte Harko. »In eine Datenbank einzudringen, eine andere. Wenn Rudi in ein Krankenhaus eingeliefert wird, wissen die das am nächsten Tag. Nein, was mir viel mehr Kopfzerbrechen bereitet: Woher wissen die überhaupt, dass Rudi auf Korfu ist? Hast Du etwa geplaudert?«

»Wofür hältst Du mich eigentlich?« fragte ich entrüstet.

»Ganz ehrlich? Für eine Plaudertasche.«

»Danke!« Ich war eingeschnappt, dann dachte ich nach. Laut. »Der einzige, mit dem ich über Rudi gesprochen habe, war Kommissar Haberkorn, der Rudis letzten Einsatz leitete. Auf der Fahrt zu Staatsanwalt Mittler haben wir über diesen Einsatz gesprochen. Aber nur allgemein. Es ging darum, was ich in der Akte gelesen habe, die mir Peter gegeben hat.«

Kaum hatte ich es gesagt, da wusste ich es auch schon. »Peter! Der wusste von Rudi!«

Harko winkte ab. »Den könntest Du foltern und er würde nichts sagen. Für Peter lege ich meine Hand ins Feuer.«

»Dann, mein lieber Harko, solltest Du Dein Gedächtnis durchforschen, mit wem Du über Rudi gesprochen hast. Denn dann bist Du die Plaudertasche.«

Davon wollte Harko natürlich nichts wissen. Wütend startete er den Land-Cruiser, knallte den ersten Gang rein und fuhr so energisch an, dass der schwere Wagen einen Satz machte.

»Willst jetzt Du jemanden über den Haufen fahren?« fragte ich, während ich mich anschnallte. »Um zu sehen, wie das ist?«

Harko warf mir einen bösen Blick zu, fuhr aber nun vorsichtiger.

Nach fünf Minuten, von denen ich hoffte, sie hatten genügt, um Harko wieder zu beruhigen, fragte ich: »Mit wem hast Du wirklich über Rudi gesprochen?«

Er antwortete nicht sofort, er schien nachzudenken. »Nur mit Leuten, denen ich vertraue. Der Oberstaatsanwältin, dem Rechtsanwalt, einigen Leuten aus der Unterwelt, Lidya.«

»Dann lass uns die der Reihe nach durchgehen. Was hat zum Beispiel die Staatsanwältin dazu gesagt, dass Du einen flüchtigen Verbrecher auf Korfu versteckst?«

»Nichts,« sagte Harko, »die ist solche Sachen gewohnt.«
»Das erstaunt mich. Ich dachte, Du wärst ein Mann von Recht und Gesetz?«
»Manchmal muss man eben mit den Wölfen heulen.«
Im Geiste sah ich ihn bei Mondlicht jaulen – umgeben von Schmugglern, Hehlern, Einbrechern und Staatsanwältin Schovenberg. »Und der Rechtsanwalt?«
»Was glaubst Du, was der jeden Tag von seinen Klienten hört? Der ist nicht so erfolgreich in seinem Beruf und das schon seit über 30 Jahren, weil er herumläuft und ausposaunt, was ihm unter dem Siegel der Verschwiegenheit anvertraut wird.«
»Dann hat einer Deiner Kontaktleute gesungen.«
»Von denen hintergeht mich keiner.«
Ich lachte laut auf.
»Was ist daran so komisch?« fragte er genervt.
»Und mir wirfst Du vor, ich sei naiv.«
»Bist Du auch,« sagte Harko.
»Dann erklär mir bitte den Unterschied zwischen meiner Naivität und Deiner!«
»Aber gerne, Herr Schriftsteller. Du vertraust jedem gleich beim erstenmal. Ich vertraue Leuten nur dann, wenn ich sie besser kenne. Und die, mit denen ich gesprochen habe, kenne ich seit vielen Jahren. Von denen linkt mich keiner.«
»Akzeptiert,« sagte ich. »Bleibt nur noch Lidya. Vertraust Du ihr?«
»Einer Nutte? So verrückt bist nur Du!« Der Seitenhieb galt Heidemarie.
»Trotzdem hast Du ihr gesagt, wo Rudi ist.«
»Nein! Ich habe sie nur nach Maja gefragt.«
Wir waren bei Harkos Tante angekommen und Harko wollte aussteigen.
»Warte mal einen Moment,« sagte ich. »Und lass mich nachdenken. Du warst Montag Abend bei Lidya. Richtig?«
»Richtig.«
»Und hast sie gefragt, wie es Maja geht.«
»Ja.«
»Da denkt sie sich: Ach, ist das nett von Harko, dass er extra aus Korfu anreist, um mir seine Aufwartung zu machen, wo er mich doch überhaupt nicht mag, weil ich eine Nutte bin. Erkundigt sich

auch noch nach dem Befinden von Maja, die er auch nicht leiden kann, weil auch die im horizontalen Gewerbe arbeitet.«

»Ja und?«

»Ich versuche mich nur in Lidyas Lage zu versetzen. Hätte ich nichts mit der Sache zu tun, würde ich mir denken, der Bulle hat einen Knall. Aber wenn ich was mit Majas Tod zu tun hätte, würde ich mich fragen, was der hier will. Ob er vielleicht von Rudi was gehört hat. Dann würde ich mich fragen, wo er was von Rudi gehört haben könnte – und weißt Du, was mir da als erstes in den Sinn käme?«

»Korfu.«

»Erraten.«

Ich war stolz auf meine Schlussfolgerungen, Harko skeptisch. »Glaubst Du, Lidya schickt Rudi ein Killer-Kommando auf den Hals? Ich bitte Dich.«

»Nein,« sagte ich, »wäre ich Lidya, würde ich das anders machen. Ich würde Staatsanwalt Mittler anrufen und ihm sagen, da schnüffelt ein Ex-Bulle aus Korfu rum.«

»Jetzt geht Deine Phantasie mit Dir durch.«

»Glaubst Du? Vielleicht bin ich kein guter Ermittler, doch wenn es darum geht, Zusammenhänge herzustellen, habe ich genausoviel Erfahrung wie Du. Jetzt tue ich mal so, als wäre ich Mittler. Da ruft mich also Montag Abend eine Nutte an und sagt mir, ein Bulle aus Korfu stellt hier dumme Fragen. Vielleicht denke ich mir zunächst nichts dabei. Bis mir einfällt: Hat mich da nicht heute Morgen Kriminaldirektor Zimmermann angerufen und mir den Besuch eines Schriftstellers angekündigt? Woher kam der gleich nochmal? Aus Korfu? Ist ja nichts besonderes – hier schnüffeln jeden Tag Ex-Bullen aus Korfu rum und Schriftsteller aus Korfu nehmen die Arbeit der Polizei unter die Lupe. Mann: Blöd müsste ich sein, wenn ich da nicht einen Zusammenhang sehen würde!«

Harko sah mich erstaunt an. »Du hast ja manchmal richtig gute Ideen.«

»Und ich sage Dir noch etwas,« fuhr ich fort. »Weißt Du, was ich tun würde, wenn der Schriftsteller am Mittwoch Morgen zu mir ins Büro käme? Ich würde ihm auf den Kopf zusagen, dass er nur hier ist, um zu schnüffeln. Ich wüsste auch, wo ich Rudi zu suchen hätte. Nämlich auf Korfu. Nur wegen eines Telefonanrufs würde Harko nicht nach Deutschland fahren. Das tut er nur, nachdem er sich ausführlich mit Rudi unterhalten hat. Und wenn ich die Macht dazu hätte, würde ich Rudi entweder einbuchten oder aus dem Weg räumen lassen. Hat Mittler diese Macht?«

Harko war nachdenklich geworden. »Theoretisch schon. Er könnte ein Fahndungsteam nach Korfu schicken. Aber kein Killerkommando.«

»Auch nicht, wenn er Maja umgebracht hätte?«

»Du glaubst, er hat sie erschossen?«

»Wenn sie keine Liliputanerin war, hätte Zwerg Nase sie kaum erschlagen können. Also? Was hältst Du von meiner Theorie?«

Harko sträubte sich, mir zuzustimmen. »Ich sehe noch immer keinen Zusammenhang zwischen Mittler und Lidya. Außer, dass er irgendwann ihre Dienste in Anspruch genommen hat. Vermutlich als Gegenleistung für einen Gefallen, den er ihr einmal getan hat.«

»Ich würde vorschlagen, einen der Beiden dazu zu befragen. Mit wem sprechen wir als erstes? Mit Mittler oder mit Lidya?«

»Du stellst heute aber dämliche Fragen,« sagte Harko. Grinsend startete er den Motor.

Harko fuhr zu Lidyas Wohnung im Süden von Stuttgart. Fehlanzeige, sie war nicht zu Hause.

»Und jetzt?«

Harko sah auf die Uhr. »Es ist jetzt kurz vor zwei, Lidya kann überall in der Stadt sein. Heute Abend arbeitet sie, das ist sicher.«

Den Nachmittag verbrachten wir bei strahlendem Sonnenschein am Neckar. Harko zeigte mir die Weinberge Stuttgarts, die in der Tat noch zahlreicher waren als die Wälder in der Stadt, machte mit mir eine Weinprobe, die damit endete, dass mein Weinkeller kräftig aufgestockt wurde, und führte mich gegen acht in ein schwäbisches Restaurant. Den Kutteln, in Streifen geschnittener Rindermagen, die er mir als Vorspeise empfahl und die er selbst mit großem Genuss verzehrte, konnte ich nichts abgewinnen, doch das Jägerschnitzel mit Spätzle war ausgezeichnet.

Um halb zehn verließen wir das Restaurant und fuhren zurück in die Stadt.

»Gibt es in Stuttgart so etwas wie ein Rotlicht-Viertel?« fragte ich. »Vielleicht im Wald oder in einem Weinberg?«

Harko lachte. »Weißt Du, wie hier das Night-Life aussieht? Samstag Nachmittag werden die Gehsteige gekehrt, wenn es dunkel wird, werden sie hochgeklappt und ab acht Uhr läuft der Fernseher. Besonders unternehmungslustige Stuttgarter gehen noch ein Viertele schlotzen.«

»Sie gehen was?«
»Ein Viertele schlotzen. Einen Viertelliter Wein trinken.«
»Sag das doch gleich.«
»Hier geht niemand zum Weintrinken – hier wird geschlotzt.«
»Und warum ein – wie war das? Ein Viertele?«
»Warum nicht?«
Wer dumm fragt…

Theoretisch war es dunkel, als wir vor Lidyas *Arbeitsstätte* ankamen, doch nur theoretisch: Die Straßenbeleuchtung machte die Nacht zum Tag. Ich hatte ein verrufenes Viertel erwartet, fragte mich inzwischen jedoch, ob es so etwas in Stuttgart überhaupt gibt. Das Bordell wirkte von außen wie ein eleganter Nachtclub, das Schild »Leierkasten« war äußerst dezent gehalten und nur rote Neon-Herzchen in den Fenstern verkündeten, was hier wirklich geboten wurde. Vor dem Haus ein großer Parkplatz, auf dem mehrere Wagen geparkt waren – vom einfachen Golf bis zum großen Mercedes.

»Ein breitgefächertes Publikum,« sagte ich zu Harko und deutete auf die Autos.

»Was hast Du erwartet? Bei dem dürftigen Angebot an entsprechenden Etablissements…«

Neben der Eingangstür hing ein schlicht gemachtes Schild:
Du kommst als Fremder
Und gehst als Freund.

Keine Bilder halbnackter Frauen, keine Hinweise auf Shows und alles klinisch sauber.

»Sind Schwaben eigentlich verklemmt?« fragte ich.

»Nicht dass ich wüsste,« antwortete Harko. »Sie vermehren sich wie alle anderen. Nur mag man es lieber privat.«

Der Leierkasten schien diesem Wunsch Rechnung zu tragen. Sein Entree als großes Wohnzimmer zu bezeichnen, wäre der aufwendigen Einrichtung nicht gerecht geworden, doch es strahlte mehr Gemütlichkeit als Verruchtheit aus. Links eine große, gut bestückte Bar mit einem langen Tresen, nicht aus Stahl und Glas, sondern edel in Mahagoni gearbeitet, um diese Zeit auch gut besucht: Mehrere Paare saßen auf den Barhockern und unterhielten sich. Ein Mann, dem Aussehen nach ein junger Türke, ließ seine Begleiterin unvermittelt sitzen und ging in den hinteren Teil des Raumes, wo sich einem Hinweisschild zufolge die Toiletten befanden. Ich fragte mich schmunzelnd, ob er plötzlich ein gewisses Bedürfnis verspürte oder dringend ein Kondom benötigte. Der Rest des Raumes, der die gesamte Breite des Hauses einnahm, war mit Tischen, Ledersesseln und Ledersofas ausgestattet und erinnerte mich an die Eingangshallen teurer Hotels. Nur dass die Beleuchtung deutlich dezenter war. An den Tischen saßen vereinzelt Pärchen, doch überwiegten die Frauen: Die meisten schienen noch auf eine Begleitung für den Abend zu warten. Was nach dem Kennenlernen geschah, konnte ich mir denken: Eines der Paare ging gerade eine Treppe im Hintergrund nach oben, die Hand des Mannes tätschelte dabei eifrig die Kehrseite einer mit allen notwendigen Rundungen üppig versehenen Blondine.

Harko sah sich um, steuerte dann zielstrebig einen Tisch auf der rechten Seite an, an dem eine dunkelhaarige, auffallend große Frau saß, deren hervorstechendstes Merkmal ein Satz Brüste war, um die sie sogar Sophia Loren beneidet hätte. Ich nahm an, das war Lidya und folgte Harko.

Aber nur kurz. Als ich an einem Tisch mit zwei deutlich jüngeren Mädchen vorbeikam, die sich angeregt unterhielten, blieb ich wie angewurzelt stehen: »Was machst Du denn hier?«

Heidemarie sah mich erst erstaunt, dann freudig überrascht und schließlich wütend an. »Das gleiche kann ich Dich fragen! Ich wusste nicht, dass Dein Faible für leichte Mädchen so groß ist!«

»Und ich wusste nicht, dass Du auch hier arbeitest.«

»Ich arbeite nicht hier,« sagte sie aufgebracht, »ich besuche nur eine Freundin.« Sie zeigte auf ihre Gesprächspartnerin, eine hübsche Brünette in Heides Alter.

»Und ich bin mit einem Freund hier, der eine Bekannte besuchen will.« Ich deutete auf Harko, der inzwischen bei Lidya angekommen war und sich erregt mit ihr unterhielt. Es sah eher nach einem Streit als nach einer Unterhaltung aus. Lidya stand auf und ging zur Treppe. Harko erhob sich ebenfalls, sah zu mir, fragend, ich nahm an, er wollte wissen, was mich aufhielt. Ich deutete auf Heidemarie. Harko verdrehte die Augen, schüttelte den Kopf und folgte Lidya nach oben, wo sich wohl die Arbeitszimmer der Damen befanden.

»Die sind sich aber schnell einig geworden,« sagte Heide spitz. »Hast Du auch schon Deine Wahl für diesen Abend getroffen? Ich kann Dir Anita empfehlen…« Wieder zeigte Heide auf ihre Gesprächspartnerin. »Die Männer sagen, sie sei im Bett die absolute Wucht.«

Anita lächelte mich verführerisch an.

»Weder mein Freund noch ich sind zum Vergnügen hier,« stellte ich klar. »Wenn wir uns irgendwo in Ruhe unterhalten können, erzähle ich Dir mehr.«

Heide machte Anita ein Zeichen, die stand auf und ging hüftenschwingend zur Bar.

»Also, was tust Du hier?« fragte ich Heide, nachdem ich mich neben sie gesetzt hatte.

»Habe ich Dir doch gerade gesagt: Ich besuche eine Freundin.«

»Um diese Zeit?«

»Was soll das heißen?« Ihre Augen funkelten aggressiv.

»Ich dachte, Samstag Abend wäre in eurem Beruf Hauptbetrieb.«

Heide war nun wirklich sauer. »Ich habe seit Mittwoch nicht mehr gearbeitet, falls es Dich interessiert. Nur geschrieben. Jetzt wollte ich mit Anita über mein Buch reden, denn Anita kommt auch aus Eisenach. Zufrieden?«

»Es ist Dein Leben,« sagte ich, »nicht meins. Aber ich freue mich, dass Du an Deinem Buch arbeitest. Ehrlich.«

»Dann sag Du mir jetzt, was Du hier tust. Wenn zwei Männer Samstag Abend in einen Puff gehen und einer der beiden schon nach zwei Minuten mit einer Frau aufs Zimmer verschwindet, dann ist der andere nicht gekommen, um in der Zwischenzeit ein Bier zu trinken.«

Sie glaubte mir nicht, dass ich keine sexuellen Interessen hatte. Deshalb erzählte ich ihr unter dem Siegel der Verschwiegenheit, warum wir hier waren: Dass Rudis Frau angeblich erschossen wurde, Lidya ihre beste Freundin war und heute ein Anschlag auf Rudi verübt worden war.

»Ich kenne keinen Rudi,« sagte Heide. »Und ich wüsste auch nicht, dass Lidya eine Freundin hätte. Mit der ist nicht gut Kirschen essen.«

»Ihre Freundin, Rudis Frau, heißt Maja.«

»Maja?« fragte Heide erstaunt.

»Kennst Du sie?«

»Eine große Jugoslawin mit langen, dunklen Haaren und einem mächtigen Busen?«

»Du meinst Lidya,« sagte ich.

»Nein, ich meine Maja. Die Beiden sehen sich ziemlich ähnlich.«

»Ich habe Maja nie gesehen und Lidya sehe ich heute Abend zum erstenmal. Harko, mein Freund, sagt jedenfalls, die zwei seien dicke Freundinnen gewesen.«

Heide schüttelte energisch den Kopf. »Das muss gewesen sein, bevor ich nach Stuttgart kam. Ich kenne Maja und Lidya nur so gut, wie man andere Frauen in dieser Branche kennt. Doch ich weiß, Lidya hat immer schlecht über Maja geredet. Kann sein, sie hat so getan, als wäre sie ihre Freundin, doch sie war mit Sicherheit das Gegenteil davon. Bis Maja verschwunden ist.«

Ich wurde hellhörig. »Was weißt Du über ihr Verschwinden?«

»Nur das, was alle wissen. Dass Maja ihre Koffer gepackt hat und nach Jugoslawien gegangen ist. Das heißt, nach Serbien. Oder Kroatien. Ach, ich kann die neuen Staaten noch immer nicht auseinanderhalten.«

»Sie hat ihre Koffer gepackt?«

»Angeblich ja.«

»Hat sie sich von irgend jemand verabschiedet?«

»Nicht dass ich wüsste.«

»Und das ist keinem seltsam vorgekommen?«

Heide lachte. »Ich bin noch nicht lange in dem Beruf, aber wenn eine vorhat, zu verschwinden, dann hängt sie das nicht an die große Glocke. Sie packt ihre Koffer und geht.«

»Warum?«

»Warum? Warum?« Heide verdrehte die Augen. »Vielleicht ist das die einzige Möglichkeit, dem Zuhälter auszukommen, vielleicht hat sie Schulden, vielleicht will sie nicht, dass andere ihr im letzten Moment noch Steine in den Weg legen. Vielleicht hat sie einen Stecher gefunden, mit dem sie glaubt, ein neues Leben anfangen zu können. Was ist, wenn sie hier allen von der großen Liebe erzählt und der Typ eine andere noch attraktiver findet? Wer still und leise verschwindet, kann irgendwann auch still und leise wieder auftauchen. Doch wer erst große Töne spuckt…«

Der braucht sich anschließend nicht mehr blicken zu lassen, beendete ich den Satz in Gedanken.

Als Harko kam, wollte ich mich verabschieden. Doch Heide fragte schnell: »Hast Du morgen schon was vor?«

»Bislang noch nicht.«

»Hast Du Lust, mit mir nach Tübingen zu fahren?«

»Ist das weit? Ich habe kein Auto.«

»Wir fahren mit dem Zug. Treffen wir uns um zwölf am Hauptbahnhof?«

»Gern.«

Zum Abschied gab sie mir ein Küsschen, dann verließ ich mit Harko das Etablissement.

»Die lügt,« sagte Harko wütend, »die lügt, dass sich die Balken biegen.«

»Wen meinst Du?« fragte ich. »Heidemarie?« Harko hatte doch nichts von unserem Gespräch mitbekommen.

»Lidya, wen denn sonst. Deine Heidemarie kenne ich nicht.«

»Da entgeht Dir was,« sagte ich. »Ein nettes Mädchen. Sie hat mir ein paar interessante Dinge über Lidya gesagt.«

Ich kam nicht dazu, mit Harko über das zu sprechen, was Heide mir erzählt hatte. Vor uns stiegen drei Männer in dunklen Anzügen aus einem schwarzen Mercedes, der am Straßenrand parkte, und kamen drohend auf uns zu.

»Hallo Harko,« sagte einer von ihnen, »kennst Du mich noch?«

»Mehmet?« fragte Harko. »Ich dachte, Du sitzt noch.«

Der mit Mehmet angesprochene lachte. Es war kein freundliches Lachen. »Ich habe mich Deiner Methoden bedient. Ein bisschen singen und dafür früher raus. Und jetzt, denke ich, ist die Zeit gekommen, Dir zurückzuzahlen, was Du mir angetan hast. Mit Zins und Zinseszins.«

In seiner Hand blitzte ein Schlagring. Leider auch in den Händen der beiden anderen. In einem von ihnen glaubte ich den Mann wiederzuerkennen, der es bei unserem Eintritt so eilig gehabt hatte, die Bar des Bordells zu verlassen.

»Drei gegen zwei,« sagte ich, »das ist nicht fair. Außerdem habt ihr Totschläger und wir sind unbewaffnet.«

»Du hältst Dich da raus,« sagte Harko heftig, »das geht Dich nichts an.«

»Irrtum,« sagte Mehmet, »mitgefangen, mitgehangen.«

Harko ging in Abwehrstellung.

»Jungs,« sagte ich, »lasst es gut sein. Ich habe weder vom Straßenkampf noch von Selbstverteidigung eine Ahnung. Ich habe im Dschungel nur das Töten gelernt.«

Die drei Männer lachten, Harko warf mir einen wütenden Blick zu. Dann erfolgte der Angriff. Mehmet und ein zweiter Mann gingen auf Harko los, der dritte, den ich an der Bar gesehen hatte, sprang mich an. Ich versuchte, einen der vielen Stöße, die ich im Dschungel bis zum Erbrechen üben musste, so sanft wie möglich auszuführen – üblicherweise zertrümmert er einem Mann den Kehlkopf und tötet ihn sofort. Ich wusste nicht, ob es mir gelungen war, mein Gegner fiel wie ein Mehlsack zu Boden, ohne einen Ton von sich zu geben.

»Hoffentlich habe ich ihn nicht umgebracht,« sagte ich laut.

Die beiden anderen Kämpfer drehten sich zu mir um, Harko sah mich erstaunt an.

»Ich sagte doch, ich verstehe nichts vom Kämpfen. Im Dschungel macht man keine Gefangenen.«

Mit einem Schrei stürzte sich der zweite Mann auf mich, um Sekunden später genauso lautlos wie der erste zu Boden zu gehen.

Harko erholte sich als erster von seiner Überraschung, sprang nun seinerseits Mehmet an. Mit einem kräftigen Kinnhaken schickte er ihn ins Land der Träume.

»Du erstaunst mich, Roberto,« sagte Harko, »ganz ehrlich, Du erstaunst mich.«

Ich ging zu den beiden Mehlsäcken und fühlte ihren Puls. Sie lebten noch, würden aber sicher in den nächsten Tagen keinen Ton herausbringen. Sicherheitshalber nahm ich ihnen die Totschläger ab – nette kleine Schlagringe aus Stahl. Dann ging ich zu Harko.

Der hatte Mehmet ebenfalls entwaffnet, ihn auf den Rücken gedreht und sich über seine Brust gekniet, die Knie auf den Armen des jungen Türken. Mit kräftigen Ohrfeigen holte er ihn ins Bewusstsein zurück.

»Drei bis fünf Jahre,« sagte Harko, als Mehmet die Augen aufschlug, »soviel bekommst Du für diesen Angriff.«

Mehmets Augen blickten noch immer aggressiv.

»Soll ich mit ihm das gleiche machen wie mit den anderen?« fragte ich Harko. »Dann verschwinden wir von hier.«

Mehmets Gesichtsausdruck veränderte sich schlagartig. »Harko hilf mir! Lass mich nicht mit diesem Killer allein!«

»Gerade eben wolltet ihr mich noch totschlagen!« sagte Harko wütend.

»Harko! Ich bitte Dich! Eine Meinungsverschiedenheit unter Freunden! So was kann doch vorkommen!«

»Mit Schlagringen? Roberto, ruf die Polizei.«

»Keine Polizei! Harko! Bitte!«

Ich hatte mein Mobiltelefon schon herausgeholt.

»Warte noch,« sagte Harko. »Vielleicht hat mir Mehmet etwas zu sagen.« Er sah den jungen Türken an.

»Alles, Harko, alles, was Du wissen willst.«

Harko blieb auf Mehmets Armen knien, was für diesen sehr schmerzhaft sein musste. Doch er beklagte sich nicht. Solange Harko über ihm kniete, war er vor mir sicher.

»Du kennst doch Rudi,« sagte Harko und Mehmet nickte heftig. »Rudi hat einen von euren Dealern hochgehen lassen, Ömer Eçebür. Jetzt sind Killer hinter ihm her. Habt ihr ihm die auf den Hals gehetzt?«

»Nein,« sagte Mehmet hastig, »damit haben wir nichts zu tun. Ömer hat auf eigene Rechnung gearbeitet. Der hat bei uns nur den Stoff gekauft, hat aber sonst nichts mit uns zu tun. Es war dumm von ihm, sich mit Rudi einzulassen, der ist unzuverlässig. Das wussten wir. Ömer dachte wohl, er wäre schlauer.«

»Ist sonst jemand hinter Rudi her?«

»Ich habe nichts gehört. Ehrlich, Harko.«

Harko sah den Türken misstrauisch an. »Ich habe noch immer gute Kontakte,« sagte er. »Wenn ich rausbekomme, dass Du mich angelogen hast, bekommst Du Besuch von Roberto und mir.«

»Es ist die Wahrheit, Harko! Glaub mir!«

Harko stand auf. »Verschwinde. Und nimm Deine Kumpel mit. Roberto sagt, sie leben noch.«

Mehmet rappelte sich mühsam auf. »Hilfst Du mir wenigstens, sie in den Wagen zu legen?«

Harko seufzte. »Was tut man nicht alles für gute Freunde.«

Mehmet und Harko warfen die beiden Bewusstlosen in den Fond des Mercedes, wobei Mehmet sorgfältig darauf achtete, mir nicht zu nahe zu kommen. Ohne ein Wort zu sagen, setzte er sich hinters Steuer und fuhr mit quietschenden Reifen davon. Das Ganze hatte nicht mehr als fünf Minuten gedauert.

»Wir sollten machen, dass wir hier verschwinden,« sagte ich, »bevor uns jemand sieht.«

Harko deutete auf die Fenster des Leierkastens. »Wir hatten fachkundiges Publikum bei unserem Kampf.«

Ich sah selbst zum Bordell. In einem der Fenster stand Heide und warf mir ein Kusshändchen zu. Ich winkte zurück.

»Warum hat keiner die Polizei gerufen?« fragte ich, als wir in den Land-Cruiser stiegen.

»Warum die Show beenden, bevor sie vorbei ist?«

Harko ließ den Motor an, fuhr auf die Straße. »Hast Du Lust auf ein Bier? Das viele Reden hat mich durstig gemacht.«

Kurz darauf saßen wir in einer kleinen, verräucherten Pinte vor zwei Gläsern Weißbier. Für zwei Männer, die gerade einen Kampf auf Leben und Tod hinter sich haben, waren wir erstaunlich ruhig. Harko mochte das nach 20 Jahren Polizeidienst gewohnt sein, doch ich hatte seit meiner Zeit im Dschungel nichts derartiges mehr erlebt. Abwesend sah ich auf meine Hände, mit denen ich vor wenigen Minuten fast zwei Menschen getötet hätte.

Harkos Frage riss mich aus meinen Gedanken. »Warst Du in einem früheren Leben mal Rambo? Ich habe noch nie gesehen, dass ein Mann so schnell zu Boden geht. Den Trick musst Du mir bei Gelegenheit zeigen.«

»Vergiss es,« sagte ich wütend. Ich war keineswegs stolz auf das, was ich getan hatte. Doch Harko musste offenbar daran erinnert werden, wie gefährlich solche Tricks in Wirklichkeit waren. »Weißt Du noch, was einem Polizisten passiert ist, der den Würger von Stuttgart nachahmen wollte?«

Schlagartig ließ sein Interesse nach. Harko hatte vor Jahren eine Methode entwickelt, die Drogendealer aus Afrika, die ihre Ware in Plastikkügelchen im Mund mit sich führten, bei einer Razzia daran zu hindern, diese Kügelchen einfach zu schlucken: Er hatte ihnen den Arm um den Hals gelegt und so lange zugedrückt, bis sie ihre Ware ausspuckten. Harko war daraufhin als Würger von Stuttgart bekannt geworden und einige Kollegen hatten ihn nachgeahmt. Bis ein Drogenfahnder in Bayern zu fest zugedrückt hatte…

»Der Stoß, den ich angewandt habe, dient nicht dazu, den Gegner kampfunfähig zu machen,« sagte ich. »Dass die zwei noch leben, ist reines Glück.«

»Hast du…«

»Nein,« sagte ich. »Mir wurde damals klar, der Weg der Gewalt ist falsch. Seitdem töte ich nur in meinen Romanen.«

»Erzähl mir mehr von dieser Zeit.«

Ich schüttelte den Kopf. »Ich war einige Zeit bei Terroristen im Dschungel, das muss Dir genügen. Über das, was damals geschehen ist, möchte ich nicht reden. Es gab zu viele Tote. Lass die Vergangenheit ruhen, so wie es die Toten tun. Ist besser so.«

»Und da hast Du das Töten gelernt?«

Ich schloss die Augen, sah die Bilder von damals wieder vor mir. »Ich war jung, ich war wütend, wie viele in meinem Land. Die meisten beschränkten sich aufs Protestieren, doch ich bin bei einer Gruppe gelandet, die wirklich etwas verändern wollte. Wir hatten einen Ausbilder, einen ehemaligen Fremdenlegionär, eine Kampfmaschine. Für ihn konnte ein Zweikampf nur mit dem Tod eines Gegners enden. Er hat uns nicht das Kämpfen, nur das Töten beigebracht. Mir wurde das zuviel. Verstehst Du das?«

Harko antwortete nicht.

Ich trank einen Schluck Weißbier. Dann sagte ich: »Erzähl mir lieber, was Du bei Lidya erfahren hast.«

»Das ist schnell gesagt. Nichts. Absolut nichts. Sie weiß nicht, wo Maja steckt, mit dem Oberstaatsanwalt hat sie nichts zu tun und Rudi ist ihr scheißegal.«

»Um das zu erfahren, hast Du so lange gebraucht?«

»Ich habe alles versucht, um sie bei einer Lüge zu ertappen und nachzubohren – keine Chance. Entweder stimmt, was sie sagt, oder sie hat sich ihre Lügen gut überlegt.«

»Sie lügt,« sagte ich. »Das weiß ich von Heide. Demnach ist nichts mit der Freundschaft zwischen Lidya und Maja, außerdem sei mit Lidya nicht gut Kirschen essen. So hat Heide es ausgedrückt.«

»Das verstehe ich nicht,« sagte Harko. »Maja und Lidya sind seit Jahren dick befreundet. Lidya war sogar Trauzeugin bei Majas Hochzeit.«

»Dann ist irgendwas passiert, was die beiden auseinandergebracht hat. Das kommt vor. Und denk daran: Du bist schon einige Jahre nicht mehr in Stuttgart. Menschen verändern sich – und Du bekommst nicht alles mit.«

Harko war skeptisch. »Rudi hätte mir gesagt, wenn es zwischen Maja und Lidya Krach gegeben hätte.«

»Und wenn er nichts davon gemerkt hat? Frauen pflegen andere Feindschaften als Männer.«

Harko starrte mißmutig in sein Bier. »Ich habe noch immer nicht den kleinsten Schimmer, was wirklich passiert ist, wer Maja ermordet haben könnte.«

Mir kamen nur drei Möglichkeiten in den Sinn: Lidya, der Staatsanwalt oder jemand aus der Unterwelt. Die letzte Möglichkeit erschien mir am plausibelsten. »Du hast doch gute Kontakte zur Halbwelt: Weiß da niemand näheres?«

»Du hast es von Mehmet selbst gehört. Rudi ist ein kleines Licht, wegen dem macht sich niemand die Finger schmutzig. Das gleiche habe ich – in unterschiedlichen Versionen – von anderen gehört.«

»Und Maja? Vielleicht hat der Anschlag wirklich ihr gegolten und nicht Rudi?«

»Die war nur eine Nutte, sie hatte nichts mit Rudis Geschäften zu tun. Abgesehen davon war sie ein netter Mensch.«

»So wie Lidya?«

»Lidya war früher anders. Sie hat sich verändert.«

»Vielleicht war es bei Maja genauso?«

Harko dachte nach. »Wir gehen morgen zu einigen Kontaktleuten von mir, dann kannst Du Dir selbst ein Bild machen. Vielleicht siehst Du in diesem Fall wirklich mehr als ich. Mir scheint, es hat sich tatsächlich einiges verändert, seit ich nicht mehr hier bin. Und ich habe noch meine alten Bilder im Kopf.«

»Auf die Gefahr hin, Dich enttäuschen zu müssen: Morgen habe ich keine Zeit. Heide hat mich eingeladen.«

Harko sah mich überrascht an. »Wollt ihr wieder den ganzen Tag übers Schreiben quatschen?«

»Nein,« entgegnete ich, »wir wollen Bummeln gehen.«

Die Sonne schien, der Himmel war blau: Petrus verwöhnte Stuttgart mit einem Herbsttag wie aus dem Bilderbuch. Trotzdem war die Stadt praktisch ausgestorben, als mich Harko gegen Mittag zum Stuttgarter Hauptbahnhof brachte.

»Wo sind all die Menschen?« fragte ich. »Schönstes Herbstwetter, aber niemand ist zu sehen.«

»Die sitzen alle daheim und warten auf das Mittagessen. Bis Du in Tübingen bist, ist es zwei Uhr. Dann haben sie gegessen und das Geschirr gespült und gehen spazieren. Du wirst schon sehen.«

Harko sollte recht behalten. Als Heide und ich um zwei Uhr in Tübingen ankamen, war die Stadt so voll, als wäre Markttag. Wir wollten durch die Stadt schlendern, doch als wir an einem Restaurant vorbeikamen, bei dem die Gäste draußen saßen und bei dem es außerdem verführerisch duftete, meldeten sich unsere Mägen. Wir kehrten ein.

»Zum Gutenberg?« fragte ich Heide. »Ist das nicht ein ungewöhnlicher Name für ein Restaurant?«

»Tübingen ist die Stadt der Bücher,« antwortete Heide, »außerdem gibt es hier eine Uni und viele Studenten. Da passt der Name.«

Eine Studentenstadt. Waren wir nun in einer Studentenkneipe gelandet, in der es nur einfache Gerichte gab? Der Duft sprach eine andere Sprache. Wir hatten kaum Platz genommen, als die Bedienung kam, eine junge Frau in schwarzem Kleid und weißer Schürze.

»Gibt es noch etwas zu Essen?« fragte Heide.

Die Bedienung antwortete in einem Dialekt, den ich noch nie gehört hatte: »No freilisch.«

Heide schien zufrieden.

»Kannst Du mir übersetzen, was die Frau gesagt hat?« bat ich. »Ich habe nur *no* verstanden – nein. Hat die Küche schon zu?«

Heide sah mich erstaunt an. »Hast Du das nicht verstanden?«

»Ich spreche deutsch, spanisch, englisch, französisch, italienisch und griechisch, aber mit dem, was die Bedienung gesagt hat, kann ich in keiner Sprache etwas anfangen.«

Heide lachte. »Das war sächsisch, eine Sprache, die Du unbedingt lernen solltest. Sie hat gesagt *na freilich*, was übersetzt soviel heißt wie: ja, natürlich.«

»Aha.«

Wir sahen die Speisekarte durch, doch ich folgte der Empfehlung für das Tagesgericht, die auf einer kleinen Tafel an der Hauswand aufgeschrieben stand: Hirschgulasch mit Spätzle. Heide bestellte einen Broiler mit Spätzle. Die Bedienung notierte sich alles und ging.

»Verrätst Du mir jetzt noch, was Du bestellt hast?«

»No freilisch,« sagte Heide und lächelte schalkhaft. »Einen Broiler.«

»Das habe ich gehört,« sagte ich. »Das steht aber nicht auf der Speisekarte. Ist das ein Fisch? Den es nur hier in der Gegend gibt?«

Sie lachte. »So nennen wir ein Brathähnchen. Man muss den Wessies doch endlich einmal Kultur beibringen.«

»Und dann bestellst Du ihn mit Spätzle? Sag mir jetzt bitte nicht, das wäre auch in Eisenach eine Spezialität. Zufällig weiß ich, dass schwäbische Hausfrauen die Spätzle erfunden haben.«

»Die sollte man auch im Osten einführen,« sagte Heide genießerisch. »Die sind wirklich gut.«

»Ja, aber gibt es nicht mal zur Abwechslung etwas anderes?« Außer beim Brunnenwirt, beim Türken und bei Ali Osman hatte ich bislang jedesmal Spätzle als Beilage bekommen.

»Heute ist doch Sonntag?« fragte Heide.

»Ja. Und was hat das mit den Spätzle zu tun?«

»Für einen Schwaben ist ein Sonntag kein richtiger Sonntag, wenn es keine Spätzle gibt. Das habe ich inzwischen über die schwäbische Kultur gelernt. Es gibt auch noch einen anderen Grund. Du kannst überall Nudeln, Salzkartoffeln, Reis, Kroketten oder Fritten bekommen – für Dich zur Übersetzung: das sind Pommes Frittes. Doch da weißt Du nie, wie gut die sind. Spätzle sind immer gut: Kein Koch im Schwabenland lässt sich nachsagen, er mache schlechte Spätzle. Dann müsste nämlich das Restaurant schließen.«

Mein Hirschgulasch war ausgezeichnet, die Spätzle wirklich gut und Heides Broiler sah appetitlich aus. Als wir uns zum Abschluss noch zwei große Schwarzwaldbecher gönnten – Vanilleeis mit Kirschen, Kirschlikör und einer großen Portion Schlagsahne obendrauf –, seufzte Heide wohlig.

»So haben wir uns das Leben nach der Wende vorgestellt, die blühenden Landschaften, die uns der damalige Kanzler Kohl versprochen hat. Deutschland, das Schlaraffenland. Doch Nomen est Omen, Kohl hat uns im wahrsten Sinn des Wortes verkohlt. Alles, was heute im Osten blüht, sind Arbeitslosigkeit und Korruption. Kohl selbst hat beim Verkauf unserer noch intakten Industriezweige Millionen an Schmiergeldern für seine Partei kassiert, den Rest haben sie platt gemacht und versprochen, ihn schöner wieder aufzubauen. Doch der Westen hatte überhaupt nicht vor, sich im Osten Konkurrenz zu schaffen. In Eisenach gibt es heute Automobilwerke, aber das ist nicht mehr als ein Tropfen auf den heißen Stein. So hatten wir uns die Demokratie nicht vorgestellt.«

Diesmal musste ich schmunzeln. »Ein Freund in Argentinien hat mir während meines Studiums Demokratie erklärt. Bei einem Ausflug deutete er auf eine Herde Schafe und sagte: Jetzt erklär mal diesen Schafen, jedes von ihnen hätte eine Stimme und könne selbst bestimmen, wo es Gras fressen wolle. Er meinte, die Schafe würden daraufhin nur um die Wette blöken und anschließend verhungern, weil sie sich nicht entscheiden könnten. In Wirklichkeit wollten sie nur einen Leithammel, der sie zu den fettesten Weiden führt. Dann wären sie zufrieden.«

Heide überlegte. »Der Vergleich ist nicht schlecht. So ähnlich ist es auch in Wirklichkeit. Ist das schlimm?«

»Solange es zur Weide geht und es dort fettes Gras gibt, ist alles in Ordnung. Doch Schafe werden regelmäßig geschoren und am Ende zieht man ihnen das Fell über die Ohren.«

»Auch diese Analogie passt. Und was bist Du? Schaf oder Leithammel?«

»Zum Leithammel eigne ich mich nicht und bei uns sagt man: Wer sich selbst zum Schaf macht, darf sich nicht wundern, wenn ihn die Wölfe fressen.«

»Also bist Du ein Wolf.«

»Nein,« antwortete ich. »Wenn Du mich schon ins Tierreich verbannen willst, dann mach einen Adler aus mir, der hoch oben in den Lüften kreist.«

Sie sah mir in die Augen. »Um dann herunterzustoßen und kleine, verirrte Lämmer zu reißen?«

Ich beugte mich vor und strich ihr über das Haar. »Wenn ich ein kleines, verirrtes Lamm sehe, verwandle ich mich ganz schnell in einen Schäferhund und treibe das Lamm mit lautem Gebell zurück zur Herde.«

Die Krönung unseres opulenten Mahls bildeten zwei Espresso; nach dem fürchterlichen Gebräu im LKA eine Wohltat für den Gaumen.

»Weißt Du, Du hattest recht,« sagte Heide unvermittelt.

»Womit?« Im Geiste war ich noch bei Schafen, Wölfen, Adlern und kleinen Lämmern.

»Mit dem Gejammer im Osten. Ich meine, da ist nach der Wende verdammt viel schiefgelaufen. Aber meine Landsleute haben wirklich wie eine Herde Schafe auf den Leithammel Kohl gehört und nicht gemerkt, wie er sie erst geschoren und ihnen dann das Fell über die Ohren gezogen hat. Ich habe versucht, die Situation in Eisenach so zu beschreiben, wie ich sie selbst erlebt habe. Ständig waren meine Figuren am Klagen, bis es sogar mir zuviel wurde. Ich will mit meinem Buch nicht in den allgemeinen Leidenschor einstimmen, ich will lieber ein Beispiel geben, wie man sein Schicksal selbst in die Hand nimmt. Ich denke, das sollte das zentrale Thema werden.«

»Und die Liebesgeschichte?«

»Der rote Faden, an dem ich die Geschichte aus dem Glas ziehe. Da bleibt gar nicht soviel Beziehungskiste dran kleben, wie ich anfangs dachte.«

»Hast Du deshalb Deinen Beruf an den Nagel gehängt?«

Sie lächelte traurig. »Wäre schön, wenn er schon da hängen würde. Ich fürchte, ich habe nur eine Auszeit genommen. Von irgend etwas muss ich leben.«

»Du könntest nach Korfu kommen und dort schreiben.«

Heide bedachte mich mit einem seltsamen Blick. »Als was wäre ich dann da? Als verirrtes Schaf? Als Trost für stille Stunden?«

Ganz schlüssig war ich mir darüber auch nicht. »Als mein Gast? Als meine Schülerin? Als gute Freundin? Als was möchtest Du da sein?«

»Ich weiß es nicht,« sagte sie. »Ich mag Dich, ich glaube sogar, ich mag Dich sehr. Aber wir kennen uns erst seit ein paar Tagen und so schnell lassen sich die Mädchen aus Eisenach nicht erobern.« Es klang nicht abwehrend, der Schalk blitzte in ihren Augen. Der Schalk und wohl auch ihre Lust, mit mir nach Korfu zu kommen.

»Mein Angebot steht,« sagte ich, »überleg Dir, ob Du es annehmen willst.«

»Gibst Du mir Zeit?«

In diesem Moment kam ein Rosenverkäufer vorbei und wollte mir eine rote Rose für Heide verkaufen. Ich hatte die Brieftasche bereits in der Hand, als Heide den Kopf schüttelte. »Keine roten Rosen, bitte, die bekomme ich zu oft von meinen Kunden. Wenn Du mir Blumen schenken willst, dann gelbe Rosen – das sind meine Lieblingsblumen.«

Damit konnte der Rosenverkäufer nicht dienen, enttäuscht zog er weiter.

Den Rest des Nachmittags bummelten wir durch die Stadt. Tübingen ist eine Universitätsstadt, mit einer malerischen Altstadt, vielen kleinen Gässchen, einer Vielzahl von Kneipen und zahlreichen Geschäften, die an diesem Tag leider geschlossen waren. Trotzdem war es wunderschön und irgendwann schlenderten wir wie zwei Verliebte Arm in Arm durch die Stadt. Als wir unter einem Mistelzweig vorbeikamen, blieb Heide stehen.

»Das ist kein Versprechen,« sagte sie. »Aber es wäre schön, wenn Du mich jetzt küssen würdest.«

Es wurde der längste und zärtlichste Kuss, den ich seit Isabell erlebt hatte. Danach hielt ich sie fest an mich gedrückt, wir standen eine Ewigkeit da, ohne ein Wort zu sagen.

Als wir weitergingen, sagte Heide: »Ich möchte mit Dir ins Kino gehen. In einer Stunde läuft ein Film, den Du Dir unbedingt ansehen solltest. Er wird Dir gefallen.«

Ich war gespannt.

Die erste Überraschung war das Kino selbst: Das *Arsenal* war nur zur Hälfte Kino, die andere Hälfte war Kneipe und die war gut besucht. Dass wir uns in einem Lichtspielhaus befanden, war nur durch die Filmplakate an den Wänden ersichtlich. Die aber zeigten deutlich, welches Publikum hier verkehrte: Problembewusste Studenten, jederzeit bereit, auf die Straße zu gehen um zu demonstrieren, und mächtig scharf darauf, sich an den Problemen anderer zu weiden. Ein Priester verliebt sich in eine querschnittsgelähmte Frau, heiratet sie und erkennt bei der Hochzeit, es war ein Fehler; ein anderer Priester weigert sich, ein Paar zu trauen und stellt stattdessen die bewegende Frage: Hat die Ehe in diesen Zeiten noch eine Chance? Reden, reden, alles ausdiskutieren, nur um Himmels Willen niemals handeln.

Wollte mich Heide wirklich in einen dieser Filme schleppen? Dann dämmerte es mir: Ein Film über die Ehe. War sie, was die mögliche Entwicklung unserer Beziehung anbelangte, schon so viel weiter als ich? Ich wusste nicht, ob ich mich freuen sollte oder ob ich überrumpelt war. Männer, dachte ich. Erst tun sie so, als wären sie den Frauen haushoch überlegen, was die Geradlinigkeit des Denkens anbelangt. Dann verlieren sie sich im gleichen Dschungel aus Wollen und Nicht-Wollen, den sie vorher bei den Frauen beklagt haben.

Der Film, den wir dann sahen, war kein Liebesfilm. *Fahrenheit 9/11* war ein Dokumentarfilm von Michael Moore über die Amtszeit von George W. Bush. Und er war verdammt gut. Unmittelbar nach der Wahl hatte auch ich Gerüchte über Wahlbetrug gehört, dies nun so offen gezeigt zu bekommen, war ein Schock: Bushs Vetter John, der die Berichterstattung beim Fernsehsender Fox kontrolliert und den Wahlsieg von George W. in Florida verkündet, obwohl Al Gore weit in Führung liegt. Und der damit eine Kettenreaktion auslöst, weil alle anderen Stationen die Ente übernehmen. George W. mit Vater, der trotz schlechter Hochrechnungen felsenfest an seinen Sieg in Florida glaubt. Wozu er auch allen Grund hat: Ist doch die eigene stellvertretende Wahlkampfleiterin gleichzeitig Innenministerin von Florida und hat rechtzeitig Anweisung gegeben, eine große Zahl von Wählern, die für Gore stimmen wollen, aus den Wählerverzeichnissen zu streichen. Es war schockierend, farbige Abgeordnete zu sehen, die offen beklagen, dass tausende ihrer Wähler im demokratischsten Land der Erde von der Demokratie ausgeschlossen werden und die sich beschweren, keine Klage dagegen einbringen zu können, weil sich kein einziger Senator findet, um diese Klage zu unterstützen – was nach amerikanischem Recht notwendig ist.

Dieser Wahlbetrug war jedoch nur das Intermezzo zu einem viel größeren Betrug, so unglaublich, wie ich ihn mir in meinen schlimmsten Alpträumen nicht hätte ausmalen können. Präsident Bush, der im Jahr für sein Amt 400.000$ Salär bekommt, und die Familie Bush, die von den Saudis in den letzten Jahren 1,4 Milliarden $ an Beraterhonoraren erhielt, durch ein Netz von Firmen gut getarnt. Kein Wunder, wenn Michael Moore im Film die Frage stellt, wem sich der gute George mehr verpflichtet fühle – dem amerikanischen Volk oder den Saudis.

Dass Osama Bin Laden, auf dessen Anweisung hin das World Trade Center dem Erdboden gleichgemacht wurde, der erklärte Feind von George W. ist, wusste ich. Dass die Familien Bush und Bin Laden eng befreundet sind, war mir neu. Neu war mir auch, dass zwar unmittelbar nach dem Anschlag der gesamte private Flugverkehr in den USA für mehrere Tage gesperrt war, aber 22 Mitglieder der Familie Bin Laden auf spezielle Anordnung von George W. Bush das Land verlassen durften – per Flugzeug.

Dass die USA am Irak Vergeltung für den Angriff eines saudiarabischen Terroristen verübten, hatte ich bislang den schlechten Geographiekenntnissen des amerikanischen Präsidenten zugeschrieben. Die aber waren keineswegs schlecht. Höchstens etwas eigenwillig. Das machte der Film deutlich. Saudi-Arabien war für Bush das Land, von dem seine Familie viel Geld erhielt, und der Irak das Land, das die Saudis als direkte Konkurrenz im Ölgeschäft ansahen. Kein Wunder, wenn George W. seinen Freunden helfen wollte, diese Konkurrenz auszuschalten. Was er auch gründlich geschafft hatte: Der Irak, das Land mit den zweitgrößten Erdölvorkommen der Welt, musste inzwischen Erdöl einführen, der Ölpreis stieg in unbekannte Höhen und die Saudis verdienten ein Vermögen. Etwas davon zweigten sie für die Familie Bush ab, damit Sohnemann zu seinem knappen Gehalt als Präsident noch ein paar Millionen Taschengeld bekam.

»Der Präsident der USA hat die Armee der Vereinigten Staaten als Söldnerheer an die Saudis vermietet,« sagte ich zu Heide, nachdem der Film zu Ende war. »Vor den Augen der ganzen Welt. Das ist unglaublich.«

»Verstehst Du jetzt, warum ich von der Demokratie des Westens enttäuscht bin? Die Kommunisten haben uns belogen und betrogen, doch gegen den Westen waren sie die reinsten Waisenknaben.«

Wir diskutierten auf der ganzen Fahrt zurück über den Film, darüber, wie schlecht die Menschen sind – insbesondere die Politiker – und dass sich, ich musste es zu meinem großen Bedauern zugeben, die moralischen Grundlagen in der Politik seit den Tagen, in denen Adolf Hitler sein Buch geschrieben hatte, keineswegs gebessert hatten. Lug und Trug, wohin man sah, und die Schafe wurden munter geschoren.

Im Stuttgarter Hauptbahnhof gingen wir hinunter zur S-Bahn. Ich fragte Heide, ob ich mitkommen solle nach Vaihingen, doch sie umarmte mich, ohne etwas zu sagen. Erst als die S-Bahn nach Vaihingen einfuhr, sagte sie: »Wir wissen beide, wie dieser Abend enden würde. Ich möchte nachdenken, ob ich Dein Angebot annehme und nach Korfu komme. Darüber muss ich allein nachdenken.« Heide sah meine Enttäuschung, drückte mir einen Kuss auf die Lippen und sagte: »Wenn ich nach Korfu komme, werden wir viel Zeit füreinander haben. Das verspreche ich Dir.«

Sie sprang in die S-Bahn und winkte mir zu, während der Zug abfuhr. Ich stand noch da und sah den Lichtern nach, als sie schon lange im Dunkel des Tunnels verschwunden waren, und fühlte mich allein, unsagbar allein. Erst als die nächste S-Bahn einfuhr, ging ich nach oben, nahm mir ein Taxi und fuhr zu Harkos Tante.

Harko brachte mich am Morgen ins LKA, er wollte sofort weiter zu seinem Anwalt. Ich ging den mittlerweile vertrauten Weg hoch in den dritten Stock, um einen Kaffee zu trinken, doch Peter passte mich im Flur ab.

»Hast Du heute schon etwas vor?«

Ich zuckte die Schultern. »Kommt darauf an, ob Martin ein Programm für mich hat.«

»Dann habe ich was für Dich. Heute Nacht ist ein junges Mädchen ermordet worden, die Mordkommission untersucht gerade den Tatort. Ich habe mit Kriminaldirektor Zimmermann gesprochen, er hat seinen Segen gegeben und veranlasst, dass Du Dir die Arbeit der Mordkommission ansehen kannst. Du darfst auch Fragen stellen, soviel Du willst, nur nichts berühren. Sonst verhaften sie am Ende noch Dich.« Er lachte über seinen eigenen Witz.

Natürlich nahm ich das Angebot an. Kurz darauf holte mich ein junger Beamter der Mordkommission ab. Er stellte sich als Dieter Lindner vor, fragte mich, ob ich schon einmal bei einer Spurensicherung dabei gewesen sei und sagte mir dann, dass die Leiche bereits abtransportiert worden war. Anschließend fragte er mich über meine Arbeit als Schriftsteller aus.

Mein Orientierungsvermögen in Stuttgart war noch nicht gut; wenn ich nicht selbst fahre, achte ich nicht auf die Straßen. Doch als wir am Ortschild von Vaihingen vorbeikamen, sagte ich: »Hier war ich schon einmal.« Wir fuhren mitten in die Stadt hinein – am S-Bahnhof vorbei in die Vollmoellerstraße.

»Zufälle gibt es,« sagte ich zu Dieter Lindner, »die einzige Frau, die ich in Stuttgart kenne, wohnt hier ganz in der Nähe. Die wird sich freuen, wenn ich gleich auf einen Sprung vorbeischaue und Hallo sage.«

»Wo wohnt Ihre Bekannte denn?« fragte der Kriminalbeamte.

»Ackermann-Straße 12.«

»Genau da fahren wir hin.« Mir war, als hätte mir jemand einen Schlag in den Magen versetzt: Ich hatte plötzlich Angst, eine unglaubliche Angst.

Er parkte vor dem Haus, in dem Heide wohnte. Das kann nicht sein, sagte ich mir, das ist nur ein dummer Zufall, in dem Haus wohnen viele Menschen. Doch Dieter Lindner ging mit mir in den dritten Stock. Zum zweitenmal betrat ich Heides Wohnung, aus dem Hallo würde nichts mehr werden.

»Das ist Herr Bardéz, Herr Hauptkommissar,« stellte mich Dieter Lindner dem ermittelnden Beamten vor.

Der wollte mich begrüßen, erschrak jedoch über mein sicher aschfahles Gesicht. »Ist Ihnen nicht gut?«

Ich brachte kein Wort heraus, wankte nur zum Marmor-Tischchen und ließ mich auf einen Stuhl fallen.

»Bitte passen Sie auf, dass Sie nichts berühren,« sagte ein Beamter, der mit Graphitpuder gerade die Tür zu Heides Schlafzimmer bestäubte, »wir sind noch dabei, Fingerabdrücke zu sichern.«

»Dann sollten Sie auch meine Abdrücke nehmen,« krächzte ich, »die werden Sie hier überall finden.«

Er sah mich erstaunt an.

»Sie haben das Mädchen gekannt?« fragte der Hauptkommissar.

»Was ist denn geschehen?« brachte ich mühsam hervor. »Ist Heide wirklich tot?«

»Ein Nachbar hat die Tür heute Morgen offenstehen sehen und ist in die Wohnung gegangen. Er hat sie im Bett gefunden – erschossen.«

Ich schloss die Augen, um mich drehte sich alles. Hätte mich Dieter Lindner nicht festgehalten, wäre ich umgekippt.

»Herr Bardéz – um Gottes Willen! Soll ich einen Krankenwagen für Sie rufen?«

Seine Stimme klang weit entfernt. Ich öffnete die Augen, konnte aber nur verschwommen sehen – ich kämpfte mit den Tränen. »Wir waren gestern Abend noch zusammen, im Kino, in Tübingen. Kurz vor Mitternacht haben wir uns verabschiedet, in Stuttgart am Hauptbahnhof.«

»Sie ist allein hierher in ihre Wohnung gefahren?« fragte der Hauptkommissar.

»Ja.«

»Und Sie?«

»Ich habe mir ein Taxi genommen und bin nach Fellbach gefahren, zu einem Freund, bei dem ich derzeit wohne.«

»Der Mord ist kurz nach Mitternacht geschehen,« sagte der Hauptkommissar mit ernster Stimme.

»Bin ich verdächtig?«

Dieter Lindner schüttelte heftig den Kopf, der Hauptkommissar nickte. »Ich fürchte ja – zumindest für den Moment. Wenn stimmt, was Sie sagen, waren Sie der letzte Mensch, der sie lebend gesehen hat – sieht man von eventuellen Fahrgästen in der S-Bahn ab. Haben Sie einen festen Wohnsitz in Deutschland?«

»Nein,« sagte ich, »ich lebe auf Korfu. Ich bin nur zu Besuch hier.«

»Das ist nicht gut,« sagte der Hauptkommissar. »Haben Sie wenigstens eine Quittung von der Taxifahrt?«

»Ich sammle keine Quittungen.«

»Dann, so fürchte ich, muss ich Sie bitten, mit auf unsere Dienststelle zu kommen.«

Dieter Lindner war noch immer sehr höflich zu mir, doch die Fahrt zurück, diesmal nicht zum LKA, sondern zur Mordkommission, machte ich nicht mehr als Schriftsteller, sondern als Mordverdächtiger mit. Ich berichtete dem Kommissar, wie ich Heidemarie kennengelernt hatte, dass ich einen Nachmittag und eine Nacht in ihrer Wohnung verbracht hatte und da sie, wie sie mir glaubhaft versichert hatte, dort keine Herrenbesuche empfing, würden meine

Fingerabdrücke die einzigen sein, die es in der Wohnung neben Heides Abdrücken gab. Außer, wenn ich Glück hatte, noch denen des Mörders.

Ich wollte wissen, wie Heide gestorben war, doch dazu wollte sich nun keiner der Beamten mehr äußern. Sie war erschossen worden, das war alles, was sie mir sagten.

Meine bisherigen Recherchen bei der Stuttgarter Polizei waren interessant gewesen, jetzt wurden sie mir zu lebendig: Ich musste mir Fingerabdrücke abnehmen lassen, meine Hände wurden auf Schmauchspuren untersucht, ich wurde fotografiert – von vorn, von der Seite und im Profil. Als Höhepunkt des Ganzen brachte mich ein Polizeiwagen nach Stammheim. Den Besuch in diesem Untersuchungsgefängnis hatte ich mir anders vorgestellt. Ganz anders.

Mein Mobiltelefon hatte ich sofort abgeben müssen, doch in Stammheim bat ich Kommissar Lindner, der meine Einlieferung persönlich überwachte, zu telefonieren.

»Sie stehen unter Mordverdacht,« sagte er, »der Einzige, mit dem Sie telefonieren dürfen, ist Ihr Anwalt.« Es war ihm sichtlich peinlich, mir die Bitte abschlagen zu müssen.

»Ich habe keinen Anwalt,« sagte ich, »und ich hoffe, ich brauche auch keinen. Können Sie nicht das LKA für mich anrufen und Hauptkommissar Peter Boyko informieren, was geschehen ist?«

In meinem Beisein rief er das LKA an und ließ sich mit Peter verbinden. Er sprach nicht lange mit ihm, sondern gab mir den Hörer.

»Ist zwar illegal,« sagte er, »aber das nehme ich auf meine Kappe.«

»Hallo Roberto,« sagte Peter fröhlich, »wie läuft es mit den Mordermittlungen. Ich höre, ihr seid in Stammheim. Habt ihr schon einen Tatverdächtigen?«

»Ja,« sagte ich, »mich.«

»Ha ha ha, guter Witz. Nein, im Ernst.«

»Das ist mein Ernst. Ich sitze gerade in Stammheim in U-Haft.«

Ich erzählte ihm, was passiert war.

Viertel nach sieben holte mich Harko ab.

»Ich kann mich nicht erinnern, dass wir ausgemacht haben, Du sollst es mit Deinen Recherchen übertreiben,« sagte Harko, während er mit mir durch die Gänge der Strafanstalt ging. »Sich selbst als Mordverdächtigen in Stammheim einbuchten zu lassen: Findest Du nicht, jetzt übertreibst Du mit Deiner Liebe zum Detail?«

Mir war nicht nach Scherzen zumute. »Wie habt ihr mich so schnell rausbekommen?«

»Dafür kannst Du Dich bei Kriminaldirektor Zimmermann bedanken. Ihm ist die Sache furchtbar peinlich. Er hat jeden Mann in der Stadt mobilisiert, um den Taxifahrer zu finden, der Dich gestern Nacht heimgebracht hat und um Zeugen aufzutreiben, die das Mädchen in der S-Bahn oder in Vaihingen gesehen haben. Den Taxifahrer haben sie gefunden und er hat bestätigt, dass er Dich kurz nach Mitternacht am Hauptbahnhof mitgenommen hat. Der konnte sich noch gut an Dich erinnern, weil Du ihm auf der ganzen Fahrt etwas von einer Verschwörung der Saudis und der Amerikaner erzählt hast. Und das Mädchen war um 0 Uhr 28 in Vaihingen auf dem S-Bahnhof, eine Überwachungskamera der Stuttgarter Verkehrsbetriebe hat das aufgezeichnet. Damit ist Deine Unschuld erwiesen. Zufrieden?«

Ich war erleichtert, und trotzdem niedergeschlagen. Ich hatte Heide nur wenige Tage gekannt, aber ich hatte sie gemocht. Und ich war entschlossen, den Mord an ihr nicht ungesühnt zu lassen.

Harko schleuste mich durch die Entlassungsabteilung, wo ich mein Mobiltelefon zurückbekam, und führte mich dann zu seinem Land-Cruiser.

»Kannst Du mir einen Gefallen tun?« fragte ich.

»Noch einen? Ich habe Dich gerade aus dem Knast geholt.«

»Dann tu mir noch einen. Ich möchte Heide sehen.«

»Das tote Freudenmädchen?«

»Sie heißt Heidemarie und nicht Freudenmädchen,« sagte ich wütend. »Und ich will sie noch einmal sehen.«

»Warum?«

»Weil ich sie gern hatte! Reicht Dir das als Begründung?« Das letzte hatte ich ungewollt heftig gesagt.

»Immer mit der Ruhe,« sagte Harko. »Ich kann versuchen, morgen für Dich einen Termin in der Pathologie zu bekommen.«

»Nicht morgen – jetzt!«

»Jetzt?«

»Du kennst doch hier Gott und die Welt. Ist darunter keine hübsche Nachtschwester in der Pathologie?«

Harko brummte. »Keine Nachtschwester, aber es gab da mal einen jungen Arzt. Vielleicht ist der heute Abend da.«

Wir hatten Glück, er war da und er ließ uns auch ein. Harko wollte Small-talk halten, ich wollte Heide sehen, und weil ich in meiner aktuellen Verfassung keine Rücksicht auf irgendwas nahm, führte uns der Arzt schon nach wenigen Minuten durch einen langen, extrem sauberen Flur: Auf dem Boden lag kein Stäubchen, die Luft war erfüllt vom durchdringenden Geruch starker Desinfektionsmittel. War es notwendig, sich vor Krankheiten der Leichen zu schützen oder sollte damit eine Geruchsbarriere zwischen den Lebenden und den Toten gezogen werden?

Heide lag in der stählernen Schublade einer riesigen Kühlbox, wie ein Stück Fleisch, das gekühlt werden musste. Ich hatte sie lachend und voller Leben in Erinnerung, jetzt lag sie kalt und stumm vor mir, nur mit einem dünnen, weißen Laken bedeckt.

»Wenn Sie das Mädchen so in Erinnerung behalten wollen, wie sie war, als sie noch lebte,« sagte der junge Arzt warnend, »sollten Sie nur ihr Gesicht ansehen. Wir haben heute Mittag die Autopsie durchgeführt. Ihr Brustkorb ist geöffnet und noch nicht wieder zugenäht.«

»Ich möchte mich von ihr verabschieden.«

Er schlug das Laken zurück.

Ich hatte einen Kloß im Hals und weiche Knie. Heide sah aus, als würde sie schlafen. Die Augen geschlossen, die Züge entspannt. Isabell hatte genauso ausgesehen, als ich sie gefunden hatte, von Wahnsinnigen dahingeschlachtet. In beiden Fällen war der Tod immerhin so gnädig gewesen, ihnen die Schönheit zu erhalten. Nun schlief auch Heide den ewigen Schlaf, würde nur in meiner Erinnerung lebendig sein. Ob sie und Isabell sich im Himmel begegneten?

Ich beugte mich über sie, küsste sie zärtlich auf die Wange, strich ihr noch einmal über das Haar – dann drehte ich mich um und schrie.

Ich bekam nicht mit, wie der Arzt Heides Leichnam wieder zudeckte und sie in ihr kühles Bett zurückschob, spürte nur, wie mich Harko am Arm nahm und sanft aus dem Leichenraum herausführte.

Richtig zu mir kam ich erst wieder, als wir in einem kleinen Aufenthaltsraum saßen und mir der Arzt eine Tasse dampfenden Kaffees anbot – mit einem kräftigen Schuss Obstler darin. Der Kaffee duftete stark nach Kirsche.

»Hat sie sehr gelitten?« fragte ich, als ich wieder klar denken konnte.

Der Arzt schüttelte den Kopf. »Sie war sofort tot. Das Mädchen wurde aus nächster Nähe erschossen. Der Schuss ging mitten ins Herz. Sie hat vermutlich nicht einmal etwas davon gespürt.«

»Mitten ins Herz?« fragte Harko. »Haben Sie so etwas schon einmal gesehen?«

»Ja,« sagte der Arzt und Harko wurde hellhörig. »Im Fernsehen, in einem Krimi. Da kommt so etwas häufig vor. Aber in der Realität? Bislang nicht.«

»Und warum nicht?« fragte ich.

Der Arzt sah mich an. »Legen Sie mal die Hand aufs Herz.«

Ich tat es – ich klopfte mir auf die rechte Brust.

»Lungenschuss,« sagte er lakonisch. »Mag sein, Sie haben das Herz auf dem rechten Fleck, aber sicher nicht auf der rechten Seite.«

Er holte ein Anatomielehrbuch aus einem Bücherregal, blätterte darin und legte es dann aufgeschlagen vor uns auf den Tisch. »Laien streiten sich oft darüber, ob das Herz links oder rechts in der Brust sitzt. Die meisten plädieren für rechts. Tatsache aber ist, das Herz sitzt ziemlich genau in der Mitte – bei den meisten Menschen leicht nach links versetzt, in seltenen Fällen etwas nach rechts. Medizinisch spricht man in diesem Fall von der sogenannten Rechtsherzigkeit, der Dextrokardie, die häufig mit einer spiegelverkehrten Organanordnung einhergeht, dem Situs inversus. Nur wenn das Herz Probleme macht, tut es rechts oder links weh – aber das sind meist Schmerzen, die gar nicht vom Herzen ausgehen. Ein typischer Fall etwa ist ein Schlüsselbein, das leicht verschoben ist: Ich kenne Leute, die sich jahrelang bei Herzspezialisten wegen Herzrhythmusstörungen behandeln ließen, und dabei als Hypochonder galten, bis ein Heilpraktiker, der auch was von Knochenbau versteht, das Schlüsselbein mit einem einzigen Griff wieder in die richtige Position gebracht hat.«

Er deutete auf die Zeichnung des Herzens. »Krimiautoren sind verrückt auf den Herzschuss,« sagte er, und ich dachte, es sei besser, ihm nicht zu sagen, dass auch ich Krimiautor bin und schon mehrfach Opfer literarisch mit Herzschuss getötet habe.

»Zunächst einmal,« führte er aus, »muss der Täter genau wissen, wo das Herz sitzt. Selbst wenn er das weiß, besteht noch immer das Risiko, dass die Kugel an einem Brustwirbel abgelenkt wird. Und selbst wenn er das Herz trifft, fällt das Opfer nur selten sofort tot zu Boden, wie das immer wieder geschrieben wird – meist verblutet es.« Er schloss die Augen und griff sich an die Nasenwurzel. Dann sagte er leise: »Ich weiß nicht, ob das an diese Stelle gehört – aber die Inkas in Südamerika, die ihren Gefangenen bei lebendigem

Leib das Herz herausschnitten, hatten immer genügend Zeit, den Sterbenden ihr eigenes, noch pulsierendes Herz zu zeigen.«

Das hätte ich bei meiner Vergangenheit eigentlich selbst wissen müssen – in der Schule waren die Opferriten unserer Vorfahren oft genug im Unterricht behandelt worden. Allerdings waren nicht die Inkas so blutrünstig gewesen, sondern die Azteken, und die waren nicht meine, sondern die Vorfahren der Mexikaner. Trotzdem blieb die furchtbare Tatsache bestehen, dass ein Herzschuss nicht zum sofortigen Tod führt. »Also hat Heidemarie doch gelitten.«

»Nein,« sagte der Arzt entschieden. »Der Herzschuss für sich wäre zwar tödlich gewesen, doch der Täter wollte wohl ganz sicher gehen: Er hat den Schuss so aufgesetzt, dass die Kugel auch die Aorta zerrissen hat. Der Tod trat in Sekundenbruchteilen ein. Wenn Sie mich fragen, war hier ein Profi am Werk.«

Ich schluckte und sah Harko an. »Denkst Du das gleiche, was auch ich denke?«

»Maja,« sagte er grimmig.

»Maja?« fragte der Arzt.

»Angeblich ist vor ein paar Wochen eine andere…« Harko zögerte, er wollte wohl nicht Prostituierte sagen, »… eine andere Frau durch einen Herzschuss getötet worden, allerdings mit einem Gewehr. Doch die Leiche wurde nie gefunden. Jetzt glauben wir, es könnte einen Zusammenhang geben. Beide Frauen sind vielleicht vom gleichen Täter getötet worden.«

»Ich kann im Computer nachsehen, ob es in den letzten Wochen einen Leichenfund mit Herzschuss gab,« bot der Arzt an.

Wir gingen in sein Büro und er startete die Recherche. Der Arzt hatte recht, Herzschüsse waren in der Realität bei weitem nicht so häufig wie in der Literatur, aber es gab sie. Etwa den eher skurrilen Fall eines Mannes, der seine Ehefrau mit einem Herzschuss getötet und anschließend schlicht ein Pflaster auf die Einschusswunde geklebt hatte. Erst als die Leiche bei späteren Erbstreitigkeiten obduziert wurde, entdeckte der Gerichtsmediziner den Mord. Und in Berlin war ein Mann durch einen aufgesetzten Schuss ins Herz getötet worden. Dabei handelte es sich aber um eine Abrechnung unter Kosovo-Albanern, der Täter war gefasst und verbüßte in Berlin Moabit eine lebenslange Freiheitsstrafe.

Harko bedankte sich, wir verließen die Pathologie und gingen durch die frische Nachtluft zurück zum Wagen. Doch als wir eingestiegen waren, machte Harko keine Anstalten, den Wagen zu starten.

»Was ist los?« fragte ich.

»Ich denke.«

»Und was denkst Du?«

»Etwas ziemlich Unsinniges, fürchte ich. Zwei... Frauen, die durch einen Herzschuss getötet werden. Das ist ungewöhnlich. Beide im selben Beruf tätig. Es gibt keine Hinweise auf den Täter, im einen Fall noch nicht einmal eine Leiche.«

»Du glaubst, Dein Herr Staatsanwalt läuft herum wie Jack the Ripper und schlachtet Freudenmädchen ab?«

»Er war Kunde von Maja, vielleicht war er auch Kunde von Heidemarie?«

»Glaube ich nicht,« sagte ich. »Dein Staatsanwalt steht auf außergewöhnliche Spielchen mit erfahrenen Frauen. Heidemarie war nicht aus Überzeugung, sondern aus wirtschaftlicher Not heraus in diesem Beruf. Sie mochte keine harten Sachen, stand mehr auf Zärtlichkeit.«

»Woher willst Du das wissen?«

»Wir haben darüber gesprochen.«

Harko starrte mich von der Seite an. »Nur gesprochen?«

»Sagen wir einfach, ich weiß es, OK?«

Harko brummte nur.

»Damit dürfte der Staatsanwalt als Verbindung zwischen Heide und Maja ausfallen. Wer bleibt dann noch?«

»Niemand, von dem wir wissen,« sagte Harko.

»Was ist mit Lidya? Sie war angeblich Majas beste Freundin, doch wie mir Heide gesagt hat, war die Freundschaft eher eine Feindschaft. Auch Heide hat Lidya gekannt.«

»Flüchtig.«

»Aber sie hat sie gekannt.«

Harko atmete tief durch. »In Deinen Krimis mag es einfach sein, einen Menschen zu erschießen. Plop, schon isser tot. In Wirklichkeit ist das verdammt schwer.«

»Warum sollte das so schwer sein? Jeden Tag geschehen Morde.«

»Hast Du schon mal einem Huhn den Kopf abgeschlagen? Oder einem Schwein den Schädel eingeschlagen? Oder einem Hasen die Kehle durchgeschnitten?«

Gott bewahre, das hatte ich noch nicht. »Ich bin kein Schlachter,« sagte ich entrüstet.

»Das können auch nur wenige. Ich könnte es nicht. Und einen Menschen zu töten, ist noch viel schwerer. Lidya mag hinter Majas Rücken schlecht über sie geredet haben, aber das tun viele Frauen, die ich kenne: Vornerum scheißfreundlich und hintenrum lästern. Doch wenn Du glaubst, Lidya sei die Mörderin, bist Du schief gewickelt. Glaub mir.«

Diesmal glaubte ich ihm nicht. »Lass uns zu Heides Wohnung fahren. Es muss einen Grund für den Mord geben. Vielleicht finden wir in der Wohnung eine Spur.«

Harko sah mich entgeistert an. »Spinnst Du? Die Wohnung ist von der Polizei versiegelt!«

»Und?«

»Dafür kommt man in Deutschland ins Gefängnis.«

»Da war ich schon,« sagte ich. »Gar nicht so schlecht da. Bequeme Betten und das Essen heute Mittag war ganz in Ordnung. Es gab sogar Spätzle.«

»Du hast sie ja nicht mehr alle…«

»Kann schon sein,« sagte ich. »Aber jetzt bin auch ich auf Rache aus.«

Eine halbe Stunde später standen wir vor Heides Wohnung. Harko hatte zuvor das Handschuhfach seines Land-Cruisers durchsucht und dabei ein Polizeisiegel entdeckt, das wohl vor Jahren durch ein Versehen dorthin geraten war. Jetzt war er dabei, das zwischen Tür und Türrahmen angebrachte alte Siegel vorsichtig zu entfernen.

»Was ist das?« fragte ich und deutete auf einen grauen Fleck an der Tür, der sich ungefähr in Augenhöhe befand.

Harko sah genau hin. »Sieht aus wie der Abdruck eines Ohrs. Warum?«

Ich dachte an den Vortrag über Daktyloskopie, den ich im LKA bekommen hatte und dass es inzwischen möglich war, Ohrabdrücke zur Identifizierung von Tätern heranzuziehen – vor allen Dingen bei Einbrüchen. Warum nicht auch bei Mord?

»Wenn der Täter oder die Täterin zuerst an der Tür gelauscht hat?« fragte ich.

»Dann hast Du einen schönen Ohrabdruck, der Dir gar nichts nützt. Weil Ohren erkennungsdienstlich noch nicht erfasst sind.«

Dennoch besah ich mir den Abdruck genauer. Es war der Abdruck eines rechten Ohrs, durch die Spurensicherung zwar verändert, trotzdem klar und deutlich zu erkennen. Da hatte jemand sehr genau an der Türe gelauscht. Ich stellte mich probehalber davor – die Person musste fast so groß sein wie ich. Das würde eher auf einen Mann hindeuten, dachte ich, denn ich bin 1 Meter 80 groß. Doch auch Lidya war eine große Frau. Leider konnte ich dem Abdruck nicht entnehmen, ob es sich um ein Männer- oder Frauenohr handelt. Vielleicht konnte uns Konrad Nägele, der Finger- und hoffentlich auch Ohrabdruckspezialist, mehr dazu sagen.

Harko hatte das Siegel jetzt abgelöst und öffnete die Tür mit einem Dietrich, der sich mitsamt einem umfassenden Set von Einbruchswerkzeugen ebenfalls rein zufällig im Handschuhfach des Land-Cruisers gefunden hatte. Was für ein Glück, dachte ich, dass in Europa inzwischen die Grenzkontrollen abgeschafft sind – sonst säßen wir inzwischen sicher in irgendeinem Gefängnis. Denn Harko hatte sicher noch mehr Andenken an seine aktive Dienstzeit im Wagen »vergessen«. Wir gingen in Heides Wohnung und schlossen hinter uns ab. Ich machte Licht.

»Mach sofort das Licht aus!« sagte Harko. »Willst Du, dass uns jemand sieht? Außerdem hinterlässt Du Fingerabdrücke!«

Meine erste illegale Aktion mit Harko hatte ich mir anders vorgestellt. Er, der Profi, ich, der Lehrling. Doch an diesem Abend war eindeutig ich die treibende Kraft. Hatte ihm seine Nacht in der Ausnüchterungszelle den Mut genommen? Bei mir war genau das Gegenteil der Fall: Ich war wütend. Unglaublich wütend. Und ich wollte Heides Mörder. Die Konsequenzen für mich waren mir gleichgültig.

»Wenn jemand Licht sieht, glaubt er, die Polizei sei noch einmal gekommen, um etwas zu untersuchen. Misstrauisch werden die Leute, wenn sie Gestalten in einem unbeleuchteten Zimmer herumhuschen sehen oder jemand mit einer Taschenlampe herumschleicht. Und Fingerabdrücke von mir gibt es in dieser Wohnung genug – da kommt es auf ein paar mehr oder weniger nicht an.«

»Du denkst schon wieder wie ein Schriftsteller und was Du sagst, mag für Südamerika richtig sein, doch wir sind hier in Stuttgart. Schwaben achten ganz genau darauf, was bei den Nachbarn geschieht. Wenn ein Land-Cruiser mit griechischen Nummernschildern vor einem Haus parkt und kurz darauf im Haus Licht angeht, zählen die zwei und zwei zusammen.«

»Dann hoffe ich, daß die Nachbarn hier nur bis drei zählen können.«

Harko kratzte sich nachdenklich am Kinn. »Du bist nicht zufällig aus Argentinien abgehauen, weil Dich dort die Polizei sucht? Als Einbrecher oder als Killer?«

»Meine Weste ist so weiß wie Deine,« sagte ich.

»Das habe ich befürchtet,« brummte Harko. »Was suchen wir überhaupt?«

»Du bist der Polizist,« sagte ich. »Ich würde – natürlich nur laienhaft als Krimi-Schreiber – sagen, wir suchen etwas, weswegen es sich gelohnt hat, ein junges Mädchen kaltblütig zu ermorden.«

Wir durchsuchten die Wohnung zwei Stunden lang systematisch, ohne dass uns die Nachbarn oder die Polizei dabei störten. Allerdings war unsere Suche erfolglos. Wir überprüften zunächst alle Plätze, an denen etwas zu finden sein könnte – Bücher, Fotoalben, Kisten mit Krimskrams. Danach suchten wir, wo Heide etwas versteckt haben könnte: im Schrank, unter dem Bett, unter Schubladen – vielleicht hatte Heide etwas darunter geklebt. Doch entweder hatte der Mörder gefunden, was wir suchten, oder die Polizei war sehr gründlich gewesen, oder es gab nichts.

Ich fand jedoch das Heft, in dem Heide den Anfang ihres Romans niedergeschrieben hatte, und legte es auf den Marmortisch im Wohnzimmer, um es später mitzunehmen.

»Was tust Du da?« fragte Harko.

»Unterschlagung von Beweismaterial? Ist das der richtige Ausdruck?«

Er stöhnte.

»Das hat weder für den Mörder noch für die Polizei eine Bedeutung und wenn Heides Besitz irgendwann aufgelöst wird, fliegt ihr angefangenes Manuskript in den Müll. Doch für mich lebt sie auf diesen Seiten weiter.«

Harko schüttelte fassungslos den Kopf. Er würde nie verstehen, was Schreiben für einen Schriftsteller wirklich bedeutet.

Als wir sicher waren, alles durchgesehen zu haben, machten wir uns zum Gehen bereit. Wir standen schon an der Tür, als mir noch etwas einfiel. Ich ging zurück zum Bücherregal und holte Heides Ausgabe von *Mein Kampf*. Harko sah den Titel und bekam große Augen.

»Leg das sofort zurück!«

»Damit Heide noch in den Verdacht gerät, rechtsradikal zu sein? Nein.«

Harko war fest entschlossen, mir diese zweite Unterschlagung von Beweismaterial nicht durchgehen zu lassen. Er wollte mir das Buch aus der Hand reißen. Ich hielt es fest, wir zerrten beide daran und der Schutzumschlag ging entzwei. Dabei fiel etwas zu Boden. Einen Moment lang waren wir beide wie erstarrt, dann bückte sich Harko und hob es auf. Es war eine Fotografie. Er sah sie an und sagte dann: »Ich glaub, mich tritt ein Pferd.«

Auch ich sah mir das Foto an: Lidya in Kampfuniform mit umgehängter Kalaschnikow, vor ihr auf dem Boden ein toter Soldat.

»Die war in Jugoslawien und hat als Partisanin gekämpft,« sagte Harko. »Da hat sie das Schießen gelernt.«

»Und das Töten,« fügte ich hinzu. Hatte Heide das Bild versteckt, weil sie sich vor Lidya fürchtete?

Mein erster Weg am nächsten Morgen führte mich zu Konrad Nägele, dem Fingerabdruckexperten des LKA.

»Hallo Señor Bardéz,« begrüßte er mich. »Stimmt es, was man so hört?«

»Spielen Sie auf meinen Besuch in Stammheim gestern an? Ja, das stimmt. War realistischer, als ich das geplant hatte, dafür habe ich sehr lebendige Eindrücke bekommen.« Ein bisschen zu lebendig, wie ich mir an diesem Morgen eingestanden hatte, als ich mir vorstellte, mein Frühstück nicht bei Harkos Tante, sondern in einer Gefängnis-Kantine einnehmen zu müssen. Doch ich war nicht gekommen, um über meine Verhaftung zu reden. »Ich möchte Sie um einen Gefallen bitten.«

Ich erzählte Herrn Nägele von dem Ohrabdruck, den die Mordkommission an Heides Wohnungstür gefunden hatte, und wollte wissen, was er brauche, um eine Übereinstimmung mit einer verdächtigen Person feststellen zu können.

»Zunächst einmal,« sagte er, »benötige ich natürlich den Abdruck des Ohrs, der am Tatort gefunden wurde.«

»Können Sie sich den über den Polizeicomputer besorgen?« fragte ich.

»Leider nein, ich muss einen offiziellen Antrag auf Akteneinsicht stellen. Das ist aber nur eine Formalität – Ende der Woche ist der Abdruck hier.«

»Dann muss ich ihn besorgen,« sagte ich, »so lange kann das nicht warten. Und dann? Was brauchen Sie für den Vergleich?

Genügt Ihnen ein Bild eines Verdächtigen?« Ich wollte ihm noch nicht sagen, dass es sich um eine Frau handelt.

Er wiegte den Kopf bedenklich hin und her. »Auf einer Fotografie lässt sich einiges erkennen, aber ein Bild und einen Abdruck miteinander zu vergleichen, ist schwer. Ein zweiter Abdruck wäre besser.«

»Wie lange brauchen Sie dann für den Vergleich?« fragte ich. »Ich meine, wenn Sie zwei Abdrücke vorliegen haben?«

»Eine halbe Stunde?«

»Danke,« sagte ich. »Bis heute Nachmittag haben Sie die Abdrücke.« Dann ging ich in den dritten Stock.

»Da kommt ja unser Knacki,« begrüßte mich Schorsch grinsend. »Harko sagt, Du hättest die Küche in Stammheim ausdrücklich gelobt.«

»Der Kaffee war jedenfalls besser als euer Gebräu hier. Wo steckt Harko?«

»Er ist bei Peter im Büro.«

Ich ging zu Peter Boyko. Harko berichtete ihm gerade, was wir am Abend zuvor erlebt hatten; ich sagte den Beiden, was ich von Konrad Nägele erfahren hatte und dass wir Lidya vermutlich überführen können, wenn wir die beiden Ohrabdrücke haben.

»Und wie wollt ihr die bekommen?« fragte Peter.

Ich sah Harko an. »Besorgst Du einen Abdruck von Lidyas Ohr, ich organisiere inzwischen den Abdruck von der Mordkommission.«

»Und wie…« wollte Peter fragen, doch Harko sprang bereits auf.

»In zwei Stunden bin ich zurück.«

Bevor Peter noch einmal »und wie« fragen konnte, war Harko schon aus der Tür.

»Kannst Du für mich die Mordkommission anrufen und einen Dieter Lindner verlangen?«

»Und was…«

»Ruf ihn einfach an, den Rest mache ich.«

»Wer ist hier eigentlich der Polizist?« fragte Peter. »Und wer der Beobachter?«

Er brummte, griff aber zum Telefon, wählte und ließ sich verbinden. Dann reichte er mir den Hörer.

»Kommissar Lindner?«

»Herr Bardéz? Das wegen gestern tut mir leid, glauben Sie mir.«

»Vergessen Sie´s,« sagte ich. »Sie haben Ihre Pflicht getan und mir wertvolle Eindrücke für mein nächstes Buch verschafft. Ich rufe Sie wegen etwas anderem an. Sie haben doch an der Eingangstür von Heidemaries Appartement einen Ohrabdruck gefunden. Könnten Sie mir eine Kopie davon ins LKA schicken? Ich habe einen Verdacht, wem das zugehörige Ohr gehören könnte.«

»Sie haben was?!?«

»Bislang nur einen Verdacht. Doch wenn ich den Abdruck noch heute Vormittag bekomme, kennen Sie vielleicht bis Mittag den Mörder.«

»Sie erstaunen mich, Herr Bardéz. Und Sie machen keinen Witz?«

»Ich mochte das Mädchen und will ihren Mörder hinter Gittern sehen.«

Er schien zu überlegen. »Ich kann natürlich keine Akte ohne Genehmigung rausschicken,« sagte er nach einer Weile. »Das verstößt gegen die Dienstvorschriften. Aber wenn ich mir die Akte ansehe, dringend weg muss und dabei die Akte aus Versehen in meiner Aktentasche mitnehme… Ich bin in einer Stunde bei Ihnen.«

»Kommen Sie rauf in den dritten Stock,« sagte ich, »ich warte auf Sie.«

»Und wie…«

»Trinken wir einen Kaffee?« fragte ich, bevor Peter ins Detail gehen konnte. »Schmeckt zwar fürchterlich, aber muntert wenigstens auf.«

Der junge Kriminalbeamte war schon nach einer dreiviertel Stunde da und ich ging mit ihm und Peter direkt in die Daktyloskopie-Abteilung. Konrad Nägele stellte keine Fragen und scannte den Ohrabdruck in den Computer ein.

»Und nun?« fragte Peter. »Können Sie schon etwas über den Mörder sagen?«

Konrad Nägele betrachtete sich den Abdruck gründlich. »Kein Mann, sondern vermutlich eine Frau.«

»Wegen der Größe des Abdrucks?« fragte Peter.

»Nein. Aber hier unten ist deutlich zu sehen, dass die Person einen Ohrring getragen hat. Das tun auch viele Männer. Doch bei diesem Ohrring handelt es sich vermutlich um einen Stecker mit einer einzelnen Perle darauf, und so etwas habe ich noch bei keinem Mann gesehen.«

Dieter Lindner besah sich den Abdruck am Monitor genauer. »Für mich wäre das nur verschmiert,« sagte er. »Doch jetzt, wo Sie es sagen: Es sieht tatsächlich so aus, als wäre es von etwas kugelartigem verursacht worden.« Er pfiff leise durch die Zähne. »Kein Mörder, sondern eine Mörderin – das hätte ich bei der Art der Tötung nicht vermutet.«

»Jetzt brauchen wir noch den zweiten Abdruck,« sagte ich.

Ungeduldig warteten wir auf Harko. Der kam eine halbe Stunde später. Konrad Nägele sah Harko neugierig an: »Hat es funktioniert?«

»Das hoffe ich,« sagte Harko und reichte dem Daktyloskopie-Spezialisten ein Mobiltelefon. Harko fasste es vorsichtig mit zwei Fingern an der Seite an, Konrad Nägele behandelte es ebenso.

»Sag mal, habt ihr zwei da was ausgetüftelt?« Ich war erstaunt über das Ausmaß an Konspiration.

Harko grinste. »Ich habe noch nie einen Ohrabdruck gesichert, und da habe ich Konrad vorher um Rat gefragt.«

»Und?«

Konrad Nägele war bereits eifrig dabei, den Abdruck zu sichern, weshalb Harko uns ins Bild setzte. »Ohrabdrücke entstehen wie Fingerabdrücke durch Schweiß oder Fett. Da ich Lidya schlecht dazu bringen konnte, ihr Ohr an eine Tür zu drücken, musste ich etwas finden, auf dem sie ihren Ohrabdruck ganz natürlich hinterlässt. Konrad hatte die Idee mit dem Handy – eines dieser modernen Dinger mit einem großen Display. Wir haben es sorgfältig gereinigt, dann habe ich Manousos angerufen, ihm die Nummer von Konrads Handy gegeben und ihn gebeten, Rudi solle mich in zehn Minuten anrufen. Als ich bei Lidya war, klingelte der Apparat. Ich habe kurz mit Rudi gesprochen, natürlich ohne dabei das Display an mein Ohr zu halten, und das Telefon dann an Lidya weitergereicht. Junge, Junge, hat die ins Telefon geflötet. Und den Apparat fest gegen ihr Ohr gedrückt.«

Konrad Nägele war mit Adhäsionsmittel und Sicherungsfolie zugange, um den Abdruck von Lidyas Ohr zu sichern. Als er fertig war, legte er den neuen Abdruck unter einen Apparat, den er als Videovergleichsanlage bezeichnete. Den an Heides Tür gefundenen Abdruck legte er daneben. Skeptisch betrachtete er das Ergebnis.

»Als Beweis vor Gericht dürfte es noch nicht genügen, aber sonst? Zu 95% stammen beide Abdrücke von der selben Person.«

»Wer ist die Frau?« fragte Dieter Lindner.

»Eine entfernte Kollegin von Heidemarie,« sagte Harko.
»Und jetzt?« fragte ich.
»Verhaften wir die Gute,« sagte Harko grimmig.
»Und wer soll sie verhaften?« fragte Peter. »Das ist ein Fall für die Mordkommission.«
»Wir könnten sie vorladen und dabei einen genauen Abdruck ihres Ohrs anfertigen,« schlug Dieter Lindner vor. »Wenn ich meinem Chef die beiden Abdrücke zeige, stimmt er mir sicher zu.«
Ich sah Harko an. »Kann ich Dich kurz unter vier Augen sprechen?«
Wir gingen auf den Flur.
»Wenn Lidya wirklich mit dem Staatsanwalt unter einer Decke steckt, wird der hellhörig, sobald ein Haftantrag gestellt wird. Und wenn uns die Mordkommission fragt, wie wir auf Lidya gekommen sind, müssen wir ordentlich was beichten.«
»Dann werfen sie uns in hohem Bogen raus,« sagte Harko. »Wenn sie uns nicht gleich nach Stammheim schicken.«
»An den Staatsanwalt kommen wir dann auch nicht mehr ran.«
»Ich denke, der ist Dir nicht so wichtig?« fragte Harko.
»Seit der mich aus seinem Büro geworfen hat, steht der auch bei mir auf der schwarzen Liste. Also, was machen wir?«
»Lass mich nachdenken.« Und Harko dachte nach. »Es ist klar, dass in dem Fall die Mordkommission zuständig ist. Übergehen können wir sie nicht. Doch wenn die Lidya jetzt festnehmen, sind wir in Erklärungsnot. Wenn wir das Ganze über die Drogenfahndung machen, fliegt unser Schwindel auf – und wir werden belangt, weil wir Rudi auf Korfu versteckt haben. Zumal außer uns Beiden niemand weiß, dass Lidya vermutlich eine Doppelmörderin ist.«
»Also abwarten?« schlug ich vor.
»Auf keinen Fall. Wenn wir nur den Ohrabdruck haben, kann Lidya jederzeit behaupten, sie habe Heidemarie lediglich besuchen wollen und dabei an der Tür gelauscht, ob sie da sei. Das ist nicht strafbar und dem Ohrabdruck sieht man nicht an, wann er entstanden ist. Doch wenn sie geschossen hat, sind an ihrer Hand noch Schmauchspuren festzustellen. Aber nicht mehr lange. Doch selbst die sind noch kein Beweis, wenn wir die Waffe nicht finden. Sie könnte immer noch behaupten, sie habe auf einem Schießstand oder irgendwo sonst zu ihrem Vergnügen geschossen. Dann ist sie vielleicht wegen unerlaubten Waffenbesitzes dran, doch das ist eine

Bagatelle im Vergleich zu einem Doppelmord. Nein – wir müssen uns etwas besseres einfallen lassen.«

»Und was?« Ich hörte mich schon genauso an wie Peter.

»Wir können ihr zusetzen und hoffen, dass sie es zugibt. Oder sich verrät.«

»Und wie…« Irgendwie verstand ich Peter immer besser.

Harko schien zu grübeln, doch plötzlich hellte sich sein Gesicht auf. »Wir zäumen das Pferd von hinten auf.«

»Verrätst Du mir Deinen Plan?«

»Noch nicht,« sagte er, »ich muss erst noch ein paar Dinge vorbereiten.«

Wir gingen zurück. Konrad Nägele, Peter Boyko und Dieter Lindner sahen uns fragend an.

»Der Fall ist komplizierter als es derzeit aussieht,« sagte Harko zu Kommissar Lindner. »Könnten Sie damit leben, zwei Tage nichts zu unternehmen?«

Er sah Harko ungläubig an. »Wir sollen die Hauptverdächtige frei herumlaufen lassen?«

»Nur für einen oder zwei Tage. Bis jetzt ist es nur ein dringender Tatverdacht, es gibt noch keinen echten Beweis. Wenn sie leugnet und sich einen guten Anwalt nimmt, ist ihr vermutlich nichts nachzuweisen. Ich bin mir aber sicher, ich weiß einen Weg, um sie zu überführen. Sie müssten mir jedoch einen Gefallen tun.«

Kommissar Lindner war skeptisch.

»Stellen Sie bei der Staatsanwaltschaft einen Antrag für einen Haftbefehl gegen Lidya Radovic, mit der Begründung, sie sei des Mordes an Heidemarie Walner verdächtig. Sagen Sie nicht, worauf sich dieser Verdacht begründet. Und unternehmen Sie nichts, auch wenn Sie den Haftbefehl bekommen sollten, was ich jedoch stark bezweifle.«

»Mein Chef springt im Dreieck.«

»Nicht, wenn er noch heute auf eine dringende Dienstreise muss und Sie in der Zwischenzeit für alles zuständig sind.«

»Er muss auf eine Dienstreise?«

Harko sah auf die Uhr. »In einer Stunde wird er müssen. Fahren Sie jetzt zurück zu Ihrer Dienststelle. Wenn ich Sie anrufe, gehen Sie zur Staatsanwaltschaft. Dann warten Sie einfach ab, was passiert.«

Das ist viel verlangt, dachte ich, doch Dieter Lindner notierte sich den Namen und die Adresse von Lidya, nahm seine Akte und verabschiedete sich.

»Ich glaube, hier läuft etwas, von dem ich gar nicht wissen will, was es ist,« sagte Konrad Nägele. »Ist vielleicht besser, ich kümmere mich wieder um meine Fingerabdrücke.«

Harko, Peter und ich bedankten uns, dann gingen wir zurück in Peters Büro. Wie drei Verschwörer saßen wir kurz darauf an Peters Schreibtisch und steckten die Köpfe zusammen.

»Lidya hat ziemlich sicher Heidemarie umgebracht und sehr wahrscheinlich auch Rudis Frau erschossen,« begann Harko. »Doch nachweisen lässt sich bislang nichts davon. Anders sieht die Sache aus, wenn wir die Mordwaffe haben.«

»Die wird sie sicher weggeworfen haben,« sagte ich.

»Glaube ich nicht,« sagte Harko. »Man kommt zwar an neue Waffen ran, aber ganz so einfach, wie das immer wieder dargestellt wird, ist das in Deutschland nicht. Solange sie nicht verdächtig ist, wird sie die Waffe nur verstecken. Wenn aber stimmt, dass sie mit dem Oberstaatsanwalt unter einer Decke steckt, wird der sie warnen, sobald er von dem Haftbefehl hört. Dann dürfte sie es eilig haben, die Pistole verschwinden zu lassen.«

»Du rechnest damit, dass der Staatsanwalt sie anruft, sobald der Haftbefehl beantragt wird?«

»Das tut er garantiert,« sagte Harko.

»Und wenn der Staatsanwalt nichts davon mitbekommt?«

»Er wird derjenige sein, der ihn ausstellen soll.«

»Wie willst Du das deichseln?«

»Das lass meine Sorge sein.«

Harko stand auf und wollte das Zimmer verlassen.

»Wo gehst Du hin?« fragte ich.

»Ich muss in Ruhe telefonieren und ein paar Dinge regeln.«

»Hat er das öfter?« fragte ich Peter, nachdem Harko gegangen war. Peter zuckte die Schultern. »Eigentlich nicht. Aber manchmal ist es besser, nicht genau zu wissen, was er macht.«

Den Eindruck hatte ich auch.

Fröhlich pfeifend kam Harko eine halbe Stunde später zurück.

»Und?« fragten Peter und ich gleichzeitig.

»Alles gebongt,« sagte Harko. »Ich habe mit Oberstaatsanwältin Schovenberg gesprochen. Der ermittelnde Hauptkommissar im Fall Heidemarie Walner erhält in diesem Moment einen Anruf von ihr mit der Bitte, unverzüglich nach Hamburg zu reisen, da dort seine Hilfe benötigt wird. Ein Knacki will singen, aber nur, wenn ein Polizist aus Stuttgart dabei ist. Da es eilig ist, fliegt er in zwei Stunden hoch. Das Ticket ist bereits am Schalter hinterlegt, in einer Stunde soll er es abholen. Ebenfalls in einer Stunde gibt es in der Staatsanwaltschaft eine kleine Feier – die Tochter der Frau Staatsanwältin hat eine wichtige Prüfung bestanden und Oberstaatsanwältin Schovenberg gibt einen aus. Dazu wird auch Oberstaatsanwalt Mittler eingeladen, aber da er nie an solchen Feiern teilnimmt, ist er der Einzige, der einen Antrag auf einen Haftbefehl entgegennehmen kann. Und vier Beamte sind gerade dabei, kurzfristig eine Telefonüberwachung einzurichten: Den Dienstapparat von Oberstaatsanwalt Mittler, sein Handy, sein Privattelefon und eine Telefonzelle in der Nähe der Staatsanwaltschaft, von der aus Mittler gelegentlich telefoniert.«

»Das alles hast Du arrangiert, obwohl Du nicht mehr im Dienst bist?« fragte ich erstaunt.

Harko lächelte. »Wie es scheint, bin ich nicht der Einzige, der etwas gegen Mittler hat.«

Zu Peter sagte er: »Jetzt brauchen wir noch eine Personenüberwachung für Lidya. Wer kann das übernehmen?«

»Martin, Schorsch und ich. Das heißt, wenn Dir drei Leute genügen. Sonst könnte ich natürlich noch eine Hundertschaft von der Bereitschaftspolizei anfordern oder das SEK alarmieren – derzeit gibt es keine Terroristen und die Jungs haben nicht viel zu tun.«

»Das wird nicht nötig sein,« entgegnete Harko. Oh nein, Sarkasmus war wirklich nicht seine Stärke.

»Und was machen wir?« fragte ich. »Bleiben wir hier und drehen Däumchen?«

»Nein,« sagte Harko. »Wir fahren zum Leierkasten. Wenn mich meine Intuition nicht im Stich lässt, taucht Lidya dort schon sehr bald auf.«

Bevor wir fuhren, rief Harko noch Kommissar Lindner an und gab ihm grünes Licht.

»Sein Chef war ganz aufgeregt,« sagte Harko grinsend, nachdem er das Telefonat beendet hatte, »weil er so plötzlich nach Hamburg muss. Eine Riesensache, hat er wohl gesagt. Würde mich interessieren, welches Märchen er in Hamburg aufgetischt bekommt.«

Wir fuhren zum Leierkasten und setzten uns in ein Café gegenüber. Während uns der Ober zwei Cappuccino brachte, klingelte Harkos Mobiltelefon.

»Ja?… Er hat? Was hat er gesagt?… Interessant… Danke.«

Als der Ober gegangen war, sagte Harko: »Wie ich mir gedacht habe – der Haftbefehl wurde offenbar abgelehnt, Kommissar Lindner hat die Staatsanwaltschaft mit hochrotem Kopf verlassen. Fünf Minuten später ist Oberstaatsanwalt Mittler zu einem kleinen Spaziergang aufgebrochen und hat von seiner Lieblingstelefonzelle aus telefoniert. Dreimal darfst Du raten, mit wem.«

»Lidya.«

»Genau. Er hat ihr gesagt, er weiß nicht, was los ist, doch die Mordkommission ermittle gegen sie. Dann hat er gefragt, ob sie damit quitt seien. Lidya hat gelacht und gesagt, quitt seien sie, wenn sie das sage. Interessant, nicht?«

Das war es in der Tat.

»Und jetzt?«

»Warten wir ab, was Lidya nun tut.«

Wieder klingelte Harkos Mobiltelefon.

»Ja?… Hallo Schorsch… Sie hat das Haus verlassen? Gut. Und ist ins Auto gestiegen. Wo fährt sie hin? Genau wie ich dachte. Wenn sie hier ankommt, gehen Roberto und ich rein. Deckt ihr die Eingänge ab. Bis gleich.«

Zu mir gewandt sagte er: »Sieht aus, als käme sie hierher.«

Eine Viertelstunde später hielt ein roter Golf vor dem Leierkasten, ein silberfarbener Opel Omega Kombi fuhr vorbei und bog in die nächste Seitenstraße ein. Lidya stieg aus dem Golf und ging zielstrebig in das Gebäude. Als die Tür hinter ihr zufiel, sprang Harko auf.

»Jetzt komm!«

Ich legte ein paar Münzen auf den Tisch und wir gingen hinaus, rannten über die Straße und betraten das Bordell. Um diese Zeit war nicht viel los, die Eingangshalle war leer. Auf der Treppe konnten wir gerade noch Lidyas hochhackige Stiefel erkennen. Leise, aber schnell, gingen auch wir die Treppe hoch. Lidya stand am Ende des Flurs, ging in die Damentoilette. Wir folgten ihr, doch vor der Tür blieb Harko stehen.

»Traust Du Dich nicht, da reinzugehen?« raunte ich Harko zu.

»Still,« sagte er. Leise zählte er: »Einundzwanzig, zweiundzwanzig, dreiundzwanzig…« Als er bei fünfzig angekommen war, sagte er: »Jetzt!«

Wir öffneten die Tür und gingen hinein. Von einem Waschraum mit einem großen Spiegel ging eine Tür in einen kleinen Gang mit drei Toiletten. Eine der Toilettentüren stand offen. Harko lief hin und blieb stehen.

»Hallo Lidya. Ich sehe, Du hast die Pistole gefunden, mit der Du die arme Heidemarie erschossen hast. Sagst Du mir auch noch, wo Du das Gewehr versteckt hast, mit dem Du Maja getötet hast?«

Aus der Toilette ertönte ein Schrei, dann polterte etwas Schweres zu Boden. Harko bückte sich, um es aufzuheben. Im nächsten Moment erhielt er einen Schlag, er taumelte zurück und fiel gegen die Wand. Lidya stürzte aus der Toilette, sah mich, wie ich mit ausgebreiteten Armen dastand, um sie aufzuhalten, stürzte auf mich zu, rammte mir ihr Knie in meine empfindlichste Stelle und während ich stöhnend zu Boden ging und dabei die Sterne bewunderte, dic plötzlich vor meinen Augen auftauchten, rannte sie an mir vorbei. Harko rappelte sich als erster auf und half mir, aufzustehen.

»Ganz schönes Temperament,« sagte er fröhlich, in der Hand die in Plastikfolie verpackte Pistole, die Lidya in der Toilettenspülung versteckt hatte. »Kein originelles Versteck, doch wie man sieht, recht praktisch.«

Ich brachte keinen Ton heraus, versuchte nur krampfhaft, auf den Beinen zu bleiben.

Harko ging voraus, zunächst den Flur entlang, dann die Treppe hinunter. Langsam humpelnd folgte ich ihm. Als ich unten im Foyer ankam, brachten Martin und Schorsch gerade die keifende und strampelnde Lidya herein – die Hände auf dem Rücken mit Handschellen gefesselt.

»Die Gute hatte es eilig und wollte unsere Einladung zu einem Plausch nicht annehmen,« sagte Schorsch. »Wo wir doch so nette Jungs sind.«

Das Etablissement war wohl doch nicht so verlassen, wie ich gedacht hatte, denn jetzt kamen andere Bewohner ins Foyer, darunter auch der Betreiber des Leierkastens.

»Was soll das?« herrschte er uns an und baute sich drohend vor uns auf.

Schorsch zeigte ihm seine Dienstmarke. »Haben Sie ein Zimmer, wo wir uns in Ruhe mit diesem Engel unterhalten können?«

Der Puff-Vater wollte protestieren, ein drohender Blick von Schorsch brachte ihn zum Schweigen.

»Gehen Sie in mein Büro, da sind Sie ungestört.« Er zeigte uns den Weg.

Lidya widersetzte sich weiterhin, doch Martin und Schorsch schleppten sie in das Büro. Auch Peter kam jetzt durch den Hintereingang ins Haus und gesellte sich zu uns.

Im Büro angekommen, hielt Harko Lidya die Pistole unter die Nase. »Die ballistische Untersuchung wird zeigen, dass dies die Waffe ist, mit der Heidemarie erschossen wurde. Ich bin sicher, dass wir Deine Fingerabdrücke darauf finden. Und eine Untersuchung Deiner Hände bringt sicher Reste von Schmauchspuren zu Tage – der Beweis, dass Du die Waffe vor kurzem abgefeuert hast. Willst Du kein Geständnis ablegen?«

»Du kannst mich mal,« war alles, was Lidya dazu sagte.

»Lebenslänglich ist ganz schön lange,« sagte Harko.

Lidya schüttelte sich, dass ihre langen, dunkeln Haare nur so flogen. »Du glaubst, Du Wurm bringst mich ins Gefängnis? Da lache ich nur. Ich habe Freunde, mächtige Freunde, die holen mich schneller wieder raus, als Du bis drei zählen kannst.«

Dann sagte sie nichts mehr.

»Ich glaube, wir bringen das Engelchen jetzt in ein gemütliches Hotel mit Vollpension,« sagte Schorsch. »Vielleicht wird sie dort gesprächiger.«

Martin und er führten Lidya ab.

»Schade,« sagte Harko, als die drei gegangen waren, »die hat nicht die geringste Angst.«

»Und warum nicht?« fragte Peter.

»Die hat den Oberstaatsanwalt voll im Griff.«

»Was kann der schon für sie tun? Der kann doch nicht ihre Freilassung verfügen.«

»Das nicht,« sagte Harko. »Aber ich garantiere euch, die ruft ihn heute noch an.«

»Kann sie gar nicht,« sagte ich. »Die darf nur mit einem Anwalt sprechen.« So gesehen hatte sich mein Besuch in Stammheim vielleicht doch gelohnt, denn vorher wusste ich nicht, dass Untersuchungsgefangene nur mit ihrem Anwalt sprechen dürfen.

»*Offiziell* darf sie das nicht,« korrigierte mich Harko. »Doch in Stammheim kursieren genügend illegale Handys. Eine Stunde, nachdem sie eingeliefert ist, hat sie telefoniert. Und der Oberstaatsanwalt hat irgendein Machtmittel, das er auch einsetzen wird, um sie wieder rauszuholen. Ich habe keine Ahnung, woher er soviel Einfluss hat, aber vielleicht erfahren wir etwas durch die Telefonüberwachung oder die Durchsuchung von Lidyas Liebeshöhle hier oder ihrer Wohnung.«

Zusammen mit Peter durchsuchten wir zunächst Lidyas Arbeitszimmer im Leierkasten, danach fuhren wir zu Lidyas Appartement. Peter besorgte sich telefonisch von Staatsanwältin Schovenberg einen Durchsuchungsbefehl für die Wohnung, die schriftliche Erlaubnis würde per Boten in Peters Büro gebracht werden. Doch auch in Lidyas Wohnung fanden wir nicht den geringsten Hinweis auf die Verbindung zu Staatsanwalt Mittler.

Als wir kurz nach vier wieder ins LKA kamen, warteten Martin und Schorsch bereits mit den ersten Ergebnissen auf: Die Waffe war tatsächlich die Tatwaffe, Lidyas Fingerabdrücke befanden sich auf der Pistole und auf ihrer rechten Hand waren deutliche Schmauchspuren festzustellen. Lidya selbst gab nicht das geringste zu und hatte nur angekündigt, in ein paar Tagen sei sie wieder draußen. Zunächst aber war sie Gast in der Pension Stammheim.

Harko und ich diskutierten den ganzen Abend über ihre Verbindung zu Staatsanwalt Mittler. Dass es eine Verbindung gab, war durch den Telefonanruf bewiesen worden. Wir hatten ein Band mit dem aufgezeichneten Anruf bekommen und es immer wieder angehört. Ich kannte den Inhalt inzwischen auswendig.

»Lidya Radovic.«

»Hier ist Oberstaatsanwalt Mittler. Ich weiß nicht, was los ist, doch die Mordkommission ermittelt gegen Sie. Ich dachte, das würde Sie interessieren.«

»Das tut es auch.«

»Sind wir damit quitt?«

Lachen. »Quitt sind wir, wenn ich das sage.«

Lidya hatte etwas in der Hand, mit dem sie den Staatsanwalt erpresste, doch wir hatten keine Ahnung, was das war. Genausowenig wussten wir, auf welcher Grundlage die Macht des Staatsanwaltes beruhte, die dieser ganz offensichtlich ausübte. Angst vor seinem zwergenhaften Äußeren konnte es nicht sein. Um Mitternacht waren wir keinen Schritt weitergekommen mit unseren Überlegungen.

Als wir am nächsten Morgen ins LKA kamen, wartete schon Dieter Lindner auf uns – mit einem Gesicht wie drei Tage Regenwetter.

»War es so schlimm?« fragte ich, nachdem ich ihn begrüßt hatte.

»Was meinen Sie?« fragte er.

»Ihre Begegnung mit Staatsanwalt Mittler. Ich habe ihn selbst nur einmal erlebt, aber das hat mir gereicht.«

»Ach das,« sagte der junge Kommissar. »Das ist längst vergessen. Nein: Ich bin vom Dienst suspendiert. Es liegt eine Dienstaufsichtsbeschwerde gegen mich vor: Ich hätte meine Befugnisse überschritten. Das ist natürlich Unsinn, aber bis der Fall untersucht ist, bin ich beurlaubt. Würden Sie mir bitte sagen, was hier eigentlich gespielt wird?«

Das konnten weder Harko noch ich.

Im Besprechungsraum erwarteten uns weitere Hiobsbotschaften. Auch gegen Peter und Martin lagen Dienstaufsichtsbeschwerden vor, doch hatte sich Kriminaldirektor Zimmermann rundweg geweigert, die Beiden vom Dienst suspendieren zu lassen.

»Ihr zwei habt übrigens Anzeigen wegen Hausfriedensbruch, tätlichen Angriffs und sexueller Übergriffe am Hals,« sagte Peter. »Der Betreiber vom Leierkasten hat euch das angehängt. Wenn er damit durchkommt, blüht euch unter Umständen Gefängnis.«

»Und Schorsch?« fragte ich. »Der war doch auch dabei. Bleibt der unbehelligt?«

»Schorsch ist krank,« sagte Martin.

»Was hat er denn?«

»Dem hat was auf den Magen geschlagen. Der hat heute Morgen seine turnusmäßige Beurteilung erhalten. Demnach ist er der schlechteste Polizist hier in der Abteilung, vollkommen unfähig. Für die nächsten zehn Jahre kann er sich jede Beförderung abschminken. Was treibt ihr Beiden hier wirklich?«

»Hast Du schon etwas gesagt?« fragte Harko und sah dabei Peter an.

Der schüttelte müde den Kopf.

»Was soll er denn gesagt haben?« fragte Martin misstrauisch. »Läuft hier eine krumme Tour, die wir nun ausbaden dürfen?«

»Wir sind hier, um eine krumme Tour aufzudecken,« sagte Harko. »Ruf Schorsch an und sag ihm, er soll herkommen. Dann erzähle ich euch, was los ist.«

Martin warf Harko einen bitterbösen Blick zu, griff dann aber zu seinem Mobiltelefon. Er sprach mehrere Minuten mit Schorsch, dann sah er uns an. »Schorsch sagt, wenn er in den nächsten Tagen dem LKA zu nahe kommt, macht er Kleinholz aus dem Laden. Wenn wir was von ihm wollen, sollen wir zu ihm nach Hause kommen.«

»Dann fahren wir zu ihm,« sagte Harko.

Vom Land-Cruiser aus rief Harko Staatsanwältin Schovenberg an. Sie bestätigte, was wir uns bereits gedacht hatten: Lidya hatte noch am Nachmittag Staatsanwalt Mittler angerufen, ihm von ihrer Verhaftung berichtet und ihm Anweisung gegeben – nicht gebeten! – sie sofort rauszuholen. Der Staatsanwalt war nach Hause gegangen und hatte von dort einige Telefonate geführt: Mit einem hohen Beamten der Mordkommission, dem Stellvertreter von Kriminaldirektor Zimmermann und dem Betreiber des Leierkastens. Er hatte keinem dieser Männer direkte Anweisungen gegeben, noch hatte er ihnen gedroht – er hatte nur verlangt, dass die an der Verhaftung Lidyas beteiligten Beamten kaltgestellt und diskreditiert werden sollten. Nur dem Betreiber des Puffs hatte er nahegelegt, Zivilklage gegen uns einzureichen, andernfalls werde es in nächster Zeit gewisse Überprüfungen geben.

»Das ist ein Netzwerk,« sagte ich zu Harko, »da haben sich ein paar Unzufriedene zusammengeschlossen, um die Macht zu ergreifen.« Ich dachte an die drei Eisheiligen und ihre Verschwörung gegen das Establishment.

»Glaube ich nicht,« entgegnete Harko. »Den Vertreter von Kriminaldirektor Zimmermann kenne ich gut – einer von den Studierten, die ausschließlich an ihre eigene Karriere denken. Der hat von Polizeiarbeit keine Ahnung, kann aber gut in den Arsch kriechen. Der ein Verschwörer? Dazu fehlt ihm der Mumm. Nein, der Typ wird erpresst.«

Schorsch empfing uns in seiner üblichen Kluft – Jeans und T-Shirt. In seinem Gesicht war nicht die Spur eines Lächelns zu sehen: Er sah aus wie ein Mann, der alle Hoffnung verloren hat. Müde bat er uns herein, wir folgten ihm ins Wohnzimmer.

»Zehn Jahre Arbeit,« sagte er, »einfach für die Katz. Wenn meine Beurteilung Bestand hat, sehe ich bis zur Pensionierung keine Beförderung mehr. Alle Mühe, die ich mir gegeben habe, der ganze

Einsatz, all die Überstunden – alles weg, mit einem einzigen Blatt Papier zunichte gemacht.«

Er zeigte uns seine Beurteilung und sogar ich, der ich nicht viel von Zeugnissen verstand, musste erkennen, dass dies einem beruflichen Todesurteil gleichkam.

»Meine Schuld,« sagte Harko, »ich hätte euch da nicht mit reinziehen dürfen.«

Schorsch sah Harko überrascht an, Martin drängte darauf, endlich zu erfahren, was hier gespielt wurde. Wir erzählten es ihnen. Von Anfang an. Wie Rudi im Verlauf seiner Flucht nach Afionas gekommen war und Harko um Hilfe gebeten hatte, dass Harko vom ersten Moment an eine krumme Sache des Staatsanwalts vermutete, dass Rudis Frau Maja erschossen worden war und zwar mit großer Wahrscheinlichkeit von Lidya. Wir erzählten ihnen von dem Anschlag auf Rudi und wie ihn jetzt die Bewohner von Afionas versteckt hielten. Und wir sagten ihnen offen, dass hinter all den Anzeigen und Schorschs Beurteilung in Wirklichkeit der Staatsanwalt steckt, doch wir hätten nicht die leiseste Idee, woher er soviel Macht habe – von seiner Position allein ließe sie sich nicht ableiten.

Die Reaktionen auf unsere Enthüllungen entsprachen weder Harkos noch meinen Erwartungen. Martin sprach als erster: »Verstehe ich das richtig? Ihr Beide habt hier nichts weiter als eine Show abgezogen?« Er sah mich mit einer Mischung aus Wut und Enttäuschung an: »Du hast gar nicht vor, einen Krimi über Drogen zu schreiben? All das, was ich Dir erzählt und gezeigt habe – nur Schall und Rauch? Sei mir nicht böse Roberto, aber für mich bist Du nichts weiter als eine linke Bazille.«

Ich konnte seine Enttäuschung gut verstehen. »Wir hatten nicht vor, euch so einzuspannen. Harko wollte nur Rudis Akten einsehen. Ich wollte mich zwei Tage in die Ecke setzen, so tun, als stöbere ich in langweiligen Papieren, dann wären wir wieder verschwunden.«

»Wie habt ihr eigentlich Kriminaldirektor Zimmermann rumgekriegt?« fragte Schorsch. »Oder ist der auch mit von der Partie?«

»Das war Zufall,« sagte ich. »Er hat mir eine Tür geöffnet, an die ich niemals gedacht hätte. Doch nach dem Gespräch mit ihm musste ich meine Rolle weiterspielen.« Zu Martin sagte ich: »Ich hatte nicht wirklich vor, einen Roman über die Stuttgarter Polizei zu schreiben, doch was ich in der einen Woche erlebt habe, ist mehr als genug Stoff für einen Krimi. Ich werde ihn schreiben, das verspreche ich Dir.«

Martin sah mich nur verächtlich an.

»Und jetzt?« fragte Peter. »Wie geht es weiter? Haut ihr ab nach Korfu und lasst uns hier in der Scheiße zurück?«

»Ich bin noch nicht fertig mit dem Oberstaatsanwalt,« sagte Harko grimmig.

»Wieviel Macht hat so ein Staatsanwalt eigentlich?« fragte ich. »Ich meine – normalerweise.«

»Nicht so viel, wie Du vielleicht glaubst,« antwortete Peter. »Er ist für die Abwicklung der Fälle zuständig, mehr nicht. Früher waren Staatsanwälte die Studierten, denen einfache Schutzmänner als Erfüllungsgehilfen zur Seite standen, die selten mehr als die Volksschule besucht hatten. Damals hatten Staatsanwälte viel Einfluss. Seit die meisten Kriminalbeamten selbst von der Uni kommen oder von der Polizei jahrelang an höheren Schulen ausgebildet werden, hat sich das Verhältnis gewandelt. Staatsanwälte kennen sich in rechtlichen Belangen aus, sie sind Juristen, doch Kripo-Beamte haben eine breite fachliche Ausbildung vorzuweisen, sie sind die Spezialisten für viele Bereiche. Ob Staatsanwaltschaft und Kripo kollegial zusammenarbeiten, ist eine Frage der beteiligten Personen, aber generell sind sie heute eher gleichrangig.«

Ich fuhr mir nachdenklich über das Kinn. »Unterbrecht mich, wenn ich etwas Dummes sage. Ich meine, ihr alle steckt jeden Tag in diesem Betrieb drin, ich konnte ihn nur kurz von außen beobachten. Ihr hier im LKA geht, soweit ich das beurteilen kann, sehr offen miteinander um. Es gibt Reibereien, aber die sind nichts anderes als die kleinen und großen Kämpfe, die es in jedem größeren Unternehmen gibt. Doch als ich zum erstenmal bei Staatsanwalt Mittler war, habe ich ihn mit einem Nazi verglichen – und was ich seitdem über ihn erfahren habe, hat mich in dieser Meinung bestätigt. So gut wie jeder hier zittert vor ihm, als sei er der letzte Vertreter der Gestapo.«

»Zittern ist vielleicht nicht das richtige Wort,« sagte Peter, »und Gestapo ist sicher zu hart. Aber Du hast recht: Die meisten achten darauf, ihm nicht in die Quere zu kommen.«

»Nenn es, wie Du willst,« sagte ich, »aber man hat hier keine Angst vor seiner Position, sondern vor seiner Person. Wenn ich ihm privat auf der Straße begegnen würde, käme mir nie in den Sinn, ihn als Machtmenschen zu sehen. Der Mann hat keine Ausstrahlung, kein Charisma, nichts, was auf andere begeisternd oder ansteckend wirkt. Ich habe auch keinen Respekt vor ihm erlebt, nur Angst. Dafür muss es doch einen Grund geben.«

Harko, Schorsch und Peter sahen mich neugierig an, als hätte ich bereits etwas herausgefunden. Was ich aber nicht hatte. Doch da sie offenbar selbst nicht wussten, warum sie diesen Giftzwerg fürchteten, musste ich meine Gedankengänge weiterentwickeln.

»Ich habe in den letzten Tagen nicht nur viel erlebt,« fuhr ich fort, »sondern auch viel erfahren. Ich habe – wenn auch nur ansatzweise – eine Vorstellung davon bekommen, wie die Nazis im Dritten Reich die Macht in Deutschland übernehmen konnten. Heide hat mir gesagt, wie der Osten ausgebeutet und mit Almosen abgespeist wird. Und ich habe im Kino gesehen, wie die Familie Bush die Streitkräfte der mächtigsten Nation dieser Erde als Söldnerheer an Saudi-Arabien vermietet. Das Bild dahinter ist für mich immer das gleiche – unabhängig davon, ob sich ein System nun Demokratie oder Diktatur nennt: Die wahre Macht liegt in den Händen einiger weniger, dem Volk werden Lügenmärchen aufgetischt und die breite Masse schluckt diese Lügen bereitwillig.«

»Unterstellst Du uns, wir seien so dumm, alles zu glauben, was man uns sagt?« fragte Martin aggressiv.

»Glaubst Du an Gott?« fragte ich zurück, ebenfalls aggressiv.

»Natürlich,« sagte Martin. »Du etwa nicht?«

»Doch,« sagte ich, »das tue ich. Würdest Du glauben, ein Kaiser, der seine Macht durch einen Religionsstreit gefährdet sieht, könne eine neue Glaubensrichtung festlegen, die Elemente aus den beiden wichtigsten Religionen seines Staates enthält, und beschließen, einen 300 Jahre zuvor gestorbenen Propheten per Dekret zu einem Gottessohn zu erklären?«

»Christus ist Gottes Sohn!« schrie Martin.

»Seit ihn Kaiser Konstantin im Jahr 300 dazu gemacht hat – davor war er nur ein Mensch.«

»Du lügst,« sagte er aufgebracht.

»Ah,« sagte ich, »ich lüge. Du glaubst auch, ein in vollem Saft stehender Zimmermann, gerade frisch verheiratet, spielt mit seiner Gattin so lange Händchenhalten, bis sie ihm eines Tages freudig verkündet, sie habe vom Händchenhalten einen dicken Bauch bekommen? Du glaubst nicht, die Geschichte von der unbefleckten Empfängnis einer verheirateten Jungfrau könne daher stammen, dass eines schönen Tages ein Übersetzer den Begriff für *junge Frau* irrtümlich mit *Jungfrau* übersetzt hat? Und niemand den Fehler zugeben wollte?«

»Willst Du meinen Glauben erschüttern?«

»Ja,« sagte ich heftig. »Aber nicht Deinen Glauben an Gott, sondern an die Wahrheit. Die meisten Menschen glauben bereitwillig, was ihnen vorgelogen wird – sofern es nur oft genug wiederholt wird. Durch Reden, durch Bücher oder durch das Fernsehen. Kaum jemand macht sich die Mühe, nach der Wahrheit zu suchen, und wer es dennoch tut und dabei gegen die herrschende Meinung antritt, wird entweder lächerlich gemacht oder bekämpft. Warum sonst war die Erde so lange flach? Und dann im Mittelpunkt der Welt, und nicht am Rande der Milchstraße? Warum sonst wurde der Mensch noch bis vor hundert Jahren von Gott aus Lehm erschaffen, die Frau gar aus einer Rippe des Mannes? Menschen brauchen Lügen, zuviel Wahrheit verträgt niemand.«

Wir waren weit vom Ausgangspunkt entfernt, doch plötzlich sagte Schorsch: »Das ist gar nicht so dumm, was Roberto da sagt. Gar nicht so dumm.«

Martin sah ihn entgeistert an. »Glaubst Du etwa den Scheiß, den Roberto da erzählt?«

»Ja,« sagte Schorsch, »den glaube ich. Vor allem das mit den Lügen und der Macht.«

Martin zweifelte an der Geistesverfassung von Schorsch, das war ihm deutlich anzusehen. »Denkt doch mal logisch,« sagte Schorsch. »Mittler hat unglaublich viel Macht. Die kann er auf drei Arten bekommen haben: Indem er wie die Kirche eine Lüge so oft erzählt, bis alle sie glauben. Dazu fehlen ihm die Möglichkeiten. Indem er sich wie ein Politiker die Leute kauft. Das kann er nicht, dazu hat er zuwenig Geld. Oder er hat Informationen über die Leute. Wie die Gestapo.«

»He Mann, die Gestapo ist seit 60 Jahren Geschichte!« sagte Martin.

»Die Gestapo schon – nicht aber ihre Methoden. Denk nur an J. Edgar Hoover.«

»Hoover?« Peter war überrascht.

Auch ich staunte – der Bogen von Christus zum Gründer des FBI war selbst mir zu weit gespannt.

Doch Schorsch hatte sich wirklich Gedanken gemacht während des Streits zwischen Martin und mir. »Ich habe mich in meiner Ausbildung intensiv mit dem Mann befasst,« erklärte er. »Offiziell ist Hoover eine der führenden Persönlichkeiten in der Geschichte der Polizei, denn er hat mit dem FBI die größte Polizeiorganisation der Welt gegründet, aufgebaut und geleitet. Aber man ehrt ihn nur offiziell. Inoffiziell sieht die Sache anders aus. Man munkelt, er habe sich während seiner Dienstzeit ein Privatarchiv angelegt und darin belastendes Material über führende Persönlichkeiten gesammelt. Wenn ihm etwas nicht passte, genügte ein Anruf und ein Hinweis auf gewisse Vorkommnisse in der Vergangenheit und die Leute spurten. Polizisten, Politiker, Unternehmer. Zu seinen Lebzeiten war er der am meisten gehasste Mann in den USA – zumindest in wichtigen Kreisen. Als er beerdigt wurde, soll viel geweint worden sein. Böse Zungen behaupteten aber, es seien Freudentränen gewesen. Und es seien nur deshalb so viele Menschen zu seiner Beerdigung gekommen, weil sich alle überzeugen wollten, dass er auch wirklich tot ist.«

»Was hat Hoover mit dem Oberstaatsanwalt zu tun?« fragte Martin. »Oder erzählst Du mir gleich, auch er sei in Wahrheit ein Sohn Gottes und nur gekommen, um uns hier das Fegefeuer auf Erden zu bereiten? Ich sehe ehrlich gesagt keinen Zusammenhang.«

»Angenommen,« sagte Schorsch, »nur mal angenommen, auch der Staatsanwalt hat von Hoover gehört. Aber nicht wie ich beschlossen, einen solchen Machtmissbrauch zu bekämpfen, sondern die gleichen Methoden zu benutzen, um seine eigene Karriere zu fördern. Ich meine, wir alle wissen, dass er im Grunde genommen eine faule Sau ist und niemals hätte Karriere machen dürfen. Doch er hat sie gemacht. Gute, kompetente und engagierte Leute sind in der Versenkung verschwunden, Mittler dagegen wurde wegen nichts und wieder nichts befördert. Das stinkt doch zum Himmel.«

»Er hatte eben die besseren Beziehungen,« sagte Peter. Und schien zu bedauern, dass ihm diese Beziehungen fehlten.

»Beziehungen hat er,« sagte Schorsch. »Das steht außer Frage. Doch er hat kein Vitamin B. Er stammt weder aus einer einflussreichen Familie noch verkehrt er in den richtigen Kreisen. Er hat kein Vermögen und er hat keine Freunde: Niemand würde ihm einen Freundschaftsdienst erweisen. In seiner Position hat er keineswegs soviel berufliche Macht, dass er wichtigen Leuten einen großen Dienst erweisen könnte. Was bleibt also?«

»Erpressung,« sagte Harko.

»Ganz genau,« sagte Schorsch. »Stinknormale Erpressung. Und wenn er es schafft, innerhalb von weniger als 24 Stunden meine

Karriere mit einer schlechten Beurteilung zu beenden, drei Kriminalbeamten Dienstaufsichtsbeschwerden an den Hals zu hängen und einen Puff-Besitzer dazu zu bringen, Roberto und Harko zu verklagen – dann ist sein Bestand an belastendem Material ausgezeichnet sortiert.«

»Na klar,« sagte Martin. »Der hat in seinem Büro im Schreibtisch eine schwarze Liste und wenn ihm die Nase von irgendwem nicht passt, genügt ein Anruf und schon springen in Stuttgart Hinz und Kunz.«

Harko dachte intensiv nach. »Das ist mehr als nur eine Liste. Und die ist auch nicht in seinem Büro.«

»Hast Du wieder eine Deiner berühmten Eingebungen?« fragte Peter.

»Keine Eingebung,« entgegnete Harko. »Ich kombiniere. Wenn Mittler ein Erpresser ist, dann hat sich seine Rolle gewandelt – derzeit wird er nämlich selbst erpresst. Das wissen wir aus dem Anruf von Lidya: Die hat ihn fest im Griff. Warum sollte Mittler gegen uns vorgehen? Gut, gegen mich hat er einen Tick. Aber Roberto? Den hat er schon beim ersten Zusammentreffen rundgemacht, ohne ihn überhaupt zu kennen. Und was habt ihr Euch zuschulden kommen lassen? Ihr habt eine Mörderin verhaftet. Dafür wird man üblicherweise nicht bestraft. Nein – er tut alles, um euch in Verruf zu bringen und so Lidya rauszuholen. Nicht, weil er sie mag, sondern weil sie etwas über ihn weiß.«

»Hat sie ihn einmal mit heruntergelassenen Hosen erwischt?« fragte Schorsch scherzhaft.

»Vermutlich mehr als das,« sagte Harko. »Maja musste ihm zu Willen sein, kostenlos, bei ihm in seiner Villa und, so sagt Rudi jedenfalls, bei reichlich ausgefallenen Sachen. Wenn nun Lidya das gleiche getan hat? Und dabei etwas gesehen hat, was sie nicht hätte sehen sollen?«

»Das ist mir zu weit hergeholt,« sagte Martin.

»Mir auch,« sagte Peter.

Harko wirkte plötzlich sehr nachdenklich.

»Ist Dir etwas eingefallen?« fragte ich.

»Wir haben mal wieder das Offensichtliche übersehen.«

Alle sahen ihn gespannt an. »Roberto, erinnerst Du Dich noch an unser Gespräch mit Oberstaatsanwältin Schovenberg letzte Woche? Sie sagte beiläufig, vor Jahren habe es Gerüchte gegeben, Mittler sei ein Erpresser. Ein Beamter, der pensioniert wurde, hatte das behauptet. Drei Tage später ist er gegen einen Baum gefahren und die Sache wurde nicht weiter verfolgt.«

»Und das sagst Du erst jetzt?« fragte Peter.

Harko wollte sich verteidigen, doch Schorsch kam ihm zu Hilfe. »Du weißt doch, wie es hier zugeht. Wenn man auf alle Gerüchte hören würde…«

»Jetzt scheint mir, das war mehr als ein Gerücht. Da war wirklich Erpressung im Spiel.«

Schorsch schien angebissen zu haben. »Nehmen wir mal an, Mittler hat tatsächlich ein Geheimarchiv. Wo bewahrt er das auf?«

»Bei sich zu Hause in einem Computer,« sagte ich. »Durch Passwort geschützt. Lidya hat das Archiv ohne Passwort gesehen und eine Kopie gezogen.«

»Negativ,« sagte Schorsch. »Mittler ist verschlagen, hat aber keine Ahnung von Computern. Ich habe ihn oft genug dabei erlebt, wie er im Dienst mit einem PC gekämpft hat. Technik ist für den ein Buch mit sieben Siegeln. Der hatte das Archiv bei sich zu Hause und Lidya hat es entdeckt. Und vermutlich ein paar Akten mitgenommen.«

»Also müssen wir in sein Haus eindringen und das Archiv finden,« sagte Harko. Seit er sein Selbstvertrauen wiedergefunden hatte, war er nicht mehr zu bremsen.

Schorsch holte ihn jedoch schnell auf den Boden zurück. »Wenn stimmt, was Du sagst, können wir das Haus vom Keller bis zum Dach durchsuchen, ohne dabei das geringste zu finden. Denn dumm ist Mittler nicht: Wenn ihm Lidya wirklich auf die Schliche gekommen ist, hat er das Archiv mit Sicherheit anschließend an einen anderen Platz geschafft.«

»Warum sollte er das tun?« fragte Peter. »Lidya wusste es bereits und mehr als erpressen konnte sie ihn nicht.«

»Er hätte niemals eine zweite Nutte wie Maja zu sich ins Haus geholt, wenn die Gefahr bestand, dass auch die über das Archiv stolpert. So dumm ist Mittler nicht. Nein – das Archiv ist an einem sicheren Ort.«

»Aber wo?« fragte Peter.

»Wir hätten bei Lidya etwas finden müssen,« sagte ich. »Wenn sie belastendes Material hat, dann bei sich zu Hause.«

»Kaum,« widersprach Schorsch. »Wenn sie etwas besitzt, hat sie es in einem Bankschließfach deponiert. Oder noch besser bei einem Anwalt hinterlegt – zusammen mit der Anweisung, das Material bei einem plötzlichen Unfalltod zu veröffentlichen. So zumindest hätte ich das gemacht.«

»Wo befindet sich dann das Archiv des Staatsanwalts?«

»Irgendwo in Stuttgart. An einem sicheren Ort versteckt. Aber gleichzeitig gut erreichbar, wenn er immer wieder darauf zurückgreifen muss.«

»Dann finden wir es nie,« sagte Peter.

»Wir könnten ihn verfolgen, bis er uns zu dem Versteck führt,« schlug Martin vor. Wir sahen ihn erstaunt an.

»Glaubst Du jetzt den angeblichen *Scheiß*?« fragte Schorsch.

»Schon mal die Geschichte von Saulus gehört, der sich zum Paulus gewandelt hat? Ich finde die Theorie nach wie vor abenteuerlich, leider auch zunehmend plausibler. Sie erklärt eine ganze Menge.«

»Was machen wir also?« fragte Peter.

»Wir verfolgen Mittler, wenn er das nächstemal zu seinem Archiv geht,« sagte Harko.

»Und wie?«

»Wir lassen Harko einen V-Mann einsetzen,« sagte ich. »Darin ist er große Klasse.«

»Wie bringen wir den Oberstaatsanwalt dazu, sein Archiv aufzusuchen?« fragte Martin. »Der hat gestern und heute alle notwendigen Giftpfeile abgeschossen und kann jetzt in aller Ruhe abwarten, bis ihr Gift wirkt.«

Harko dachte nach. »Wir machen das gleiche, was wir mit Lidya gemacht haben: Wir gehen zum Angriff über. Frontal und, wie es Mittler erscheinen muss, ohne Rücksicht auf Verluste.«

Dann erläuterte er uns seinen Plan. Er war verrückt und riskant für alle Beteiligten, doch er konnte funktionieren. Zumindest hofften wir das.

Harko verließ uns, um seine V-Leute zu mobilisieren – wie er uns verriet, gab es in Stuttgart noch ein paar Gauner, die ihm einen Gefallen schuldeten und die selbst nicht gut auf den Staatsanwalt zu sprechen waren. Die würden die Überwachung übernehmen und zwar rund um die Uhr. Wir anderen sollten um 19 Uhr zu Harkos Rechtsanwalt fahren, der in Harkos Racheplan eine Hauptrolle spielen würde.

Peter und Martin fuhren zurück ins LKA, ich blieb bei Schorsch, um mit ihm über J. Edgar Hoover zu diskutieren.

Ich hatte Schorsch bislang nur als wortkargen, muskelbepackten Draufgänger erlebt, der seine eigenen Vorstellungen von Recht und Ordnung hatte und der auch bereit war, für seine Ideale einzustehen – auch wenn er damit aneckte. Nun überraschte er mich durch seine tiefschürfende Analyse: Den Vergleich zwischen Hoover und dem Staatsanwalt hatte er nicht aus Zufall gezogen, die Parallelen waren geradezu unheimlich. Hoover hatte während seiner gesamten beruflichen Laufbahn belastendes Material gesammelt und damit zunächst seine Karriere gefördert und später, als er bereits Chef des FBI war und ganz oben auf der Karriereleiter stand, mit Hilfe der Akten seine politischen Ansichten durchgesetzt. Allerdings stießen wir bei unseren Überlegungen auf eine Ungereimtheit: Der Staatsanwalt konnte sein Archiv, von dessen Existenz wir inzwischen überzeugt waren, erst im Laufe seiner juristischen Karriere aufgebaut haben. Wie aber hatte er es geschafft, überhaupt so weit zu kommen? Denn dass er beruflich vollkommen unfähig war, stand für alle, die ihn kannten, außer Frage.

Wir diskutierten sicher eine Stunde lang über dieses Problem, bis uns buchstäblich die Köpfe rauchten. Schorsch schlug eine Pause vor und kochte Kaffee.

»Darf ich Dich mal was persönliches fragen?« Er stand in der Küche und hantierte mit der Kaffeemaschine.

»Klar,« sagte ich.

»Die Geschichte mit der Recherche in Stuttgart war also ein Schwindel?«

»Anfangs ja,« gab ich zu.

»Gilt das auch für Deinen Kalender mit den Adressen hübscher Mädchen?«

Ich lachte. »Nein, diese Liste ist echt.«

»Dann erlaube mir eine weitere Frage: Wie ein Don Juan siehst Du nicht aus. Hier in Stuttgart bist Du sogar zu einer Nutte gegangen…«

Ich seufzte. »Dass ich Heidemarie kennengelernt habe, nimmst Du mir übel, ja?«

»Jeder muss sehen, wie er mit seinem Trieb zurechtkommt. Du bist Junggeselle, kannst also tun und lassen, was Du willst. Trotzdem…«

Das war ein Punkt, über den ich ungern sprach. Als Isabell ums Leben kam, war etwas in mir zerbrochen. Ich war gerne mit Frauen zusammen, aber nur für kurze Zeit. Vielleicht suchte ich mir deshalb Freundinnen, von denen ich sicher wusste, dass sie für eine dauerhafte Beziehung nicht in Frage kamen. Wie Vic, mit der ich im Sommer zweimal in Urlaub gefahren war, der ich einen offenen Antrag gemacht hatte, von dem ich wusste, dass sie ihn ablehnen würde. Auch Heidemarie war so ein Mädchen gewesen: Ich hatte sie gemocht, eine richtige Beziehung aber wäre niemals in Frage gekommen. Zumindest redete ich mir das jetzt ein.

Schorsch bemerkte mein Zögern. »Du willst nicht darüber reden.«

»Wenn ich ehrlich bin: nein. Das reißt alte Wunden auf, die noch nicht verheilt sind.«

»Verstehe.«

Der Kaffee war fertig, Schorsch goss zwei Tassen ein, holte Milch und Zucker.

»Das mit Heidemarie war nicht so, wie Du denkst,« sagte ich. »Wir haben miteinander geschlafen, aber eher aus Versehen – wenn so etwas möglich ist. Wir haben uns bis Mitternacht über das Schreiben unterhalten und weil es so spät war, hat sie mir angeboten, bei ihr zu übernachten. Wir wollten nicht, aber irgendwie ist es einfach passiert.«

»Bereust Du es?«

»Bereuen? Es war unglaublich schön. Ich bereue nur, dass ich am Sonntag nicht mit zu ihr gegangen bin. Dann würde sie noch leben.«

»Oder ihr wärt jetzt beide tot.«

So hatte ich das noch nicht gesehen. Ich schluckte.

»Kann man sich mit einer Nutte einen ganzen Abend über das Schreiben unterhalten?«

»Wir haben es gekonnt. Über das Schreiben, über meine Arbeit, über ihr Leben und…« Ich schmunzelte: »… über Adolf Hitler.«

Schorsch sah mich erstaunt an. »Ihr habt euch über Hitler unterhalten?«

»Über ihn als Literaten, ja. Heide hatte eine Ausgabe von *Mein Kampf,* ich habe darin gelesen.«

»Das Buch ist verboten,« sagte Schorsch. »Nur zu Deiner Information.«

»Genau wie Rauschgift,« entgegnete ich. »Ist das die deutsche Art, sich mit Problemen auseinanderzusetzen? Verbieten statt aufzuklären?«

»Wie meinst Du das?«

»Ich wusste nichts über das Buch. Erwartet habe ich Hasstiraden gegen die Juden. Doch die ersten Seiten sind eine ausgezeichnete Analyse der sozialen Probleme der damaligen Zeit. Wenn ich ehrlich bin, haben sie bis heute nichts von ihrer Aktualität verloren. Doch wenn ich bei Harko den Fernseher einschalte, sehe ich nur Panzer, die nach Russland rollen. Der zweite Weltkrieg wird aufgearbeitet. Nein, nicht einmal das: Die Erinnerung daran wird aufrecht erhalten. Immer mit dem erhobenen Zeigefinger: Das darf sich nie mehr wiederholen. Aber was ist mit der Zeit davor? Mit den Gründen, weshalb Hitler an die Macht kam? Er selbst beschreibt in seinem Buch die korrupten und unfähigen Politiker seiner Zeit. Sei mir nicht böse: Die gibt es heute noch genauso wie zu den Zeiten von Hitlers Machtergreifung. Und zwar im Großen wie im Kleinen. Du weißt selbst, welche Aufgaben ihr bei der Drogenbekämpfung habt und welche Mittel euch dafür zur Verfügung stehen. Ihr seid im Grunde genommen nichts weiter als ein Alibi: Ihr sollt Sicherheit vermitteln, aber das Verbrechen keineswegs so energisch bekämpfen, wie offiziell von euch gefordert wird. Und was derzeit in den USA abgeht, wo die komplette Regierung zur Außenstelle der Saudis verkommen ist: Wenn das in den 30er Jahren genauso war, wundert es mich nicht, dass Hitler so schnell die Macht im Land ergreifen konnte. Denn zumindest in der Anfangszeit trat er offensichtlich für das ein, was der breiten Masse wichtig ist: Ruhe und Sicherheit, genug zu essen, Arbeit und ein Dach über dem Kopf.«

Ich hatte mich in Rage geredet und war dabei über das Ziel hinausgeschossen. Denn das letzte, was ich wollte, war, dieses Monster zu verteidigen. Unter dem Strich hatte er all seine sozialen Anwandlungen nur dazu genutzt, ein ganzes Volk für seine eigenen, ungeheuerlichen und abscheulichen Ideen zu missbrauchen. Ich fand jedoch, seine Ideen totzuschweigen, sei nicht der richtige Weg; eine offene Auseinandersetzung hätte ich für besser gehalten.

Schorsch machte keinerlei Anstalten, mir zu widersprechen oder zuzustimmen. Er sah mich nur nachdenklich an. »Weißt Du, was wir sind?« fragte er. Und gab mir auch gleich die Antwort: »Idioten sind wir.«

Dann sagte er: »Komm, wir müssen weg.« Plötzlich hatte er es sehr eilig.

»Wo fahren wir denn hin?« fragte ich, als wir im Auto saßen.

»An die Uni. Zu einem Freund von mir.«

Er tippte eine Nummer in sein Mobiltelefon, kurz darauf meldete sich eine männliche Stimme.

»Willmann.«

»Hallo Heinrich, ich bin es, Schorsch. Hast Du eine Stunde Zeit für mich?«

»Ich korrigiere gerade Arbeiten, das kann aber warten. Wann willst Du kommen?«

»Ich bin schon auf dem Weg zu Dir.«

»Was hast Du denn Dringendes auf dem Herzen?«

»Das sage ich Dir, wenn ich da bin. Bis gleich.«

Heinrich Willmann war keineswegs in Schorschs Alter, wie ich dem vertrauten Plauderton der Beiden nach angenommen hatte, er war ein älterer Herr Anfang 60, mit Hornbrille, aber in Jeans.

»Darf ich vorstellen,« sagte Schorsch. »Professor Willmann, Geschichtsprofessor und einer der profundesten Kenner der Geschichte des Dritten Reichs; Roberto Bardéz, Schriftsteller, und augenblicklich in Stuttgart, um mehr über die Justiz des Dritten Reichs zu erfahren.«

Ich staunte, für was ich mich alles interessierte, und schüttelte dem Professor die Hand.

»Ich fürchte, da sind Sie in Stuttgart am falschen Ort gelandet,« sagte der Professor. »Nürnberg, München und natürlich Berlin: Das sind die Städte, in denen Sie mehr über die Nazis erfahren können. Hier in Stuttgart war es eher ruhig.«

»Dennoch haben Sie Ihren Lehrstuhl hier,« entgegnete ich.

»Oh, das Dritte Reich ist nur ein Steckenpferd, mehr nicht. Es gibt genügend Koryphäen, die ihr ganzes Leben diesem Thema gewidmet haben.«

Schorsch war ungeduldig. »Heinrich, wir brauchen von Dir eine Biographie. Über einen Mann, der im Dritten Reich hier in Stuttgart, vielleicht auch anderswo, eine wichtige Rolle gespielt hat.«

»Was war er denn?« wollte der Professor wissen.

»Das wissen wir nicht,« gab Schorsch zu.

»Und wie heißt er?«

»Wir kennen nur seinen Nachnamen: Mittler. Ich vermute, er war Richter. Oder Staatsanwalt.«

Professor Willmann seufzte. »Wir leben zwar im Zeitalter der Computer, doch Akten aus dem Dritten Reich sind nur teilweise erfasst. Dazu kommt, dass die meisten Akten über die Stuttgarter

Justiz aus dem Dritten Reich bei einem Bombenangriff im September 1944 zerstört wurden.«

»Das ist Pech,« sagte ich.

»Oh, sagen Sie das nicht. Der Vorsitzende der Sondergerichte, Cuhorst, dürfte darüber recht froh gewesen sein: Er wurde im Nürnberger Juristenprozess freigesprochen – aus Mangel an Beweisen. Bis heute konnte die Rolle der NS-Justiz in Stuttgart nur bruchstückhaft erforscht werden.«

Schorsch war enttäuscht. »Dann hast Du nichts für uns?«

Der Professor ging zu einem Aktenschrank und holte eine kleine Stahlkassette heraus. »Das würde ich nicht sagen. Wenn Dich die einzelnen Fälle nicht interessieren – mit einem Verzeichnis der Justiz-Mitarbeiter auf Mikrofilm kann ich dienen.«

Wir suchten eine Stunde, wobei ich den Beiden keine große Hilfe war: Die alten deutschen Buchstaben erinnerten mich an Hieroglyphen. Auch Schorsch und dem Professor war kein Erfolg beschieden: Der einzige Mittler, den sie fanden, war ein einfacher Gerichtsdiener, der Anfang 1945 bei einem Luftangriff der Amerikaner umgekommen war.

»Das war nichts,« sagte ich verdrossen. Ich hatte Kopfschmerzen von dieser ungewohnten Schrift.

»Was soll er denn ausgefressen haben, euer Herr Mittler?« fragte Professor Willmann.

»Der muss nichts ausgefressen haben,« sagte Schorsch. »Der muss nur in einer Position gewesen sein, die es ihm ermöglichte, an geheime Informationen ranzukommen.«

»Da suchst Du bei der Justiz?« fragte der Professor vorwurfsvoll. »Was Du suchst, klingt für mich nach Gestapo.«

Da hätten wir auch selbst drauf kommen können, dachte ich. Darüber geredet hatten wir genug.

»Hast Du auch darüber Unterlagen?« fragte Schorsch.

»Natürlich.«

Fünf Minuten später hatten wir gefunden, wonach Schorsch gesucht hatte: Wilhelm Mittler, Obersturmbannführer SS, leitender Mitarbeiter der Stuttgarter Gestapo ab 1941, am 20. April 1965 durch Freitod aus dem Leben geschieden.

»Am Geburtstag des Führers und 20 Jahre nach dem verlorenen Krieg. Einmal ein Nazi, immer ein Nazi.« Schorsch schüttelte missbilligend den Kopf.

»In der Tat ein schlimmer Finger,« sagte der Professor. »Hat eine Reihe wohlhabender Stuttgarter Juden ins KZ geschickt und sich anschließend ihr Vermögen unter den Nagel gerissen. Musste auch nach dem Krieg nichts davon zurückgeben. Scheint gute Beziehungen gehabt zu haben.«

»Oder ein gutes Archiv,« sagte Schorsch leise.

»Steht da auch etwas über seine Familie?« fragte ich. Mir taten inzwischen schon die Augen weh, wenn ich diese Schrift nur ansah.

»Verheiratet, ein Sohn, Oskar. Hier steht aber nicht, was aus dem geworden ist.«

»Was aus dem geworden ist, wissen wir,« sagte Schorsch. »Danke, Du hast uns sehr geholfen.«

»Mittler scheint also doch ganz gut bei Kasse zu sein,« sagte Schorsch, als wir wieder im Wagen saßen. »Ich wette, der besitzt in Stuttgart eine ganze Reihe von Immobilien und in einer davon ist das Archiv untergebracht.«

»Also Hausdurchsuchung,« sagte ich.

»Vielleicht geht das in Argentinien so einfach, wie Du glaubst, aber nicht in Deutschland,« sagte Schorsch. »Harkos Plan ist besser. Doch es ist gut zu wissen, mit wem man es zu tun hat. Mittler ist kein einfacher Erpresser, der hat sein Handwerk bei seinem Vater gelernt. Und ist, wie es scheint, ein würdiger Nachfolger geworden.«

»Wieso konnte der Sohn eines SS Obersturmbannführers bei der Justiz Karriere machen?« fragte ich Schorsch. »Gab es in Deutschland nach dem zweiten Weltkrieg kein Aufräumen?«

»Die Amerikaner haben aufgeräumt,« sagte Schorsch, »und in den Nürnberger Kriegsverbrecherprozessen der Schlange den Kopf abgeschlagen. Doch das war keine Schlange, das war eine Hydra – schlag einen Kopf ab und drei andere wachsen nach. Hitler war offiziell der Bösewicht, der ein ganzes Volk in den Wahn geführt hat, und nachdem der Krieg verloren war, wollte keiner mehr an Hitlers Ideale geglaubt haben. Tatsache ist jedoch, dass fast alle führenden Köpfe und auch viele kleinen Leute wirklich von ihm überzeugt waren und seine Ideen geteilt haben. Hätte man die alle vor Gericht stellen wollen, wäre kaum jemand übrig geblieben, um Deutschland wieder aufzubauen. Ende der 70er Jahre hatten wir in Baden-Württemberg einen Ministerpräsidenten namens Filbinger, einen respektablen Landesvater. Bis rauskam, dass er als Marinerichter im zweiten Weltkrieg äußerst dubiose Todesurteile unterzeichnet hat. Wenn man als Ex-Nazi sogar Ministerpräsident werden kann – warum sollte man dann als Sohn eines Ex-Nazis nicht als Jurist Karriere machen?«

Pünktlich um 19 Uhr waren wir alle bei Rechtsanwalt Langenbach versammelt – Harko, Martin, Peter, Schorsch und ich sowie die Schwester des Rechtsanwalts, Staatsanwältin Schovenberg.

Die Kanzlei in einer geräumigen Altbauwohnung bestand aus einem repräsentativen Empfangsbereich und vier großen Büros von Anwälten. Drei davon hatten Namensschilder und waren, wie ich bei einem schnellen Blick in die Zimmer sehen konnte, tadellos aufgeräumt. Rechtsanwalt Langenbach selbst hatte kein Namensschild an der Tür und beim Eintritt in sein Büro fühlte ich mich sofort an mein eigenes Arbeitszimmer erinnert: Das totale Chaos. Auf dem Schreibtisch, in den Regalen, auf dem Boden – überall lagen Akten und Bücher.

Den Anwalt selbst hatte ich mir Harkos Schilderungen nach als kämpferischen Recken vorgestellt, vielleicht kein Hüne, aber eindeutig ein Krieger des Rechts. In Natura erinnerte er mich eher an einen Bibliothekar, dem die Arbeit über den Kopf wuchs: Ende 50, auffallend groß, auffallend dünn und mit einem riesigen Kopf auf einem langen Hals, den er wie eine Taube beim Gehen vor- und zurückschnellen ließ. Doch dieser Mann war keine Taube, er war ein Falke.

Er begrüßte uns, entschuldigte sich für die Unordnung und packte Papiere vom Besuchertisch und den Besucherstühlen auf seinen hoffnungslos überladenen riesigen Schreibtisch.

Als er mir die Hand drückte, sagte ich: »An meiner Bürotür hängt ein Schild, auf dem übersetzt etwa folgendes steht: *Ordnung ist nur etwas für Pedanten, große Geister brauchen ein kreatives Chaos*. Ich bin sicher, in diesem Büro lässt sich hervorragend arbeiten.«

Seinem Blick nach dachte er wohl, ich nehme ihn auf den Arm. Seine Miene entspannte sich erst, als Harko sagte: »Glauben Sie mir: Sein Chaos ist noch größer als Ihres. Roberto ist wie Sie nur an den Ergebnissen seiner Arbeit interessiert, wie es um ihn herum aussieht, ist ihm egal.«

Die Staatsanwältin seufzte. »Sie sollten meinen Bruder nicht noch in seiner Unordnung unterstützen. Seit Jahrzehnten kämpfe ich dagegen an.«

»Vergeblich, meine Liebe,« sagte der Anwalt und zwinkerte mir dabei verschwörerisch zu. »Ich muss gestehen, Herr Bardéz spricht mir aus der Seele. Wer jeden Tag Zeit hat, seinen Schreibtisch aufzuräumen, der hat schlicht nichts besseres zu tun.«

»Ich hätte es nicht schöner ausdrücken können,« pflichtete ich ihm bei. Wir mochten uns auf Anhieb.

Der Rechtsanwalt würde auch an diesem Abend nicht zum Aufräumen kommen, auf uns wartete viel Arbeit. Zunächst berichtete Schorsch, was wir an der Uni herausgefunden hatten. Martin pfiff leise durch die Zähne und klopfte Schorsch anerkennend auf die Schultern: »Dein Vergleich mit Hoover war also doch nicht aus der Luft gegriffen.«

Als nächstes erläuterte Harko noch einmal seinen Plan – ich wusste nicht, ob der Rechtsanwalt und seine Schwester bereits in die Details eingeweiht waren.

»Bislang,« begann Harko, »können wir Oberstaatsanwalt Mittler noch keine Straftaten nachweisen. Die einzigen konkreten Hinweise auf kriminelle Aktivitäten sind die Mitschnitte der Telefongespräche. Allerdings ließe sich aus dem Gespräch mit Lidya seine Beteiligung an einem Mordfall ableiten.«

Der Rechtsanwalt schüttelte seinen Taubenkopf und ließ den Falkenblick schweifen. »Wenn wir versuchen, diesen Mitschnitt gegen Mittler zu nutzen, reicht er gegen meine Schwester eine Klage wegen Überschreitung ihrer Befugnisse ein. Was bliebe, wäre der Verdacht, etwas von dem Mord gewusst zu haben. Doch ohne konkreten Beweis riskiert er vermutlich nicht einmal eine Rüge. Nur meine Schwester käme in die Bredouille.«

»Was ist mit den anderen Mitschnitten?« fragte ich. »Immerhin hat er drei Leute angerufen und ihnen gedroht.«

»Gedroht hat er nur dem Bordell-Besitzer,« stellte der Rechtsanwalt klar. »Mittler wird behaupten, er habe sich für Frau Lidya Radovic einsetzen wollen, die von zwei Privatleuten mehr als ungebührlich behandelt wurde. Er wird abstreiten, etwas von dem Mord gewusst zu haben; ihm das Gegenteil zu beweisen, dürfte ohne ein Geständnis von Frau Radovic unmöglich sein. Doch für die Behandlung von Frau Radovic, die fast schon als Misshandlung bezeichnet werden kann, gibt es im Leierkasten genügend Zeugen.«

»Mist,« sagte Schorsch. »Wenn ich das gewusst hätte, hätte ich unser Vögelchen mit Samthandschuhen angefasst.«

»Was ist mit den anderen Drohanrufen?« fragte Peter.

»Waren das wirklich Drohanrufe?« fragte der Anwalt. »Man könnte Erpressung hineininterpretieren, man könnte die Anrufe aber auch so auslegen, dass Mittler nur Vorschläge gemacht hat, die von den Angerufenen auf eigene Initiative hin ausgeführt wurden. Moralisch mag das verwerflich und eines Oberstaatsanwalts unwürdig sein.« Der Anwalt lächelte. »Wenn ich da an gewisse Methoden meines lieben Freundes Harko denke, ist Mittler in diesem Punkt der reinste Waisenknabe. Ich würde sagen, wir haben kaum eine Chance, dem Oberstaatsanwalt nur über die Anrufe beizukommen.«

Harko war offenbar der gleichen Meinung. »Ich denke auch, wir sollten diese Telefonanrufe nicht gerichtlich gegen ihn verwenden. Mein Vorschlag lautet anders. Ein Fernmeldetechniker hat beim Überprüfen von Telefonleitungen zufällig das Gespräch zwischen Mittler und Lidya mitgeschnitten ohne sich etwas dabei zu denken. Erst als er heute in der Zeitung von der Verhaftung las, kam ihm die Idee, das Gespräch könne etwas mit dem Mordfall zu tun haben. Daraufhin wandte er sich an die Mordkommission und berichtete Kommissar Lindner von dem Telefonmitschnitt. Der wiederum hat Ihre Schwester davon in Kenntnis gesetzt.«

»Weiß Kommissar Lindner davon?« fragte ihn der Rechtsanwalt.

»Noch nicht, ich werde ihn später informieren. Ich bin sicher, er spielt mit.«

»Lindner ist vom Dienst suspendiert,« wandte Peter ein.

»Von seiner Suspendierung hat er erst erfahren, nachdem er mit der Oberstaatsanwältin gesprochen hat.«

Die Staatsanwältin sagte zustimmend: »Das ließe sich vertreten. Doch wie geht es dann weiter?«

»Peter und Martin nehmen ihre Disziplinarverfahren nicht widerspruchslos hin, sie wehren sich juristisch dagegen. Auch Schorsch geht rechtlich gegen seine ungerechte Beurteilung vor. Natürlich sprechen die drei über ihre Probleme mit mir und ich rate ihnen, sich den besten Rechtsanwalt zu nehmen, den es in Stuttgart gibt.« Er deutete auf Langenbach: »Sie.«

Der Anwalt nickte bedächtig. Das Lob schien ihn nicht zu interessieren, er dachte offensichtlich über den Plan nach.

Harko fuhr fort in seinen Erläuterungen. »Die drei tischen Ihnen eine wilde Verschwörungsgeschichte auf, über die Sie herzlich lachen. Sie finden die Geschichte so amüsant, dass Sie Ihrer Schwester davon berichten. Woraufhin die Ihnen von diesem Telefonmitschnitt erzählt, auf dem sie die Stimme von Mittler eindeutig identifiziert hat. Das finden Sie nun nicht mehr amüsant.

Am nächsten Tag, also morgen, ziehen Sie Informationen über den Oberstaatsanwalt ein und stoßen dabei auf seinen Vater. Sie zählen zwei und zwei zusammen und konfrontieren Mittler mit Ihrer Theorie des Archivs. Dabei machen Sie ihm klar, wie entschlossen Sie sind, diese unglaubliche Schweinerei aufzudecken.« Harko hatte die letzten Informationen in Windeseile in seinen Schlachtplan integriert.

Der Anwalt dachte nach. »Mittler wird alles leugnen und mich als Spinner bezeichnen. Woraufhin ich ihm sage, ich beantrage Durchsuchungsbefehle für sein Haus und sein Büro, lasse prüfen, welche Immobilien er sonst noch hat und werde auch die durchsuchen lassen.«

»Genau,« sagte Harko mit leuchtenden Augen. »Mittler wird Sie zum Teufel schicken und sich schnurstracks daran machen, sein Archiv in Sicherheit zu bringen. Und zwar persönlich. Meine V-Leute überwachen ihn bereits. Geht er zu einer seiner Wohnungen, folgen sie ihm. Dort können wir ihn verhaften – wenn wir ihn zusammen mit seinen Akten erwischen.«

Dic Staatsanwältin blickte skeptisch. »Der Plan ist interessant, hat jedoch zwei Schwachpunkte. Nein, drei. Punkt 1: Wir wissen noch immer nicht sicher, ob es dieses Archiv überhaupt gibt. Ich gebe zu, es würde vieles erklären, zum jetzigen Zeitpunkt ist es aber nicht mehr als eine Theorie. Punkt 2: Oskar ist zwar ein Ekel, aber er ist nicht auf den Kopf gefallen. Der lässt sich nicht so schnell aus der Ruhe bringen. Und Punkt 3: Selbst wenn er eine Reihe von Wohnungen in Stuttgart besitzt: Warum sollte er so dumm sein, das Archiv ausgerechnet in einer dieser Wohnungen unterzubringen? Wenn mein Bruder ihn morgen mit dieser Geschichte konfrontiert, haben wir unser ganzes Pulver verschossen. Befinden sich die Akten an einem sicheren Ort, braucht Oskar nichts weiter zu tun, als abzuwarten, bis sich der Sturm gelegt hat.«

Harko war nicht der einzige, dem die Enttäuschung ins Gesicht geschrieben stand.

»Wenn wir ihn nervös machen?« schlug ich vor. »Ich meine, wir wissen doch, wer hinter den Anzeigen und der Beurteilung steckt. Einer von uns könnte die Stimme verstellen und so tun, als sei er einer der Erpressten, Mittler anrufen und ihm sagen, es reicht – der Schwindel fliegt auf.«

Harko verdrehte die Augen. »Hugh, der Schriftsteller hat gesprochen. Im Zeitalter von ISDN und GSM sieht Mittler die Nummer des Anrufers im Display.«

»Wir könnten ein Analog-Telefon auftreiben, bei dem die Rufnummer nicht übertragen wird,« sagte Martin ruhig.

»Mittler würde trotzdem die entsprechende Person zurückrufen und ihr eindringlich darlegen, welche Konsequenzen das nach sich ziehen würde. Und dabei feststellen, dass der Anruf getürkt war.«

»Wenn wir bloß Lidya zum Sprechen bringen könnten,« sagte Schorsch.

»Keine Chance,« erwiderte Martin. »Die weiß, dass sie mit Schweigen am besten fährt.«

»Ich habe eine andere Idee,« sagte die Staatsanwältin. »Was Herr Bardéz gesagt hat, ist gar nicht so dumm.«

Ich warf Harko einen triumphierenden Blick zu, den er geflissentlich ignorierte.

»Nicht die Sache mit dem anonymen Anruf – die ist kindisch.«

Harko grinste.

»Aber Oskar nervös zu machen, halte ich für eine gute Idee.«

»Und wie?« fragte Peter.

Sie lächelte schelmisch, die Sache schien ihr Spaß zu machen. »Mit weiblichen Tricks. Mein Bruder geht morgen nicht zu Oskar, damit würde er nur unsere Karten aufdecken. Stattdessen streuen wir Gerüchte. Mein Bruder hat die Vertretung von drei Beamten übernommen, die ihm eine haarsträubende Verschwörungsgeschichte erzählt haben. Vollkommen lächerlich – Erpressung auf höchstem Niveau. Staatsanwälte sind auch nur Menschen, sie werden über die Geschichte diskutieren. Und Oskar nach seiner Meinung fragen. Gleichzeitig würde ich vorschlagen, intensiv nachzuforschen, was Frau Lidya Radovic in der Hand hat. Verhören Sie sie immer wieder, und sagen Sie ihr dabei, was Sie vermuten. Frau Radovic dürfte leichter in Panik geraten als Oskar. Durchsuchen Sie ihre Wohnung, überprüfen Sie ihre Bankverbindungen, erkundigen Sie sich nach möglichen Schließfächern. Kommen Sie zu mir, um sich die Genehmigung für die Überprüfung eines Bankschließfachs bei der Deutschen Bank geben zu lassen. Ich sorge dafür, dass Oskar davon erfährt. Vielleicht finden Sie tatsächlich belastendes Material, doch darauf kommt es nicht an. Hauptsache, Oskar wird nervös. Und das wird er, dessen bin ich mir sicher.«

Den Plan fanden alle gut.

Als ich mit Harko nach Hause fuhr, sagte er: »Ich setze noch einen drauf.«
»Was willst Du tun?« fragte ich.
»Wart´s ab,« sagte er. »Ich hab da eine Idee…«

Schorsch kam am nächsten Morgen wieder ins LKA, von seiner Niedergeschlagenheit war nichts mehr zu spüren. Sein erster Weg führte ihn zum stellvertretenden Kriminaldirektor Müller, dem Vorgesetzten, der ihm die schlechte Beurteilung geschrieben hatte. Schorsch führte sich in dessen Büro auf wie ein Berserker und schrie so laut, dass es die ganze Abteilung hörte. Er wisse genau, wer in Wirklichkeit hinter dieser Schweinerei stecke und er werde einiges ans Tageslicht bringen. Als er in den Besprechungsraum kam, strahlte er über das ganze Gesicht: »Dem habe ich ordentlich meine Meinung gesagt. Wetten, dass der heute noch mit Mittler telefoniert?«
Martin und Peter verbrachten den ganzen Vormittag in Lidyas Wohnung, fanden jedoch nichts, was auf Mittler hindeutete. Trotzdem fuhren sie am Nachmittag zur Staatsanwaltschaft, um die Durchsuchung eines Schließfachs bei der Deutschen Bank zu beantragen. Staatsanwältin Schovenberg erteilte ihnen die Genehmigung. Als sie ihr Büro verließen, lief ihnen auf dem Flur Mittler über den Weg. Die Beiden grüßten nicht, sahen ihn nur wortlos an. Martin stieß Peter verschwörerisch in die Seite, dann lachten beide. Mittler sei rot angelaufen und habe ausgesehen, als wolle er jeden Moment explodieren, berichtete Peter lachend.
Schorsch fuhr am Nachmittag nach Stammheim, er wollte Lidya noch einmal vernehmen. Natürlich verriet sie ihm nichts, doch Schorsch ließ durchblicken, die Tage des Staatsanwalts seien gezählt, die Schlinge um seinen Hals ziehe sich immer enger zusammen. Lidya habe ihn ausgelacht, sagte Schorsch, in ihren Augen aber sei deutlich Panik zu erkennen gewesen.
Harko holte mich abends im LKA ab, er hatte glänzende Laune.
»Stell Dir vor,« sagte er, »bei Mittler ist heute eingebrochen worden. Gestohlen wurde nichts, doch die Einbrecher haben das ganze Haus auf den Kopf gestellt.«
»Woher weißt Du das?« fragte ich.
»Ein Vöglein hat es mir gesungen…«

Am Freitag geschah nichts. Nur Schorsch bekam eine offizielle dienstliche Verwarnung wegen ungebührlichen Betragens gegenüber einem Vorgesetzten. Kriminaldirektor Zimmermann überbrachte sie persönlich, verbunden mit einer ernsten Belehrung über das korrekte Verhalten gegenüber höhergestellten Führungskräften.

Ich bekam selbst einen Teil der Belehrung mit, als ich zufällig in Schorschs Büro platzte – ich sah einen grinsenden Schorsch, der nur mit halbem Ohr zuhörte, und einen verzweifelten Kriminaldirektor.

»Señor Bardéz,« sagte Kriminaldirektor Zimmermann auf spanisch zu mir, »sagen Sie selbst: Was soll ich mit einem solchen Beamten machen?«

»Auf ihn aufpassen,« antwortete ich ebenfalls auf spanisch, »und ihn bei nächster Gelegenheit befördern.«

Kopfschüttelnd verließ der Kriminaldirektor das Büro, ich kam nicht einmal dazu, mich bei ihm zu bedanken, weil er mich so schnell aus dem Gefängnis herausgeholt hatte.

Wenn unsere Theorie stimmte, würde Samstag der große Tag werden. Es nieselte, als ich mit Harko zum Rechtsanwalt fuhr; dort wollten wir an diesem Tag unsere Einsatzzentrale einrichten. Falls juristische Genehmigungen notwendig wurden, stand die Staatsanwältin hier zur Verfügung.

Schorsch, Martin und Peter waren bereits da, auch Dieter Lindner hatten wir eingeladen. Ihm waren wir etwas schuldig. Er staunte, als wir ihm die Hintergründe des Falls erläuterten: Ein entlaufener Sträfling auf Korfu versteckt, eine mutmaßliche Doppelmörderin, eine verschwundene Leiche, ein erpresserischer Staatsanwalt, der nun selbst erpresst wurde, eine Staatsanwältin und ein Rechtsanwalt, die hart am Rande der Legalität arbeiteten.

»Da passe ich als suspendierter Kriminalbeamter ja bestens dazu,« war jedoch sein einziger Kommentar.

»Wenn wir heute erfolgreich sind,« sagte der Rechtsanwalt, »ist Ihre Suspendierung am Montag nur noch Geschichte. Und taucht nicht einmal in Ihrer Personalakte auf. Dafür sorge ich persönlich.«

Schorsch hatte frische Weißwürste mitgebracht, Martin Brezeln und Weißbier besorgt, schon bald erinnerten wir eher an eine gesellige Runde denn an eine Gruppe von Verschwörern.

Kurz vor Mittag änderte sich dies schlagartig. Einer von Harkos V-Leuten rief an. Das Gespräch war kurz, doch Harko schien zufrieden: »Mittler hat sein Haus verlassen und ist weggefahren, nicht in die Stadt, sondern Richtung Süden. Meine Kontaktleute folgen ihm.«

»Und wenn er merkt, dass er verfolgt wird?« fragte Peter.

»Drei Autos und zwei Motorräder wechseln sich ständig ab,« erklärte Harko. »Die Jungs verstehen ihr Handwerk.«

»Ich sollte besser nicht fragen, wer diese *Jungs* sind,« sagte die Staatsanwältin.

»Vermutlich freie Unternehmer,« sagte ich schmunzelnd, »wenn auch in eigenwilligen Berufen.«

»Sollen wir ihm nicht nachfahren?« fragte Peter. »Wenn sich Mittler von Stuttgart entfernt, kommen wir zu spät.«

Harko schüttelte den Kopf. »Noch wissen wir nicht, ob er zum Archiv fährt. Wir brechen auf, wenn wir sicher sind, dass er am Ziel angekommen ist.«

Harkos Vorsicht sollte sich auszahlen. Zunächst fuhr der Staatsanwalt zu einem großen Einkaufszentrum, in dem er mehr als eine Stunde verbrachte, beobachtet von zwei von Harkos V-Leuten. Nachdem er seine Einkäufe beendet hatte – Mittler hatte sich mehrere große Reisetaschen gekauft –, fuhr er zurück in die Stadt. Er kehrte jedoch nicht zu seinem Haus zurück, diesmal führte ihn sein Weg nach Norden.

Kurz vor zwei erhielten wir die Meldung, er sei jetzt offenbar an seinem Ziel angelangt, einem Appartementhaus in Ditzingen.

Harko sprang auf und ging mit dem Mobiltelefon in der Hand zu einer an der Wand hängenden Karte von Stuttgart. Dort ließ er sich die genaue Adresse geben.

»Das ist es,« sagte er.

Die Staatsanwältin stellte bereits den Durchsuchungsbefehl aus.

Wir fuhren mit drei Autos: Harko und ich im Land-Cruiser, Martin und Schorsch im Omega, Peter nahm Kommissar Lindner in seinem Passat mit. Eine halbe Stunde später kamen wir in Ditzingen an. Wir parkten die Autos zwei Straßen von der genannten Adresse entfernt und gingen in Zweiergruppen zu dem Haus – ein Pulk von sechs Männern wäre zu auffällig gewesen.

Als Harko und ich näherkamen, sahen wir, wie Peter und Kommissar Lindner von einer jungen Bettlerin bedrängt wurden, die offensichtlich Geld von ihnen wollte. Sie schien äußerst penetrant zu sein und Peter wehrte sich mit Händen und Füßen gegen sie. Schließlich gab sie auf und kam auf uns zu.

»Hey, habt ihr mal nen Euro für mich?«

Zu meiner Überraschung griff Harko in die Tasche und holte ein Zwei-Euro-Stück heraus, das er ihr gab.

»Hey Mann, Du bist in Ordnung,« sagte die schlampig gekleidete Frau. Und fügte dann hinzu: »Dritter Stock, rechts. Die Eingangstür unten ist angelehnt.« Sie reichte Harko ein Stück längliches Metall. »Wenn Du oben reinwillst, hilft Dir das.«

Sie ließ uns stehen und ging schnorrend auf Martin und Schorsch zu, die hinter uns kamen.

»Du hast seltsame Bekannte,« sagte ich zu Harko.

»Mit seltsamen Berufen – ich weiß.«

Vor dem Eingang zum Appartementhaus versammelten wir uns, nach oben durch ein großes Vordach gedeckt. Harko gab Martin den Dietrich. »Dritter Stock rechts, hier ist der Schlüssel.«

»Und wie kommen wir ins Haus?« fragte Peter.

Harko drückte gegen die Eingangstür aus Aluminium, die sofort aufging.

»So. Mein Schlüsseldienst hat für euch aufgeschlossen.«

»Gehen wir alle hoch?« fragte Schorsch.

»Ich bin gar nicht hier,« sagte Harko. »Was sollte ich als Privatmann bei einer Polizeiaktion?«

»Und Roberto?« fragte Martin. Mir schien, er wollte auch mich nicht dabeihaben.

»Der ist hier, um was zu lernen.«

»Ich bin auch privat hier,« sagte Kommissar Lindner.

»Dann warten wir zwei hier unten. Vier Mann sollten genügen.«

So gingen wir zu viert nach oben – Schorsch, Martin, Peter und ich. Wir bemühten uns, möglichst leise zu sein, sprachen kein Wort und hielten erst vor der genannten Wohnungstür an. Peter wollte etwas sagen, doch Martin bedeutete ihm, still zu sein. Vorsichtig steckte er den Dietrich ins Schloss, fummelte eine Weile an der Tür, bis das Schloss mit einem leisen Klack aufging. Schorsch holte eine kleine Flasche Maschinenöl aus der Tasche. Zentimeterweise drückte Martin die Tür auf, und sobald die Türangeln sichtbar waren, beträufelte Schorsch sie mit dem Öl. Ohne einen Laut von sich zu geben, schwang die Tür auf und wir traten ein.

Es war eine typische Mietwohnung: Ein dunkler Flur, von dem rechts und links die Türen zu den Zimmern abgingen. Die Luft roch abgestanden, hier war lange nicht mehr gelüftet worden. Die Türen waren zu, bis auf eine rechts am Ende des Flurs – von hier fiel Licht in den Gang. Deutlich konnten wir das Rascheln von Papier hören, dem immer wieder plumpsende Geräusche folgten – das Archiv wurde verpackt. Auf leisen Sohlen gingen wir näher, bauten uns im Halbkreis vor der Tür auf.

Staatsanwalt Mittler hatte die Jacke ausgezogen und über einen Stuhl gehängt. Er stand vor einer Reihe von stählernen Aktenschränken, an denen die Schubladen herausgezogen waren. Die ersten beiden Aktenschränke waren bereits leer, dafür standen auf dem Boden drei prallgefüllte Reisetaschen. Der Mann arbeitete hart und konzentriert, er wandte uns den Rücken zu und sah uns nicht.

»Buenos días,« sagte ich, »¿cómo está usted?[30]«

Wie von der Tarantel gestochen fuhr er herum und starrte uns an. Schorsch und Martin traten ins Zimmer.

»Was tun Sie hier?« fauchte er uns an. »Das ist Hausfriedensbruch!«

Martin griff in die Tasche und holte den Durchsuchungsbefehl heraus. »Von Hausfriedensbruch würde ich nicht sprechen.«

»Sie sind außer Dienst! Machen Sie, dass Sie hier rauskommen!«

»Aber Herr Oberstaatsanwalt,« sagte Schorsch, »Sie wissen doch, wie das ist mit der Personalknappheit. Wir müssen Überstunden machen. Auch am Wochenende.«

Er trat vor und wollte nach einem Hängeordner greifen.

»Lassen Sie die Finger da weg,« schrie der Staatsanwalt, »das sind private Papiere, die Sie nichts angehen.«

»Glauben Sie?« fragte Schorsch und zog den Ordner heraus. Der Staatsanwalt wollte ihn Schorsch aus der Hand reißen. Schorsch hätte als Zauberer Karriere machen können: Plötzlich hatte er ein Paar Handschellen in der Hand, die er blitzartig an Mittlers Händen zuschnappen ließ.

»Ich lasse mich nicht gern stören, wenn ich etwas lesen will,« sagte Schorsch, hob den Ordner, den er fallengelassen hatte, wieder auf und blätterte darin. »Willfried Geiger – ist das nicht der Abgeordnete, der vor drei Jahren in einen Skandal wegen angeblicher

[30] Spanisch: Guten Tag, wie geht es Ihnen?

Bestechungen verwickelt war? Das hatte doch was mit Grundstücken am Flughafen zu tun, die von der Stadt günstig an ein Immobilienbüro abgetreten und dann sehr viel teurer an die Flughafen AG weiterverkauft wurden.« Er blätterte mehrere Seiten um. »Ja was sehe ich denn da? Bankauszüge von der USB-Bank... Ja, so ein Schweizer Nummernkonto – wer hätte das nicht gern? 20.000 Franken, 30.000 Franken... Beratungshonorar... Dornbusch-Immobilien in Leinfelden... Am Ende war der Verdacht gar nicht aus der Luft gegriffen, wie der Herr Abgeordnete behauptet hat.«

Schorsch überflog einige der Akten. »Ts, ts, ts – alles, was Rang und Namen hat. Wollen doch mal sehen: Konrad Müller, stellvertretender Kriminaldirektor, hat mir diese Woche mit einer üblen Beurteilung die Laune verdorben. Gibt es auch über ihn eine Akte?« Er durchsuchte das alphabetisch aufgebaute Archiv. »Na wer sagt es denn. Da ist er ja.«

Schorsch zog den Ordner heraus, blätterte ihn direkt vor dem vor ohnmächtiger Wut zitternden Staatsanwalt durch. »Nein sowas – der hat ja vor acht Jahren ein Kind überfahren und dann Fahrerflucht begangen. Ob das in seiner Personalakte vermerkt ist?«

»Sie haben kein Recht,« begann der Staatsanwalt, doch Schorsch fiel ihm ins Wort.

»Wenn hier einer kein Recht hat, seinen Mund aufzumachen, dann sind Sie das. Sie haben jetzt Sendepause.«

Er sah Martin und Peter an. »Was meint ihr: Ob in der Pension Stammheim noch ein Zimmer frei ist?«

Martin blickte skeptisch. »Ich weiß nicht, ist angeblich viel los im Moment. Ich sprech mal mit dem Wirt. Der Herr hier hat zwar nicht reserviert, aber ich habe gehört, für Überraschungsgäste haben sie immer einige Zimmer in Reserve.«

Martin und Peter führten den Staatsanwalt ab und brachten ihn nach unten. Ich folgte ihnen, Schorsch blieb allein zurück.

Als wir unten ankamen und Martin und Peter mit ihrem Gefangenen auf die Straße traten, stand Harko auf der anderen Straßenseite, lässig gegen einen Laternenpfahl gelehnt.

»Hallo Herr Oberstaatsanwalt,« grüßte Harko freundlich. »So sieht man sich wieder.«

Mittler presste die Lippen zusammen, dann brachten ihn Martin und Peter weg.

Ich ging zu Harko. Kommissar Lindner, der ein paar Schritte entfernt gewartet hatte, gesellte sich zu uns.

»Und jetzt?« fragte ich.

»Jetzt rufe ich Rechtsanwalt Langenbach an. Er und seine Schwester sollen herkommen und sich die ganze Sache ansehen. Das wird jetzt zum Politikum und damit will ich nichts zu tun haben.«

»Das geht bis in die höchsten Kreise,« sagte die Staatsanwältin bestürzt, während wir die Akten durchgingen. »Wenn das bekannt wird...«

Peter schüttelte fassungslos den Kopf. »Den Skandal können wir uns nicht leisten. Was das für Stuttgart bedeutet – in vielen wichtigen Positionen Leute, die seit Jahren erpresst werden. Das wäre ein Vertrauensverlust...«

Schorsch brachte es auf den Punkt. »Da sind viele Leute dabei, die dem Land wichtige Dienste leisten und die wegen Kleinigkeiten erpresst werden. Ich meine – wen interessiert schon, ob der Sohn eines Stadtrats in seinen wilden Jahren Hasch geraucht hat?«

»Sollen wir etwa das Archiv vernichten?« fragte Martin. »Und all die Verbrechen ungesühnt lassen?«

»Auf keinen Fall,« sagte die Staatsanwältin. »Aber muss wirklich das gesamte Archiv in die Hände der Justiz gelangen?«

Wir stimmten ab und waren einstimmig dafür, dies dürfe nicht geschehen. Die Staatsanwältin ernannte Schorsch, Martin, Peter, Kommissar Lindner, Harko und mich offiziell zu Geschworenen, dann hielten wir Gericht. Bis weit nach Mitternacht wurden im Schnellverfahren die Vergehen vorgelesen, die Staatsanwältin übernahm die Anklage, der Rechtsanwalt die Verteidigung, entschieden wurde von allen durch Handheben. Wer unverdient in die Hände Mittlers gefallen war, wer wegen Nazi-Verbrechen von Vätern oder Großvätern erpresst wurde, dessen Akte landete in einem schwarzen Müllbeutel. Wer sich tatsächlich krimineller Vergehen schuldig gemacht hatte, dessen Akte wurde wieder ins Archiv einsortiert. Das Archiv würde am Montag Morgen in die Räume der Staatsanwaltschaft gebracht werden.

»Was heute Nacht geschehen ist, ist niemals geschehen,« sagte die Staatsanwältin, nachdem wir im Büro des Rechtsanwalts die letzte Akte aus den Müllbeuteln durch den Reißwolf gejagt hatten. »Das von Oskar angelegte Archiv wurde vollständig an die Staatsanwaltschaft übergeben.«

»Und wenn Oberstaatsanwalt Mittler vor Gericht feststellt, dass einige Akten fehlen?« fragte Peter.

»Ex-Oberstaatsanwalt Mittler bekommt dieses Archiv in diesem Leben nicht mehr zu Gesicht.«

Wir bekräftigten unser Schweigen durch einen feierlichen Eid.

Zu Kommissar Lindner sagte Staatsanwältin Schovenberg: »Sie haben ab heute einen besonders guten Draht zur Staatsanwaltschaft. Vielleicht hilft Ihnen das bei Ihrer beruflichen Karriere.«

Der junge Kriminalbeamte strahlte.

»Junger Mann,« stutzte ihn der Rechtsanwalt sofort zurecht, »freuen Sie sich bloß nicht zu früh. Wenn wir uns im Gerichtssaal als Gegner gegenüberstehen, werde ich Sie genauso an die Wand drücken, wie ich es mit diesem Herrn hier gemacht habe, der – wie Sie selbst gesehen haben – mitunter eine schreckliche laxe Einstellung zu Recht und Gesetz an den Tag legt.« Schalkhaft blinzelte er Harko zu.

Es ist ein Spiel, dachte ich, es ist alles nur ein großes Spiel.

Harko und ich schliefen lange am nächsten Morgen, verzichteten auf das Frühstück und gingen gleich zum Essen in ein bekanntes Ausflugslokal, in dem ich Martins Beschreibung von Stuttgart als Stadt zwischen Wald und Reben zum erstenmal nachvollziehen konnte: Das Lokal lag mitten in einem Weinberg, und bot einen atemberaubenden Blick über Stuttgart, den Neckar und die umliegenden bewaldeten Hügel. Das *Aussichtsreich* trug seinen Namen wahrlich zurecht.

Wir genossen die Aussicht über die schwäbische Landesmetropole, dann wandten wir uns der Speisekarte zu. Es war Sonntag und ich war gespannt, was Harko als Schwabe bestellen würde. Er enttäuschte mich nicht: Spätzle mit Pfeffersteak. Ich dachte an Korfu, an Gyros und Souvlaki, an Patates und Tsatziki, an die ich mich gewöhnt hatte und die ich nun vermisste. Würden mir nächste Woche die Spätzle fehlen? Sicherheitshalber bestellte ich das gleiche wie Harko.

Dann fragte ich ihn: »Was geschieht jetzt mit Rudi?« Denn offiziell war Rudi natürlich noch immer ein flüchtiger Verbrecher, auch wenn er eigentlich zu den Opfern von Staatsanwalt Mittler gehörte und durch den Tod seiner Frau sicher mehr als genug bestraft war.

»Rudi muss zurück nach Deutschland,« sagte Harko, »daran führt kein Weg vorbei. Er muss auch wieder ins Gefängnis. Oberstaatsanwältin Schovenberg wird eine Revision beantragen, ihr Bruder wird Rudi verteidigen. Einen Freispruch halte ich für unwahrscheinlich, dafür hat Rudi zu viel Dreck am Stecken. Doch Oberstaatsanwältin Schovenberg ist sicher, Rudi wird mit maximal sechs Monaten davonkommen. Vielleicht wird ihm sogar seine bisherige Strafe angerechnet. Dann ist er Ende des Jahres draußen.«

»Und kann zurück nach Korfu.«

Der Gedanke schien Harko nicht zu behagen. »Glaubst Du, er passt auf die Insel?«

»Hättest Du am Anfang gedacht, dass Du auf die Insel passt?«

»So gesehen hast Du auch wieder recht,« sagte Harko, und bestellte bei der Bedienung eine weitere Portion Spätzle.

Mittler ist tot. Dies war das erste, was wir Montag früh hörten, als wir ins LKA kamen. Mittler hatte Sonntag früh mit einem Anwalt telefoniert, den Rest des Tages kein Wort gesagt und sich in der Nacht in seiner Zelle erhängt. Von Trauer spürte ich nichts, es war eher so, als sei allen eine große Last von der Seele genommen worden.

Das nächste war ein Anruf von Dieter Lindner. Er teilte uns hocherfreut mit, dass seine Suspendierung aufgehoben war, außerdem sei er nun auf Anregung der Staatsanwaltschaft offiziell für die Ermittlungen im Mordfall Heidemarie Walner zuständig. Wir gratulierten ihm herzlich.

Lindner bat uns, gleich mit ihm nach Stammheim zu fahren, um Lidya noch einmal zu verhören, er sagte, nach Mittlers Tod sei sie vielleicht zur Aussage bereit. Von dort wollte er zu Heidemaries Begräbnis, deren Leichnam inzwischen zur Bestattung freigegeben worden war.

Ich wollte ihr auf jeden Fall die letzte Ehre erweisen, auch Schorsch und Peter versprachen, mitzukommen – vielleicht weniger wegen Heidemarie, sondern mir zuliebe, doch das war mir egal: Wenn Heides Geist noch unter uns weilte, würde sie sich freuen.

Nur Martin hatte keine Lust, er schützte einen dringenden Termin vor. Schade, dachte ich. Nach dem Erfolg vom Samstag hatte ich gehofft, er habe seinen Groll gegen unsere Scharade überwunden. Da hatte ich mich wohl getäuscht.

Die Lidya, die wir an diesem Tag im Gefängnis trafen, war eine andere als die, die wir vor ein paar Tagen verhaftet hatten. Der Tod des Staatsanwalts hatte sich natürlich in Windeseile im Gefängnis herumgesprochen, doch Lidya war sicher die Einzige, die das bedauerte: Sie hatte ihren Beschützer verloren. Jetzt blieb ihr nur noch ein Geständnis, wenn sie Glück hatte, wirkte sich das bei der Urteilsfindung strafmindernd für sie aus.

Bereitwillig erzählte sie uns alles. Rudi hatte ein Jahr zuvor ein Verhältnis mit ihr angefangen und ihr versprochen, seine Frau zu verlassen, um mit Lidya ein neues Leben anzufangen. Nach einem Streit hatte er sich dann aber von ihr getrennt und war zu seiner Frau zurückgekehrt.

Den Freigang hatte Lidya veranlasst. Mittler hatte sie vor einigen Monaten wegen einer Anzeige vor die Wahl gestellt: Ausweisung nach Serbien oder eine Liebesnacht mit ihm. Lidya hatte sich für die Liebesnacht entschieden. Offenbar war Mittler doch nicht der Sexprotz, für den wir ihn gehalten hatten: Lidya sagte, er sei betrunken und ans Bett gefesselt während des Aktes eingeschlafen.

Lidya dachte, dies sei die Gelegenheit, zu ihrem Honorar zu kommen, und durchsuchte die Wohnung nach Wertgegenständen. Im Keller war sie auf das Archiv gestoßen. Sie *lieh* sich von Mittler einen Fotoapparat aus, machte Bilder vom Archiv und schickte dem Staatsanwalt wenige Tage später Abzüge, neben aussagekräftigen Bildern des Archivs und einiger besonders brisanter Akten auch ein Foto, das den verhinderten Casanova im Adamskostüm mit einer Reihe erotischer Spielzeuge auf seinem Bett zeigte.

Natürlich wollte Mittler die Negative, Lidya sagte, er habe ihr 100.000 Euro dafür geboten. Zunächst habe sie das Angebot annehmen wollen, das Geld hätte genügt, in Serbien eine neue Existenz aufzubauen. Dann aber habe sie beschlossen, Mittler für ihre Rache an Rudi zu benutzen.

Die Negative befanden sich weder in einem Bankschließfach noch bei einem Rechtsanwalt, sondern bei Verwandten in Serbien. Jetzt waren sie wertlos.

Wie Harko vermutet hatte, war der tödliche Schuss auf Maja nicht aus Versehen erfolgt: Lidya hatte auf Maja angelegt. Nicht aus Hass auf die Nebenbuhlerin, sondern um Rudi weh zu tun. Die Leiche hatte sie samt der Tatwaffe, einem Gewehr mit Zielfernrohr, das sie einem getöteten Heckenschützen in Sarajevo abgenommen hatte, in einem Gebüsch unweit der Stelle vergraben, an der sie Maja erschossen hatte.

Heidemarie hatte sie getötet, weil diese das Foto aus Lidyas Kriegszeiten besaß. Lidya selbst hatte es ihr vor einem halben Jahr geschenkt, um das junge Mädchen zu beeindrucken, doch nach dem Mord an Maja hatte sie wohl gefürchtet, dieses Bild könne Harko auf ihre Spur bringen. Lidya war in Panik geraten, als sie Heidemarie, Harko und mich zusammen im Leierkasten gesehen hatte.

Auch Rudis Unfall auf Korfu ging auf Lidyas Konto; sie hatte den Staatsanwalt dazu gezwungen, ein mobiles Ermittlungskommando nach Korfu zu schicken, um Rudi festzunehmen. Lidya wollte ihn im Gefängnis haben, ihn dort besuchen und, wie sie sagte, sich an seiner Verzweiflung weiden. Warum Rudi beinahe überfahren worden war, wusste sie nicht.

»Manchmal frage ich mich, was in den Köpfen von Frauen vorgeht,« sagte Harko, als wir das Gefängnis in Stammheim verlassen hatten. »Aus Eifersucht zwei Menschen zu töten!«

»Und wohin hat uns Dein Rachefeldzug gebracht?« hielt ich dagegen. »Heidemarie und der Staatsanwalt sind tot.«

»Das war nicht meine Schuld,« entgegnete Harko heftig.

»Nein,« sagte ich, »Deine Schuld war es nicht. Doch wer sich rächen will, setzt damit oft Ereignisse in Gang, die er nicht gewollt hat.« Wegen mir war ein ganzes Dorf ausgelöscht worden, dachte ich, und auch mir konnte man daran keine direkte Schuld geben. Aber ich war der Auslöser gewesen. Und hatte daraus zumindest gelernt, dass man Rache besser dem da oben überlässt.

Die Beisetzung von Heide fand auf dem Waldfriedhof statt. Harko, Dieter Lindner und ich fuhren von Stammheim direkt dorthin, Schorsch und Peter wollten vom LKA kommen. Als wir uns am Parkplatz trafen, war zu meiner Freude auch Martin mit dabei – zwar mit griesgrämigem Gesicht, aber er war gekommen. Martin sah mich nicht an, betrachtete lieber seine Fingernägel und tat so, als hätte er hier nichts verloren. Ich vermutete, Schorsch hatte ihm eindringlich ins Gewissen geredet.

Wir waren nicht die einzigen Trauergäste, etwa 20 junge Mädchen wollten sich ebenfalls von Heide verabschieden.

Es war eine stille Beerdigung. Keine Musik, kein Weinen, keine schluchzenden Angehörigen. Ein Priester las eine Messe, sprach von einem jungen Leben, das viel zu früh zu Ende gegangen sei, was aber auch sein gutes habe, da Heidemarie damit das irdische Jammertal frühzeitig verlassen habe und nun im Himmel viel glücklicher sei. Ob in Priesterseminaren ein Tagesausflug in himmlische Gefilde auf dem Ausbildungsplan stand, der es Priestern ermöglichte, so über die Freuden des Jenseits zu sprechen? Warum mussten sie das Leben auf der Erde als Dahinvegetieren im Jammertal beschreiben? War nicht jeder Tag wert, gelebt zu werden? Heide hatte es nicht einfach gehabt, doch sie freute sich auf die Zukunft.

Ich war froh, als die Predigt zu Ende war. Vier Friedhofsangestellte wollten den Sarg aufnehmen und nach draußen tragen. Ich ging vor und bat einen von ihnen, mir seinen Platz zu überlassen, was er auch tat. Harko folgte mir, bat den nächsten um seinen Platz, dann kamen Schorsch, Peter und Dieter Lindner. Martin zögerte, erst auf ein kaum sichtbares Kopfnicken von Schorsch trat auch er an den Sarg.

Schweigend geleiteten wir Heides sterbliche Hülle zu ihrer letzten Ruhestätte, übergaben den Sarg erst am offenen Grab den Sargträgern, die ihn in die Grube hinabließen. Jedes der Mädchen warf eine Handvoll Erde in die Grube, murmelte Abschiedsworte.

Als das letzte Mädchen vorbei war, trat ich an den Rand des Grabes. »Dein Körper geht von uns,« sagte ich mit lauter Stimme, »doch in unseren Herzen lebst Du weiter. Adiós, amiga mia.[31]« Dann warf auch ich eine Handvoll Erde in das Grab. Harko und die anderen verabschiedeten sich stumm, doch voller Respekt.

Auf dem Weg nach draußen ging ich bei der Friedhofsverwaltung vorbei und stellte durch einen Scheck sicher, dass ihr Grab ein Jahr lang täglich mit frischen Blumen geschmückt sein würde – gelbe Rosen, die sie so geliebt hatte.

Wir trafen uns vor dem Friedhof auf dem Parkplatz.

»Weißt Du,« sagte Schorsch, »in Zivil sind die Mädels eigentlich ganz nett.« Ihm war anzusehen, er meinte es auch so.

»Sie haben nur einen seltsamen Beruf,« sagte ich.

Dieter Lindner wollte sich verabschieden, doch Schorsch bat ihn, mit ins LKA zu fahren, es sei noch etwas Dringendes zu regeln.

Ich fuhr bei Harko mit.

»Haben wir jetzt einen Fall gelöst oder waren wir nur Zeugen von Ereignissen, die von allein abliefen?« fragte ich ihn.

»Wie meinst Du das?«

---

[31] Spanisch: Lebewohl, meine Freundin

»Wenn ich ehrlich bin, haben wir Mittler nicht durch Ermittlungen überführt, wir sind nur durch Zufall auf die Wahrheit gestoßen. In einem Krimi würde mir das keiner abnehmen.«

Harko schmunzelte. »Dann möchte ich Dir folgendes sagen: Nicht jeder Fall wird durch Ermittlungen gelöst. Wie auch hier gibt es anfangs oft nicht mehr als einen Verdacht. Geht man diesem Verdacht nach, setzt man Dinge in Bewegung. Irgendwann spielt Kommissar Zufall mit. Wäre Lidya nicht in Panik geraten, wären wir weder ihr noch Mittler auf die Schliche gekommen.«

»Also purer Zufall,« sagte ich.

Harko widersprach. »Ermitteln heißt nicht nur, herausfinden, was schon passiert ist. Das ist nur ein Teil der Arbeit. Ermitteln heißt auch, Gerüchte zu streuen, Leute zu befragen, Verdächtige unter Druck zu setzen. Du magst als Schriftsteller von Anfang an wissen, was geschehen ist, ein Polizist dagegen muss sich an die Wahrheit herantasten. Glaub mir: So, wie wir Mittler und Lidya allein durch unsere Anwesenheit und durch unsere Fragen verunsichert haben, läuft es in vielen Fällen. Man muss nur dranbleiben.«

Dennoch konnte ich mich über diesen Erfolg nicht freuen, Heide hatte einen hohen Preis dafür bezahlt. Den höchsten, den ein Mensch entrichten kann.

Vor dem LKA stellte Harko seinen Land-Cruiser wieder zwischen die Polizeifahrzeuge. Zwei Wochen, dachte ich, genau zwei Wochen waren wir jetzt in Stuttgart, noch am gleichen Abend wollten wir zurück nach Korfu fahren. Die Zeit erschien mir wie eine Ewigkeit. So viel war geschehen, viel Aufregendes, viel Schönes, aber auch viel Schreckliches. Zwei Menschen tot, der eine verdient, die andere zum Teil auch durch meine Schuld. Wäre ich in Korfu geblieben, würde Heidemarie noch leben – ein Freudenmädchen unter vielen, vom Leben enttäuscht, von der Gesellschaft vergessen.

Harko klopfte mir auf die Schulter. »Komm raus aus Deinen düsteren Gedanken, das Leben muss weitergehen. Wir sollten uns noch von einigen Leuten verabschieden, bevor wir zurückfahren.«

»Du hast recht,« sagte ich, und folgte ihm in das Gebäude, das mir in der kurzen Zeit fast zu einer Art Heimat geworden war.

Die anderen waren vor uns eingetroffen, ihre Autos standen auf dem Parkplatz, doch die Büros im dritten Stock waren leer. Wir gingen in den Besprechungsraum – und wurden mit johlendem

Geschrei begrüßt. Die ganze Abteilung war da, Konrad Nägele, der Daktyloskopie-Experte, und sogar Kriminaldirektor Zimmermann.

Peter kam auf mich zu und strahlte über das ganze Gesicht. »Zwei Wochen lang mussten wir uns Deine Vorhaltungen anhören, wir Deutschen verstehen nichts vom Kaffeekochen. Das lassen wir nicht auf uns sitzen.«

Er deutete auf den Tisch, auf dem eine große Kaffeemaschine von Saecco stand. »Die ist für Dich – von uns allen. Damit Du beim Schreiben immer an uns denkst.« Er zwinkerte mir verschwörerisch zu. »Und wenn wir Dich und Harko im nächsten Jahr auf Korfu besuchen, kannst Du uns wenigstens einen anständigen Kaffee servieren.«

Dann gab es Weißwürste und Weißbier und jede Menge guter Laune.

Kriminaldirektor Zimmermann kam irgendwann zu mir und fragte mich auf spanisch: »Nun, Señor Bardéz, haben Sie in den letzten Tagen einen Einblick in die Arbeit der Stuttgarter Kriminalpolizei gewinnen können?«

»Das habe ich,« sage ich, »das habe ich wirklich. Ich muss mich übrigens noch bei Ihnen bedanken, dass Sie mich so schnell aus dem Gefängnis geholt haben.«

»Es tut mir leid, dass Ihnen dieses Missgeschick überhaupt widerfahren ist!«

»Das braucht Ihnen nicht leid zu tun,« entgegnete ich. »Ich habe dadurch sehr lebendige Eindrücke bekommen. Das wird meinem nächsten Buch sicher gut tun.« Dann fragte ich: »Was ist nun mit der Beurteilung von Schorsch? Soweit ich das sagen kann, ist er ein ausgezeichneter Polizist.«

Der Kriminaldirektor kratzte sich verlegen am Kinn. »Das ist so eine Sache. Mein Stellvertreter, der bereits als mein Nachfolger feststand, brachte mir heute Mittag zwei Papiere. Das eine war eine korrigierte Bewertung der Arbeit von Kommissar Hufschmidt – bei weitem die beste Beurteilung, die ich jemals gelesen habe. Er entschuldigte sich, er habe bei der ersten Niederschrift einen Fehler gemacht. Dann übergab er mir sein Rücktrittsgesuch mit der Bitte, sofort aus dem Dienst auszuscheiden – dringende private Gründe, über die er jedoch nicht sprechen wollte. Können Sie so etwas verstehen?«

Ich schüttelte, scheinbar ratlos, den Kopf. »Menschen treffen aus den unterschiedlichsten Gründen Entscheidungen. Manchmal denke ich, die reale Welt ist viel verrückter, als Sie und ich das jemals in unseren Büchern beschreiben können.«

Peter informierte mich, dass die Dienstaufsichtsverfahren gegen ihn und Martin eingestellt wurden, auch die Anzeige gegen Harko und mich war zurückgezogen. Grinsend fügte er hinzu, unsere Westen seien nun genauso rein – oder auch unrein – wie zuvor.

Es fiel mir schwer, mich von dem Haufen zu trennen, ich konnte verstehen, warum Harko noch heute Sehnsucht hatte: Es war einfach eine dufte Truppe.

»Sollte ich mal Probleme mit meiner Frau bekommen,« sagte Schorsch zum Abschied, »lässt Du mich dann einen Blick in Dein Adressbuch werfen?«

»Ich mache Dir eine Kopie,« versprach ich. »Du solltest aber anfangen, spanisch zu lernen. Von den Damen spricht nämlich keine einzige deutsch.«

Martin stand beim Abschied vor mir, ohne mir die Hand geben zu wollen. »Schreibst Du jetzt einen Roman über uns oder nicht?«

»Ich werde ein Buch schreiben,« sagte ich.

»Darin geht es sicher um ein junges Mädchen mit großen Ambitionen und einen bösen Oberstaatsanwalt.«

»In der Hauptsache ja.«

»Schreibst Du auch was über Drogen?«

»Nein,« sagte ich, und die Enttäuschung war ihm anzusehen. Das war es also, was ihn die ganze Zeit bedrückte. »Aber es wird einen Kommissar im Buch geben, der einen ausführlichen Vortrag über die Gefahren von Drogen hält und der einem Schriftsteller eine ungewöhnliche Besuchstour angedeihen lässt. Ich werde klarstellen, dass es sich dabei nicht um Fiktion, sondern leider um die erschreckende Realität handelt. Wäre das in Deinem Sinne?«

Er nickte erleichtert. »Das wäre in meinem Sinne.« Dann drückte er mir die Hand – kein Händeschütteln, sondern ein festes Ineinandergreifen der Arme, wie ich es bei Harko und Peter schon gesehen hatte.

Dieter Lindner verabschiedete sich mit einem festen Händedruck von mir. »Ist Ihr Leben als Schriftsteller immer so aufregend? Ich meine – alles habe ich nicht mitbekommen, aber was hier in der letzten Woche geschehen ist: mannomann.«

»Zum Glück ist es auf Korfu bedeutend ruhiger,« sagte ich. »Ganz ehrlich: Jede Woche möchte ich diese Aufregung nicht erleben.«

An Konrad Nägele hatte ich zum Abschluss eine große Bitte. »Auf den Covern meiner Krimis habe ich immer eine Grafik, die mit dem Fall zu tun hat. Ihre Vorführung von AFIS hat mich mächtig beeindruckt, und so ein Fingerabdruck mit den eingeblendeten Erkennungsmerkmalen wäre genau das richtige. Meinen Sie, Sie könnten mir so eine Grafik zur Verfügung stellen?«

»Wenn Sie mir Ihre E-Mail Adresse geben, wartet sie schon auf Sie, wenn Sie nach Korfu zurückkommen.«

Peter knuffte mich zum Abschied in die Seite. »Das mit Korfu war übrigens ernst gemeint,« sagte er, »ich komme wirklich.«

»Das will ich auch schwer hoffen.«

Er sah sich nach Harko um, der sich am anderen Ende des Aufenthaltsraums mit Schorsch unterhielt. »Tust Du mir einen Gefallen?«

»Natürlich.«

»Pass auf Harko auf. Die Katze lässt das Mausen nicht und ich fürchte, er vergisst gelegentlich, dass er nicht mehr im Dienst ist.«

»Glaubst Du wirklich, Harko ist in den Ruhestand getreten? Oder dass er das jemals tun wird?«

»Da hast Du auch wieder recht.«

Die Rückfahrt nach Venedig war genauso aufregend wie die Herfahrt. Harkos Land-Cruiser zuckelte auf der rechten Spur der Autobahn durch die Nacht, alle PKWs und die meisten LKWs überholten uns. In den Alpen gerieten wir in ein heftiges Unwetter, erst als wir auf der Alpensüdseite Richtung Venedig fuhren, klarte es auf. Mit dem Morgen kam auch die Sonne, und es wurde wärmer.

»So nett es in Stuttgart war,« sagte ich zu Harko, »ich freue mich auf zu Hause. Und Du?«

Er sah nachdenklich nach vorne auf die Straße. »Darüber denke ich seit zwei Tagen nach. Daheim fühle ich mich auf Korfu schon lange, und zurück nach Stuttgart möchte ich auf keinen Fall. Doch solange ich mit dem Oberstaatsanwalt noch eine Rechnung offen hatte, war ich nicht wirklich frei. Jetzt ist das anders. Auch wenn Du nichts von Rache hältst: Mir ist jetzt wohler.«

Die Adria verwöhnte uns mit einer sonnigen Überfahrt und am nächsten Tag fuhren wir kurz nach Mittag im Hafen von Korfu-Stadt von der Fähre. In Stuttgart hatte der Herbst schon Einzug gehalten, auf Korfu war noch immer Sommer: Wir öffneten die Wagenfenster und fuhren in bester Stimmung nach Afionas. Harko rumpelte sogar zweimal mit voller Absicht in ein Schlagloch.

»Kannst Du Dir das vorstellen,« sagte er lachend, »ich habe sogar diese verdammten Schlaglöcher vermisst.« Ich konnte seine Begeisterung nicht teilen, ich hatte mir bei seiner zweiten Aktion den Kopf am Türholmen angeschlagen und rieb nun meinen schmerzenden Schädel.

Unmittelbar nach Mittlers Selbstmord hatte Harko Manousos angerufen und ihm gesagt, die Gefahr für Rudi sei vorbei. Worauf Rudi aus seiner Quarantäne entlassen wurde. Er wartete schon auf uns, als wir in Afionas auf den Hof meines Grundstücks fuhren.

»Hallo Leute,« begrüßte er uns, »wie ist es Euch in Deutschland ergangen?«

»Ich dachte, Du liegst halbtot im Bett,« sagte Harko. »Jetzt sehe ich, Du bist munter wie ein Fisch im Wasser.«

Rudi stand auf und ging humpelnd über die Terrasse. »Das rechte Bein und der rechte Arm waren gebrochen, doch dieser Knochenheiler ist eine Wucht. Der hat mir nicht mal einen Gips verpasst, nur die Knochen gerichtet und das Ganze verbunden. Laufen kann ich erst seit gestern, aber den Arsch konnte ich mir schon nach zwei Tagen wieder selbst abwischen. Echt stark der Mann.«

Harko berichtete Rudi in groben Zügen, was geschehen war, zu Manousos hatte er lediglich gesagt, dass die Gefahr vorbei sei. Nun erfuhr Rudi, was wirklich geschehen war. »Diese Hexe,« sagte er über Lidya, »im Bett ist sie zwar eine Wucht, aber sonst taugt sie nichts. Trotzdem: Einen Mord hätte ich ihr nicht zugetraut.« Mit Mittler hatte er kein Mitleid. Die Nachricht, er müsse zurück nach Deutschland und vermutlich bis Ende des Jahres hinter Gittern sitzen, quittierte Rudi mit einem Lächeln: »Drei Monate – die sitze ich auf einer Arschbacke ab.«

Um vier kam Manousos nach Hause. Nicht mit seinem roten Fiat, sondern mit einem alten, schwarzen Toyota Celica. Er begrüßte uns, und als ich ihn nach seinem Fiat fragte, sagte er: »Rudi hat den Motor wieder hinbekommen, aber als ich einen Reifen wechseln wollte, ist der Wagenheber einfach durchgebrochen, so verrostet war die Kiste. Am Wochenende habe ich den Toyota entdeckt und den Fiat in Zahlung gegeben.«

»Und?«

»Kein Vergleich,« sagte Manousos. »Wenn ich von Arillas hochfahre und kurz hinter der letzten Kurve richtig Gas gebe, springt der Wagen wie auf einer Schanze hoch in die Luft. Das hätte der Fiat nie geschafft.«

Ich konnte es mir lebhaft vorstellen, legte aber keinen Wert auf eine entsprechende Demonstration. Manousos war ein guter Fahrer, liebte aber die Geschwindigkeit. Seinen Fiat hatte er oft bis an dessen Grenzen getrieben. Angesichts der schwachen Leistungen der roten Kiste bestand keine Gefahr, dass sich Manousos dabei den Hals brach. Mit einem hochkarätigen Sportwagen dagegen…

Manousos leistete uns bis fünf Gesellschaft, dann zog es ihn ins Three Brothers. Rudi, der wohl die ganze Woche abgeschottet im Dionysos verbracht hatte, wollte Manousos unbedingt begleiten. Lächelnd sah ihm Harko nach, wie er zu Manousos Wagen humpelte und sich mühsam in den Schalensitz quetschte.

»Vielleicht hast Du recht,« sagte er, »und Rudi passt wirklich auf die Insel. Hast Du gemerkt, dass sogar seine Sprache besser geworden ist? Und das, obwohl er in den letzten beiden Wochen sicher nicht viel deutsch gesprochen hat.«

Das war mir nicht aufgefallen. Was ich dagegen bemerkt hatte, war die Zufriedenheit, die Rudi trotz seiner Verletzungen ausstrahlte. Von dem Nervenbündel, das ich drei Wochen zuvor kennengelernt hatte, war nichts mehr zu spüren.

»Es wird ihm nicht leichtfallen, hier wirtschaftlich Fuß zu fassen,« sagte ich, »doch wie es scheint, hat er sich bereits gut eingelebt. Ich denke, er wird es schaffen.«

»Hast Du noch ein Bier im Kühlschrank?«

»Wenn Rudi eins übriggelassen hat…«

Er hatte und ich holte uns zwei Flaschen Zorbas. Es tat gut, die Ruhe und den Frieden Afionas zu genießen, nur unterbrochen vom Quaken Kermits und Miss Piggys, und dabei die wärmende Kraft der Sonne zu spüren. Ich fühlte mich so entspannt wie lange nicht mehr.

Als das Telefon läutete, dachte ich, Marianne wolle wissen, wo Harko bleibt. Doch es war Manousos.

»Rudi ist entführt worden. Gerade eben. Ist er bei euch vorbeigekommen?«

»Was ist los?«

»Der schwarze BMW. Wenn er nicht bei euch vorbeikommt, sind sie runter nach Agios Georgios. Ich hole euch in zwei Minuten ab.«

Ich sagte Harko, was passiert war, er sprang auf und wollte zum Land-Cruiser laufen.

»Vergiss es,« sagte ich, »Manousos holt uns ab. Sein Wagen ist schneller.«

Manousos brauchte keine zwei Minuten, wir hörten seinen Toyota schon nach sechzig Sekunden. Harko und ich rannten zur Straße, Manousos raste den Hügel herunter, hielt mit quietschenden Reifen vor uns. Ich sprang auf den Rücksitz, Harko nahm vorne Platz und Manousos gab Gas, noch ehe die Beifahrertür geschlossen war. Hastig berichtete er uns, was geschehen war.

»Rudi wollte seine Sachen aus dem Dionysos holen und ist hochgegangen – es sind nur 100 Meter. Plötzlich ist der schwarze BMW mit einem Affenzahn am Three Brothers vorbeigefahren. Ich habe Rudi gesehen: Er saß auf dem Rücksitz und kämpfte mit zwei Männern.«

»Wieviele waren in dem Wagen?« fragte Harko.

»Fünf Mann,« sagte Manousos, »vier junge Typen und Rudi.«

»Die Fahndung ist doch abgeblasen worden,« sagte Harko. »Was wollen die von ihm?«

»Glaubst Du, es waren Kriminelle? Die noch eine Rechnung mit Rudi offen haben?«

»Rudi ist ein viel zu kleiner Fisch, als dass irgendein Verbrecher so einen Aufwand betreiben würde. Das muss ein mobiles Fahndungskommando sein.«

»Und jetzt?« fragte ich.

»Wir müssen die Polizei anrufen,« sagte Harko. »Der BMW fährt sicher mit Rudi nach Korfu-Stadt. Entweder zum Flughafen oder, was ich für wahrscheinlicher halte, zum Hafen. Vermutlich liegt in Gouvia eine schnelle Yacht.«

»Vergiss die Polizei,« sagte Manousos. »Bis wir denen erklärt haben, was los ist, ist Rudi schon von der Insel runter.«

»Hast Du eine bessere Idee?« fragte ich.

»Ja,« sagte Manousos. »Wir organisieren eine Straßensperre.«

In der nächsten Viertelstunde erlebte ich die schlimmste Autofahrt meines Lebens. Manousos holte aus dem Toyota das letzte heraus – wie Manousos nach einer durchdrifteten Kurve stolz erklärte, wurde der Wagen von 170 Pferdchen gezogen. Er konzentrierte sich bei dieser Höllenfahrt nur mit halber Kraft auf die Straße, die andere Hälfte brauchte er zum Telefonieren. Sein Bruder arbeitete mit Bulldozer-Nick auf einer Baustelle kurz hinter Skripero, auf halbem Weg zwischen Afionas und Korfu-Stadt, und gleichgültig, welchen Weg der BMW aus Afionas heraus auch genommen hatte, er musste auf jeden Fall durch Skripero kommen. Dort sollten Manousos Bruder und Bulldozer-Nick mit einem Bulldozer und einem 20-Tonner die Straße blockieren.

»Können die das so einfach?« fragte Harko, wobei er sich krampfhaft an seinem Sitz festhielt. »Ich meine, es kann doch nicht jeder eine Straßensperre einrichten, wie es ihm passt?«

»Es wird aussehen wie eine Baustelle und sie sollen den BMW auch nur so lange aufhalten, bis die Polizei aus Korfu da ist.«

Auch die rief Manousos an – das Mobiltelefon unter das Kinn geklemmt, eine Hand am Lenkrad, die andere an der Gangschaltung. Der Wagen flog nur so dahin – auf ebener Strecke im übertragenen Sinn, an Kuppen wortwörtlich – und Manousos machte keinen Unterschied zwischen Landstraße oder Dorfdurchfahrt. Tauchte vor uns ein langsamerer Wagen auf, drückte Manousos schon von weitem auf die Hupe. Und alle machten Platz.

Als wir die Passhöhe bei Trompetas – nicht überquerten, sondern übersprangen – fragte Harko: »Wie haben die Rudi überhaupt gefunden?«

»Das wüsste ich auch gern,« sagte Manousos.

»Hat ihn doch jemand verraten?«

»Hier verrät niemand einen Freund von Harko!«

Die Beiden konnten es nicht ausdiskutieren, denn direkt nach Trompetas ist die Straße gut ausgebaut und führt in einer langen Geraden ein gutes Stück den Berg hinunter. Ich fuhr diese Strecke üblicherweise mit 80, allenfalls mit 90 Stundenkilometern. Als ich jetzt einen Blick auf Manousos Tacho warf, stand die Nadel bei 160! Außerdem nutzte Manousos das griechische System, wonach eine gut ausgebaute zweispurige Straße problemlos dreispurig befahren werden kann: Hupend und mit aufgeblendeten Scheinwerfern fuhren wir auf der Mittellinie; der Verkehr auf unserer Seite wich nach rechts aus, der Gegenverkehr nach links und ich betete, kein anderer Grieche möge so verrückt sein, ausgerechnet jetzt zum Überholen anzusetzen.

»Der Toyota hat vier Scheibenbremsen,« sagte Manousos und führte uns ihre Wirkung vor: Mit vier blockierten Rädern rutschte der Wagen auf eine 180 Grad Kurve am Ende der langen Geraden zu. »Das hätte ich mit meinem Fiat nicht gekonnt.«

Theoretisch, dachte ich, rein theoretisch müsste mein BMW dazu auch in der Lage sein. Doch dessen Fahrer, meine Wenigkeit, würde sich das nie zutrauen.

»Wir sind fast in Skripero,« sagte Harko mit zusammengebissenen Zähnen, »gleich müssten wir sie sehen.«

In diesem Moment klingelte Manousos Telefon – er hatte einen Hahnenschrei als Rufzeichen eingestellt und das Kikeriki verlieh dieser Wahnsinnsfahrt noch mehr Surrealität.

»Nai?[32]«

Das Gespräch war kurz. »Sie sind gerade durch Skripero durchgekommen, die haben allenfalls eine Minute Vorsprung.«

»30 Sekunden, so wie Du fährst,« sagte Harko.

Skripero hatte eine sehr schmale Ortsdurchfahrt, ich selbst war in den letzten Jahren oft gestanden, wenn sich zwei Busse oder LKWs begegneten und die Fahrer eine Ewigkeit brauchten, um aneinander vorbeizukommen. In diesem Sommer hatte die Verwaltung zwei Ampeln installiert, die den Verkehr durch den gesamten Ort auf jeweils eine Spur beschränkten. Drei Minuten Wartezeit. Als wir uns der Ampel auf unserer Ortsseite näherten, sahen wir, dass sie auf rot stand. Es hatte sich bereits eine Schlange davor gebildet, gleich würde der Gegenverkehr kommen.

»Der BMW muss in der letzten Grünphase durchgekommen sein, wir müssen warten. Scheiße.« Harko wirkte frustriert.

Manousos hatte entweder keine Lust oder keine Zeit, auf Ampeln zu warten, er fuhr mit 120 an der Schlange vorbei. Harko presste sich in seinen Sitz, stützte sich mit den Händen am Armaturenbrett ab, die Füße fest gegen das Bodenblech gestemmt. Wir schafften die schmalen Stellen der Ortsdurchfahrt, bevor wir auf Gegenverkehr stießen. Die entgegenkommenden Fahrer zeigten uns drohend ihre erhobenen Fäuste, machten aber bereitwillig Platz: Einbahnstraßen auf Korfu besagten soviel wie dass der Verkehr hier die meiste Zeit nur in einer Richtung durchfuhr. Und was war schon für die Ewigkeit bestimmt?

Noch zwei S-Kurven, dann ging die Straße in eine lange Gerade über: Hier musste die Straßensperre sein.

Wir sahen sie schon von weitem. Der rote 20-Tonner, Manousos Kipper, in dem jetzt sein Bruder saß, fuhr mit angeschaltetem Gelblicht quer über die Straße, blockierte die Fahrbahn vollständig. Der schwarze BMW, dessen Fahrer von dem Manöver überrascht

---

[32] Griechisch: Ja?

wurde, kam durch eine heftige Vollbremsung gerade noch vor dem LKW zum Stehen.

»Da sieht man mal, was ABS alles kann,« sagte Manousos anerkennend. »Das fehlt meinem Toyota leider.«

In dem Moment setzte sich Bulldozer-Nicks gelber Caterpillar, ein großer, gelber Traktor mit Frontlader, der bislang am Straßenrand geparkt hatte, in Bewegung und fuhr hinter den BMW, der nun eingekeilt war. Manousos raste auf der linken Fahrspur mit Vollgas auf die Straßensperre zu, bremste erst kurz davor und brachte den Toyota mit quietschenden Reifen direkt neben dem Caterpillar zum Stehen.

»Na seht ihr,« sagte er vergnügt, »geht auch ohne ABS.«

Harko hatte sich bereits losgeschnallt, sprang aus dem Wagen – und fiel der Länge nach hin. Ich dachte, er habe sich im Sicherheitsgurt verfangen. Bis ich Schüsse hörte und sah, wie Harko hinter den Caterpillar robbte.

»Die Schweine schießen!« rief Manousos und ließ sich vorsichtig aus dem Wagen fallen.

»Und jetzt?« sagte ich, da ich nun allein im Wagen saß, mehr zu mir selbst.

Bulldozer-Nick löste das Problem auf seine Art: Er gab Gas und schob den BMW schlicht und einfach unter den LKW. Die Schüsse hörten auf, auch ich kletterte aus dem Toyota. Allerdings ziemlich vorsichtig. Ich sah, wie die Türen des BMWs aufgingen, aus der hinteren rechten Tür fiel ein Mann heraus, dann erschien Rudi und humpelte so schnell es ging von dem Wagen weg. Wieder ertönte ein Schuss und Rudi fiel nach vorn, als habe ihm eine große Faust einen Schlag in den Rücken versetzt.

»Nein!« hörte ich Harko schreien, dann brüllte der Motor des Caterpillar auf und Bulldozer-Nick ließ seine Schaufel mit voller Wucht auf das Dach des BMWs krachen. Die Scheiben splitterten, dann war es gespenstisch ruhig: Bulldozer-Nick hatte den Motor des Caterpillar abgestellt und kletterte nun behende aus dem Führerhaus. Bulldozer-Nick, Manousos, sein Bruder und mehrere Arbeiter, die bislang hinter dem Truck gewartet hatten, stürzten sich auf die Männer im BMW, zerrten sie aus dem Autowrack heraus und versetzten ihnen sicherheitshalber erst einmal ein paar Hiebe.

Harko rannte zu Rudi, schrie: »Einen Krankenwagen, schnell!« Manousos telefonierte schon. Auch ich rannte zu Rudi, den Harko gerade vorsichtig auf den Rücken drehte.

»Mensch Rudi,« sagte Harko mit sanfter Stimme, »was machst Du denn für Sachen!«

Rudi hustete. »Hallo Harko. Ganz schön was los auf der Insel, was?«

»Der Krankenwagen ist schon unterwegs.«

Rudi lächelte. »Den brauche ich nicht mehr. Ich mach´s nicht mehr lange.«

»Red keinen Scheiß,« sagte Harko. »Du kommst durch!« Dann sagte Harko mehr zu sich selbst: »Ich dachte, in Afionas bist Du sicher.«

»War ich auch,« sagte Rudi. »Ich bin verraten worden.«

»Ich finde das Schwein!«

Rudi schüttelte den Kopf. »Gib Dir keine Mühe – ich weiß, wer es war.«

»Du weißt es?«

»Die Bullen haben es mir gesagt – und dabci gelacht.«

»Wer war es?« fragte ich.

»Das kleine Mädchen.«

»Das Du gerettet hast?«

»Ja. Sie sagten ihr, sie möchten den Mann sehen, der sie von der Straße gestoßen hat. Da hat sie es ihnen verraten.«

»Dafür bekommt sie eine Tracht Prügel!«

»Nein!« Das Sprechen bereitete Rudi große Probleme.

»Aber sie hat Dich verraten!«

Rudis Gesicht strahlte jetzt eine Ruhe aus, die mir Angst machte.

»Sie hat es doch nicht böse gemeint.« Rudi lächelte Harko an. »Du weißt, was für ein Mensch ich war. In ein paar Minuten trete ich vor meinen Schöpfer. Vielleicht schickt er mich gleich in die Hölle, vielleicht fragt er mich vorher noch, was ich Gutes getan habe. Viel war es nicht, aber das kleine Mädchen habe ich gerettet. Ehrlich, Harko, wie stehe ich denn da, wenn sie mir da oben gleich zu Beginn sagen, wegen mir hat die Kleine den Hintern versohlt bekommen?«

Er griff sich an den Hals, als würde er keine Luft mehr bekommen.

»Was brauchst Du?« fragte Harko.

»Mein Amulett. Mach es bitte ab. Und gib es dem Mädchen. Ich hoffe, es bringt ihr mehr Glück als mir.«

Harko löste das silberne Kettchen mit dem in Gold gefassten Mondstein.

Rudi lächelte – und hörte auf zu atmen.

Harko beugte sich über ihn und schloss ihm die Augen. »Leb wohl, Rudi,« sagte er. Dann stand er auf und ging zu den vier Männern, von denen wir nun sicher wussten, dass sie Polizisten waren.

»Ihr Schweine,« sagte er, »das war Mord.«

Drei von ihnen sahen betreten zu Boden, der vierte sah Harko höhnisch an. »Du bist Harko? Nett, dass wir uns kennenlernen. Ich hätte beim erstenmal besser zielen sollen, dann wäre die Sache schon lange vorbei gewesen.«

»Seit wann haben Polizisten eine Lizenz zum Töten?«

Der Beamte lachte nur. »Das war der letzte Wunsch meines Onkels, ich sollte dieses Schwein fertigmachen. Diesen Wunsch habe ich ihm gern erfüllt. Mit Dir bin ich auch noch nicht fertig! Du Drecksau und Deine Familie: Ihr sollt noch vor mir zittern!«

Harko stürzte sich auf ihn und bearbeitete ihn mit Faustschlägen. Manousos und ich mussten ihn mit Gewalt von dem Beamten wegreißen.

»Das ist jetzt Sache der Polizei,« sagte Manousos. »Der verbringt die nächsten Jahre in einem griechischen Gefängnis. Wir haben nämlich was gegen Mörder.«

Harko lachte, ein grausames Lachen. »Das glaubst Du doch selbst nicht. In ein paar Stunden sind die wieder in Deutschland.«

»Ganz bestimmt nicht,« sagte Manousos. »Hörst Du? Da kommt schon die Polizei.«

Tatsächlich waren aus Richtung Korfu-Stadt Polizeisirenen zu hören. Es gab hitzige Diskussionen; die griechischen Polizisten machten Manousos heftige Vorwürfe wegen der Straßensperre, die sofort beseitigt wurde. Doch sie nahmen die vier Beamten aus Deutschland in Gewahrsam und brachten sie nach Korfu-Stadt. Manousos, Harko und ich mussten ebenfalls auf die Wache, um unsere Aussagen zu Protokoll zu geben.

Wir waren noch nicht damit fertig, als der Leiter der Dienststelle ins Zimmer kam, unsere Protokolle an sich nahm, sie zerriss und in den Papierkorb warf.

»Weisung aus Athen: Es gibt keine Untersuchung, die vier Beamten werden ausgeflogen, eine Privatmaschine aus Deutschland ist bereits unterwegs und holt sie in drei Stunden ab.«

In diesem Moment gingen die vier Deutschen an der Tür vorbei, ohne Handschellen. Der eine, der Rudi erschossen hatte, steckte den Kopf zur Tür herein. »Wir sehen uns wieder, Harko. Irgendwann, irgendwo.«

Harko bebte vor ohnmächtigem Zorn.

Rudis Leichnam wurde noch am Abend von der Pathologie freigegeben, er sollte nach Deutschland überführt und dort beigesetzt werden. Manousos hatte aber bereits mit dem Dorfältesten gesprochen und bot an, Rudi in Afionas bestatten zu lassen.

Harko und ich stimmten sofort zu. Angehörige, die etwas dagegen haben konnten, besaß Rudi nicht mehr.

Die Beerdigung war schon am nächsten Morgen. Diesmal waren Harko und ich keine unbeteiligten Zuschauer, zusammen mit Manousos und Bulldozer-Nick trugen wir Rudis Sarg. Der ganze Ort war gekommen, um Rudi das letzte Geleit zu geben. Als der Sarg in das kleine Grabmal geschoben wurde, das Manousos noch in der Nacht errichtet hatte, sagte ich zu Harko: »Jetzt hat Rudi doch einen Platz in Afionas gefunden.«

Ein paar Tage später ging ich mit Harko ins Three Brothers. Manousos kam sofort auf uns zu, er wollte wissen, was aus dem Polizisten geworden war, der Rudi erschossen hatte. Harko rief Peter Boyko an, der versprochen hatte, sich umzuhören. Das Gespräch war einseitig: Harko lauschte nur. Allerdings verdüsterte sich seine Miene während des Telefonats zusehends.

»Was ist?« fragte Manousos, als Harko das Gespräch beendet hatte. »Sitzt er im Gefängnis?«

Harko schaute verdrossen in sein Bier. »Im Gegenteil: Befördert haben sie ihn. Heldenhafter Einsatz in Korfu, in schwerem Kampf einen Berufsverbrecher getötet. In Notwehr.«

Manousos war fassungslos: »Der hat Rudi von hinten erschossen, als er weggelaufen ist. Wird das in Deutschland als Notwehr bezeichnet?«

»Sicher nicht,« sagte Harko. »Aber es ist genau so, wie ich befürchtet habe: Die Sache wird unter den Teppich gekehrt.«

»Glaubst Du, wir haben nur einen Teil des Archivs gefunden?« fragte ich. »Und Mittlers Neffe tritt nun in die Fußstapfen seines Onkels?«

Harko zuckte die Schultern. »Vielleicht. Doch ich schätze eher, das ist Politik: Der Ruf der Polizei darf nicht geschädigt werden. Ein heldenhafter Polizist ist für die Allgemeinheit besser als ein schießwütiger Bulle, der kleine Ganoven von hinten niederknallt.«

Es ist ein Spiel, dachte ich zum zweitenmal, es ist alles nur ein Spiel. Bei dem die Guten nicht immer die Guten und die Bösen nicht immer die Bösen sind. So war es immer schon und so würde es auch in Zukunft bleiben – gleichgültig, wieviele Bösewichter aus dem Verkehr gezogen wurden. Sie hinterließen Lücken und diese Lücken wurden sofort wieder gefüllt.

»Du hast Dein Bestes gegeben,« sagte ich zu Harko. »Du brauchst Dir keine Vorwürfe zu machen.«

»Und wenn das Beste nicht gut genug ist?« Harko war ziemlich niedergeschlagen.

»Komm,« sagte ich, und ging mit ihm auf die Terrasse des Three Brothers. Unser Bier nahmen wir mit. »Schau auf das Meer,« sagte ich und wies auf das Blau, das sich bis an den Horizont erstreckte. »Rudi ist tot, auch Heide ist tot. Doch gleichgültig, wieviel Schlimmes sich jeden Tag auf der Welt ereignet: Das Meer ist jeden Tag schön. In unseren Gedanken und Herzen leben Heide und Rudi weiter, vielleicht sind sogar ihre Seelen in diesem Moment bei uns. Mit griesgrämigen Gesichtern belasten wir sie nur. Freuen wir uns mit ihnen an der Schönheit der Natur – so wie sich vielleicht in 50 Jahren andere daran erfreuen und an uns denken.«

Harko seufzte, hob sein Glas und sagte: »Prost Rudi! Wo immer Du gerade steckst.«

»Alles Gute, Heide,« sagte ich leise. »Für mich wirst Du immer leben.«

Dann tranken wir unser Bier.

Danksagung

»Harko und der V-Mann« ist eine fiktive Geschichte mit realem Hintergrund. Viele der beschriebenen Figuren sind erfunden, andere basieren auf lebenden Vorbildern, teilweise wurden Eigenschaften mehrerer Menschen zu einer Romanfigur zusammengefasst.

Dank sagen möchte ich an erster Stelle Harko, der auch in diesem Buch wieder viele berufliche Erfahrungen einbrachte. Mein besonderer Dank gilt den Mitarbeitern des LKA Stuttgart, die mir Recherchen vor Ort ermöglichten und mich mit vielen wertvollen Hintergrundinformationen versorgten. Besonders bedanken möchte ich mich bei Wolfgang Neustifter, dem Sachverständigen für Daktyloskopie, und Jürgen Wörner, der als Kenner der Stuttgarter Geschichte zur Darstellung der historischen Ereignisse beitrug.

Für tatkräftige Unterstützung beim Redigieren danke ich Birgit Dorawa, Christine Giebner, Jana Heinemann, Winfried Kasselmann, Wera Rossek, Katrin Steiger sowie allen anderen, die mir mit Rat und oft auch mit Tat zur Seite standen.

¡Muchas gracias!

Korfu selbst erleben

Neugierig auf Korfu? Die grünste Insel Griechenlands? Dann finden Sie hier einige Tipps – vielleicht für Ihren nächsten Urlaub auf den Spuren von Harko und Roberto.

Korfu wird durch Korfu-Stadt für die Korfioten in zwei Hälften geteilt: Den Norden, der mit einer überwältigenden Landschaft verwöhnt, und den Süden, in dem die Unterhaltung dominiert.

Die Saison auf Korfu dauert von Mai bis Oktober, in dieser Zeit fliegen Dienstags und Samstags von fast allen deutschen Flughäfen Charterflieger die Insel direkt an, die Flugzeit beträgt rund zwei Stunden. In der restlichen Zeit bestehen von Olympic www.olympic-airways.gr und Aegean Airlines www.aegeanair.com tägliche Verbindungen über Athen. Seit dem Herbst 2005 bietet auch LTU zweimal wöchentlich, dienstags und donnerstags, Flüge von Düsseldorf nach Korfu, wobei Passagiere das innerdeutsche Flugnetz der LTU für günstige Anschlussflüge nutzen können www.ltu.de.

Für die Anreise mit dem eigenen Wagen empfiehlt sich die Fährverbindung ab Venedig, Minoan Lines www.minoan.gr bietet im Winter vier, von März bis Ende Oktober sechs Direktverbindungen wöchentlich.

Pauschaltouristen finden ein reichhaltiges Angebot in ihrem Reisebüro. Wer sich jedoch direkt für Afionas und die Agios Georgios Bucht interessiert, ist bei speziellen Korfu-Veranstaltern gut aufgehoben.

Wolfgang Gaiser lebt das ganze Jahr auf der Insel und bietet neben der Vermittlung von Appartements auf Korfu - von Pelekas über Paleokastritsa und Agios Georgios bis Acharavi/Almiros - auch viel Beratung und individuellen Service vor Ort: www.korfu-appartements.com Er bietet weiterhin geführte Mountainbike- oder Endurotouren auf Korfu und den anderen Ionischen Inseln an: www.korfu-biker.de

Corfelios-Reisen hat sich auf die Agios Georgios Bucht spezialisiert. Neben Appartements bietet die Crew aus jungen und engagierten Urlaubsbetreuern viel Freizeitprogramm – Segeln, Surfen, Biken. www.urlaub-griechenland.de

Andreas und Tom Seefried wussten schon vor vielen Jahren, dass Korfu »Ihre« Insel ist – sie haben zunächst an Freunde Ferienwohnungen vermittelt und später aus dem Hobby einen Beruf gemacht. Heute bieten sie unter www.korfunet.de ein reichhaltiges Angebot an Ferienwohnungen und Immobilien auf der ganzen Insel an – alle persönlich ausgesucht und während des Urlaubs mit individueller Betreuung vor Ort.

Wer sich generell für Korfu interessiert, sollte unbedingt auf www.corfu.de vorbeischauen. Andreas Pech hatte vor Jahren das Pech, sich nicht nur in seine Frau, sondern auch noch in Kerkira unsterblich zu verlieben – und das Glück, dass die Liebe zu seiner Geliebten von seiner Frau geteilt wird. Heute sind Andi´s Korfu-Page sowie sein dort eingebundenes Korfu-Portal für viele Korfu-Fans die erste Anlaufstelle, wenn es um Informationen und den Austausch mit anderen Korfu-Fans geht.

Reiseführer gibt es buchstäblich wie Sand am Meer. Einer der besten für Korfu ist im Michael Müller Verlag erschienen: Neben Informationen über Orte und touristisch sehenswerte Ziele bietet er auch viel Wissenswertes über Land und Leute. www.michael-mueller-verlag.de

Das Three Brothers, die Lieblingstaverne von Manousos, lockt ganzjährig mit kühlem Bier, griechischer Küche und einer phantastischen Aussicht. Besuchern, die sich als Harkos Freunde zu erkennen geben, spendiert der Wirt gern ein Gläschen seines selbstgemachten Rotweins.

Three Brothers
Afionas
49081 Korfu

Das Dionysos, in dem Rudi Unterschlupf fand, ist von Mai bis Oktober geöffnet. Es bietet neben Fremdenzimmern und einer ausgezeichneten Küche mit vielen griechischen Spezialitäten auch die schönste Aussicht über die Agios Georgios Bucht.

Dionysos
Afionas
49081 Korfu

Wenn Manousos nicht gerade im Three Brothers sein abendliches Bier genießt, ist er mit seinem Bruder damit beschäftigt, Häuser zu bauen – mit griechischem Flair, aber deutscher Gründlichkeit gebaut.

Bardis Brothers
Afionas
49081 Korfu
Tel.: +30-6972819421

Die Nordwest-Ecke von Korfu ist bei vielen Künstlern beliebt. Einer von ihnen ist Alex, ein deutschsprechender Goldschmied, der seinen Kunden neben einer großen Auswahl an einmaligen Schmuckstücken auch zwei Besonderheiten bietet: Auf Wunsch fertigt Alex nach den Vorstellungen seiner Kunden individuelle Schmuckstücke an. Und wer sich genügend eigenes handwerkliches Geschick zutraut, kann an einem Goldschmiedekurs teilnehmen und sich den gewünschten Schmuck – unter seiner Anleitung und mit seiner tatkräftigen Unterstützung – selbst anfertigen.

Kunst ist ein zentrales Thema in Band III. Bei den Recherchen wurde klar, wie stark sich viele Künstler auf Korfu von der besonderen Atmosphäre anregen lassen, aber auch, wie schwer es ist, diese Künstler als Besucher zu finden. Aus diesem Problem heraus entstand die Idee für ein spezielles Kunst-Portal im Internet, das Besuchern einen schnellen Überblick über das vielfältige künstlerische Angebot auf Korfu bietet und es ihnen erlaubt, über eine einzige Seite die gesamte lokale Kunst-Szene zu entdecken. Der HSB-Verlag hat sich deshalb der Aufgabe gestellt, ein solches Portal zu schaffen: www.korfu-kunst.com

Wer im Ländle den Spuren von Harko und Roberto folgen möchte, hat dazu gleich doppelt Gelegenheit.

Broiler mit Spätzle gibt es nicht, doch das Hirschgulasch ist ausgezeichnet – wie auch die anderen schwäbischen und natürlich thüringischen Spezialitäten.

Zum Gutenberg
Lange Gasse 52
72070 Tübingen
Tel.: 07071 965161
marxmertens@t-online.de

Wenn Ali Osman trommelt, bleibt kein Auge trocken. Harko ist ein Fan der *One-Man-Band*, die schon mit Carlos Santana gespielt hat, er schätzt die heißen Rhythmen, das kühle Bier und die griechische Küche.

Reitzensteinstr. 36
D-70190 Stuttgart
Tel.: 0711 2623771
www.timbales.de

Wort-Schatz – das etwas andere Wörterbuch

Roberto Bardéz ist nicht nur im Leben ein streitbarer Geist, er hat auch in Bezug auf Sprache seine eigenen Ansichten. Für ihn ist Sprache ein lebendiges Werkzeug, mit dem er seine Ideen für seine Leser in Worte kleidet. Wort-Schatz – das etwas andere Wörterbuch, ein Synonym-Programm für die deutsche Sprache, wurde mit seiner Hilfe konsequent für alle Schreiber entwickelt, die Wert auf treffende Formulierungen legen und die den ganzen Reichtum der deutschen Sprache in ihren Texten nutzen wollen. Es bietet 300.000 Synonyme, nach Sprachebenen gegliedert, 17.000 Redewendungen, viele Hilfen speziell für Autoren und Kreativitätstools, mit denen sich unter anderem vollkommen neue Worte generieren lassen.

Wort-Schatz ist direkt im Internet unter www.wort-schatz.com (ISBN: 3-00-013335-6) verfügbar, wer nur mal reinschnuppern möchte, findet hier auch eine kostenlose Demoversion mit 30 Tagen Laufzeit.

Band 1: Harko und das tote Mädchen am Strand

Anna Bardis, Tavernenbesitzerin in Agios Georgios, macht eine schreckliche Entdeckung: Genau vor ihrer Taverne findet sie ein totes Mädchen, ihr mutmaßlicher Mörder liegt daneben und schläft seinen Rausch aus. Für die griechische Polizei ist der Fall klar. Nicht jedoch für Harko, den Ex-Kommissar aus Deutschland, der seit einigen Jahren auf Korfu lebt. Er kennt den angeblichen Mörder und findet schnell Ungereimtheiten. Zusammen mit Roberto Bardéz, einem argentinischen Krimi-Autor, macht er sich auf die Suche nach dem wahren Täter. Bei ihren Ermittlungen stoßen sie auf mehr als ein Geheimnis in dem scheinbar friedlichen kleinen Dorf.

ISBN: 3-9810177-0-6

Band 3: Harko und der Kunstprofessor

Die Kalte Sophie hat zugeschlagen: Nicht als Eisheilige mit einem Kaltwettereinbruch, sondern als drei Meter große Plastik aus Edelstahl ist sie ihrem Schöpfer, dem pensionierten Kunstprofessor Xaver Hintermooser, in einem Sturm auf den Kopf gefallen. Für die griechische Polizei ist der Tod des Professors ein Unfall, doch Roberto Bardéz, der gerade in einer Krise steckt und der darüber mit dem fleißigen, aber erfolglosen Künstler diskutiert hat, glaubt an Selbstmord. Harko hat eine dritte Theorie: Er sagt, es war Mord. Wie sogar Roberto zugeben muss, hat er dafür allen Grund. Es beginnt eine verzwickte Suche nach dem Täter, bei der Harko und Roberto zu ungewöhnlichen Mitteln hart am Rande der Legalität greifen.

ISBN: 3-9810177-2-2

Der HSB-Verlag stellt sich vor

HSB
VERLAG

Unsere Produkte:

Romane und Krimis

Romane mit regionaler oder branchenspezifischer Ausprägung, spannende und fachlich fundierte Krimis aus Urlaubslandschaften mit Lokalkolorit oder bewegendem sozialkritischem Hintergrund, Themen die interessieren, Kenntnisse vermitteln und atemberaubende Spannung erzeugen.

Biographien

Interessante Geschichten, lebendig erzählt.

Firmengeschichten

Spannende Unternehmensportraits, informativ aufbereitet.

Interessante Geschichten

Ihre Ideen für eine spannende Geschichte.

Krimi Events

Unvergessliche Krimi-Events für Firmen- und Gruppenanlässe.

Unser Konzept

- Der HSB-Verlag ist ein junger Verlag mit modernen Ideen.
- Nutzung unserer Produkte als wertvolle Geschenke und Events für Freunde, Kunden und Geschäftspartner.
- Wir setzen auf den klassischen Vertrieb über den Buchhandel.
- Wir nutzen das Internet als wesentliches Element zur Präsentation für den Vertrieb.

    - Web-Präsenz für Bücher
    - Portale zu interessanten Themen
    - Internet-Marketing

Ihre Ideen

Sie haben eine gute Idee für eine spannende Geschichte, im Rahmen unserer Produktzielgruppe, vielleicht schon ein fertiges Manuskript? Lassen Sie es nicht in der Schublade verstauben, setzen Sie sich lieber mit uns in Verbindung.

Ihr HSB-Verlag

Kontakt: Harald.Braun@hsb-verlag.com
Internet: www.hsb-verlag.com